JN199314

〈ポスト3.11〉メディア言説再考

ミツヨ・ワダ・マルシアーノ編著

法政大学出版局

〈ポスト3・11〉メディア言説再考／目次

第Ⅰ部　メディアとしてのアーカイブ

第１章　記憶メディアとしての災害遺構……松浦雄介　3
3・11の記憶術

第２章　市民の記録映像に見る被災の差異……北浦寛之　35
せんだいメディアテークの映像アーカイブより

第Ⅱ部　浮遊するメディア言説、隠された現実

第３章　「安全安心」の創造……西村大志　61
お札効果とその構造

第４章　震災関連死の原因について……一ノ瀬正樹　81

第５章　ポスト３・11と代受苦の思想……出口康夫　113

第Ⅲ部　挑戦的メディア、「芸術」そして「文学」

第6章　3・11以後の芸術力……ミツヨ・ワダ・マルシアーノ　141

第7章　写真家の使命……近森高明　177
畠山直哉の「転回」から考える

第8章　上書きする震災後文学……岩田＝ワイケナント・クリスティーナ　197
柳美里の『ＪＲ上野駅公園口』を周辺からの歴史として読む

第Ⅳ部　映画、二〇世紀メディアの王道

第9章　『シン・ゴジラ』と『絆　再びの空へ』……須藤遙子　221
二人のゴジラ監督は津波と原発事故をどう「記憶／忘却」したか

第10章　喪失と対峙する……久保　豊　241
震災以後の喪の映画における移動性

第11章　〃かつて3・11があった〃……谷川建司　265
映画における災害と忘却のストラテジー

第12章　記憶と身体を乗り越える……馬　然　283
東北ドキュメンタリー三部作とポスト・福島ドキュメンタリー

第V部　イコン性メディア、マンガ&アニメーション

第13章　放射性物質の表象……石田美紀　305
見えないものを見ること、見えるようにすること

第14章　破局と近視……長門洋平　333
宮崎駿『風立ちぬ』について

あとがき　357

索引

◎カバー写真
福島市内で営業中のコンビニの隣に仮置きされている除染土。
二〇一七年九月一〇日、赤城修司撮影

第Ⅰ部

メディアとしてのアーカイブ

第1章　記憶メディアとしての災害遺構
——3・11の記憶術

松浦雄介

1　災害の記憶メディアと記憶術

大規模な自然災害は、ひとたび起これば甚大な被害をもたらす。しかも、それは数十年や数百年、さらにはそれ以上の周期で繰り返される。だから災害の記憶を後世に伝え、いつか繰り返される災害に備えることが重要になる。けれども、それが現実に難しくなる理由の一つは、それほどの長い時間にわたって記憶を維持することが難しいからである。数十年も経てば、生きている者どうしで過去の出来事を伝えることさえ容易ではないのに、まだ生まれてもいない未来の世代に伝えることが、どのようにして可能になるのだろうか？　天災は忘れた頃にやってくるという寺田寅彦の警句は、この困難を簡潔明瞭に述べたものとして人口に膾炙している[(1)]。

この困難を克服するために、これまでさまざまな技法が考えられてきた。東日本大震災（以下「3・11」と表記）後には、津波碑や「てんでんこ」のような口頭伝承など伝統的な技法についてさかんに報道された一方で、デジタル・アーカイヴや震災遺構などの新しい技法も注目を集めた。時間的・空間的に離れた地点間で災害記憶の伝達を担うものを「災害記憶メディア」、そしてこのメディアを用いて災害記憶を後世に伝えるための技法を「災害記憶術」と呼ぶならば、記念碑、災害遺構、ミュージアムなどの建造物、口頭伝承や物語、絵画や文字資料、儀式や祭り[2]、土地や建物の名前など、さまざまなものがこの種のメディアに含まれるし、これらを組み合わせたさまざまな記憶術が考案されてきた。

新たな災害が起こったとき、これらの記憶メディアや記憶術のおかげで被害が軽減される場合もあれば、そうでない場合もある。後者の原因の一つは、それらのメディア自体が忘却されることである。昭和三陸地震後の二か月後に発表したエッセイ「津浪と人間」のなかで、寺田寅彦はこのことを指摘している。

> 災害記念碑を立てて永久的警告を残してはどうかという説もあるであろう。しかし、はじめは人目に付きやすいところに立ててあるのが道路改修、市区改正等の行われる度にあちらこちらと移されて、おしまいには何処の山陰の竹藪の中に埋もれないとも限らない。そういう時に若干の老人が昔の例を引いてやかましく云っても、たとえば「市会議員」などというようなものは、そんなことは相手にしないであろう。そうしてその碑石が八重葎に埋もれた頃に、時分はよしと次の津浪がそろそろ準備されるであろう。（寺田 二〇一一：二七）

この文章の追記では、東北の被災地を視察した人から聞いた話として、明治三陸地震の際に立てられた災害記念碑が、その後の放置や道路整備によって忘却されていた例が記されている。こういった例は他にも見られる。後世まで災害を記憶するためにつくられたメディアそれ自体が忘却され、そのため記憶の伝承がうまくなされず、結果として新たに起こった災害が、ふたたび多くの被害をもたらしてしまう。

この悪循環を断ちきる一つの手段として、3・11以後に注目を集めたのが震災遺構である。それは、地震や津波による被害の程度を直示する被災建造物である。しかし、大規模災害は地震や津波だけではない。たとえば火山噴火については、3・11以前から雲仙や有珠山の噴火によってできた遺構（メディアでは「火山遺構」「噴火遺構」

図1　朝日新聞・読売新聞における「災害遺構」「震災遺構」の出現頻度

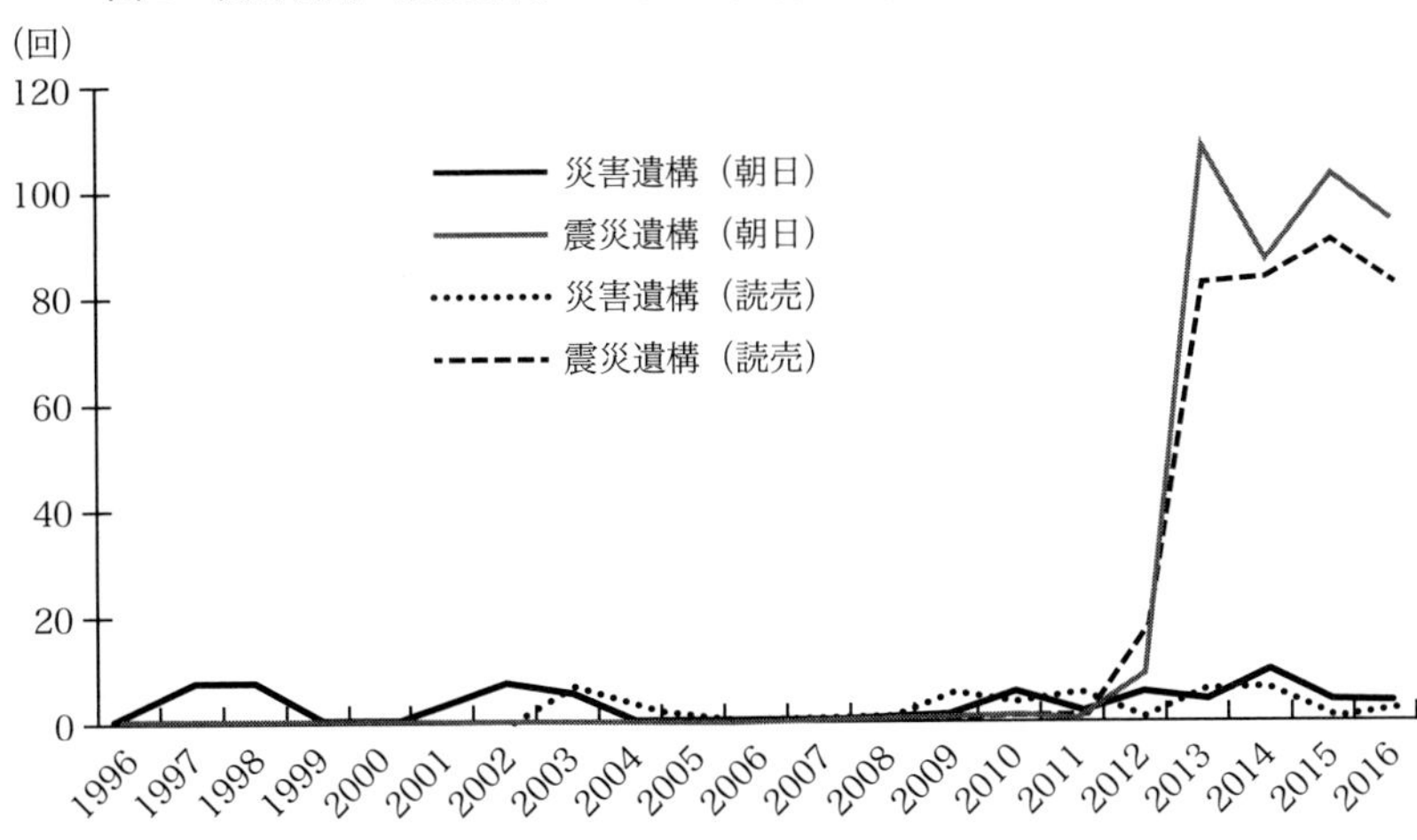

注：データには3・11以外の災害・震災遺構も含まれている。

などと呼ばれる）が保存・活用されている。それゆえ、震災遺構の上位概念として災害遺構を位置づけることができる。さしあたりそれを、「災害によって部分的または全面的に損壊し、当初の使用価値を失った後、その災害による被害の大きさを後世に伝えるために保存される建造物」と定義することにしよう。本章では、総称として「災害遺構」を、災害の種類を明示する場合は「震災遺構」や「火山噴火遺構」などを用いることにする(3)。

図1は、朝日新聞のデータベース「聞蔵IIビジュアル」および読売新聞のデータベース「ヨミダス歴史館」で、「災害遺構」の初出年である一九九六年から二〇一六年までの期間における、「災害遺構」と「震災遺構」という言葉の出現頻度を表にしたものである(4)。二〇一一年以前は「災害遺構」が年に数件見られる程度であり、そのほとんどは雲仙および有珠山の噴火遺構についてのものである。震災遺構については二〇〇八年の岩手・宮城内陸地震の一件があるのみである。これらの記事はいずれも地方版の記事であったため、この言葉が当該地域以外の人の目に触れることはあまり無かったと考えられる。ここからわかるように、どちらの言葉も3・11以前には広く認知されていなかった。ところが3・11後の二

〇一三年には、「震災遺構」に言及した記事が朝日新聞で一〇八件、読売新聞で八二件と出現頻度が急増している。総合や社会などの面に掲載される記事も少なからずあり、全国の読者が震災遺構を知る機会が格段に増えたのである。記事の主な内容は、復興が本格化するなかで遺構が「災害廃棄物」として次々に解体される様子や、遺構保存をめぐる賛否の紹介である。その後二〇一四年から二〇一六年まで、記事の数は八〇件から一〇〇件ほどで推移している。つまり、災害・震災遺構じたいは3・11以前から存在していたけれども、それが日本社会に広く認知され、定着したのはそれ以後だと言える。

震災遺構の認知度が高まったこともあり、近年、社会学、文化人類学、観光学、防災科学、都市工学などさまざまな分野で、災害遺構の意義や価値、個々の遺構の保存過程などについて論じられるようになってきている（高橋 二〇〇〇・二〇一四、今井 二〇一三、首藤・大石 二〇一四、竹沢 二〇一五、小川 二〇一五、安部・安武 二〇一六、井出 二〇一六）。このテーマをより広い人文社会諸科学の文脈に関連づけるならば、記念行為（コメモレーション）研究や文化遺産研究に近いと言える。前者はピエール・ノラやベネディクト・アンダーソンなどの議論を参照しつつ、記念碑や記念式典などによる国民的記憶の創出について論じることが多い。他方、後者はある対象が文化遺産として保存される過程で、いかにその対象の価値が再構成されるかに主な焦点を当てる。

たしかに、災害遺構も記憶の継承のために保存されるモノであり、文化遺産になることもある。しかしここで問われるべきは、災害遺構の保存による国民的記憶の創出でもなければ、価値の再構成でもなく、災害遺構のメディアとしての効果である。かつてマーシャル・マクルーハンが「メディアはメッセージである」と述べたのは、メディアが伝えるメッセージ内容よりも、メディアそれ自体が人間の感覚や社会関係、ひいては人間を取りまく環境を根本的に規定することを強調するためだった（マクルーハン 一九八七）。このことは災害記憶メディアにもあてはまる。それらをつうじて伝えられる意味内容――慰霊・鎮魂・伝承・教訓・警鐘・復興・希望など――も重要ではあるけれども、災害の記憶を後世に伝えるためにつくられたメディアが忘却され、結果として新たな災害による被害を防げなかったという事実をふまえるならば、問われるべきは、災害記憶メディアそれ自体の記憶効果である。これまで、「3・11を忘れない」または「3・11の記憶を継承する」ということがたびたび語られてきた。しかし、どのように継承するのか、または記憶の長期的な継承はいかに可能か、が問われなければ、いずれ忘却は不可避だろう。その問いに近づくために、ここでは問いの向きを変えて、3・11をいかに記憶するか、ではなく、3・11は災害記憶のあり方をどのように変えたのか、と問うてみることにしよう。それはどのような記憶メディアや記憶術を日本社会にもたらしたのだろうか？　それらによって、災害の新たな記憶術が生み出されたのだろうか？

震災遺構は、「震災を忘れない」という問題意識のなかで注目された、新たな災害記憶メディアである。メディアとしての災害遺構にはどのような特性があり、災害記憶のあり方をどのように規定するのだろうか？　それは幾多の記憶メディアのリストに付け加えられた新たなメディアの一つなのだろうか？　それとも災害記憶のあり方を変えうるものなのだろうか？　本章で3・11以前から以後にいたる災害遺構の形成過程を辿りながら探求されるのは、これらの問いである。

2　災害遺構というメディア

他の災害記憶メディアと較べたとき、災害遺構の特異性は、その公共性と直接性にある。それは口頭伝承・物語・儀式・祭りと違って有形であり、絵画や文字資料と違って場所に根ざしているため基本的には移動させることができない。

場所に根ざし、万人に開かれるメディアとして、災害遺構以外にも記念碑（モニュメント）とミュージアムがある。災害遺構はモニュメントの一種と見なされることもある（大矢根ほか 二〇〇七：一二六）。しかし、災害記憶メディアとして見た場合、両者のあいだには多くの違いがある。記念碑は災害の後に、特定のメッセージ（「慰霊・

鎮魂・伝承・教訓・警鐘・復興・希望」など）を込めて建てられ、それによって災害という出来事にたいする公共的な記憶が言語化される。また、記念碑が建てられた場所の選択には、かならずしも必然性はない。津波碑のように、津波の到達地点を示す場合には必然性があるが、そのような場合でも、寺田寅彦が指摘したように、周辺の土地の再開発などによって風景に埋没し、碑自体が忘れ去られることも少なくない。

それにたいして災害遺構の場合、一般に慰霊や鎮魂といった特定の言葉は明示されず、見る者自身が損壊した建造物を見て、起こった出来事の威力を感じる。また、災害遺構は災害前にそれが存在していた場所で保存される。その場所で災害の威力や程度を示すことに必然性があるからである。もちろんこれらにも例外はあるけれども、損壊した建造物は、風景のなかの異物としてあることで忘却を防ぐ効果を持ちうる。

記念碑と災害遺構の違いは、墓と遺体との違いに似ている。記念碑とは墓のようなものである。記念碑をつくるとき、それにたいする抵抗はあまり生じない。碑を訪れる者は、その前で死者を悼み、祈る。それは、災害によって寸断された時間を結びなおし、ふたたび流れるようにするための象徴的行為である。

それにたいして災害遺構が遺体にも似た不気味さを漂わせているのは、そこに災害のおぞましさが刻印されているからである。保存すれば、そのおぞましさが公共空間で晒され続けることになるために、地域住民のあいだには保存にたいして抵抗が生じる。とりわけ死者を出した建造物の場合はそうである。心を安らかにする記念碑とは対照的に、災害遺構は見る者に衝撃を与え、不安をかき立てる。記念碑の場合、過去の災害と現在の主体とのあいだには十分な距離があり、この距離があるからこそ、主体は災害が過去のものとなったことを再確認し、気持ちを鎮めて祈りを捧げることができる。しかし災害遺構の場合、主体はそのような距離をうまく取ることができない。損壊したおぞましい建造物が、災害の威力を主体にまざまざと見せつけるからである。記念碑が災害によって寸断された時間を結びなおし、ふたたび時間を流れるようにするのと対照的に、災害遺構は流れる時間を中断させ、災害によって寸断された時点に立ち戻らせる。

記念碑をはじめとする災害記憶メディアには、忘却や風化を防ぐのみならず、災害という非日常的な出来事を上手に記憶するという機能もある。被災者は、災害を忘れてはならないという義務と、悪夢のような出来事の重い記憶から解放されたいという願望とのあいだでジレンマに陥る。このジレンマを解消するために、記憶が記念碑に外部化される。それにより、個々の人間は災害の記憶を心の奥底にしまって日常生活を営み、折にふれてそれらのメディアを参照し、記憶を呼び起こすことができるようになる。災害記憶メディアは、災害を個人のレベルではなく社会のレベルで記憶し、個人が必要に応じて記憶を引き出せるようにするための外部記憶装置と言える。すでに述べたように、このような記憶術の難点は、外部記憶装置それ自体が忘却され、結果的に災害の記憶が伝承されなくなることである。

災害遺構も外部記憶装置の一つである。しかしそれは、記念碑やミュージアムと違い、人々に上手な記憶を許さない。その公共性ゆえに否が応にも目につき、その直接性ゆえに否が応にも災害のおぞましいイメージを喚起するからである。それは外部記憶装置でありながら、人々の内部記憶に干渉する。それによって、外部記憶装置それ自体が忘却され、いつしか災害それ自体が忘却されることを防ぐ。

災害の傷跡を生々しく示す遺構を保存して公開することは、少なからず抵抗を生む。その遺構が死者を出した場合にはなおさら、多くの被災者が見たくないと思う。他方で、人々のあいだに遺構への関心が生じるのも事実である。その関心には、災害への理解を深めて今後に役立てたいという知的・道徳的関心と、非日常的光景をのぞき見たいという窃視的好奇心とが入り混じっている。被災地の光景がメディアで繰りかえし報道された後には、たいていその場所に多くの見物客が訪れる。それは被災者の憤慨を引き起こすが、時としてその行為は意図しない結果を生む。中越地震の後、水没した民家を見に来た人の多さが、地域住民に震災遺構の潜在的価値に気づかせ、保存に向かわせるきっかけとなったように、災害遺構は多くの人々の関心を被災地に向けさせることによって、記憶の継承と地域の活性化とに寄与する。それゆえ被災地は、苦肉の策として災害遺構を観光やまちづくりに活用し、復興に役立てようとする。

災害遺構は、このような特徴をもつ災害記憶メディアである。ただし、それを保存しさえすれば、かならず記憶効果が生じるわけではない。たとえば、災害遺構が保存されたものの、その場所が人目に付きにくいようなところで、活用もなされず放置されている場合――そのような場合も現にある――、当然ながら災害記憶を継承することは難しい。立地や周辺環境、活用方法などの条件が揃って、はじめて災害遺構の直接性と公共性とが発揮される。言い換えれば、それらが揃ってはじめて、災害遺構は記憶術たりえるのである。それゆえ近年の大規模自然災害の場合には、災害遺構を記念碑、ミュージアム、公園などと組み合わせ、いわば点から面へと拡張して記憶空間をつくることで、その効果の最大化が図られる。そのような記憶空間の一つの範例が広島である[5]。

3 範例としての広島

丹下健三が設計した平和記念公園には、ミュージアム（平和記念資料館）と記念碑（平和都市記念碑、通称原爆死没者慰霊碑）がある。そして両者を結ぶ軸線の延長上に、戦争遺構の原爆ドームがある。一九四九年の平和記念公園設計協議の際、丹下はみずからの構想する公園が「四つの記念碑的な施設―記念館―広場―祈りの場所―原爆の遺骸」からなることを明言している（丹下 一九四九：四三）。しかし、丹下は最初からこれら四つを含めることを考えていたわけではなかった。

設計競技より前に二度、丹下は広島の復興計画を市に提出している[6]。一度目は一九四七年の広島市復興局宛ての答申であり、このなかで市庁舎とコミュニティ・センター（公会堂・図書館・原爆資料室）を含む計画について述べている。ここには、記念や慰霊のための施設がなかった。当時の丹下は、未来に向けて復興に寄与する建築こそが重要であり、過去を記憶・記念するための建築は不要と考えていた。当時、広島市の復興顧問をしていたイギリス連邦占領軍のS・A・ジャビー少佐が五重塔のような慰霊塔の建設を主張した時、丹下は東京の震災記念堂（現東京都慰霊堂）に彼を案内し、「あなたたちはこのようなものが欲しいのかと激怒した」と記している（丹下 一九五四：七）[7]。ところが翌四八年、浜井信三広島市長にたいして再提出された案には、広場や集会所、国際会議場、原爆資料室などに加えて、前年の案には無かった記念塔が含まれていた。この変化について、丹下は次のように述べている。

> 私たちが考えた広島のコミュニティ・センターは、……広島市民生活再建の中核的な施設であるばかりではなく、さらに、あの広島の記憶を統一のある平和運動にまで展開させてゆくための実践的な機能をもった施設であって、それに加えて、記念塔のごときものの必要を認めなかったのである。
>
> しかし、このような判断にもかかわらず、わたくしの心情は、迷わざるを得なかった。慰霊塔を含む記念塔を、広島の人々が求めていることのなかに意味があるように思えるのであった。無垢の犠牲者を、父や母や、妻や子にもつ広島の人々の希いにたいして、何か慰霊し、祈念するための施設を、ささやかなものであるにしろ、もちたいと感じたのである。（丹下 一九五四：七）

被災者の心情を慮るなかで、丹下の未来志向的モダニズムはいくらか軌道修正され、平和の創出とならんで慰霊もコミュニティ・センターの目的として位置づけられた。そしてこの案が一九四九年の協議案へと練り上げられるなかで、「平和の工場」として位置づけられた平和記念公園に、「祈りの場所」（平和都市記念碑）と「原爆の遺骸」（原爆ドーム）という、慰霊的機能を色濃く持つ場所が組み込まれたのである。

丹下によって平和記念公園の一部として位置づけられた原爆ドームだが、戦後長らく正式な保存の判断はなされず、市議会が恒久保存を決定したのは二〇年後の一九六六年であった。今日、平和記念公園は「平和の創造」と

「慰霊」とを両輪として成り立っており、慰霊碑や原爆ドームはこの空間にとって不可欠のものになっている。

丹下が考案した慰霊碑・遺構・ミュージアム・公園という四つのメディアの組み合わせは、今日では災害の記憶空間の標準的なスタイルになっている。とりわけ3・11以後、震災遺構の認知度が高まるなかで、原爆ドームは遺構の保存・活用の範例として、保存に関わる人々やメディアによってたびたび参照されている。広島平和記念公園は「慰霊と平和の創造」という二つの象徴的にして実践的な機能を意図してつくられたが、災害の記憶空間では、それは「慰霊と復興祈念」として変奏されてゆくことになる。

4　3・11以前の災害遺構

萌芽：濃尾地震

災害の痕跡を保存する試みは昭和初期に始まっている。最初の事例は濃尾地震の断層である。一八九一（明治二四）年、マグニチュード8・0（推定）の巨大地震が発生し、死者約七二〇〇人、全壊家屋約一四万戸という被害をもたらした。一九二七（昭和二）年、この地震によって出現した根尾谷断層（岐阜県根尾村、現本巣市）が災害関連地として初めて天然記念物に指定された。他にも昭和新山（一九五一年天然記念物指定）など、災害の痕跡が文化財として保存される事例は、昭和期から見られる。ただし、これらはいわば「点」としての保存であり、平成期に見られるような、複数の記憶メディアを組み合わせて「面」を構成する試みはまだなかった。また、文化財として保存されるのは災害によって変形した地表の一部（断層、新山）であり、建造物が保存対象となることもなかった。

時間の経過とともに、根尾谷断層は雑草に覆われて風景に同化し、人々から忘れ去られていった。災害を記憶するメディアそれ自体が忘却されるという事態が、ここでも起こったのである。一九七四年には同地に鉄道を敷設する計画が持ち上がるが、日本地震学会が保存を主張したことを機に、根尾村は過疎化対策として保存に動き始めた。濃尾地震一〇〇周年にあたる一九八八年、根尾村は断層を観光資源として活用するべく整備し、併せてミュージアムを開設した。

これら一連の経緯は、一寒村で見られた些細な事例にすぎないように見える。しかし日本における災害記憶史を振り返るとき、この事例はわりあい重要である。なぜならそれは、今日一般的な災害の記憶空間の形成過程を萌芽的に示しているからである。災害遺構については、保存か解体かをめぐってしばしば住民の意見が分かれるが、最終的に保存が選択されるのは、多くの場合、遺構の保存・活用をつうじた地域の再開発という道筋が示され、関係者間の合意が形成されることによってである。後述する事例の多くも、これと同様の経緯を辿っている。今日の災害遺構保存の条件は、記憶の継承と地域の活性化という二つの目的が関係者間で共有されることだが、その萌芽をすでにこの事例に見ることができる。

誕生：雲仙普賢岳噴火

「災害遺構」という言葉のもとに被災建造物が保存されたのは、雲仙普賢岳噴火（長崎県島原市、一九九〇〜一九九一年）にかんするものが最初である。新聞でこの言葉が用いられたのも、このときが初めてである。記事の数はわずかであり、これを契機に災害遺構にたいする認識が社会に広まったとは言えないが、災害遺構を含む記憶空間はここから本格的に始まった。

保存されたのは、小学校校舎や民家などである。小学校が保存対象として選ばれる事例は各地に見られるが[8]、保存された旧大野木場小学校も明治創立の長い歴史を持つ学校であり、被災後に住民から地域生活のシンボルとして保存を望む声があがった。この保存運動の背景にあったのは、観光客の減少という現実である。地元の島原市では、地震後には宿泊客が減って日帰り客が増えており、温泉観光地であった雲仙での火山噴火は、地元の観光産業に大

図2　雲仙普賢岳の被災民家

きなダメージを与えた（一般社団法人島原半島観光連盟二〇一五）。そこで観光業界の人々は火山学者など専門家の協力を得つつ、火山と共存する観光促進を目指し、その一環として災害遺構も地域資源として保存されるに至った（高橋二〇〇〇）。保存された民家は道の駅の一角にあり、車で道の駅に訪れた人々が併せて被災民家を見学することができる（図2）[9]。つまり、先述の根尾谷断層と同様、遺構の活用による観光促進が、保存を決めた理由であった。保存された遺構では死者が出なかったため、保存・活用への住民の抵抗は比較的少なかった。雲仙噴火をめぐっては、災害遺構に加え、慰霊碑・ミュージアム・公園もあり、記憶空間の四つのメディアが揃っているが、広島のように一つの場所にすべてのメディアが集中するのではなく、地域内の異なる場所に点在している[10]。

周縁化：阪神淡路大震災

阪神淡路大震災（一九九五年）の記憶空間として、モニュメントやミュージアム「人と防災未来センター」、公園（震災復興記念公園、通称みなとのもり公園）などがあるが、特徴的なのは、モニュメントの多さである。地震から

図3　神戸港震災メモリアルパーク

四年後の一九九九年に五五あったモニュメントは、二〇一〇年には二八八にまで増えている。それらの中心に位置するのは、神戸市東遊園地公園にある「慰霊と復興のモニュメント」であり、この場所では毎年、地震の起こった一月一七日に「阪神淡路大震災1・17のつどい」が行われている。このように、阪神淡路大震災の記憶においてはモニュメントが重要なメディアとなっている（cf. 今井 二〇〇一）。

対照的に、震災遺構の存在感は薄い。目立つものとして神戸港震災メモリアルパークがある。これは被災して大きく損壊したメリケン波止場の岸壁をそのままの状態で保存したものであり、神戸市内で保存された公共性を持つほとんど唯一の震災遺構である（図3）。細かく見れば、これ以外にもかなりの数の遺構が保存されてはいるが、その多くは人目を引くような保存・活用がなされていないため、観光客はもちろん、地域住民にさえあまり知られていない。ここでもやはり、災害を記憶するためのメディアそれ自体が忘却されている。

神戸における震災遺構の周縁化を象徴するのは「神戸の壁」である。これは神戸市長田区にあった公設市場の防火壁だが、神戸大空襲と阪神淡路大震災に耐えて残ったことで、人々から保存を求める声が高まった。しかし壁の撤去を望む声もあり、別の場所に移築された後、二〇〇九年に淡路島の北淡震災記念公園に再移築された。

この北淡震災記念公園には、断層（野島断層）と被災家屋が保存され、そこを含む一帯が公園として整備されている。公園内には慰霊碑やミュージアムもあり、加えて「神戸の壁」が移築保存されており、四つのメディアが一か所に揃う集約型の記憶空間となっている。

二〇一五年に神戸新聞が震災遺族を対象に行ったアンケートによると、「震災遺構をもっと残すべきだったと思いますか」という質問にたいし、「残すべきだった」と回答した人が全体の二五％、「残すべきではなかった」が六・四％、「その他・わからない」が四四・七％となっている（神戸新聞二〇一五年一月九日）。半数近くの人が「その他・わからない」と回答しており、保存か解体かを選ぶことの難しさをうかがわせるが、選んだ人のなかでは大部分が保存を選んでいる。これは、3・11以後に震災遺構への認知度や関心が高まった結果と考えられる。

災害遺構の保存・活用による復興を目指した多くの被災地と異なり、神戸は遺構を解体して復興を進め、いくつかの遺構が周縁的な場所でひっそりと保存されるのみであった。

展開：中越地震と熊本地震

二〇〇四年の中越地震（新潟県）の翌年に発表された「新潟県中越大地震復興計画」では、復興の基本方針の一つとして「震災の経験と教訓の継承・発信」が挙げられ、そのなかで震災メモリアル拠点の構想が示された。この案がさらに練り上げられ、二〇一一年にメモリアル回廊として結実した。この回廊は四つの施設と三つのメモリアルパークからなり、後者にはそれぞれ遺構が含まれる。妙見メモリアルパークには土砂に埋もれた車が、木籠メモリアルパークには水没した民家が、震央メモリアルパークには震源地があり、いずれの場所でも死者は出ていない。とりわけ木籠地区の水没民家はメディアによってたびたび報道され、中越地震でもっとも有名になった場所の一つである。当初、住民は水没した民家を見るに忍びないとして撤去を求めたが、多くの見物客が訪れ、遺構の地域資源としての可能性に気づいた木籠区長を中心に整備が進められた。ただし、恒久保存が決定されたわけではなく、かといって撤去も技術的に難しいため、暫定的存置という状態である。

四つの施設はミュージアムとしての機能に加えて、地域住民の交流の場としての機能も併せ持つ。これは、復興のためには地域全体の活性化が必要との考えによっている。また、四つの施設と三つのメモリアルパークはそれぞれ別の場所に点在しているが、「回廊」として結びつけることで周遊性を持たせ、記憶の伝承をより効果的に進められるよう設計がなされている。中越地震の被災地の多くは雲仙や有珠山のような観光地ではなく過疎地であるが、そのような地域で遺構の保存・活用による復興が目指されたのは、少子高齢化や人口減少などの構造的な課題に直面する過疎地において、地域の活性化なくして災害からの復興もないと考えられたからである。遺構が観光・地域資源として「発見」されたことが、保存につながったのである。

二〇一六年の熊本地震は、3・11後に起こった初の大規模自然災害である。この地震の後にも、3・11のときとおなじ後悔が語られた。この地では江戸期や明治期にも大地震があり、それを記録する文書や絵画などの記憶メディアも残されていたが、やはりいつしかそれらの存在自体が忘れられていった。その結果、二〇一六年の地震を「想定外」のかたちで経験することになったのである。この反省をふまえ、震災ミュージアム構想を作成した有識者会議は、記憶の風化を防ぐために震災遺構の保存・活用を構想に盛り込んだ。同会議の報告を受けて熊本県が発表した震災ミュージアムの基本方針では、中越メモリアル回廊と同型の記憶空間が計画されている。

3・11以前の災害の記憶空間

これまで述べてきたことをふまえて、3・11以前の災害遺構とそれを含む記憶空間について、次の三点を指摘することができる。

第一に、火山噴火・地震によって変形した地表（断層や新山）については、昭和初期から文化財（天然記念物）として保存されているが、被災建造物が災害遺構として保存されたのは雲仙普賢岳噴火のときが最初である。遺構以外にもミュージアムや記念碑、公園もつくられ、個々の点が面へと拡張され、記憶空間が形成されていった。それ以降の大規模災害後の後にも、四つの災害記憶メディアを軸とする記憶空間がつくられており、点在型と一体型の違いはあれ、今日ではそれらは災害の記憶空間の標準的な構成となっている。

第二に、都市（神戸市、熊本市）よりも地方のほうが、災害遺構保存に積極的である。災害遺構は、被災者を記憶の継承と記憶からの解放とのあいだでジレンマに陥らせる。後者をある程度犠牲にしてでも前者のために保存が選択されるのは、しばしば遺構が地域の活性化ひいては復興に資すると見なされるときである。そしてそのような考えに至るのは、もともと地域資源に限りがあり、災害後に遺構の資源的価値に気づいた地方のまちであり、それにたいして資源を豊富に持つ都市は、あえて災害遺構に依拠した復興を目指そうとはしない。

第三に、災害遺構として選ばれるのは、ほぼすべて死者の出なかった建造物である。これは、保存にあたり遺族や住民に辛い記憶を呼び起こさせないための配慮である。

このような災害の記憶空間は、3・11によって変わっただろうか？

5　3・11と震災遺構

震災遺構の普及

震災から二年ほど経過し、復興が本格化して多くの被災建造物が撤去・解体されるにともない、震災遺構保存をめぐる議論も活発になされるようになった。ただし、それは災害を記憶するための新たなメディアとして注目されたものの、すんなりと受け入れられたわけではなかったし、今なおそうである。二〇一四年に読売新聞がおこなった全国世論調査のなかに、震災遺構の保存の是非にかんする質問がある。「残した方が良い」と回答した人は全体の四二％、「そう思わない」が四八％で、拮抗しているものの、反対派のほうがいくらか多い。東北地方の回答者だけに限定すると、「そう思わない」が六二％で三分の二近くになる（読売新聞二〇一四年三月七日）。この結果を見るかぎり、被災者の多くは遺構保存に否定的であるように見える。しかし、宮城県石巻市の震災伝承検討委員会が市民を対象に行ったアンケート調査では、六四％の住民が遺構を保存すべきと答え、二六％が必要ないと答えている（木村 二〇一五：一五）[11]。また、後述する大川小学校の保存をめぐる住民の意見でも、賛成が反対を上回ることもあった。このように、複数の調査でまったく異なる結果が示されており、震災遺構保存にたいする被災者の思いも複雑に揺れていたことがうかがえる。

3・11の記憶空間は、それ以前のものと較べて、実はかなりの部分で似ている。先に述べた災害記憶空間の三つの特徴は、3・11の多くの場合についても当てはまる。しかし、少なくとも二つの点で違いが見られる。一つは、災害の記憶が国家レベルで義務化されるなかで、遺構保存がいっそう包括的に推進されたことであり、二つは、死者の出た遺構が保存されたことである。

災害記憶の義務化

二〇一二年、災害対策基本法が改正され、「過去の災害から得られた教訓の伝承……により防災に寄与する」ことが国や地方公共団体、さらには地域住民の責務として明記された（第七条第三項および第八条第二項第一三号）。これはあくまで努力義務であるが、災害の記憶が法律に義務として明文化されたことの意味は小さくない。それがさまざまな災害記憶メディアの整備・活用を進めるうえで法的根拠を提供することになったからである。

二〇一三年、復興庁は被災自治体による震災遺構保存への支援方針を発表した。災害遺構保存への国の支援は3・11が初めてではないが[12]、政府が方針を定め、体系的支援をおこなうのはこれが初めてである。支援の意図について、この方針では「震災遺構は、3・11の津波による惨禍を語り継ぎ、自然災害に対する危機意識や防災意識を醸成する上で一定の意義があるほか、今後のまちづくりに活かしたいとの要望も強い」と述べ、①復興まちづくりとの関連性、②維持管理費を含めた適切な費用負担のあり方、③住民・関係者間の合意が確認されるもの、という三つの条件を示し、この条件を満たした場合、各市町村につき一か所にかぎり、復興交付金により支援することを明言した（復興庁「震災遺構の保存に対する支援について」）。ここで「まちづくり」という言葉が二度用いられているように、3・11以前の災害遺構保存を導いたのとおなじ論理（記憶の継承と地域の活性化）を、ここにも見ることができる。[13]

これまで自治体レベルでつくられてきた災害の記憶空間が国レベルでつくられるのも、3・11の場合が初めてである。二〇一四年、政府は福島・宮城・岩手の三県に「国営震災復興祈念公園」をつくることを閣議決定した。祈念公園の目的として、①東日本大震災による犠牲者への追悼と鎮魂、②震災の記憶と教訓の後世への伝承、③国内外に向けた復興に対する強い意志の発信、の三点が挙げられている（復興庁「「国営追悼・祈念施設（仮称）」の設置に関する閣議決定について」）。三つの公園はいずれも、敷地内またはすぐ近くに震災遺構・記念碑・ミュージアムを備え、一体型の記憶空間として構想されている。[14]

震災遺構の臨界点

3・11以前も以後も、災害遺構として保存される建造物のほとんどは、災害時に死者を出さなかったものである。しかし3・11の場合、死者を出した建造物が保存される例が、わずかながら存在する。宮城県南三陸町の防災庁舎と同県石巻市の大川小学校である。[15]

宮城県南三陸町の防災庁舎は、最後まで防災無線で避難を呼びかけ続けた職員をはじめ、四三人が犠牲となった場所である。同舎の保存をめぐって遺族や地元住民の意見は分かれ、町役場の対応も揺れた。二〇一三年に復興庁

図4　さんさん商店街から防災庁舎を眺める人々

が震災遺構保存への支援を表明し、さらに翌年、宮城県震災遺構有識者会議が同庁舎を「原爆ドームにも劣らないインパクトと印象を与える」（宮城県震災遺構有識者会議 二〇一五）と述べ、震災遺構としての価値を高く評価したが、それでもなお遺族間で賛否が分かれたため、県は震災から二〇年後の二〇三一年まで県有化し、暫定的に保存することにした。原爆ドームの恒久保存が市議会で正式に決定されたのが原爆投下から二〇年後の一九六六年であり、その例に倣ったわけである。防災庁舎のあった志津川地区は、もともと住宅と商店が混在する地域であったが、津波によって地区全体が壊滅的な被害を受けたため、住宅は高台に移転し、沿岸部の平地に盛り土をしたうえで店舗等を再建する復興計画が決定された。生活の匂いが消えた沿岸部に賑わいを取り戻すために、川を挟んで防災庁舎の対岸に盛り土でかさ上げして「さんさん商店街」がつくられた。今日、この商店街に観光客が訪れ、飲食や買い物を楽しむ合間に対岸の防災庁舎を眺める光景が見られる（図4）。

同県石巻市の大川小学校では生徒七四人、教職員一〇人が死亡・行方不明となった[16]。同校の保存をめぐっても、地元住民の意見は分かれた。市が実施した調査で保存賛成が反対を上回ったことも、その逆の場合もあった。同校の元生徒有志による保存運動

図5　大川小学校（2018年8月）

もなされた。こうした経緯をへて、二〇一六年に市は正式に保存を決定した。大川小学校のある釜谷地区では震災後に多くの住宅が移転したが、もともと住宅街だったため、志津川地区のように商業施設がつくられることもない。震災前にあった多くの建造物が取り払われ、広々とした場所に佇む小学校が、起こった出来事を厳粛に伝えている。二〇一七年現在、同校の校舎を現状保存する震災伝承ゾーン、その横に慰霊碑を中心とする祈りの場をつくる案が検討されている（朝日新聞二〇一七年一月二〇日、図5）。

3・11以前の災害遺構も3・11の震災遺構も、保存されたのがほぼすべて死者の出なかった建造物であったことを考えると、防災庁舎と大川小学校の保存（前者は暫定的だが）がいかに異例の選択であるかがわかる。他の被災地が死者のいなかった遺構を選んだのは、災害記憶のジレンマ――記憶することの義務と記憶から解放されたいという願望との葛藤――を克服するためである。この選択は十分に理解できるものであるけれども、井出（二〇一六）も指摘するように、死者の出なかった遺構のみが保存されると、「大災害があったけれども人々は助かった」というメッセージとして見る人に受け止められ、現実にあった犠牲や将来の危険が十分に認識されないことになりかねない。死者の出た遺構を保存することは、記憶からの解放をあえて犠牲にしてでも、記憶の義務を果たそうとすることである。

福島第一原発：生成する遺構

災害としての3・11の特異性は、地震・津波・原発事故という三種の災害が連鎖的に起こった点にある。しかし、震災遺構として保存されるものは、ほぼすべて地震・津波によって損壊した建造物である。原発事故の遺構を考えるとすれば、何よりもまず福島第一原発の爆発した原子炉建屋になるだろうが、数十年にわたって続く廃炉作業の最終的なかたちとして、建屋を石棺化するのか（チェルノブイリのように）、解体撤去して更地にするのか、それともそれ以外のかたちをとるのかについて、東電の公表した廃炉ロードマップ（「福島第一原子力発電所の廃止措置に向けた中長期ロードマップ」）でも明言されていない。福島県につくられる国営復興祈念公園の建設案でも、遠方に第一原発を臨む空間構成が計画されているが、第一原発そのものについては語られていない（復興庁・福島県「福島県復興祈念公園 基本計画」二〇一八年）。

このような状況のなかで、この未曾有の事故の記憶をいかに継承するかが問われることもそれほど多くないが、それでもいくつかの案が何人かの論者によって示されている。とりわけ多くの注目と賛否を集めたものとして、建築家・宮本佳明の「福島第一原発神社」（二〇一二年）と、批評家・東浩紀らの「福島第一原発観光地化計画」（二〇一三年）とがある。事故からそれほど時間が経っていない段階で発表されたこれらの案は、すでに現状と合わない部分もある。にもかかわらず、それらは今なお貴重である。いまだ問われることさえ稀な原発事故の記憶の継承について、これらの案は早くから追求していたからである。

宮本佳明の「福島第一原発神社」は、建屋に木造屋根をかけ、それを神社にすることを提唱したものであり、その模型が二〇一二年の「会津・漆の芸術祭」および翌年の「あいちトリエンナーレ 2013」で展示された。放射性物質が無害になるまで一万年（あるいは一〇万年とも言われる）という途方もない時間を要する。数十年でさえ、災害経験の継承を妨げるに十分な時間であるのに、一万年ともなれば、継承の前提となる言語や文化が変化している可能性や、あるいはそもそも人類が違う生物に進化している可能性さえある。はたしてこのようなコミュニケーションは可能なのか――これこそが原発の提起する人類史的問いである[17]。それを可能にするべく、宮本は「敬しても、近寄ることは許さない、荒魂を祀るアイコンとしての和風屋根」を被せて建屋を神社へと造りかえることを提唱する[18]。つまり神聖な場所にたいする人々の畏怖の念に訴えかけることで、放射性物質の危険性を後世に伝えようとするのである。

有毒な放射性物質を封じ込めて途方もなく長期間にわたって保存することは、たしかに宗教的想像力をかき立てるところがある。人間がみだりに近づけば祟りや災いをもたらしかねない人智を越えた力を限定的な空間に囲い込み、特殊な観念や儀礼をつうじてのみ接近可能な聖なるものにするというのが、古代より人間が行ってきた宗教という営みだからである。

しかし記憶のメディアとして見たとき、建屋の聖化が有効であるのは、近代以前と同様の社会構造があるかぎりにおいてであるように思われる。聖と俗との境界が明確にあり、その境界と、それにまつわる規定が遵守される社会でなければ、メッセージを有効に伝えることはできないだろう。近代社会は、それ以前にありえたような境界と規定を、すでにかなりの程度失っている。建屋を神社にすることは、古代社会の方法に倣って、人智を越えた自然の圧倒的な力から人間を隔離し、その力を制御しようとすることである。しかし、近代社会において自然を制御するのは科学技術であり、損壊した建屋は高度な科学技術によっても制御しきれない自然の力を示す痕跡である。聖なるものがさまざまなかたちで俗化される現代において、自然の力を「敬して遠ざける」ために神社がつくられたにもかかわらず、いつしかその意図が忘れられ、そのなじみ深い文化的意匠のために逆に人々がそこに近づきたいという欲望を抱くようになるかもしれない。文化的意匠を施して聖化するよりも、ありのままに保存し、科学技術の力とその限界を示す場とするほうが、建屋は放射能という特異な自然の力を示す痕跡として存在し続けることができるように思われる。

宮本が福島第一原発を聖化し、人々をその場所からできるかぎり遠ざけることで、その危険性を未来に伝えようとするのにたいし、東浩紀らの「福島第一原発観光地化計画」は、逆にそれを徹底して俗化しようとする。この計画は、遺構保存や博物館設置ではなく、観光地化を目指すものであるが、観光地化を目指すのは、事故の風化に抗うためとされる（東 二〇一三：一七―二〇）。事故の記憶を継承するためには、多くの人々が現地を訪れなければならない。そして多くの人を現地に訪れさせるための仕掛けとして、観光の持つ力を最大限に活用する――これがこの計画の意図である。

この計画では、事故から二五年後の二〇三六年に、第一原発から南に二〇キロメートルのところにあるスポーツ施設「Jヴィレッジ」の場所に「ふくしまゲートヴィレッジ」を建設することが構想されている。Jヴィレッジは近い将来に再開される予定であり、この計画がそのまま実現する可能性は既にないが、それでもそれは、従来の災害記憶空間の型に収まらない、新たな空間を提起したものとして貴重である。

図6　ふくしまゲートヴィレッジの模型図

ふくしまゲートヴィレッジは、さまざまな建造物が集積する複合的な場として構想されている。敷地外の第一原発と敷地内のモニュメント「ツナミの塔」およびエントランスホールとを結ぶ直線を軸線とし、その軸線の左右に二つのドームが位置する。一方は「ミュージアムドーム」と呼ばれ、そのまわりには複数のパビリオン型建築があり、そこに研究教育機関が入る。他方は福島の海岸線を再現したリゾート施設「リカバリービーチドーム」であり、その後方にはショッピング・モールやホテルが入るビルが並ぶ。そしてエントランスホールから軸線をさらに延長したところには「ネオお祭り広場」がある（図6）。

遺構やモニュメント、ミュージアムを組み合わせること自体は、他の災害記憶空間と同じである。この場所を他の空間と大きく異なるものにしているのは、ビーチドームやショッピング・モールなど種々の娯楽施設が組み込まれている点である。事故と観光とをつなぐこの計画は、ともすると悲劇の商品化・見世物化と受け止められかねず、実際に批判も少なからず寄せられた。しかし注意しなければならないのは、これまで見てきたように、観光と絡めて災害記憶の継承を図ることは、現にさまざまな被災地で行われているということである。それは、地域の活性化をともなわずして災害復興は難しいとの認識があるからである。3・11の被災各地でも、地域の観光地化は住民自身によって行われている。たとえば南三陸町ではさんさん商店街以外にも、被災箇所を歩きながら被災体験を有料で観光客に語る「まちあるき語り部」も行われている。被災地が「災害ツーリズム」や「復興ツーリズム」といった名称のもと観光を推進することは、今日ではよく見られる光景である。観光用語を用いるならば、それは、従来型の観光――レジャーや消費目的で訪れる都市（発地）の観光客のニーズに合わせた観光――ではなく、観光客を受け入れる地域（着地）自身が、地域の独自性を資源として観光化する着地型観光の一種と言える。

この計画の問題点は、そこで前提とされる観光が、被災地と共存可能な着地型観光（だけ）ではなく、従来型の（発地型）観光である点にある。そのような観光を肯定する帰結として、怖いもの見たさで来るような軽薄な観光客や、事故に知識も興味もなく、レジャーや消費目的の観光客をも、あえて受け入れるとされる。その理由は、この観光地化によって多くの人々が現場を訪れ、事故に関心を向けるようになり、結果的に記憶の継承が可能になるからである。

たしかに、災害ツーリズムや復興ツーリズムのような着地型観光のみでは、その中長期的な帰結はある程度予想できる。訪問者の大部分は、高い問題関心や多くの知識をすでに持っている少数の「まじめ」な人か、学校や会社などの研修旅行で非自発的に参加する人々となり、研修旅行が制度化でもされないかぎり、その数は災害から時間が経過するにつれて減少するだろう。そうなれば、災害の忘却を防ぐためにつくられたメディアそれ自体が忘却されるという事態が、ここでも繰り返されることになるだろう。このような事態を避け、多くの人に事故を知らしめるために、あえて「不まじめ」な観光客も肯定する東らの意図は理解できるものである。

しかしこの戦略の限界も、やはりある程度予想できるように思われる。原発事故にかんするレジャー型の観光地をつくるということは、いわば原発事故のテーマパークをつくることである。移り気な都市の消費者を飽きさせないために、テーマパークの内部はたえず再編され、大規模な集客を維持し続けるのに必要とあれば、当初のテーマが変更・修正されることさえあるだろう。ふくしまゲートヴィレッジの参照事例の一つであるスパリゾートハワイアンズ（かつての「常磐ハワイアンセンター」）は、ハワイをテーマとしたリゾート施設だったが、ハワイが日本人にとって珍しくなくなるにつれて観光客が減少し、それに対応するためにハワイ以外のテーマも取り入れていった。長崎のハウステンボスでも、同じような経緯で、当初のオランダというテーマを今日では完全に周縁化されている。ふくしまゲートヴィレッジも、観光客のニーズに合わせ続けるために、肝心の原発事故というテーマが周縁化されかねない。

九〇年代にスコットランドの研究者によってつくられた「ダークツーリズム」という用語も、東らのグループ、とりわけ観光学者の井出明によって広められた（Lennon & Foley 2000; 井出 二〇一三）。しかし、「災害ツーリズム」や「復興ツーリズム」と違い、被災地の人々が自らこの名称を用いることは、管見のかぎりではない。この新たな用語が新たな観光需要を喚起し、記憶の継承と地域の活性化とに寄与する一方で、ある地域に起こった出来事を「ダーク」と表象することには、その地域に一種の風評被害をもたらすリスクもある。

つまりこの計画の問題点は、記憶の継承と観光とを結びつけた点にあるのではなく、被災地と共存可能な観光よりも観光客を大量動員できる消費志向の観光を重視し、そこに記憶の継承というテーマを組み込もうとした点にある。たしかに、観光客が被災地を訪れる前後にレジャーや買物を楽しむことはよくあることであり、消費への欲望を満たす施設があったほうが、より多くの観光客を集客できるだろう。しかしそれは、災害の記憶空間と消費空間とを同じ場所につくる理由にはならない。同じ場所で異質なものを組み合わせるからこそ得られる創発効果——レジャーや消費目的で訪れた「軽薄な」観光客がたまたま原発事故について知る（ことで事故にたいする理解の裾野が広がる）——も、あるにはあるだろう。しかしおそらくはそれ以上に、原発事故が周縁化されるリスクのほうが高いように思われる。二つの空間を別の場所につくり、運営主体も分けたほうが、両立可能になるだろう。別々に食べればそれぞれ美味しく、また人体に有益な食べ物どうしを同時に食べれば消化不良を起こすことがあるように、記憶空間と消費空間とは食い合わせが悪いのである。

東らの計画は遺構保存ではなく観光地化を目指すものである。しかしこの計画には遺構の保存（と活用）案も含まれている。ふくしまゲートヴィレッジがつくられる二〇三六年には、廃炉作業が完了した四号機は爆発直後のかたちに復元され、残りの三つでは廃炉作業が進行中と想定されている。ツアー参加者は防護服を着たうえで、建屋から離れたところにある観察施設からそれらを見学し、デバイスを使って事故時の諸状況を追体験できる。

そもそも原発事故の遺構とは奇妙な存在である。災害遺構とは、被災「後」に遺された建造物のことであるが、原発事故の場合、廃炉作業が続く（そして放射能の危険が十分に制御・除去されない）かぎり、災害は続いているとも言えるため、被災「後」を語ることが難しい[19]。爆発直後から廃炉作業が終わるまで、建屋にはさまざまな手が加えられるが、どの段階のものを遺構と呼ぶべきなのだろうか？　事故の衝撃をもっとも直接的に伝えるのは爆発直後の建屋だろう。他方、廃炉作業が続くかぎり災害は続いており、その作業のためになされる人為的改変も災害を伝える重要な要素とするならば、廃炉完了後の建屋が遺構になるだろう。そして前者はすでに存在しない。発生から収束までに要する長い時間をつうじて、原発事故の遺構は生成し続ける。放射性廃棄物の専門家として事故直後から内閣官房参与を務めた田坂広志は、東らの福島第一原発観光地化計画について、「「昔、こんなことが起こった」という形で「過去を振り返る」ツアーにするのではなく、「今も、こんなことが起こっており、将来、何が起こるか」という形で「現在と将来を見つめる」ツアーにするべき」と述べている（東 二〇一三：八八）。福島第一原発事故の記憶空間があるならば、それは過ぎ去った過去の出来事ではなく、過去から現在、さらには未来にかけて起こり続ける出来事を記憶するためのものとなるだろう。

6 「3・11を忘れない」ことはいかに可能か

今日、3・11からすでに一定の年数がたち、「震災を忘れない」ということがさまざまに語られている。しかし震災時に痛感されたのは、「天災は忘れたころにやってくる」ことだった。時間の壁に阻まれ、忘れてはならないはずのことが現に忘れられてきたのである。そうであるならば、長期間にわたって「震災を忘れない」ことが、実際にどのようにすれば可能なのかを問う必要があるはずである。

震災遺構は、この問いに答えるために見出された新たな災害記憶メディアである。それは一目で災害の脅威を伝える直接性と、万人に開かれる公共性をもつため、記念碑やミュージアムにはない記憶の継承効果を発揮する。そして災害遺構を記念碑、ミュージアム、公園などと組み合わせ、「慰霊と復興祈念」というメッセージを伝える記憶空間にすることで、継承効果の最大化が図られる。遺構の保存をめぐって、しばしば住民間で賛否が分かれるが、保存が選択されるのは、関係者が遺構に記憶の継承と地域の活性化に資する効果があると認めるときである。ただし、そこで保存されるのは、ほとんど死者の出なかった遺構である。その選択は、災害記憶のジレンマを克服するためである。

3・11の震災遺構保存をめぐるこれら一連の経緯は、それ以前の場合とかなりの程度似ている。3・11以後に震災遺構にかんするメディア報道が急増し、震災遺構にたいする認知度が飛躍的に上がったために、それは3・11以後に現れた新しい現象のように見えるが、災害の記憶メディアおよび記憶術としては、平成期をつうじて見られたものとかなり共通している。この点から見れば、一〇〇〇年に一度と言われる大災害にもかかわらず、災害記憶のあり方はあまり変化しなかったと言える。これはある意味で当然とも言える。災害の規模や程度から見れば一〇〇〇年に一度の災害だとしても、被災者は必ずしもそのような視点で災害を捉えるわけではなく、家族や故郷の喪失など、みずからの被災体験をもとに捉えるからであり、その体験を記憶する仕方は、災害の規模や程度によって変わらないだろうからである。

しかし3・11以後、メディアでたびたび報道された結果、震災遺構という記憶メディアが広く知られるようになった。遺構保存をめぐっては未だ賛否が分かれることが多く、当然の選択として広く受け入れられるようになったわけではないけれども、災害を後世に伝えるための選択肢の一つとして知られるようになった。そして、多くの被災地で震災遺構が保存され、被災地の風景の一部——ただし風景のなかの異物として——になりつつある。また、死者の出た遺構が保存される事例がわずかながらあった点も、3・11以前と異なる点である。死の事実を含む遺構を公共空間で保存し、被害の大きさを可能なかぎりありのままに伝えること。それによって最大級の警鐘を未来に鳴らすこと。これらの点で、防災庁舎と大川小学校は日本における災害記憶のあり方を変えつつある。二つの遺構が原爆ドームに準えられるべきであるとすれば、それはこの点においてだろう。

3・11を他の自然災害と決定的に異ならしめる原発事故については、未来においてつくられるであろうその記憶空間——事故の重大性を考えれば、それがつくられるのは確実と思われる——は、起こった出来事を事後的に振りかえる場ではなく、過去から現在、そして未来にかけて起こり続ける出来事を見つめる場となるだろう。しかしそれがどのような記憶メディアによってなされるのか——当初の形から大きく変形した建屋が遺構として遺されるのか、それとも更地になった跡地または別の場所に記念碑やミュージアムが建てられるのか——は、まだわからない。

もちろん、災害遺構を保存しさえすれば記憶がかならず継承されるわけではない。災害を記憶するためのメディアが忘れられ、その結果災害そのものが忘れられるという事態が災害遺構の場合にも起こりうることを、各地の打ち棄てられた遺構が示唆している。災害が人間を超える自然の力の顕在化だとすれば、災害の風化は人間を超える内なる自然の力――忘却――の顕在化である。しかし、そこから導き出されるべきは、「どのような手段を講じても結局風化は避けられない」という宿命論ではなく、どのような記憶空間をつくれば記憶効果を最大化することができるか、という新たな問いである。災害の反復は宿命だとしても、その被害の反復はそうではない。過去の災害を記憶し、未来に備えることで、起こりうる未来の被害を変えることができるのだから。

註

(1) 正確に言えば、この句そのものは寺田の文章には見当たらない。ただし、これと同じ意味のことは何度か述べられており、一例として以下のような一文がある。「その主なる原因は、畢竟そういう天災がきわめて稀にしか起こらないで、ちょうど人間が前車の顚覆を忘れたころにそろそろ後者を引き出すようなことになるからであろう」(寺田 二〇一一:一四)。「災害は忘れたころに……」の句は、寺田の死後、弟子の中谷宇吉郎が寺田の言葉として朝日新聞で紹介してから知られるようになった。

(2) 例として、「稲むらの火」の逸話で知られる和歌山県広川町の「津浪祭」がある。

(3) 災害遺構の対象に、人災による遺構も含めることができるだろう。チェルノブイリの遺構や、飛行機や列車の事故現場の遺構などが、それに該当する。後述する福島第一原発の事故もそれに含まれうるが、地震に起因する遺構という意味では、震災遺構に含めることもできる。他方、戦争遺構については、戦争を災害と見なすことが難しいため含めない。

(4) 比較対象として「火山遺構」および「噴火遺構」でも調べたが、一貫して数がきわめて少ないので、ここでは省略している。

(5) 場所と結びついた記憶を語るときに想起されるのが、ピエール・ノラの「記憶の場」である。同名の壮大な論集で、この用語はフランスの国民的記憶を担うさまざまなもの――国旗・国歌などの国家的象徴からツール・ド・フランスやガストロノミーなど民衆生活に根差したものまで――に適用されている。ここからわかるように、この概念は、その言葉が直接連想させるイメージに反して、物理的な場所と結びついた記憶だけを対象とするものではない(ノラ 二〇〇二:一八―一九)。記憶の場は、地理的な場所と関連しないものも含まれ、そしてその記憶はもっぱら国民的なものを対象としているために、ここではこの用語を用いない。

(6) 以下の議論については千代(二〇一二)を参照。

(7) なお、この震災記念堂がある横網町公園内には復興記念館もあり、それらがつくられたのは一九三〇年から三一年にかけてである。記念館の横には震災で溶解した工場や機械、道具類の断片を屋外展示する「震災記念屋外ギャラリー」があるが、このギャラリーに展示されているのは遺構ではなく遺物である。

（8）たとえば、三宅島噴火の遺構として阿古小中学校が保存されているし、後述するように、東日本大震災の遺構としても学校がしばしば選ばれ、しかも住民や生徒自身が保存を望んだ例が見られる。学校が地域の拠点として住民生活に深く根差しているがゆえと言えるだろう。

（9）本章で使用する写真はすべて筆者撮影のものである。

（10）二〇〇〇年の有珠山噴火（北海道）についても災害遺構を含む記憶空間があるが、空間の形成過程や空間の構成など多くの点で、雲仙噴火の記憶空間と似ている。

（11）遺構保存を必要と答えた人の内訳を年齢別に見ると、一〇代が遺構保存を最も望んでおり、その割合は七七％だったという。大川小学校や大槌町役場などでも地元の若者が遺構保存に動いた例があったことは、この結果をさらに裏づける。

（12）雲仙普賢岳の旧大野木場小学校を保存するにあたり、工事費の九割は国（建設省：当時）が支出している。また、中越メモリアル回廊の費用の一部も国が負担している（朝日新聞二〇一三年一一月三〇日）。

（13）この支援によって最初に保存されたのが、岩手県宮古市のたろう観光ホテルである。宮古市復興推進課への電話インタヴューおよび朝日新聞二〇一三年一一月一六日・一一月二九日の記事によれば、宮古市は復興計画にもとづいて二〇一一年冬に同ホテルの保存を決定し、その後保存費用として復興庁に復興交付金を申請した。同庁は当初、被災者の住宅整備など生活支援を優先すべきとの立場をとり、この申請を却下した。その後再申請と再却下が繰り返され、五度目の申請でようやく同庁は支援方針を定め、その最初の事例として同ホテルの保存費用二億一〇〇〇万円の負担を決定した。なお、二〇一六年七月時点で復興交付金による遺構保存が決定しているのは、たろう観光ホテルを含めて五件しかない。住民の合意や保存利用計画の整備などの申請条件を満たせる自治体が少ないことが理由とされている（熊本日日新聞二〇一六年七月一三日）。

（14）岩手県では陸前高田市の高田松原地区につくられ、震災遺構としてタピック45（旧道の駅）・下宿定住促進住宅・気仙中学校が含まれる。宮城県では石巻市の南浜地区につくられ、震災遺構として門脇小学校が含まれる。福島県では双葉町と浪江町にまたがってつくられ、震災遺構として請戸小学校とマリーンハウスふたば（海の家）が含まれ、遠方に福島第一原発を望むかたちで設計されている。

（15）他の事例として、岩手県大槌町の旧役場がある。同役場は、震災時、町長をはじめ町の幹部職員四〇人が犠牲となった場所である。震災後、保存か解体かをめぐって地域住民の意見は分かれたが、二〇一八年三月、議会で解体案が可決された。

(16) 地震発生後、安全な場所に避難する時間があったにもかかわらず、小学校の校庭にとどまることが選択された結果、その場にいたほとんどの人が津波に飲み込まれた。その責任をめぐって裁判が起こされ、一審・二審で遺族側が勝訴している。

(17) フィンランドのオルキルオト原子力発電所の地層処分場「オンカロ」を舞台に、この問いを掘り下げたのが、マイケル・マドセンのドキュメンタリー作品『100,000年後の安全』である。

(18) 橘画廊ウェブサイト中にある宮本自身の言葉。http://dancer.co.jp/?p=1096（二〇一八年八月三日最終確認）

(19) 二〇一一年一二月に野田政権下で事故の収束宣言がなされたものの、二〇一三年に安倍政権下で撤回され、それ以降、政府による正式な表明はなされていない。

引用文献

東浩紀編（二〇一三）『福島第一原発観光地化計画　思想地図β Vol. 4-2』ゲンロン
五十嵐太郎（二〇一三）「福島復興計画資料集」東浩紀編『福島第一原発観光地化計画　思想地図β Vol. 4-2』
安部夏海・安武敦子（二〇一六）「災害遺構保存のプロセスと効果」『長崎大学大学院工学研究科研究報告』第四六巻第八六号、三七—四三頁
千代章一郎（二〇一二）「丹下健三による「広島平和記念公園」の構想過程」『広島平和科学』第三四号、六一—九一頁
井出明（二〇一三）「ダークツーリズムから考える」東浩紀編『福島第一原発観光地化計画　思想地図β Vol. 4-2』
井出明（二〇一六）「震災遺構の多面的価値——モノとココロを承継する」『建築雑誌』第一三一巻第一六八九号、四四—四五頁
今井信雄（二〇〇一）「死と近代と記念行為——阪神・淡路大震災の「モニュメント」にみるリアリティ」『社会学評論』第五一巻第四号、四一二—四二九頁
今井信雄（二〇一三）「震災を忘れているのは誰か——被災遺物の保存の社会学」『フォーラム現代社会学』第一二巻〇号、九八—一〇三頁
一般社団法人島原半島観光連盟（二〇一五）『島原半島観光振興計画』
大矢根淳・浦野正樹・田中淳・吉井博明編（二〇〇七）『シリーズ災害と社会①　災害社会学入門』弘文堂
木村拓郎（二〇一五）「東日本大震災における震災遺構の現状——宮城県内の動向を中心に」『復興』第一三号（第七巻第一号）

高橋和雄（二〇〇〇）『雲仙火山災害における防災対策と復興対策――火山工学の確立を目指して』九州大学出版会
高橋和雄編著（二〇一四）『災害伝承――命を守る地域の知恵』古今書院
竹沢尚一郎（二〇一五）「トラウマを超えて――東日本大震災の展示と震災遺構の保存をめぐって」竹沢編『ミュージアムと負の記憶――戦争・公害・疾病・災害：人類の負の記憶をどう展示するか』東信堂
丹下健三・浅田孝・大谷幸夫・木村徳國（一九四九）「廣島市平和記念公園及び記念館競技設計当選図案」『建築雑誌』第一〇・一一号、四〇―四三頁
丹下健三（一九五四）「廣島計画（一九四六～一九五三）――とくにその平和会館の建設過程」『新建築』一九五四年一月号、一一―六頁
筑波匡介（二〇一五）「中越地震の遺構保存とメモリアル施設――中越大震災復興ビジョンから中越メモリアル回廊へ」『復興』第一三号（第七巻第一号）
寺田寅彦（二〇一一）「津浪と人間」『天災と日本人』角川学芸出版
ピエール・ノラ編著、谷川稔監訳（二〇〇二）『記憶の場――フランス国民意識の文化＝社会史第一巻　対立』岩波書店
マーシャル・マクルーハン著、栗原裕・河本仲聖訳（一九八七）『メディア論――人間の拡張の諸相』みすず書房
宮城県震災遺構有識者会議（二〇一五）『宮城県震災遺構有識者会議報告書』
Lennon, J and Foley, M. (2000) *Dark Tourism: The Attraction of Death and Disaster*, Cengage Learning Business

第2章　市民の記録映像に見る被災の差異
——せんだいメディアテークの映像アーカイブより

北浦寛之

はじめに

二〇一一年三月一一日の東日本大震災から多くの歳月が過ぎ、あの日以来、あの出来事を、どう見つめてきたのかは、人によって大きく異なる。被災者とそうでない者という区分がそこには介在するし、被災者と言っても、被災の体験は同質ではない。地震・津波によって損なわれたもの、失ったものは、それぞれに異なる。他方、直接的な被害を免れた者であっても、被災地にどれだけ通った、どの程度関わっているかで、震災を語る資格について語られることもある。こうして被災者と被災していない者が、それぞれの区分で同質でないように、被災地と言っても、被害の内容や度合いによって一様ではない。「あの日以来、街中には無数の分割線が引かれ、水面下での対立は強まるばかりである」という宗教・歴史学者磯前順一の言葉が重くのしかかる。(1)

宮城県仙台市の生涯学習施設「せんだいメディアテーク」(以下、メディアテーク)は、震災で天井の落下やガラス壁面の一部破損などの被害に遭った(図1)。図書館・ギャラリー・映像センター・視聴覚障がい者情報提供といった複合的機能を備えるこの施設は、震災の一か月前には、地域における創造的で文化的な表現活動のための環

図1　メディアテーク7Fの被害

メディアテークHPより https://recorder311.smt.jp/blog/35819/

境づくりに特に功績のあった公立文化施設を顕彰する「地域創造大賞」を受賞するなど、仙台市のシンボル的存在として定着していた。(2) だが、地震で建物が大きく損壊し、止む無く休館をみる。そのメディアテークが、再開を果たした二〇一一年五月に、復興に向けて新たな「地域創造」の試みをスタートさせる。「3がつ11にちをわすれないためにセンター」（以下、わすれン！）の開設である。

わすれン！は、「東日本大震災による甚大な影響に対し、ともに向き合い考え、復興への長い道のりを歩き出す」ことを目指して発足し、「市民、専門家、アーティスト、スタッフが協働し、独自に震災の復旧・復興のプロセスを記録・発信していくためのプラットフォーム」として運営をおこなっていった。(3) ビデオカメラ等の技術や経験に関係なく、趣旨に賛同した人びとは参加者となり、それぞれに体験した「震災」を映像、写真、音声、テキストなどで記録する。記録にあたっては、ビデオカメラや、作業用にメディアテーク館内のスタジオが参加者に貸し出され、最終的に制作されたものが成果物としてメディアテークに渡される。さらに、それら成果物の映像等は適切な権利処理を経て、「震災の記録・市民協働アーカイブ」として整理・保存され、ウェブサイトでの公開、図書館への配架、展示や上映会での鑑賞といった具合に、さまざまな形で現在も利活用されている。

こうしたわすれン！の震災後の活動の詳細については、スタッフの証言をもとにまとめられた『コミュニティ・アーカイブをつくろう！——せんだいメディアテーク「3がつ11にちをわすれないためにセンター」奮闘記』で知ることができる。運営サイドの苦労や奮闘とともに、市民がわすれン！にどのような経緯で参加し、映像を記録したかを、それぞれの思いも交えて紹介されている。同書では、「アーカイブされる記録を、市民である参加者がつくる」ことがわすれン！の最大の特徴であり、独自性に結びつくと指摘されていたが[4]、まさに運営サイドと参加者との充実した関係が、他の震災アーカイブと比較して、大きな魅力となっている。ただ、充実した関係と言っても、運営側が参加者に、記録に関する指示や指導をおこなうことはない。参加者から提供された記録成果物に運営側の指示等の介在がないことは[5]、のちの議論の展開を踏まえても留意しておくべきことである。そしてこうした試みは、震災という枠を超え、市民による地域の記録、アーカイブ活動といった同書でいうコミュニティ・アーカイブの重要な実践の報告にもなっている。

以上のような、わすれン！の活動とその報告に対して、本稿で詳しく検討していきたいのは、活動の成果として集められたアーカイブ映像の分析である。前掲書でも、いくつかの映像について、内容に触れながら特徴が述べられている。本稿では、そうした記述を参考にしながら、冒頭に挙げたような問題意識に照準を合わせる。すなわち、映像の中で、被災の状況がどのような差異をもって立ち現れているのかということを、「地域（場所）」と「人」についてそれぞれ考察していく。そしてそれは、市民の目線で被災の実情に迫る重要な試みでもある。

1　わすれン！のアーカイブ事業

わすれン！のアーカイブ映像の分析を始める前に、アーカイブの事業そのものについて補足して説明しておきたい。わすれン！では、提供された膨大な数の震災関連の映像が整理・保存されており、その多くをウェブ上で視聴できる。二〇一八年三月末時点で、提供された映像の本数は全部で一二〇四本あり、そのうち日本語サイトに四九七本、英語サイトに一五五本が公開されている。(6)

それだけでなく、メディアテーク内の上映会で上映されるものも存在する。二〇一二年から毎年二月もしくは三月に「星空と路」という一般に広く公開する上映会が催され、そこで掛かった映像が参加者の事情を踏まえてDVDになり、図書館に配架されていった。(7) 二〇一七年一二月の時点で六四本が上映会を経てDVDになっており、そのプロセスで、参加者には映像を編集して他者に見せることの意識が促された。(8) こうして、わすれン!の映像はウェブ上だけでなく、上映会やDVDなど幅広い視聴の仕方で、市民に提供されているのであり、さまざまな形で視聴される、利用されることにも、わすれン!の意義があると言える。

東日本大震災の発生後、市民が撮影した関連の映像が、インターネットに投稿され衆目を集めてきた。今でもYouTubeなどで広く公開されている、地震発生時の状況やその傷跡などを収めた個人の映像には、見る者の心を痛めるアクチュアリティを放つものが多く含まれている。動画撮影機能を備えたデジタル機器の普及で、(非)日常的光景が容易に記録される時代になり、震災関連の映像についても、テレビ局が放送で利用するため市民に提供を呼びかけることまであった。(9) なるほど、しばしば震災と結び付けられて語られる劇映画『シン・ゴジラ』(庵野秀明総監督・樋口真嗣監督、二〇一六年)(10)で、甚大な被害を与えるゴジラが、はじめに海上に出現したことを広く伝えたのは、確かにテレビ報道ではなく、一般人がネットに投稿した動画であった。続いて対応を迫られた政府の役人が、ゴジラの存在を携帯電話のインターネット動画で確認する描写は、デジタル時代における災害時の有効な情報取得の模様を端的に表している。

実際にはゴジラではない、現実の地震・津波が、東北の沿岸部を中心に街並みを一変させ、原発事故をも引き起こした。そうした被害の状況、あるいはそこからの復興のプロセスを、多くの一般市民が撮影し、インターネットに投稿してきたわけだ。他方で、次世代にこの震災の記録を引き継ぎ、防災や災害対策に役立てる意味でも、映像群の収集・保存の必要性も叫ばれてきた。実際に各所でアーカイブ事業がおこなわれており、国立国会図書館ホームページの「東日本大震災アーカイブ ひなぎく」で、その多くを確認できる。[11] その中で、わすれン！のアーカイブ事業は、前節でも述べたように、参加者が映像を記録する時点から関わり、参加者の活動をサポートしながら、密接なつながりを持っている点が特長である。それにより、映像を見るわれわれは参加者の制作背景に迫ることもでき、以下の分析にも大いに役立ったことは、先に述べておきたい。

公開されている映像には、撮影者や撮影の日にち・場所などが、アーカイブで求められている「出所原則」に従ってきちんと付与され、制作の意図や目的を交えた概要も紹介されるなど、情報量豊富なメタデータがわすれン！ウェブサイトで確認できる。[12] さらに、DVDになった映像については、撮影に関するメタデータだけでなく、「視聴者の声」として、映像を見た人たちの感想まで掲載されている。

こうした情報を参考に、前節で掲げた問題設定を踏まえて、DVDになった映像の中から、分析の対象となる作品を選定した。被災の風景を走行する車内から記録した、木村グレゴリオ制作の『車載映像』と、被災者の内面に、その友人である非被災者が迫っていく杉本健二制作の『過去を見直して、今を見つめる』である。これらを主な分析対象の映像として定め、以下で具体的に考察していきたい。

2 被災地風景の差異

動く映像イメージが、日本で最初に大災害の情景を収めて、一般に広く伝えたのは、一九二三年九月一日に起きた関東大震災である。阿部マーク・ノーネスは「一九二〇年代に入り、多くの映画がアクチュアリティを記録し伝える能力に基づくようになった」と指摘しているが、[13] 誕生から三〇年足らずの映画は当時、関東大震災のアクチュアルな状況を伝えるには売ってつけのメディアになっていた。震災の記録映画には、ジェニファー・ワイゼンフェルドが言うように、列車や自動車、飛行機などの乗り物から撮影したショットなどを含み、劇的なフェイドやカットによるモダニズム・スタイルの芸術的モンタージュが使用された[14]。そうした映像は、最初期の代表的なドキュメンタリー監督ジョン・グリアソンの「ドキュメンタリーはアクチュアリティを創造的に取り扱う方法だ」という格言を体現するようでもある、と彼女は指摘する[15]。

実際、ワイゼンフェルドは記録映画『関東大震災大火実況』（一九二三年）の冒頭場面の分析から創造的な要素を読み解く。

この映画は、フィクションの災害映画と見間違われそうなタイトル画面から始まる。演出されているかのように地平戦上で燃えさかる都市に、タイトル文字が後ろから照らし出されているのである。タイトル画面はただちにフェイドアウトし、関東地方の大破壊を劇的な調子で嘆く新聞の一面へと移る。出来事・ニュース的価値を強調するテクニックだ[16]。

こうして関東大震災の記録には、被害の状況を技巧的な編集でつなぎ合わせ、創造的に見せていく映像があったわけだが、それに対して、本節で分析する木村グレゴリオの『車載映像 2011.3.27　仙台─塩釜─仙台港─仙台』には、表現上のテクニックは見当たらない。もし、テクニックに当てはまるものがあるならば、それは間断なく乗り物から風景を捉え続けたことである。

関東大震災の記録映画にも使われていた自動車は、本作の主役となる。マクルーハン流に言えば、足の拡張メディアである車が、被災地の長距離移動を容易なものにする。そして、ビデオカメラという目の拡張メディアが、見続けた（記録し続けた）風景をわれわれは目にすることになる[17]。タイトルが指し示す通り、車の中に設置されたビデオカメラが、二〇一一年三月二七日の仙台─塩釜─仙台港─仙台の風景を順番に映し出していく。あえて、タイトルに撮影場所の推移が示されていることからも、仙台市内と沿岸部の被害状況の違いを、運転手である記録者（木村）が車を走らせながら示したかったという意図が読み取れる。わすれン！の他の参加者がクレジットで、「制作」や「監督」、「ディレクター」などと自身を規定する中で、木村は、みずからの役割を「記録」と位置付ける。それだけ、この映像は記録的要素が強い。

震災被害を車内から捉えた映像自体は、テレビや劇場公開された映画などでわれわれが一般的に目にしてきたものと大差ない。けれども、それを一定の時間、映し出していく、記録していく、その方法にメディア間で大きな違いが存在する。テレビや映画など現代のメディア、あるいは、九〇年前の関東大震災の記録映画においても、大衆（マス）に見られることを十分に意識して、撮影されたものの中から、特定の場面を抜き出して編集がおこなわれている。例えば、関東大震災の記録映画では、かつては浅草のアイコンであった凌雲閣の上部倒壊が、決まって登場する。通称十二階と呼ばれたその高層建築の倒壊は、映画に限らず、各種印刷メディアでもセンセーショナルに伝えられ、震災の被害を印象付けるアイコンとしても流布していった。

他方、木村の『車載映像 2011.3.27』には、以上のような被写体の取捨選択は存在しない。ダッシュボードの上に固定されたカメラが、フロントガラス越しに前方の風景を間断なく収めていく。ビデオカメラの録画ボタンが押されてから、それが再度押されて録画が終了するまでの記録が、編集されることなしに、そのまま映し出されている。[18] それによりダッシュボードからの前方の眺めを、つまり、記録者が運転中に視界に収める風景を、われわれは見続けることになる。その一連の記録は、仙台市内の駐車場に停めてあった車が動き出すところから始まり、海に向かって進んで仙台港にたどり着くと、そこから引き返して、もとの駐車場に戻ってくるまでの九一分に及ぶ。

この一貫した運動性の中で、内陸部の仙台市から、仙台港に向かうに連れて、地震・津波の被害の度合いが強まっていることがうかがい知れる。内陸部のスタート地点の映像は、震災から二週間あまりしか経過していない状況にもかかわらず、まるで非被災地であるかのような相貌をのぞかせる。だが、やはり沿岸部に行くにしたがってその相貌が崩れていき、差異を露わにしていくのである。メディアテークのスタッフたちによって書かれた前掲書でも、この一連の映像が次のように分析されている。

日常的な風景そのものだった国道の路肩に、ガソリンを求める車の列、片付けられた被災物や破壊された車などが、突然あらわれる。その「いつのまにか」感は衝撃的である。カメラを載せた車が、いつ「被災地」とそうでない場所を隔てる境界を越えたのか、「被災地」と「非被災地」を分ける境界線がどこにあったのか、気づくことはほとんどできない。(19)

震災から平穏を取り戻したかのように映る(「非被災地」的)内陸部から依然傷跡が深く残る沿岸部へと、被害の違いがグラデーションのごとく映し出されていく。その間、聞こえてくる音は、車の走行音のみで、運転手＝記録者(木村)が何かをつぶやくというようなこともない。まさに、それは人の息が掛かっていない、自動車(automobile)の走行によって自動的(automatic)に撮られた文字通りの記録というわけだ。基本的に『車載映像』はこうしたストラクチャーを示す記録映像ではあるのだが、けれども、見逃したくはない、人の気配もそこには感じられる。そして、それが創造的な映像ではない本作が、われわれの想像に働きかける瞬間である。

甚大な津波の傷跡を見せながら、仙台港までたどり着いた車は、埠頭で停車する(図2)。海を前にして風景のグラデーションは止み、句点が打たれる。次にエンジンが掛かり、風景のグラデーションが再開するまで三〇秒あまり。その間、車の走行音さえ聞こえなくなった車中から見える海の景色は、二週間前の大津波の跡を感じさせない穏やかな相貌をフロントガラス越しに見せている。この特別な意味を持つ場所に、車を停車する決定をした運転手の思いを想像せざるを得ない。木村は、海を前にして何を思うのか。津波の大きな傷跡を見ながら、ここまでやってきて、今、どのような思いを抱くのか。そうしたことを、この静かな映像を見ているわれわれに強く想像させる三〇秒という時間である。

ここを折り返し地点として車は仙台市に引き返すが、すぐに津波の被害による瓦礫の山が映し出される。すると、車は明らかにスピードを落としていき、一瞬停止をする（図3）。カメラには映らない記録者・木村が、いかにもその瓦礫に視線を送っているであろうことが、車のスピードの変化、緩やかになったグラデーションの風景から、

図 2 『車載映像 2011.3.27』仙台港埠頭

図 3 『車載映像 2011.3.27』仙台湾沿岸部

感じ取ることができる。彼の車が仙台港の埠頭で停車したり、津波の傷跡を横手に明らかにスピードを落としたりと、ともすればカメラは、われわれに被害の惨状を伝えるのみならず、記録者の視線を担いながら彼の心情も浮かび上がらせようとする。automatic に撮られ、非創造的な記録映像だと見る側も automatic に判断したくなる被災地間の風景映像でありながら、じつは記録者の気配や、内面の心の揺れなども、このように伝わってくるのである。カメラ＝記録者の目が、外の風景を見つめ続ける中で、われわれは同時に記録者の心象風景にも迫ることができるのである。

この映像を撮った木村グレゴリオは、違うルートで同様の記録映像を残している。『車載映像 2011.6.10 多賀城─七ヶ浜・汐見付近─海岸沿い』では[20]、ダッシュボードに設置されたカメラは、今度はやや歩道側に向いて角度がつき、いかにも沿道の被害状況を確認する運転手＝記録者の視線を感じさせる。その視線の先に見えてきた津波の跡が残る水没した一区画に、車は方向転換するなどして向かい、いざ到着すると、止まりそうなほどに、スピードを緩める。またしても、彼の動揺が、車のスピードの変化から伝わってくるのである。「現実としての車窓の風景を何とか受け止めながら、無駄に路上を右往左往し、角材の一本も片付けない自身を恥じ、逡巡しながらそれでも冷静さを保とうとしていた」と、「映像制作者コメント」欄に木村はコメントを寄せているが[21]、その思いはこの記録映像を通しても伝わってくる。

3 デジタルの功罪

カメラが乗り物の中に据えられ、外の風景を記録していくという映像は、他のわすれン！参加者によっても撮られていた。山岡大地は『ここから』で電車の中から外の景色を記録し、高野裕之は『ルート45』『亘理鉄道の車窓から』で、同じく車を走らせて車載映像を撮った他、ドローンで上空から被災地を収めた『Flying Tohoku #1』を残している。前述のように、関東大震災の記録映画ですでに、いくつかの乗り物が撮影で利用されていた。一般に公開されたそうした記録映画は、もっぱら、（教育）映画会社のカメラマンや新聞社のニュース・カメラマンによって撮られていた。他方で、カメラで撮ることを職業にしていない、アマチュア映画人の歴史を振り返っても、戦前から動く感覚や、見晴らしの利く場所からの映像を求めてバスや電車などの乗り物がしばしば利用されていたことが明らかにされている。(22) プロ／アマ問わず、出来事や事件などの記録に際し、マクルーハン的な人間身体の拡張メディアが古くから利用され、現代ではテクノロジーの発達で、その拡張の展開にさらなるヴァリエーションを生んでいる。

ここで一つ、アマチュアのカメラマンが撮った昔の車載映像を紹介しておきたい。それは、前掲の『ルート45』というタイトルから連想するアメリカの国道、なかでもルート66に関する映像である。そこを車で通ってレジャーに出掛けた、インディアナ州・ヴィンセンヌに住むジャクソン家族の一九四七年のホーム・ムービーが、ジョージア大学のアーカイブに保存されている。ウェブサイトで見られるその映像は、もとは8ミリ・フィルムで撮られていて、かつてのルート66とそこから見える風景など、歴史的資料としても有意義である。(23) ただ、このアマチュア・フィルムに注目したマーク・ノイマンが指摘するように、その映像は途切れ途切れになっており、(24) 彼が当時六歳だった家族の子どもに後年インタビューしても、映像と同様に断片的な記憶の証言しか得られなかった。

映像の断片的な特性は、8ミリ・フィルムでの撮影と現像をおこなう際のコストの問題に起因している。ノイマンが二〇一二年の標準価格に置き換えて説明するところでは、撮影から現像にかけて、一分あたりの映像で一〇ドルから一四ドルのコストが必要になったという。じつにフィルム一巻一四分には、ルート66上を一一一八マイル（約一八〇〇キロメートル）ほどの距離だと判断される家族の移動と、車内から捉えられた風景の映像が、散りばめられて記録されており、それゆえ断片的な印象を見る者に与えるのである。(25)

一方の二〇一二年に撮られたわすれン！DVD映像『ルート45』も長距離区間の記録映像で、東北の被災地沿岸部を通る国道四五号線と沿線周辺の風景が、前方を向いた車内の固定カメラから捉えられている。この映像のメタデータを参照すると、①六月二四日九時〜一六時に青森県八戸市―岩手県久慈市―田老町―宮古市―山田町―大槌町―釜石市、②一一月二四日一一時〜二〇時に岩手県大船渡市―陸前高田市―宮城県気仙沼市―南三陸町―雄勝町―女川町―石巻市―仙台市、と二日分の記録が一本に集約され編集されている。(26) さすがに、ルート66の旅とは規模が違うが(27)、それぞれ、七時間、九時間分走行した記録が、二一分にまとめられている。

この映像を作った高野裕之は、併せて一六時間走行して記録したものを二一分にする際に、映像が途切れ途切れの印象にはならないように、あるいは、車の走行に合わせて風景の変化が感じられるように、ワン・ショットに十分な走行距離を充てている。そうすると、各所の記録を取り込みながら時間を圧縮していくことは難しくなるが、それをクリアするために、高野は記録した映像自体を何倍速かで流すデジタル加工を施し、人工的にスピードを上げて提示する。

この人工的なデジタル処理によって、東北沿岸部を縦断する国道の風景を、一定のグラデーションで見せることに成功している一方、前節の木村グレゴリオの『車載映像』のような運転手＝記録者の気配は、すっかりデジタルの処理に埋もれ、感じることはできなくなっている。木村が海を前にして沈黙を強調した三〇秒という時間や、瓦礫の山を目にして車のスピードを落とした行動などは、デジタル加工をともなわない、ありのままの記録であったからこそ把握できた。高野の映像の場合は、デジタル処理によって、移動した距離の時間的省略を果たしながら、運転時のアクションもすっかり省略し、彼の気配というものが、感じられなくなっている。

また木村と高野は、こうして車載映像を通して風景のグラデーションを映し出す傍ら、特定の風景を抜き出して、比較して見せることもおこなっている。木村は、仙台港近くの被害の激しい地区を、二〇一一年の震災後すぐ三月二一日と、その九か月後の一二月三〇日の二回に分けて車載映像で記録し、『行けるところまで行き、しかるべき場所で』の中に収録している（図4）。同地区での九か月を経た二つの車載映像が同時に画面上に並べられ、復興

図4　『行けるところまで行き，しかるべき場所で』

の進捗が見る者に伝えられるのである。

　他方、高野は復興状況について場所の差異に注目する。震災から一年七カ月後の記録である『夕潮の帰り道　vol. 1』は、二〇一二年一〇月六日に撮影された沿岸部の宮城県名取市閖上と翌七日に撮影された内陸部の仙台市青葉区の夕方の風景を、交互に編集で提示していく。どちらも手持ちのカメラでゆっくりと前進していく撮影手法がとられ、津波の跡地に雑草が生い茂る沿岸部と日常を取り戻した活気ある内陸部の夕刻の風景が、対照的に映し出されていくのである。高野は同様の試みを『夕潮の帰り道　vol. 2』において、今度は震災から二年五カ月が経過した状況で、岩手県宮古市（沿岸部）と盛岡市（内陸部）を比較しながら見つめている。

　こうした二人の記録活動の背景には、彼らの震災をめぐる体験があったことを、映像や公開されているメタデータを通して知ることができる。木村は『行けるところまで行き、しかるべき場所で』で、地震発生時に大きく揺れる自宅で経験した恐怖を、生々しく記録し伝えている。高野は震災直後から瓦礫撤去や災害復旧に携わっていた関係で、津波被害がある土地へ毎日のように行っており、「近くて好きだった土地が、あの日から遠くて近寄りがたい彼の地になりました。他人事の再生にしないために、破壊から見つめたいと思いました」と自身が記録する動機を語っている。[28] 震災前の被災地の風景をよく知る彼らにとって、震災後の風景をさまざまな形で記録していく活動は、やはり、彼らの脳裏にある過去の風景との対話にもつながっていたのかもしれない。

4　被災体験をめぐる差異

ここまで、被災地という場所について、特に風景が差異を伴ってどう記録されているのかに注目して考察してきた。ここからは、被災地に住んでいた人、被災者を映した記録に見られる差異に目を向けたい。被災者を映した記録は、基本的に非被災者が被災者との交流の中で震災体験を語ってもらおうとする構造をなしている。被災状況に差異がある人物同士がカメラの前で接触し、非被災者は被災者の言葉や姿から震災のことを知っていく。その行為は生涯学習施設であるメディアテークの「わすれン！」参加者による記録映像に限らず、当然ながら震災関連のマスコミ報道にも見られたことである。

震災後いち早く公開された関連のドキュメンタリー映画『無常素描』（大宮浩一監督、二〇一一年六月一八日公開）でもすでに、被災者の言葉が事の重大さを伝える役割を担っていた。非被災者が被災地を訪れて、被害の状況を映し出すと共に被災者の声に耳を傾けていく。ただ、この映画は、日付や地名、人の名前が付されずに進行する。メディア論研究者の門林岳史が指摘するように、そもそも監督たちは、被災地のどこにどういう目的で向かっているのか、「端的に言って、いまスクリーンに映し出されている映像はなんなのか」という次元まで、[29] 観客が戸惑いを覚えるくらいに、基本的な情報がそこには欠如しているのである。本作は二〇一一年の山形国際ドキュメンタリー映画祭で上映されたが、同じくそこで上映された森達也監督『３１１』の場合には、最初にすでに、「誰が」「いつ」「どこ」にいて、「何の目的」で車を走らせているのかが字幕できちんと提示されている。

わすれン！の記録映像にも鑑賞者に戸惑いを抱かせるものがある。杉本健二制作の『過去を見直して、今を見つめる』である。二〇一二年に撮られ、翌一三年のわすれン！上映会で掛かったこの作品は、『無常素描』と同様に基本的な情報を欠いたまま進行する形式をとるが[30]、非被災者と被災者の交流に関しては、『無常素描』や『311』でもなく、また他のわすれン！DVDにも見られない、他のものとは大きく異なる形で展開する。

冒頭、そこがどこか見当がつかない住宅地の中のマンションが映し出され、マンション前には一台の車が停まっている。クレジット・タイトルを挟んで走行する車内へと映像が切り替わり、車を運転する男性と、彼にカメラを向ける助手席の男性（制作者の杉本）の二人が、乗車し会話している様子が映し出される。正確には、カメラは運転手の男性のハンドルを握る手の部分を主に捉え、その向こうの車窓から見える外の風景も同時に映し出していく。冒頭の停車していた車は、この二人が乗る車であることが推察できるのだが、中途半端な運転手へのカメラの視線が物語るように、友人らしきこの二人の具体的な関係性や、どういった目的で車を走らせているのかは十分に理解できない。ただ、二人が大学生らしき若者であることは推察できる。

かすかに「石巻」「大川小学校」といった甚大な被害が出た場所の名前が、二人の会話から聞こえてくるが、それは視聴者にとって聞き逃してもおかしくはないレベルの、文字どおり漏れて聞こえる音量である。二人の会話は、普段の関係性の中でおこなわれる日常的な会話そのものであり、視聴者に聞かせるためというよりも、二人のプライベートなやり取りの範疇で展開する。冒頭のマンションから車で石巻に向かう二人の旅は、その具体的な関係性や目的が不明のまま進行していくのである。こうして、この記録映像は見る者にはある種不親切な、不明瞭な部分を多く残して先を急ぐ。カメラの被写体として終始登場する撮影者・杉本の友人の名前すら、最後まで明示されることはない（それゆえ以下でもこの登場人物を「友人」と呼ぶ）。アマチュア映画においては、こうしたコンテクストの不在はよくあることで、前述のルート66を旅する家族のホーム・ムービーに深く言及したマーク・ノイマンも、家族にインタビューをしたり、フィルムの中のわずかな手がかりを探したりして、頭の中でコンテクストを再構築しようと図った[31]。

実際、われわれも『過去を見直して、今を見つめる』を見ていく際に、二人の会話から漏れてくる言葉を注意深く聞き、あるいは、行動原理から判断するなどして、コンテクストを推量的に読み解いていくことが求められる。ただ、先に言っておくと、それでも読み取れない重要な情報が、後にわれわれに大きな動揺を引き起こす。つまり、重大な事実が一切知らされずに進行することで、これから二人の男性の旅を見つめるわれわれは、この後、当初は予想もしなかった感覚に陥ってしまうのである。それは二人の震災をめぐる「立場の差異」に気づくことから始まる。

助手席からカメラを撮る制作者・杉本は非被災者として「石巻」「大川小学校」に向かう。それに対して、車を運転する友人は、じつはその石巻出身であったことが会話の中から次第に明らかになっていくのである。それゆえこの旅は、杉本の立場からすれば、被災地石巻の訪問であり、友人にとってみれば、生まれ育った故郷への帰郷ということになる。この微妙な震災をめぐる立場の差異は、この後次第に拡大していく。

二人は予定通り、大川小学校に到着する。さて、この場所がどういう意味を持つのか。一般に知られるところでは、津波により多くの児童・教員が亡くなった悲劇を象徴する場所であり、その悲劇が、避難の判断を誤った教員のミスに起因するとも言われる曰く付きの場所でもある。ようやくカメラにはっきりと姿が捉えられた友人の誘導で、撮影者の杉本は供養塔に手を合わせる。その後、その友人は、すっかり変わってしまった大川小学校の震災以前の様子について語っていく（図5）。そう、ここは彼が卒業した母校であり、縁のある場所なのである。

だが、彼らがここを訪れた意味は、それだけではなかった。むしろ、もっと重大な事実が潜んでいたことが、その後、友人の実家を訪れる場面で発覚する。実家ではその友人の母親と祖母が二人を手作りの料理で歓待した後、母親はカメラの方を向いて、またカメラを撮る撮影者／息子の友人・杉本に向けて、あの悲劇について口を開く。「私らは津波がこっちまで来なかったので、純粋に亡くしたのは、小学校に通っていた娘だけなんです。」突如母親

図5 『過去を見直して，今を見つめる』

の口から発せられた事実に見る者は動揺を禁じ得ないだろう。杉本に同行する友人は、大川小学校を自身の母校とするだけでなく、妹を津波で亡くした辛い場所として訪れていた。なぜ、二人が大川小学校を訪れたのか。なぜ、二人は供養塔に手を合わせたのか。その手を合わせる意味も、ここで明確になると同時に、二人の震災をめぐる経験にも、はっきりとした差異が浮かび上がってくるのである。さらに、震災後の取り組みに関して言うと、妹を亡くしたこの友人と、娘を亡くした彼の両親との間にも、差異が生じている。

この作品が撮影された二〇一二年には、撮影者の友人はどうやら仙台市で大学生活を送っていたようだが（冒頭のマンションは彼の仙台の下宿先）、彼の両親は石巻市に住み、娘の死の究明、なぜ大川小学校で児童たちが亡くならなければならなかったのかを追及すべく、他の遺族らと共に教育委員会に説明や情報開示を求める活動をしていた。だが、そうした活動はなかなか実を結ばない。母親はその事態の推移をカメラ／撮影者に詳しく説明しながら、側で神妙な面持ちで聞いていた離れて暮らす息子（撮影者の友人）にも、「わかっておいてもらいたいなと思うことがいっぱいあるの」と告げるのである。

二人は家を出た後、「話いっぱい聞けてよかった」と言う撮影者・杉本に対して、友人は「やっぱ、こういうのできるだけ多くの人に知ってもらいたいからさ」と述べ、この旅の目的の一端が明かされる。この後、友人の案内で石巻の各地を回りながら、彼は地震発生当時の状況を克明に撮影者に伝えていく。その具体的な証言の様子から、どうやら、友人は現在（二〇一二年の撮影当時）住む仙台市ではなく、二〇一一年の震災当時は地元の石巻市にいて震災を体験していたのではと、われわれに想像を促す。

実際、映像の終盤で、被災地を回った撮影者が、帰路につく車中で、ようやく友人自身のこと、友人の震災体験について尋ねると、彼は二〇一一年三月一一日にまだ石巻の実家にいて、津波が来ることを聞き、山に逃げたことを告白する。山から真っ黒い濁流が流れてくるのが見えたこと、その状況で、妹からの連絡を待っていたことなど、震災の生々しい体験が、最後に明かされるのである。この映像作品が最初は他の多くの作品群と同様に、非被災者二人の被災地を訪れるプロセスを単に記録していると見える一方、実際には甚大な被害が出たその石巻で、地震・津波の恐怖を目の当たりにしていたり、妹を亡くす辛い体験をしていたことが明かされる。

こうして最後にはっきりと、二人には震災をめぐる体験で大きな差異があったことがわかる。非被災者である撮影者は、石巻で起こった震災の悲劇を、現地を訪れて知っていくが、それは同時に辛い震災体験をした友人の過去から現在についても詳しく知ることでもあった。差異があることは揺るがない事実だとしても、それを踏まえて、友人や友人の母親の言葉に耳を傾け、状況を理解していくことの重要性を、この映像『過去を見直して、今を見つめる』は伝えている。友人にとっても、石巻への帰郷は、震災以後の両親の活動や思いを詳しく知る重要な機会になった。われわれが、この映像作品を見ながら、最初は不明瞭なコンテクストを想像しながら理解してく工程（＝旅）は、彼らがそれぞれの立場で今を見つめるために、過去を見直す旅でもあったのである。

おわりに

本稿では、せんだいメディアテークが震災後に立ち上げた「3がつ11にちをわすれないためにセンター」（わすれン！）の映像アーカイブについて、被災風景に目（カメラ）を向けた『車載映像』、そして被災風景を改めて目にしていく被災者に寄り添った『過去を見直して、今を見つめる』を中心に考察してきた。現実に横たわる、（非）被災地間／（非）被災者間の差異が、撮影や編集、構成などの映像表現を通していかに映し出されているのかに注目しながら見てきた。随所にアマチュアらしさを感じさせるアプローチによって、多くの映像がマスメディア的なわかりやすい見せ方にはなっておらず、それが却って、震災をめぐる個人の視点や、個人の体験というものを際立たせる印象を抱かせた。そうした映像群が、一人ひとりに降り掛かった災いとして、東日本大震災を見つめ直す際の重要な資料になるはずである。

前述のように、わすれン！では二〇一二年から毎年二月もしくは三月に「星空と路」という上映会が開催されてきた。それに向けて編集に手を加える制作者もいたようで、そういう意味では、上映会は人によっては映像を見せる工夫を施すきっかけになっているとも言えよう。ここで注目したいのは、そうした見せる工夫が上映会プログラムにも及んでいるということである。二〇一六年の「星空と路」の上映プログラムを例にとって考えてみたい[32]。

その年の二月二八日の上映会では『車載映像 国道398号 女川町 2011.5.21』、『うみやまさんぽ Walk along the solstice』、『女川ボランティアセンター スタッフインタビュー』と三本の作品が順番に上映された（その日は全部で一〇本上映された）。それらの作品はどれも宮城県女川町で撮影されているという点で共通し、撮影日は順番に、二〇一一年五月、二〇一三年一二月・一四年六月、二〇一一年九月となっている。すなわち、震災後の異なる時期の女川町各所を集中的に映した映像がプログラム上組み合わされ／編集され、観客は女川町のいくつかの場所を、撮影時期を比較しながら連続して見ることができるのである。それはプログラム上のグラデーションとでも言えようか。

いずれにしても、わすれン！参加者の個人の体験や視点が色濃く反映された個々の映像が、前述のように上映時に連続して見せられることで、個別には発見できないような震災に関する事実が、作品同士の連関で見えてくることがあるかもしれない。このような試みは、わすれン！の膨大な映像の個々の可能性を高めるものであり、映像アーカイブ事業へのさらなる期待にもつながる。個人の体験や視点が映像を通してパズルのように組み合わされることで、どのような景色が見えてくるのか。震災の映像アーカイブの活動には、まだまだ可能性が潜んでいる。

注

（1）磯前（二〇一五：一二六）。
（2）佐藤（二〇一四：三八―三九）。
（3）甲斐ほか編（二〇一五：六）。
（4）佐藤・甲斐・北野（二〇一八：一〇六）。
（5）佐藤・甲斐・北野（二〇一八：九〇―九一）。
（6）わすれン！スタッフ水谷仁美へのメール取材（二〇一八年一〇月一五日）。
（7）わすれン！のスタッフは、上映会ならびにＤＶＤ化について、上映やＤＶＤとして残すことに抵抗がある人、また市場との兼ね合いを抱える映画監督や映像作家などに十分配慮し、各自の事情を踏まえて判断をくだしている。
（8）佐藤・甲斐・北野（二〇一八：二四七―二四八）。
（9）長坂（二〇一二：八二）。
（10）例えば、庵野のヒット作『新世紀エヴァンゲリオン』のプロデューサー大月俊倫は、「３・11なんて、あんな計り知れない暴力ってないわけで、それにどうやって立ち向かうのかということをゴジラというフィルターを使って描いている」と述べている。大月・中原（二〇一六：六六）を参照。他にも、同誌特集の「これが〝ゴジラ〟だ！「シン・ゴジラ」」や『ユリイカ 総特集Ω「シン・ゴジラ」とはなにか』二〇一六年一二月臨時増刊号などにも、震災との関連でゴジラに言及する言説が散見される。
（11）詳しくは「検索対象データベース等一覧」『東日本大震災アーカイブ ひなぎく』（二〇一七年六月三〇日時点）http://kn.ndl.go.jp/static/db?language=ja（二〇一八年八月五日最終アクセス）を参照。
（12）東日本大震災のアーカイブズのあり方については、研谷（二〇一五）で検討されている。

(13) Nornes (2003: 12).

(14) ワイゼンフェルド（二〇一四：二三）。

(15) 同前。

(16) ワイゼンフェルド（二〇一四：一五〇）。

(17) マクルーハンは人間身体の拡張したものをメディアと捉え、身体的機能を拡張させるテクノロジーはメディアであるという考え方を示す。詳しくはマクルーハン（一九八七：四三―四九）を参照。

(18) 一度だけ何らかの理由で車が停車した際に、録画が途切れることはあったが、その一回を除いて録画は途切れることはない。

(19) 佐藤・甲斐・北野（二〇一八：一四〇）。

(20) 関連動画「車載映像　七ヶ浜町　吉田浜　花渕浜　2011.6.10」がYouTubeで一部閲覧できる。

(21) 「【ＤＶＤ収録作品紹介】車載映像 2011.6.10 多賀城―七ヶ浜・汐見付近―海岸沿い」『3がつ11にちをわすれないためにセンター』 http://recorder311.smt.jp/information/26122/（二〇一八年八月七日最終アクセス）。

(22) Norris Nicholson (2014: 70).

(23) "JACKSON FAMILY HOME MOVIE COLLECTION," *The Walter J. Brown Media Archives & Peabody Awards Collection* http://www.libs.uga.edu/media/collections/homemovies/jackson.html（二〇一八年八月一〇日最終アクセス）。

(24) Neumann (2014: 52).

(25) Neumann (2014: 53–54).

(26) 「【ＤＶＤ収録作品紹介】ルート45」『3がつ11にちをわすれないためにセンター』 http://recorder311.smt.jp/movie/34652/（二〇一八年八月一〇日最終アクセス）。

(27) googleマップでルートを入力して調べたところ①が一九七キロメートル、②が二〇四キロメートル。

(28) 「【ＤＶＤ収録作品紹介】どうか記憶よ離れないで」『3がつ11にちをわすれないためにセンター』 http://recorder311.smt.jp/information/26111/（二〇一八年八月一〇日最終アクセス）。

(29) 門林岳史「カタストロフに寄り添う映像――震災ドキュメンタリーをめぐって」 http://10plus1.jp/monthly/2012/03/post-38.php（二〇一八年八月一〇日最終アクセス）。

(30) ただしＤＶＤのパッケージやウェブサイト https://recorder311.smt.jp/movie/34683/ には補完的な情報が載っている（二〇一八年

一〇月一九日最終アクセス)。
(31) Neumann (2014: 64).
(32) 「「星空と路」上映室― 2016 ―」『3がつ11にちをわすれないためにセンター』http://recorder311.smt.jp/information/48942/ (二〇一八年八月一〇日最終アクセス)。

引用文献

磯前順一(二〇一五)『死者のざわめき――被災地信仰論』河出書房新社

大月俊倫・中原昌也(二〇一六)「マジメに恐ろしい、真の怪獣映画の誕生」『キネマ旬報』二〇一六年八月上旬号

甲斐賢治・北野央・清水チナツ・田村圭子編(二〇一五)『3がつ11にちをわすれないためにセンター活動報告』3がつ11にちをわすれないためにセンター

佐藤知久・甲斐賢治・北野央(二〇一八)『コミュニティ・アーカイブをつくろう!――せんだいメディアテーク「3がつ11にちをわすれないためにセンター」奮闘記』晶文社

佐藤泰(二〇一四)「せんだいメディアテークと震災」『REAR』第三一号

研谷紀夫(二〇一五)「デジタルネットワーク社会において複合化する記録資料とアーカイブズ」石田英敬・吉見俊哉・マイク・フェザーストーン編『デジタル・スタディーズ2 メディア表象』東京大学出版会

長坂俊成(二〇一二)『記憶と記録 311まるごとアーカイブス(叢書 震災と社会)』岩波書店

マーシャル・マクルーハン著、栗原裕・河本仲聖訳(一九八七)『メディア論――人間の拡張の諸相』みすず書房

ジェニファー・ワイゼンフェルド著、篠儀直子訳(二〇一四)『関東大震災の想像力』青土社

Neumann, Mark (2014) "Amateur Film, Automobility and the Cinematic Aesthetics of Leisure," in Laura Rascaroli, Gwenda Young and Barry Monahan eds., *Amateur Filmmaking: The Home Movie, the Archive, the Web*, NY; London: Bloomsbury Academic

Nornes, Abe Markus (2003) *Japanese Documentary Film: The Meiji Era Through Hiroshima*, Minneapolis: University of Minnesota Press

Norris Nicholson, Heather (2014) "Cinemas of Catastrophe and Continuity: Mapping Out Twentieth-Century Amateur Practices of Intentional History-Making in Northern England," in Laura Rascaroli, Gwenda Young and Barry Monahan eds., *Amateur Filmmaking: The Home Movie, the*

Archive, the Web, NY; London: Bloomsbury Academic

第II部

浮遊するメディア言説，隠された現実

第3章　「安全安心」の創造
——お札効果とその構造

西村大志

1　「安全安心」を問う前提として

「安全安心」という言葉について考えてみたい。教育学者・新堀通也は『「殺し文句」の研究[1]』のなかで、教育業界で使われる殺し文句（いいかえれば反論不能な言い方）について分類、研究している。そのなかで取り上げられている「個性の尊重」「人間性の実現」「教育的配慮」といった言葉は、言葉の指し示す中身は問われずプラスの価値を帯びて増殖していく。その言葉の中身自体に問いを投げかけることは難しい。たとえば「個性って、なんで尊重しないといけないの」とか、「人間性ってなに。人間もそもそも動物では」とか、「なんで教育的に配慮しないといけないの。そもそも教育的配慮ってなに」というような問いや反論を発しにくい。また、ある営為が「どのように個性の尊重につながるのか」「どのように人間性の実現につながるのか」というような検証も難しい。

このような見方を参考にしながら、近年急速に普及した「安全安心」（もしくは「安心安全」）という表現に注目して考えていきたい。そもそも安全安心とは何を意味しているのか、安全安心とは必ずプラスなのか、安全安心でなく危険不安ではだめなのかと問うことは難しい[2]。その言葉がいかなる内実を指し示すのかはあまり考察されず、安全安心を追求すること自体は社会的にはなかば無前提にプラスとされ、個人の側からはごく妥当な権利要求となってきた。政治的にもそれを追求することは半ば義務となりつつある。「安全安心」は「殺し文句」化しつつあると言ってもよいだろう。

社会意識論という分野に社会学者・見田宗介の「イメージの近代日本史」という研究がある。世代や性別そして社会階層により、明治・大正・昭和初・戦争中・戦後などがどのような色彩として感じられるかを調査した表「国民の歴史意識のスペクトル」などにより、国民の歴史意識を描き出した研究である。見田はその論考を「人間は歴史をつくり、そして歴史につくられる」とはじめている。[3] それにならえば、新聞記事を用いる本稿は「人間はメディアをつくり、そしてメディアにつくられる」とも言い直してもよい。本稿では、社会意識論を補助線とし「安全安心」という言葉の拡がりとその機能について知識社会学的に考える。[4] そして、それがいかなる背景から生じ、どのような問題を生み出しているのかにまで考察をひろげたい。

2 不安社会化は二〇世紀末までに起きていた？

安全安心を考える前に、いつからかくも不安が語られるようになったのかを見てみよう。新聞記事のキーワード検索で「不安」と「危険」という言葉の使用回数の変化を調べてみた。[5] それをまとめたグラフ（図1）を見ていただきたい。

新聞で不安がいいつのられるようになるのは一九九五年から二〇〇〇年のあたりで、「不安」社会は二〇世紀末にすでに準備されていた。一九九五年は一月に阪神淡路大震災、三月にオウム真理教による地下鉄サリン事件等が起きた年であり、新聞記事にかなりの数の不安という単語が見出されてもおかしくない状況だった。しかし、そのころはまだ不安社会化の助走期間だったにすぎなかったように思われる。一九九七年の一一月には四大証券の一角

図1　朝日新聞・読売新聞にみる「不安」「危険」という語の使用回数

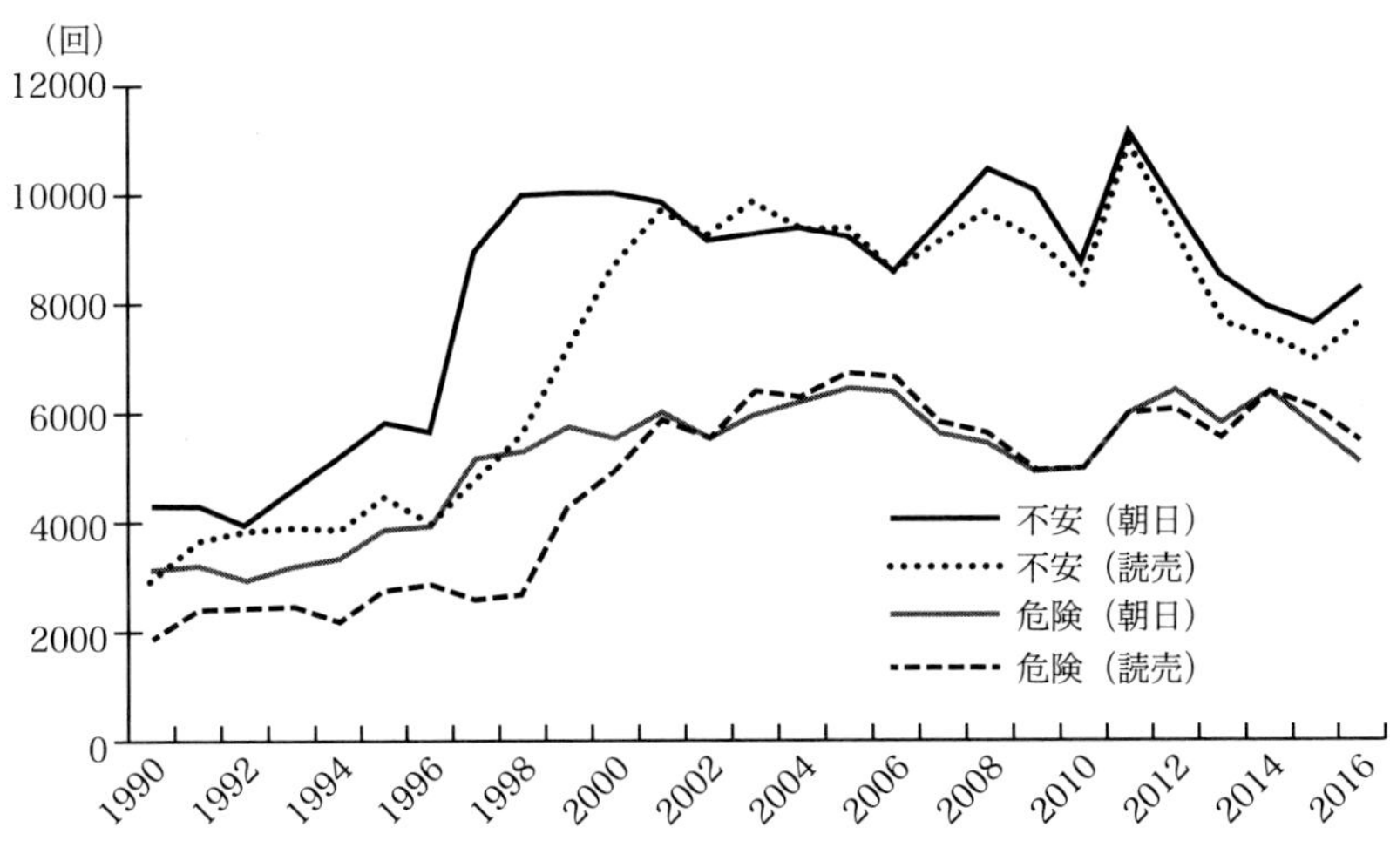

を占めていた山一証券が経営破たん、さらに日本の銀行史上はじめての都市銀行の破たん（北海道拓殖銀行）が起きた。一九九八年六月には金融監督庁が発足、一九九八年の一〇月には金融再生法が成立した。一方、同一〇月には日本長期信用銀行が破たん認定され一時国有化、さらに一二月には日本債券信用銀行も破たん認定され一時国有化された。このような時期にも不安や危険の増加がみられる。

「不安」は不良債権問題の顕在化、金融機関の破たんや国有化、さらに巨大合併の時期に増加している。日本におけるいわゆるバブル経済は株価の動向にもとづけば一九九〇年秋ごろ崩壊していたとも言えるが、金融システムへの不安や賃金の下落といった要素が、日常生活により深刻な影を落とすまでには時間のずれがあった。朝日新聞のデータでは一九九〇年から二〇〇〇年までに「不安」という語は約二・三倍に増えている。一方、読売新聞では二・九倍である。ちなみに「危険」という語は同時期に朝日では一・八倍、読売では二・六倍である。新聞によるイデオロギーの違いなどに関係なく、不安や危険がとりざたされる時代となっていく。

二〇〇〇年以降はある一定範囲で推移しているようにみえる。もちろん不安に関していえば、リーマンショック（二〇〇八

図 2　朝日新聞・読売新聞にみる「安全」「安心」という語の使用回数

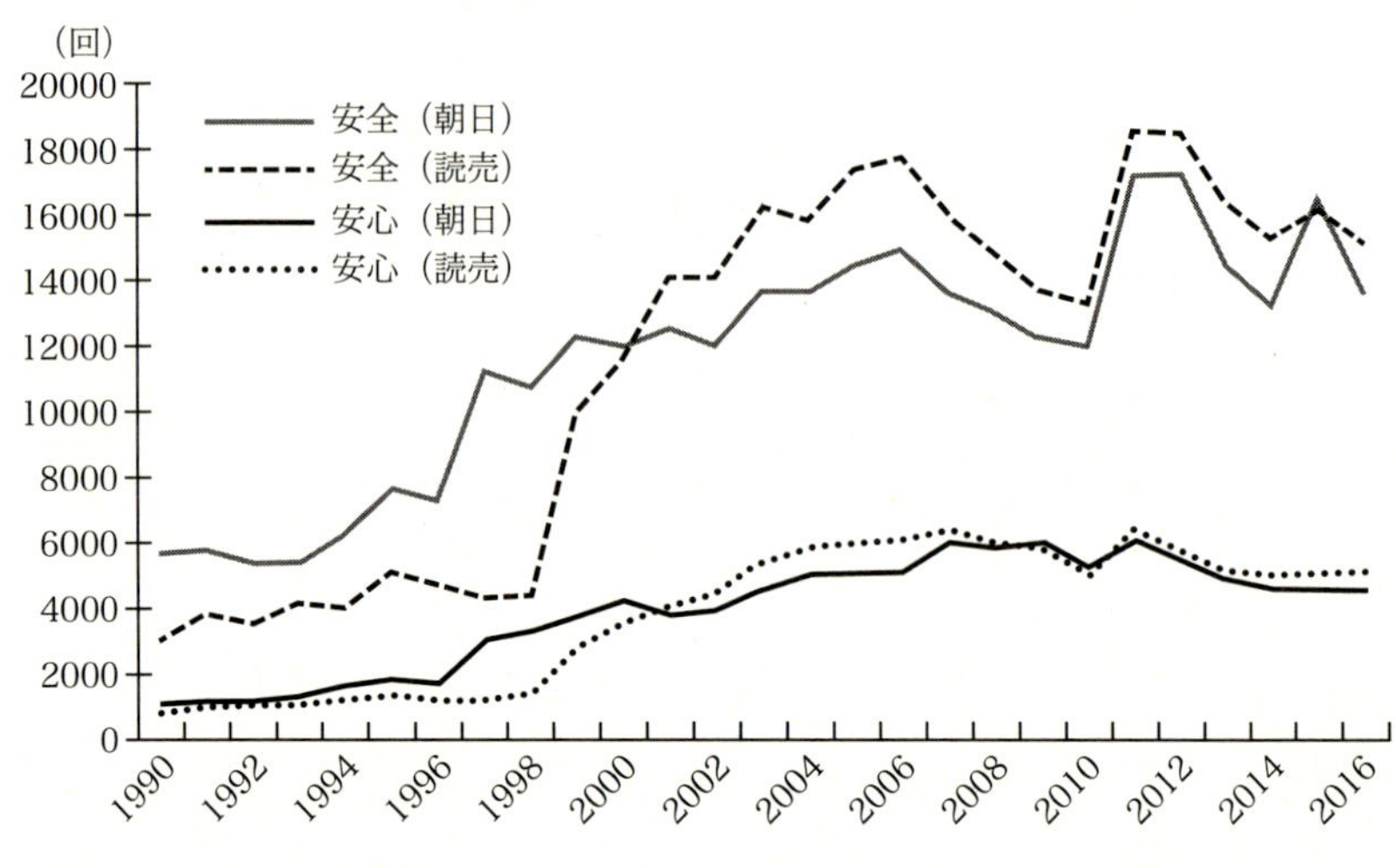

年）やそれに端を発する世界金融危機、東日本大震災ならびに福島第一原発事故（二〇一一年）のときにも一時的に増加するようだが、それは高い水準が続くなかでの若干の上ぶれとも見受けられる。もちろん、メディアは不安を商売のタネにしているという見方もできるだろう。これは、映画監督マイケル・ムーアが銃社会アメリカを考察したドキュメンタリー映画『ボウリング・フォー・コロンバイン』（二〇〇二年）のなかでも引用、強調している捉え方である(6)。新聞記事を検索するかぎりでは、アメリカ同時多発テロ（二〇〇一年）や東日本大震災といった歴史的な事件や災害以前に日本ではかなり不安社会化が進行していたことが考え得る。

3　「安全安心」社会へ

つぎに新聞記事における安全と安心について見てみよう。図2にグラフ化してみた。朝日新聞では、「安全」は一九九〇年から二〇〇〇年までにほぼ二・一倍、「安心」は一九九〇年から二〇〇〇年までに三・七倍となっている。読売新聞では「安全」は一九九〇年から二〇〇〇年までに三・七倍、「安心」は一九九〇年から二〇〇〇年までに四・五倍に増えている。また

「安全」のピークを見てみると、朝日新聞では二〇一二年であり九〇年比三・〇倍である。読売新聞では「安全」のピークは二〇一一年で九〇年比六・〇倍となっている。一方「安心」は朝日新聞では二〇一一年がピークで九〇年比五・四倍、読売新聞では二〇一一年がピークで九〇年比七・九倍を記録する。

安全、安心といった語彙の使用が、新聞紙面における文字の大型化にともなう文字数の減少、記事の簡略化に逆行して急上昇している。また、新聞社の立ち位置にかかわらず増加していく様子は、社会の側の何かが大いに変質していったことを推測させる。もちろん、新聞は社会をそのまま反映しているわけではない。しかし、逆に新聞が社会をまったく映さず、新聞がまったく社会に影響を与えないわけでもない。両者には相互作用がある。前述の不安社会化もしくは危険社会化にともなって、「安全」「安心」はよく使われる語彙となっていく。グラフをみれば二〇世紀末にかなり増加し、二一世紀になってもその数値は高いままで推移している。もちろん、アメリカの同時多発テロ、東日本大震災、福島第一原発事故などの際には一時的にさらに増加するのだが、さらに上へ上へと伸びるというよりは、グラフは高い水準の一定の範囲内で推移している。

仮に語の使用を日常会話に移して考えてみよう。日常生活のなかで安全が三・〇〜六・〇倍、安心が五・四〜七・九倍使われるようになったとすれば、コミュニケーションにおける印象はかなり違うであろう。またそれに関わる会話のテーマも大きく変化している可能性がある。とにかく、新聞の紙面は時代と共により安全や安心に関する領域に多くが配分されるようになった。

なんとなくの不安感は二〇〇〇年までに高められ、二〇〇五年までにはかなりの高水準に達する。そして、「安全」なのか「安心」なのかが、さまざまな領域で問われる社会となった。今回は記事の内容分析は行わない手法で考察するため、細かな点まで確定的なことは論じえない。しかし、いままで安全、安心があまり問われなかった領域でも安全、安心が報じられるようになっていった可能性はある。原子力発電所といった以前から安全性を論じられがちだった分野に限らず、食品、金融、健康、教育……。だが、より多くの紙面が割かれ論じられることと、現

図3　朝日新聞・読売新聞にみる「安全安心」「安心安全」という語の使用回数

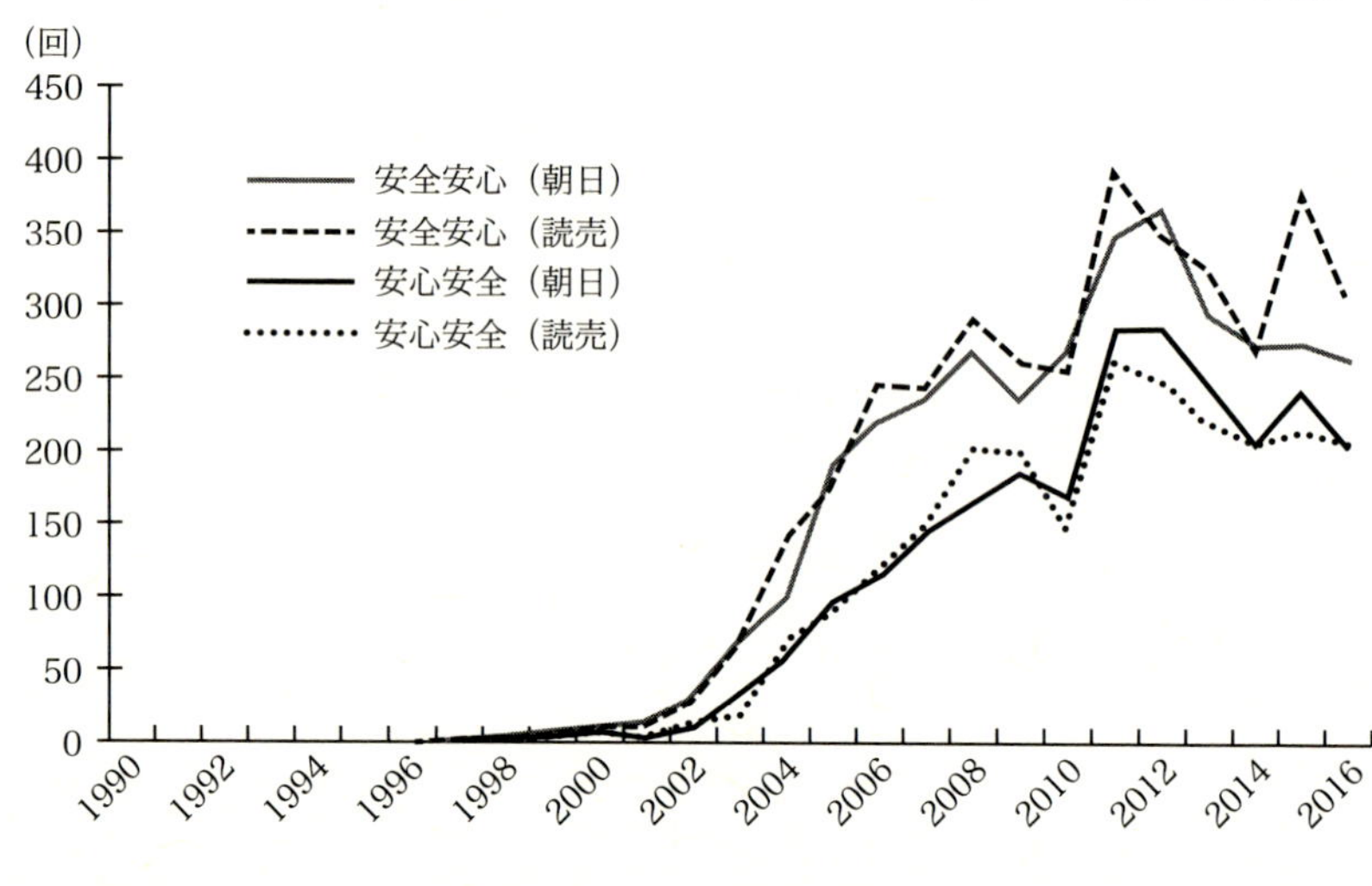

実に私たちがより危険な食品に囲まれるようになっていったことや、金融システムがより不安定になったこととは同一ではない。実態と報道は相互作用しているといっても等号では結べない。実態と認識は相互作用するが、完全に一致するものではない。治安と体感治安は違っており、少年犯罪は減少傾向にあっても、メディアの報じ方によって増加しているような印象を持たれる現象はよく指摘される。私たちの感覚は、必ずしも実態そのままに形成されるわけではない。ある種の「社会意識」は、実態や個人の実感と直接的につなげることはむずかしい。その間にはねじれがある。

つぎに「安全安心」（安心安全）という言葉が増加していく様子をまとめたグラフを見ていただきたい。図3である。以前はほぼ存在しなかった「安全安心」「安心安全」という語は九〇年末期から次第に使われはじめ、そこからうなぎのぼりに増えたといってよい。不安、危険社会化は一九九五年から二〇〇〇年くらいに、そして安全や安心という語の急激な使用の増加は一九九五年から二〇〇五年くらいの間に日本ではすでに起きていた。そのような準備が整ったなかで、「安全安心」（あるいは安心安全）という言葉はあとから急速に普及していく。

しかしすこし考えてみれば、そもそも安全＝安心ではないの

図4　安全と安心の四象限

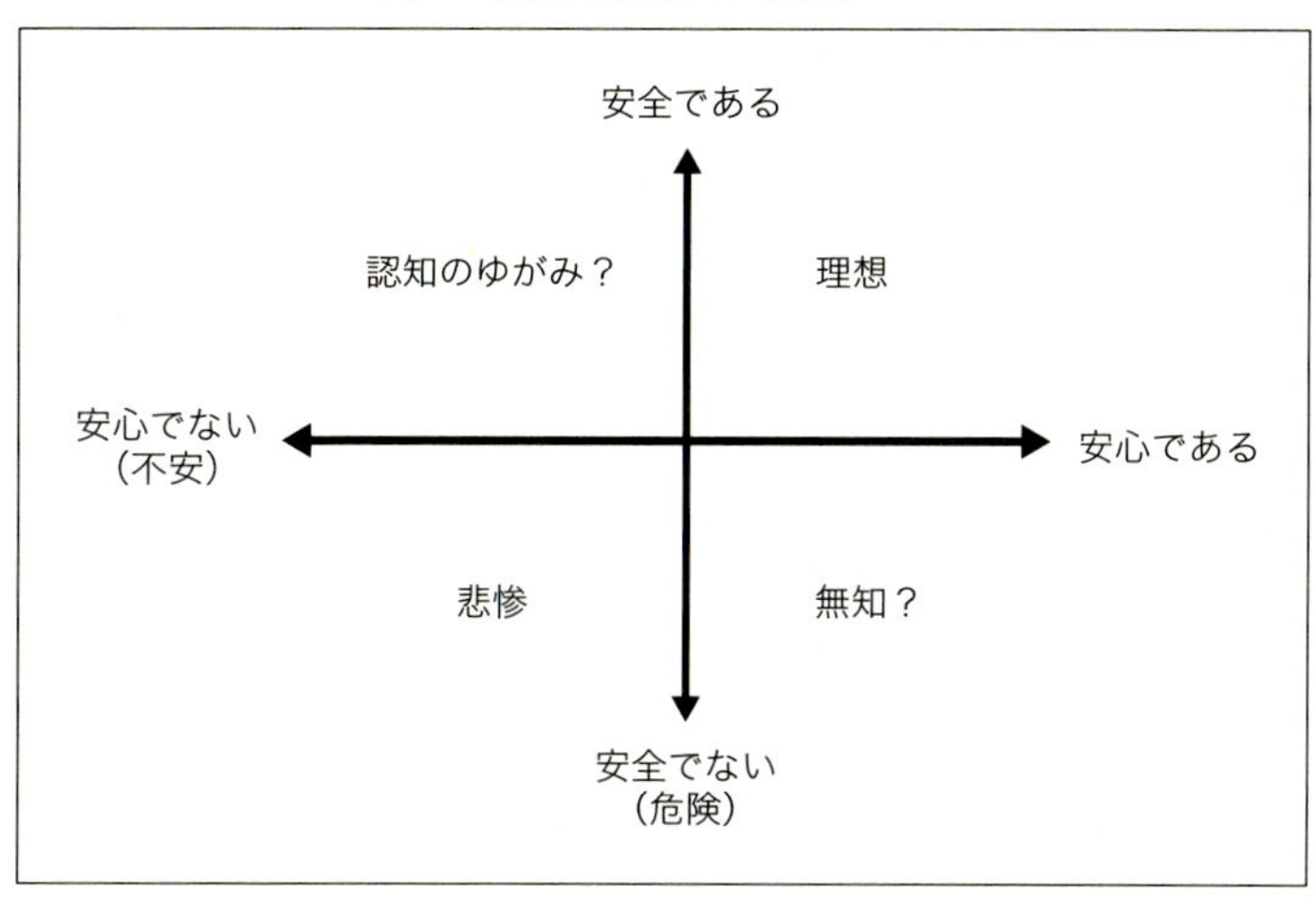

であるから「安全安心」と一括りにしてしまう表現は幾分奇妙なものである。安全＝安心の場合もあるが、安全≠安心なこともある。人は安全だからといって必ずしも安心できるわけではない。逆に安全でなくても安心してしまう場合もある。

このようなある種のねじれの原因を、認知のゆがみや知識不足などの形で個人要因に帰することがある。認識がしっかりしていればもしくは、知識があれば、安全＝安心になるといった形の論理である。果たしてそれは適切な理解なのだろうか。一方で安全、安心に関する測定もしくは認識はそこに関わる専門家間ですら常に一致するわけではない。だからといって測定方法の精度の低さや基準値の整備の不十分などの科学の素朴な問題に帰すことはできない。

さらに、安全でも安心できない、もしくは、安全でないのに安心している、といったねじれを、自然科学を中心とする科学知と、人々の生活における日常知といった単純な二項対立に要因を求めることもできない。安全と安心の複雑な関係を安全安心（もしくは安心安全）という表現は曖昧化する。安全かつ安心という程度で使われているのかもしれないが、「安全安心」という言葉はどうやらそれ以上の機能を有しているらしい。さらに考察をすすめてみよう。

4　「安全安心」のお札機能

筆者は関西に生まれ学生時代も関西で過ごしたので、福井県敦賀市に立地する「ふげん」や「もんじゅ」の話題に接する機会が多かった。新型転換炉（濃縮ウランを使わない仕組み）「ふげん」（原型炉一九七〇年着工、一九七九年運転開始、一九九五年実証炉建設中止……）をめぐるさまざまなトラブルに関する報道をよく見聞きした。高速増殖炉「もんじゅ」（実験炉常陽の実用化をめざし、一九八五年工事開始、一九九五年八月発電開始、一二月事故により原子炉停止。二〇〇二年改造工事着手、二〇一〇年運転再開……）の話も新聞やテレビなどのメディアを通して見聞きすることが比較的多かった。

奈良や京都のお寺などでよく見かける釈迦如来の両脇にたつ普賢菩薩や文殊菩薩にちなみ、原子炉に「ふげん」や「もんじゅ」と名づけたと聞いた時、科学の先端とされたものが神頼み（正式には仏頼み）することに、「大丈夫かな」と思った。原子炉に直接お札をはりつけるかのごとき原始的な神頼みに「あかんかもな」と思ったりもした。宗教学者・石井研士の『銀座の神々』(7)等に代表されるような、日本における宗教の日常化と企業に関する諸研究を知らなかった当時の私は、違和感を持った。神主がお祓いをする原子力発電所の地鎮祭をみて「科学」の自信のなさを感じてしまっていた。今なら、ふげんやもんじゅの名を聞いても、企業の社屋の上にある小さな神社を見るときのように、おおらかな気持ちでとらえることが可能かもしれない。

このお札的なるものもふまえ、「安全安心」（安心安全）という言葉についてさらに考えてみよう。分析的には、安全は科学、安心は個人の心の持ちようなどと区分けすることができるかもしれない。しかし、記述的にはそのような区別や定義の明瞭な運用はあまり行われない。安全と安心は混ざってしまいがちなものであり、あまり区別されずに運用される概念である。

図5　安全と安心の四象限を不明瞭にする「安全安心」のお札

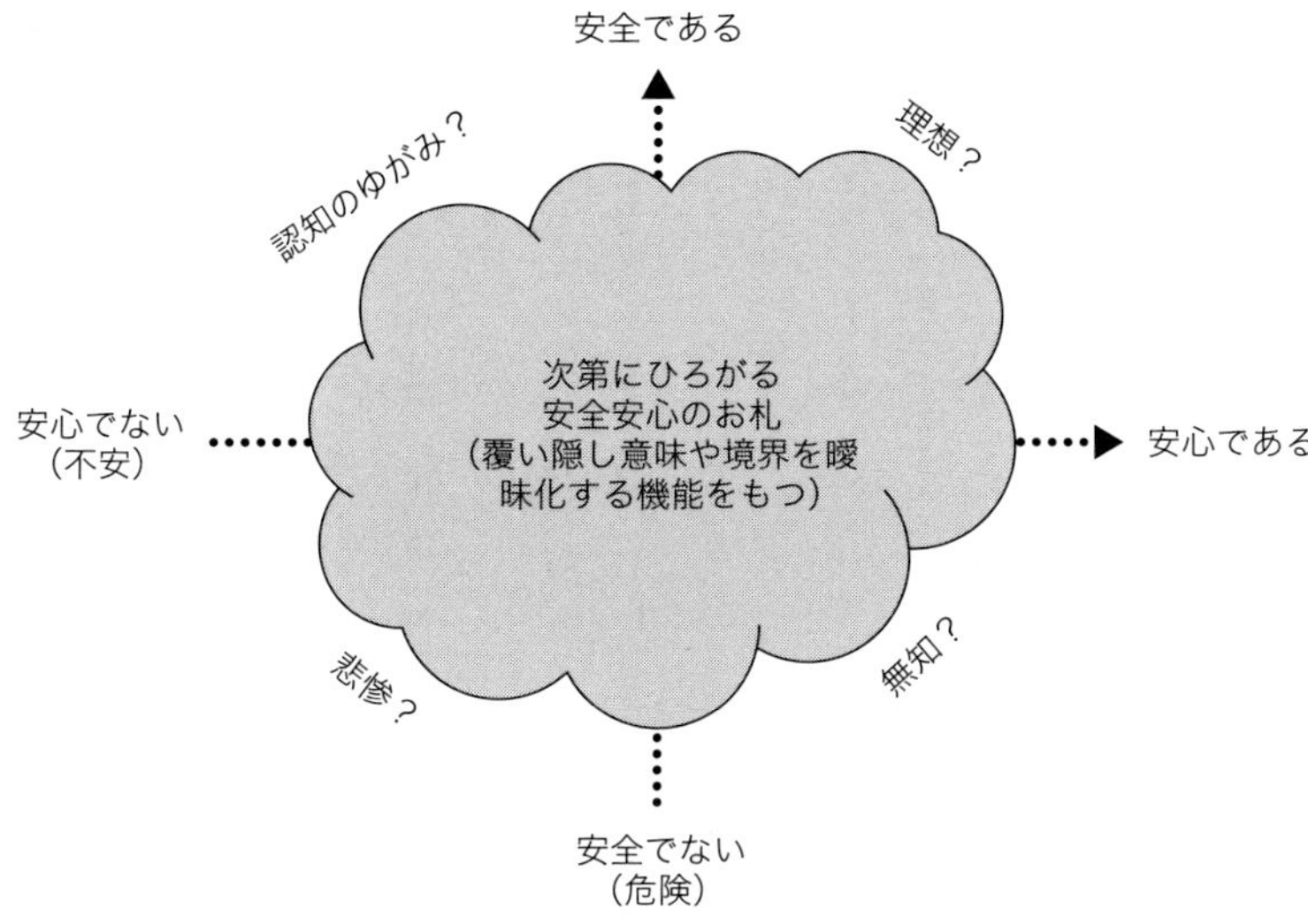

安全性が向上すれば安心の度合いも高まるというのは単純な捉え方である。高度な科学技術にかかるもの（原子力発電所・遺伝子組み換え食品など）は、知識のない者にとっては当然のこと、さらには部分的に詳しい知識があったとしても総合的な安全性はよくわからない。このようなこともあり、安全性の向上が必然的に安心をもたらすものではないといえよう。また、安全を丁寧に細かく調べれば調べるほど、それまで問題とされなかったようなさらに細かな危険が発見され、安心感はさがるという逆説もよくおきる。安全性を向上させるための作業が、不安感を高めるというねじれの構図がここにはある。

もちろん、消費者の知識を向上させればこのねじれはなくなるとか、リスクコミュニケーションをうまくやり、消費者の安全への信頼感を高めれば、安全性の向上にともなって安心感はあがるという立場もある。[8]　実際のリスクコミュニケーションのなかには、専門用語や細かな文字でぎゅうぎゅう詰めになった文章（金融商品や保険証券の説明などを想起されたい）もある。略語が用いられたり、あえて間違わせるかのようなレトリックの含まれたものもある。また、一方で「自然な」といったあいまいな言葉遣いで事実が不明瞭になることもある。[9]

「安全」や「安心」は、専門用語というよりは日常語として使われることが多いため、あいまいな言葉により事実の不明瞭化がおきるというパターンに近い。それを増幅させるのが「安全安心」とつなげた言葉であるともいえよう。ただでさえあいまいさの高い「安全」や「安心」という言葉を、さらに「安全」と「安心」という本来なら異なる次元の言葉をつないでしまう。安全であるが安心でないとか、安心であるが安全でないという領域にも、「安全安心」を入道雲のようにもくもくとひろげていく（図5）。安全安心の雲は、安全、安心というあいまいな言葉の意味をさらにあいまいにしていく。転換炉や高速増殖炉に「ふげん」や「もんじゅ」と名づけるよりは、かなりよくできたお札である。

そんな安全安心というお札の普及は、私たちが十分に理解したり評価したりできないものを、安全でなく安心なものや、安全でも安心でもないものを受け入れるという状態をもたらす。「安全安心」（安心安全）は一種の殺し文句として機能しはじめる。このような殺し文句は思考停止を招き、議論することをやめさせてしまう。安全という言葉も安心という言葉も古くからあるが、それを二つつなげる用法はごく近年のものであり、安全と安心は混淆していく。言葉とそれを指し示す状態がともに不明確であるにもかかわらず、むしろ不明確だからこそ「安全安心」は自己増殖し、多用されていく。言葉は雰囲気的に使用される。安全安心かどうかという実質を問うことが困難なまま、安全安心を尊重するのが当然となる。安全安心の確保がプラスであることに反論するのは難しい。「危険でも不安でもいいから、放っといてくれ」という論法で反論することは少ない。また、安全は管理されても、安心という個人の心の状態まで、なぜ自治体や国家によって管理されねばならないのか、というパターナリズム批判も行いにくい。むしろ、個人はすすんで少々のプライバシーや自由を犠牲にしても安全や安心を得ようとする。[10]

原子力発電、遺伝子組み換え食品、金融商品などは、人びとの間での知識の差が極端なものの代表である。だからといって情報を持っている者がいて、一方で情報を持っていない者がいるというようなある種の「情報の非対称

図６　日常時の安全と安心

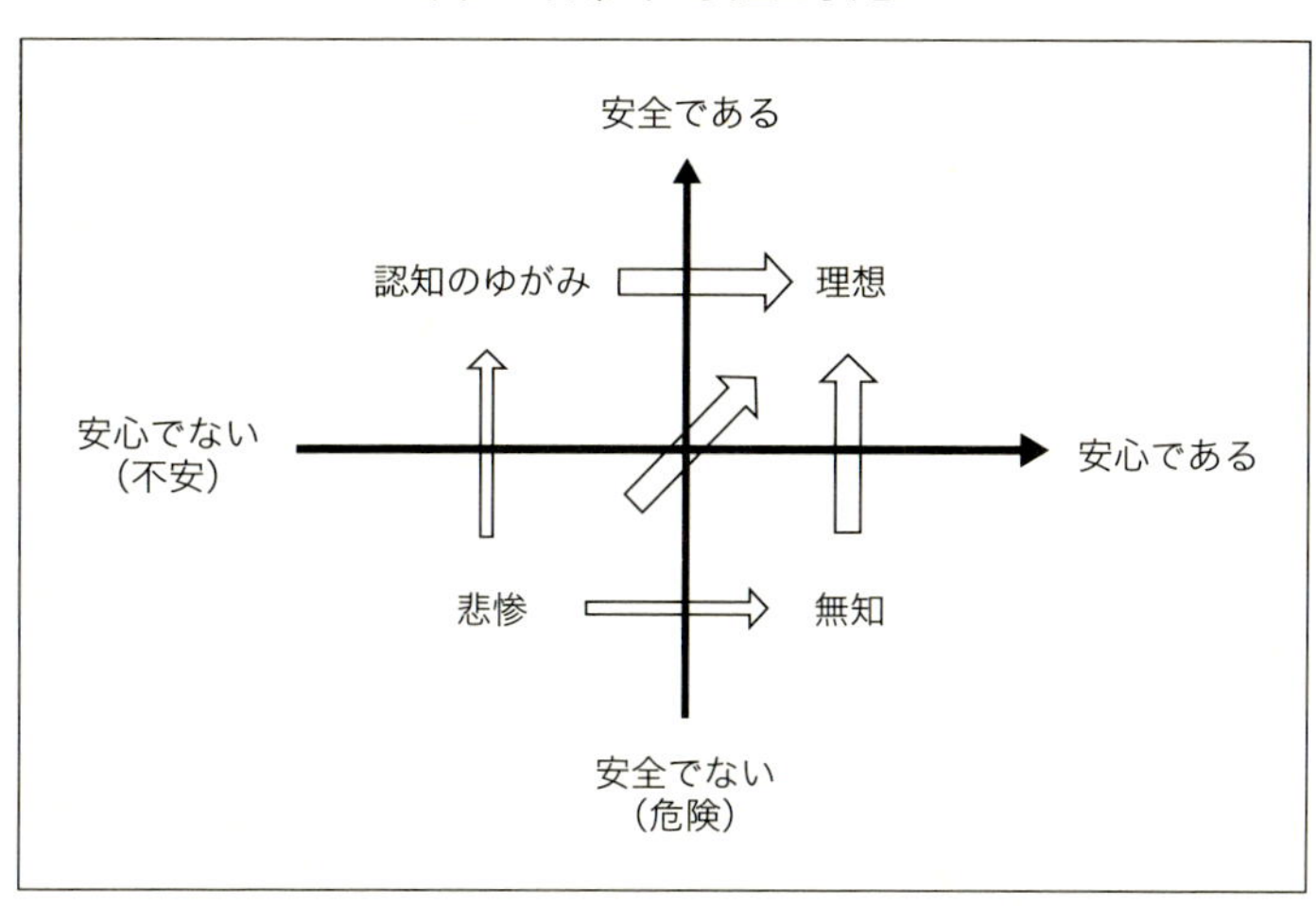

性」だけの問題で、齟齬が起きているのではない。そもそも、同じ情報を提示されても理解できる者と、できない者に分かれることもある。さらに、ある程度理解できても情報を十分に評価できず、それゆえ価値判断できないことも多い。

安全＝安心もしくは危険＝不安はその中でもまだ理解しやすい領域である。安全なのに安心できないのはねじれであり、認知がゆがんでいるのかもしれないとされたりする。一方で、安全でないのに安心であるのもねじれであり、知識が足りないのかもしれないとされたりする。このようなねじれ領域の縮小にも効果があるのが、安全安心（安心安全）のお札の力である。

増殖していく「安全安心」の雲の下で隠されることの多い安全と安心の関係であるが、その構造を再確認しておこう。平常時、安全と安心はつねに図６のような啓蒙が行われている。安全であるのに安心できない人には、「こんな風に安全ですからご安心ください」とPRされ、認知のゆがみを解消する方向に進まされる。安全でないのに安心である人には、科学的「知」が加工して与えられる。それは当初安心の後退をまねくかもしれないが、科学技術の進歩によってもたらされた安全を理解したうえで安心を得るのが近代人の図式なのである。安全でも安心でもない状態に置かれている人には、技術の進歩が安全を確保し、それにともなう安

図7　災害時の安全と安心

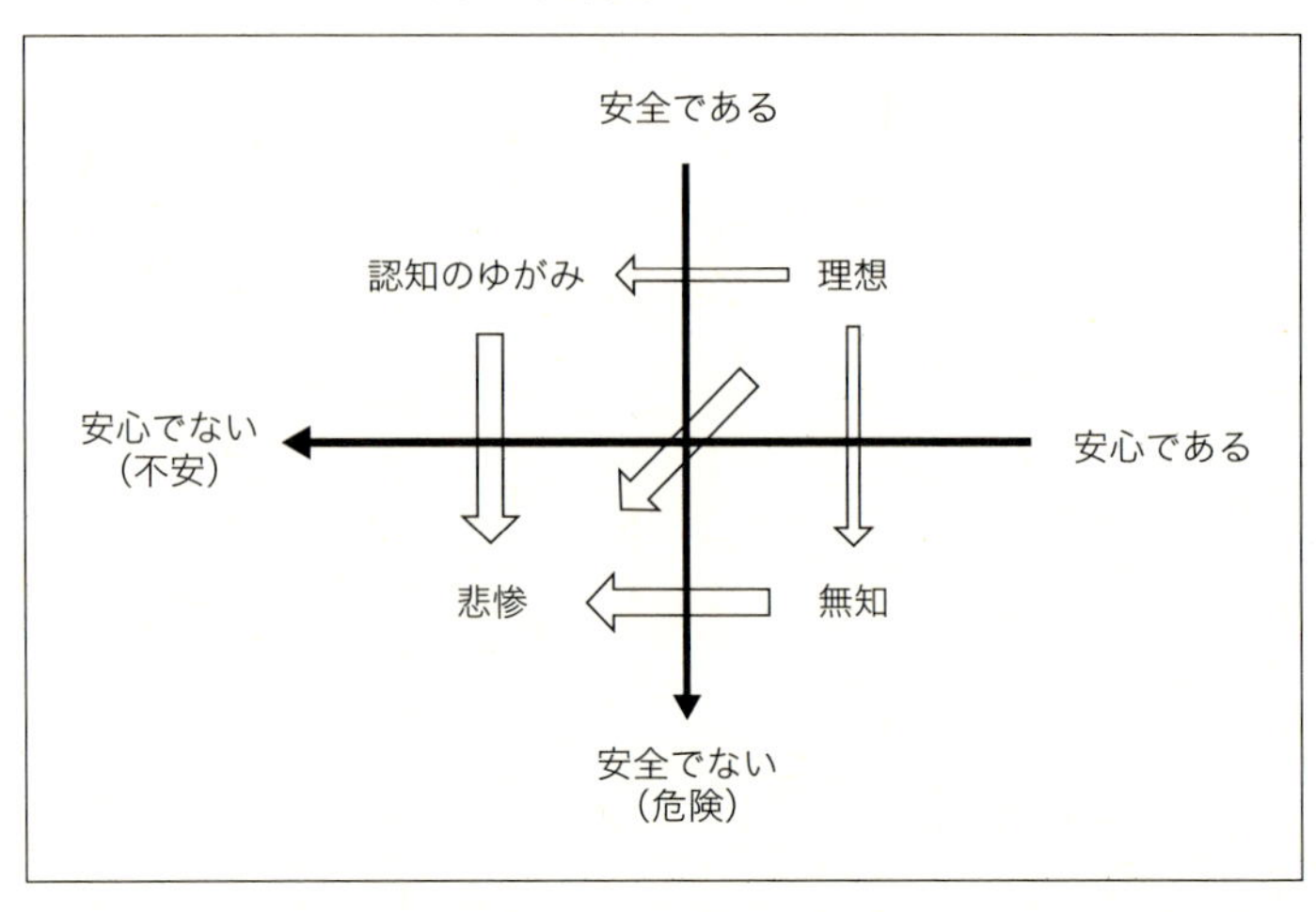

心が広がる理想の未来が説明される。つねに、平常時は安全かつ安心領域の方向へと、図で言えば右上の領域へと引き上げられている。そして、それは時間の経過とともにさらに安全で安心な方向へ進むのである。科学の進歩がかえってもたらし得る危険といった逆説には、ここでは蓋がされている。

しかし、災害時にはこの右上への動きが、一気に剝がれ落ちる。安全かつ安心であった人も、安全であるが安心でなかった人も、安全でないのに安心していた人も、一気に不安と危険の左下の領域へと突き落とされる（図7）。そのようなときは、お札として の安全安心の雲は急速にしぼむ。雲に隠れ、曖昧化されていた安全／安全でない、安心／安心でないという境界線は明瞭なものとして再び浮び上がってくる。

リスク関連本には、歴史に学ぶ時代はおわって統計に学ぶ時代が来たという趣旨のことが書いてあることが多い。たとえば以下のような具合だ。

「賢者は歴史に学び、愚者は経験に学ぶ」という言葉があります。……しかし現代の我々を襲うリスクは、歴史からは教訓を引き出せないものがほとんどです。添加物の安全性も、放射能問題も、一〇〇年前には想像さえされなかったリスクに他なりません。歴史というデータベースに代わって現代の我々が頼るべきは、「統計」でしょう[11]。

歴史から統計へ。果たしてそう言い切ってよいのだろうか。たしかに歴史は、それまで存在しなかったものの直接的な原因を追求することには向かない。しかし、歴史は安全であると安心しきっていたものが、実は安全でないのに安心していたことをたびたび思い知らせてもくれる。ＤＤＴやアスベストはかつて夢のような発明だったが、いまでは悪夢にかわった。千年に一度、一万年に一度というような、統計をもとにリスクを時間軸に置き換えた予測はどれほどのことをどれほど明瞭に伝えることが可能なのだろうか。歴史という時間軸を否定しつつ、統計を時間軸と確率とに置き直すなかで起きていることとはなんだろうか。

それまでになかったものの未来は、たしかに予測しがたい。そのためそれは「想定外」を繰り返す。統計の設定自体は、すでにある範囲のなかに構成されている。いうなれば、論理的には想定内でしか構成しえない。経済史をたどれば、暴落や経済危機はかなりの頻度で起きている。論理上理解できるレベルの状況と論理のよってたつ基盤そのものが崩壊する状況が、歴史上にはある[12]。想定の範囲を設定していたものが、数々の想定外によって崩される。科学のよって立つフレームは意外にもろい。それを教えてくれるのが歴史である。

近年あまりにも時間と場所が断片化し、私たちは日々の忙しさに混乱させられ、液晶画面と長時間お付き合いして瞬時のコミュニケーションを繰り返している。その間に長いタイムスパンでの思考、さらには歴史を忘却してしまいがちである。私たちはもうスマートフォン以前、Google 以前、自宅にパソコンがある以前、そんな近い過去さえもはっきりとは思い出せないことが多い。世代によってはそんな時代経験がなく思い出すことは不可能で、想像すらできないこともある。

歴史学や民俗学、そして地理学などが、いわゆる３・11以降ふたたび注目された。その一端には統計の導き出すものが、長期のタイムスパンにどこまで置き換え可能なのかという疑念もあろう。そして物語化された歴史の知のデータベースを探究する民俗学や、場所に根差した記憶の収納された知のデータベースを探究する地理学などが見直された。民間伝承や古地図を集めたりすることが、実は想定外の未来を予測するために必要な作業であると気づかされた。それを考慮すれば「歴史から統計へ」という発想にはならないだろう。統計の価値を否定するわけではない。現代の私たちは統計だけでなく、同時に歴史も頼りにすべきではないだろうか。

5　知の背景にあるもの

リスクに関する議論で分野をこえて引き合いにだされるものに、社会学者ウルリッヒ・ベックの「危険（リスク）社会論」がある。これは、科学の発展が安全を生み出すという思考に、根本的な疑いを持つ論理展開をするものである。要約すればつぎのようになる。かつての工業化の過程で技術や科学を用いて近代化していった時代には、働きかける人間と、対象となる自然はわかりやすく分割されていた。自然は人間の外部にあり、科学・技術を通して働きかけ改善していく対象であった。これに対し現代は、科学・技術の展開そのものがリスクを生み出す時代となっている。そしてリスクを科学・技術でなんとかしようにも、そのリスク軽減のための科学や技術の使用がまた意図せざる結果（副作用）を創出し、人間に跳ね返ってくる。このため科学はリスクを排除するために頼れるものではなく、科学そのものがリスクを生み出すという皮肉なことになっている。人間と自然という二分法をとれた時代は終わり、人間の世界に内部化された自然（＝人間の手を経た自然）しかなくなっているからだ。[13] この考え方のなかでは「自然」の変容ということも重要だが、科学こそがリスクを生み出してしまうという意図せざる結果や、「想定外」を考慮に入れた思考にも留意すべきであろう。

このような考え方にもとづけば、自然科学の発展が安全の確保に寄与するという考え方には否定的にならざるを得ない。しかし、自然科学者のなかでは自然科学の発展＝安全の拡大ととらえる人のほうが多いだろう。そこでベック流の論理展開でない、わりと昔からある知識社会学的なパターンで科学の相対化をしておこう。それはほぼつぎのような思考形態である。

コミュニティ内〔特定の分野の専門家集団等〕には暗黙の、たいていは検証されることのない、世界のありように関する前提が共有されているものである。たとえば、工学的なリスク分析では人間行動が無視されやすい。それは、人間行動は数量化するのが困難であり、さらに、人間行動を扱う社会科学は信頼できず、重要な証拠を提供できない、と決めつけてのことである[14]。

この知のコミュニティで検証もされずに共有されている「世界のありように関する前提」自体を問うことは重要な作業である。また、最先端で実力主義と合理性に満ちているように見える現代の知のコミュニティが、意外に師弟関係や学閥などといった原始的な人間関係に支配されたムラ社会であったりもする。また、何かを暗黙の前提として想定し、その前提の外にあることが生じた場合には、「想定外」というような言葉を使って、業界のコミュニティにおける暗黙の前提（知の世界観）を守ろうともする。

私たちの知識にはさまざまなレベルでの制約要因のフィルターがかかっている[15]。このため、私たちはその制約要因のフィルターを考える知識社会学的作業が常時必要である。そして、このような知識社会学の根本としてさらに取り上げるべきなのは、さまざまな知を生み出す者が背景にある人間観を異にしており、その異なった人間観という根本問題がコミュニケーションのすれ違いを生じさせ続け、あるいは感情的対立すら生み出しているということだ。

これは、科学者だから科学の力を信じ、哲学者だから科学の力に懐疑的であるというようなシンプルな図式では説明できない。たとえば、物理学者・池内了は『科学の限界』のなかで、科学が問題を解決してくれるというとらえ方を批判的に考察し、科学の限界をみとめつつバランスのとれた科学のありようを模索している。[16] 一方で、哲学者・一ノ瀬正樹は『放射能問題に立ち向かう哲学』のなかで、科学の合理性と進化を信じ、確率と因果論を軸にどこまでも科学によって解決しようと探究している。[17] いずれも3・11以降の著作であり、あの事態を踏まえて書かれたものである。これらをみると、自然科学者が科学の発展による明るい未来を信じるとか、人文学者がそれを不安視するといった単純なものではないように思える。より根本的には人間とはいかなる存在であるか、そして、どのように行為するものであるかという人間観が影響しているように思われる。

社会学者・経済学者のマックス・ウェーバーの行為論では、行為を四つの理念型として、目的合理的行為、価値合理的行為、感情的行為、伝統的行為に分けている。[18] これを参考にすれば、近代経済学は近代的自我を持ち、目的合理的行為や価値合理的行為に集約された人間像を想定していた。つねに経済的合理性に徹し、自己の利益を最大化しようとする利己的な存在、いわゆるホモ・エコノミクスである。[19] これに対して、行動経済学などでは、意外に感情的でときに不合理な選択もする、より非合理な人間像をもとに経済が動いている様子を考える傾向にある。

とくに災害時、紛争時、経済危機時などは、目的合理的、価値合理的行為を優先する近代的自我をもった人間として生きることは難しい。それに耐えきれず、合理性を失い、非合理とわかっていても感情に任せて行為したり、伝統的な各種儀礼にのめり込んだりもする。3・11以降に限らず、災害や紛争そして恐慌などのときには、私たちは近代的自我を持つ合理的存在である、という前提では説明がつかないことが多い。人間観の設定は知のフィルターの一種であり、かつかなり根本にあるものだ。それをどの程度相対化してとらえつつ、社会や人間を考え直すことができるかは重要な課題だ。

そして、合理的なものを考えるのが得意な「知能」と、さらに非合理なものも含めた思考である「知性」とが合わさったのが人間である。もしかしたら、安全でも安心できないのは知能的には非合理なことでも、知性的にはまっとうなことかもしれない。また、安全でないのに安心しているのは、情報不足や無知などではなく、知や情報を踏まえた上で情報を捨てさり一つの「悟り」の状態に至っているのかもしれない。知能が考える「安全」と、知性が感じる「安全」は違ったものであろうし、知能がやってもいいと思う科学の営みを知性が拒絶することもある。人工「知能」はあっても人工「知性」はないことにも留意したい。知性は人間の砦である。知能と知性、この両者のバランスをうまく考えなければ、これからも「安全安心」のお札を乱発し、それが「想定外」の事態により剝がされるということを繰り返していくだろう。「安全安心」の殺し文句的お札や「想定外」という免罪符が機能し続ける時代を、どのように超克できるのか。まずは、人間観の設定という知のフィルターの根本を再考することからはじめる必要があるだろう。

註

謝辞：新聞の語彙のグラフ化に関しては広島修道大学の山中逸郎氏の協力を得ました。国際日本文化研究センターの研究会においては、国際日本文化研究センターの坪井秀人氏、筑紫女学園大学の須藤遙子氏ほか多数のみなさんからの助言を得ました。ここに謝意を表します。

（1）新堀（一九八五）は殺し文句のさまざまな機能と分類をおこなった知識社会学的研究。それを丁寧に資料にもとづき歴史社会学として展開したものに、広田（二〇〇一）がある。

（2）佐藤（二〇一二）、岩田（二〇一二）など。これらは、安全と安心を区別し、安全を重視し、安心には重きをおかない。また、科学の問題解決能力を信頼し、小さなリスクで大きな不安をいだくもの、あるいはリスクを限りなく減らそうとするもの（ゼロリスク）は、科学に対する知識の不足やリスクに対する認知のゆがみとしてとらえる傾向がある。

（3）見田（一九六五）。

（4）現在ではSNSなどの分析が重要な時代になったが（もしくは新聞記事分析の有効性がより限定的な時代に入ったが）、今回は一九九〇年からの変遷を見るため新聞記事を用いるという手法をとった。ここ一〇年といったような短い時間軸で現代に特化した分析を行うためには、SNS等を資料とすべきであろう。また、古くは、柳田國男が柳田（一九三一）で世相、風俗を描く際の新聞記事利用の限界について述べている。

（5）新聞記事に出て来る語をグラフ化した際の語の、数え方は以下の通り。朝日新聞に関しては、新聞記事データベースの聞蔵IIビジュアルで異体字、同義語をふくめず、該当語を一年ごとにシンプル検索して集計した。読売新聞に関しては、新聞記事データベースのヨミダス歴史館で全国版、地方版すべてを対象とし、言葉のゆらぎを含めないで一年ごとに全文検索し集計した。

（6）『ボウリング・フォー・コロンバイン』原題 *Bowling for Columbine* マイケル・ムーア監督、二〇〇二年、バリー・グラスナー（二〇〇四）など。

（7）石井（一九九四）以降の石井の諸研究など。

（8）佐藤（二〇一二）、岩田（二〇一二）、唐木（二〇一四）などは、具体的な提言や安全と安心の関係をどのように考えるかに対する立場は異なるが、いずれも科学にもとづき「安全」と「安心」を分けて考えることが重要であるという立場では同じである。一方、中谷内（二〇〇八）フィッシュホフ／カドバニー（二〇一五）などは、安全と安心のねじれに配慮し、安全と安心が二分しがたいという立場をとる。また、佐藤（二〇一二）、岩田（二〇一二）などは科学的に無根拠な安心よりも科学にもとづく安全を重視するという立場だが、中谷内（二〇〇八）、唐木（二〇一四）などは安心も重視し、安心は信頼にもとづくという立場である。

（9）フィッシュホフ／カドバニー（二〇一五：一九二―一九三）。

（10）バウマン／ライアン（二〇一三）などで解説されるようなセキュリティと監視社会に関する問題（いいかえればプライバシーを犠牲にしても安全を優先する方向性）については、本稿では論点の混乱をさけるため深入りしなかった。本稿を踏まえ、今後さらに展開したい重要な論点である。

（11）佐藤（二〇一二：六五―六六）。

（12）統計にもあらかじめ前提や枠が設定されており、前提そのものや枠の外を十分に考慮できないという問題がある。その前提や枠自体が崩れるような時に、学問や政治、メディアなどがいくら想定外といおうが、私たちはその想定外の世界を生きざるをえない。

（13）ベック／ギデンズ／ラッシュ（一九九七）、ベック（一九九八）、ベック／鈴木／伊藤（二〇一一）。

（14）フィッシュホフ／カドバニー（二〇一五：九三）。

（15）フィッシュホフ／カドバニー（二〇一五：三三）。

（16）池内（二〇一二）。

（17）一ノ瀬（二〇一三）。

（18）ヴェーバー（一九七二）。

（19）経済学者の猪木武徳は、近代的自我をいかに設定するのか、そもそもそれは設定可能なのかという問いを提出している（猪木二〇〇四）。文学者大岡昇平の描いた戦争の極限状況を補助線とし、「ひとつの価値観を持ち、自力で自分の行動を決定する独立した『近代的自我』という想定が、誤りとは言わないまでも、きわめて単純化された人間のモデルである」（同：一七三）と猪木は述べる。

引用文献

池内了（二〇一二）『科学の限界』筑摩書房

石井研士（一九九四）『銀座の神々――都市に溶け込む宗教』新曜社

一ノ瀬正樹（二〇一三）『放射能問題に立ち向かう哲学』筑摩書房

猪木武徳（二〇〇四）『文芸にあらわれた日本の近代――社会科学と文学のあいだ』有斐閣

岩田健太郎（二〇一二）『「リスク」の食べ方――食の安全・安心を考える』筑摩書房

マックス・ヴェーバー著、清水幾太郎訳（一九七二）『社会学の根本概念』岩波書店

唐木英明（二〇一四）『不安の構造――リスクを管理する方法』エネルギーフォーラム

バリー・グラスナー著、松本薫訳（二〇〇四）『アメリカは恐怖に踊る』草思社

佐藤健太郎（二〇一二）『「ゼロリスク社会」の罠――「怖い」が判断を狂わせる』光文社

新堀通也（一九八五）『「殺し文句」の研究――日本の教育風土』理想社

中谷内一也（二〇〇八）『安全。でも、安心できない…――信頼をめぐる心理学』筑摩書房

ジグムント・バウマン、デイヴィッド・ライアン著、伊藤茂訳（二〇一三）『私たちが、すすんで監視し、監視される、この世界についてーーリキッド・サーベイランスをめぐる7章』青土社

広田照幸（二〇〇一）「〈教育的〉の誕生」『教育言説の歴史社会学』名古屋大学出版会

バルーク・フィッシュホフ、ジョン・カドバニー著、中谷内一也訳（二〇一五）『リスク――不確実性の中での意志決定』丸善出版

ウルリッヒ・ベック、アンソニー・ギデンズ、スコット・ラッシュ著、松尾精文・小幡正敏・叶堂隆三訳（一九九七）『再帰的近代

化――近現代の社会秩序における政治、伝統、美的原理』而立書房
ウルリッヒ・ベック著、東廉・伊藤美登里訳（一九九八）『危険社会――新しい近代への道』法政大学出版局
ウルリッヒ・ベック、鈴木宗徳、伊藤美登里編（二〇一一）『リスク化する日本社会――ウルリッヒ・ベックとの対話』岩波書店
見田宗介（一九六五）「イメージの近代日本史」『現代日本の精神構造』弘文堂
柳田國男（一九三一）『明治大正史　第四巻　世相篇』朝日新聞社

第4章　震災関連死の原因について

一ノ瀬正樹

1　被害の実態

二〇一一年三月一一日に発生した東日本大震災、そしてその直後の福島第一原子力発電所の事故からすでに八年以上が経過した。すでに関心が薄れ、とりわけ西日本の方々にとっては歴史上の出来事のようになってしまっているかのようである。けれども、まだまだ復興は道半ばであり、実際には、依然として被害が連続的に発生している。この問題は大変に複雑であり、その実態を記述するだけでも一筋縄ではない。私は、ここで、いわゆる3・11に関わる一つの側面に焦点を当てて、実態の解明の一助と、そして今後世界のいたる所で生じる可能性の否定できない津波震災・原発事故に対する教訓の一部となる議論を少しく展開したい。

この八年の間、私が最も疑問に思ってきたことが、すべての議論の発端となる。それは、3・11の被害とは何であったのか、という根本的かつ基本的な点が、実は曖昧なまま事態が推移してきてしまったのではないか、という疑念である。いや、もう少し正確な言い方をしなければならない。津波震災の直接的被害、すなわち溺死、打撲死、焼死（仄聞したところによると逃げるときに車にひかれて亡くなった方々も少なからずいるようである）、そして負傷、については、その原因に関して紛れがない。津波震災という自然現象が、その原因である。この点について、二〇一八年九月一〇日現在の警察庁緊急災害警備本部の広報資料によって確認しておこう[1]。

死者数	一万五八九六人
うち宮城県	九五四一人
岩手県	四六七四人
福島県	一六一四人
行方不明者数	二五三六人
負傷者数	六一五七人

空前絶後の大災害であったことが分かる。三月の寒い東北で、津波に巻き込まれて亡くなった方々の思いはいかほどか。胸が詰まる。しかし、3・11の被害はこれで終わることはなかった。避難した方々が病の悪化、自死などによって、次々といのちを落としていったのである。いわゆる震災関連死である。この点についても、二〇一七年九月三〇日現在の復興庁のデータによって確認しておこう[2]。

岩手県	四六四人
宮城県	九二六人
福島県	二二〇二人

これもまた、胸の苦しくなるデータである。とくに福島県の震災関連死が突出して多いことにすぐに気づく。なぜ

だろうか。言うまでもない、福島県からの避難者数が圧倒的に多いからである。二〇一七年八月二九日現在の復興庁によるデータでは、

自県外への避難者数は
福島県から　三万四九六三人
宮城県から　五二一五人
岩手件から　一二七五人

と報告されている。[3] 避難者が多ければ、おのずと、避難関連死も増える。人口が多ければ死亡者も多い、というのと同様な理屈である。これは、理解として妥当だろう。さて、では、なぜ福島県の避難者が多いのだろうか。それは、福島第一原子力発電所の事故が発生したからである。ここが、他の主要被災県である岩手県や宮城県と異なる点である。

2　原発事故後の被害

さらに問いを突き詰めていこう。なぜ原発事故によって避難者が増大したのだろうか。それは、原発事故によって放射性物質の放出が起こり、放射線被曝への懸念が生じたからである。では、なぜ放射線被曝が懸念材料になるのか。それは、放射線被曝が私たちの健康に有害な場合があるからである。一九世紀末に放射線が発見されて以来、太平洋戦争時の広島・長崎への原爆投下による多数の人々の放射線被曝による健康被害などに基づいて、放射線被曝が私たちの健康にどのように悪影響を与えるかについておおよそ判明してきている。ただ、放射線被曝の健康影

響について語るときに忘れてならないのは、放射線被曝の害は「量」的なものである、という点である。いや、どのような有害物質でも、その害は実は「量」によるし、どのような健康に有益な物質でも「量」によっては有害なものに転化しうる。スイス出身の医師パラケルススが、すべてのものは毒であり、毒でないものなど存在しないとして述べた、「その服用量こそが毒であるかどうかを決める」(sola dosis facit venenum, 英語では The dose makes the poison.) という毒性学の格言は、[4] 今回の福島原発事故による放射線被曝にも冷静に適用すべきである。すなわち、放射線被曝といっても、量が少なければ健康への害はなく、しかし量が多ければ有害である、という考え方をきちんと適用しなければならない。ゆめゆめ、いかなる放射線被曝も有害である、などという非理性的な態度を取るべきではない。実際、猛毒として知られる青酸カリ、すなわちシアン化カリウムでさえ、最小致死量は一七〇mgであり、[5] それは逆に言えば、それよりも少ない量の服用であれば肝臓がなんとか処理し解毒してくれて死には至らない、ということでもある。ごく微量の青酸カリを飲んで、直ちにもだえ苦しんで死ぬ、というのは小説の話にすぎなく、事実とは異なる。むろん、逆もいけない。たとえば、緑黄色野菜のベータカロチンは健康によく、がん予防にもなるからといって、過剰にとってよいわけではない。この点については、一九九四年に発表された論文で、「喫煙者の肺がん予防を意図して、ベータ・カロチンのサプリメントを投与したにもかかわらず、かえって肺がんの発生率が上昇した」(坪野 二〇〇二 : 八〇) という結果が報告されて、大きな話題となった。

では、福島原発事故の場合、放射性物質の拡散と、人々が受けた放射線被曝線量はどの程度の「量」であったのか。これについては、事故後足かけ八年が経過しているいま、情報やデータはすでに人口に膾炙しており、ここでいまさらトレースするまでもないだろう。たとえば一例として学術会議の報告書をひもとけば、二〇一一年の福島原発事故に伴う放射性物質の拡散量はチェルノブイリ原発事故の七分の一で、子どもの甲状腺がんも含めて、放射線被曝による健康影響は今後も認められないだろう、という大方の同意が得られていることが記されている(学術会議報告 二〇一七 : 一三、およびＵＮＳＣＥＡなどの報告を参照)。[6] つまり、放射線被曝による直接的被害はなかったし、今後もないだろうということである。これについては依然として異論を投げかける人々がいるにはいるが、多くの研究者の努力、蓄積されたデータ、詳細な検証、を覆す反論はほとんど想像できない。データに反する議論や意見を発信し続けることは、仮にもとを正せば良心や正義感からだったとしても、いまや害にこそなれ、人々の益にはまったくならない。

このことは、確かに害を生じさせる可能性がある物質に触れたが、微量なのでほとんど心配ない、にもかかわらずその物質に触れた人々に対して、将来害があるかもしれませんよ、と執拗に言い続ける、という場合を想像してみれば分かるだろう。たとえて言えば、子どもが自動車の背後で遊んでいて、排気ガスを一度吸い込んでしまったとしてみよう。それを見ていた（善意の？）人が、「ああとても危険なものを吸ってしまいましたね、将来がんになるかもしれませんよ、気をつけなさいね」としつこく語りかけることを想像してほしい。確かに、排気ガスを吸い込んでしまったことは不愉快だし、理論的には、健康によくないだろう。でも、生涯に一度そういう事態に遭遇したとしても、それが数十年後のがん発症や死因に結びつくというのは、およそ考えられないし、たとえ結びついているのかもしれないとしても、子ども時代の排気ガス吸入ががん発症のまさしく原因だと、たとえば五〇年後に原因指定するというのは常軌を逸しているだろう。にもかかわらず、危険なものを吸ったので気をつけなさいよ、と警告し続けるというのは、むしろ、当人に対するいじめ・嫌がらせにしか聞こえない。当人は内容については気にしないとしても、やはり、うるさくて迷惑だろう。人間や生物というのは、いずれにせよ、危険な事象やリスクに囲まれて生きているのである。それが、この自然環境の中で生きているということなのである。小さな危険性を針小棒大に言いつのることは、むしろ有害であることは肝に銘ずべきである。被曝も同じである。線量が少ない被曝であるならば、むしろそのことは忘れてしまった方が精神衛生という面でずっとよいだろう(7)。

それでは、しかし、福島原発事故の被害とは何だったのだろうか。この問いを提起したとき、とりわけ、どうしても目につくのは、福島県からの避難者の多さと、震災関連死の多さである。これは、明白に被害であると言わなければならない。二〇〇〇人以上の方々が実際に亡くなっているのである。この被害の重大性を顕著に象徴するのは、「双葉病院の悲劇」ではないだろうか。原発事故後、福島県大熊町にある「双葉病院」に政府の緊急避難命令が出され、二〇一一年三月一四日に、患者三四人と介護老人保健施設の入所者九八人が観光バスでいわき市の光洋高等学校体育館まで避難した。津波震災により直行する道路が通行禁止になっていたため、南相馬まで迂回して、一〇時間ほどもかけて避難した。その結果、移動過程で八人が死亡し、さらに患者ら五〇人が三月末までに亡くなってしまった（一ノ瀬 二〇一五：五四―五五参照）。第二次大戦中のボルネオ島での「サンダカン死の行進」を想起させてしまうような、胸の痛くなる、そして大きな悔いの残る悲劇であった。では、この患者さんたちの死因は何だったのだろうか。はっきりしていることは、これは放射線被曝による死亡ではない、という点である。いま確認したように、放射線障害が出るほどの線量の被曝をした人はいないのである。双葉病院の方々は、おそらく最大に見積もっても、実効線量で平均毎時一〇マイクロシーベルトから毎時五〇マイクロシーベルト程度の線量を一日ほど被曝しただけなので、常識から言って、放射線障害は起こりようがない（一ノ瀬 二〇一五：五三―五六）。急性の放射線障害のはずがないのは言うまでもなく、晩発性のがん発症やがん死も予想されないような数値である。むしろん、平時よりはずっと多い放射線被曝をしたことは間違いない。けれども、そのことがイコール被害、ということにはならない。放射線被曝による健康被害が確認・予想できないならば、それが不愉快なことであり、その意味で主たる責任者に謝罪を求めたい・求めるべき事態だとしても、被曝が実的な被害であるとはいえない。理解の助けのため、あえてたとえを出すなら、他人にくしゃみのしぶきを掛けられたことに似ている点がある。とても不愉快である。当然、謝罪を求めたい。けれども、だからといって、それが健康被害に結びつくかと言えば、そうは言えないだろう。謝罪を受けたら、顔を洗って、忘れた方がいい。

明らかなことだが、「災害」や「事故」に際しての一番のプライオリティは「いのちの保全」である。しかるに、福島県では二〇〇〇人を越える震災関連死が発生してしまった。これは「いのちの保全」という主目的に照らして、あってはならない結果である。たしかに亡くなった方々は戻らない。けれども、将来同様な事故が発生したときに対する教訓を学び後世に伝えていくことは、この事故に遭遇した私たちのせめてもの責務ではなかろうか。どうしたら震災関連死を避けられたのか。方法はなかったのだろうか。後付けでしかないとしても、こういう問いかけが絶対に求められているのである。そして、それに応答するには、震災関連死の原因は何か、という問いが必須である。もう一度こう問おう。双葉病院の悲劇を代表的事例として含む、福島県に突出して多い被害の原因は何なのだろうか。これまでの議論の必然として、放射線被曝とは別なところにその原因を求めていかなければならない。議論の見通しやすさを考えて、少し先取りして言えば、私は、①津波震災、②原発事故、③避難行動の弊害、という三つにさしあたり原因候補を絞って、そのどれが震災関連死の原因として指定される適切性の度合いが高いか、という形で以下論を進めていく(8)。

3　反事実的条件分析

ここで詳しくは論じられないが、原因結果の関係性をどう理解するかというのは哲学上の大問題の一つである。そして、私自身の生涯の研究テーマでもある。しかし、あえて図式化して言うならば、因果論には大きく二種類ある。一つは、「因果関係とは何か」という問いに対して、因果関係以外のものに訴えて説明しようとする「還元的」(reductive)議論であり、もう一つは、「因果関係の理解とはどのようなものであるのか」という問いに、私たちが因果的にものごとを理解しているという事実を前提して分析を試みようとする「非還元的」(non-reductive)な議論である。還元的な議論の代表が、デイヴィッド・ヒューム以来の「因果の規則性説」(regularity theory of causation)である。これはつまり、原因結果の関係とは、Aタイプの事象とBタイプの事象とが過去においてつねに互いに相伴ってきたという経験、すなわち、「恒常的連接」(constant conjunction)の経験をすると、一方のタイプの事象に出会うと他方のタイプの事象を思うという「習慣」ができてしまい、しかも、その習慣は強制的な力で作用する、そうした強制感こそが「因果的必然性」というものの正体だ、とする議論である。空中で物を離すと落下する、という形の経験を私たちは幼少時から何度もする。すると、空中で物を離す、ということを思うと、落下する、と思うようにいわば強制されて、それ以外に思えなくなってしまう。これが因果関係ということの実相なのだ、という議論である。因果関係を恒常的連接の経験に還元する議論なので、還元的議論と捉えられるのである。これには、因果性と相関性の区別ができないのではないかといった、幾多の反論も提起されているし、歴史的には、このヒュームの議論を知ったカントが、これを認めると自然科学の法則性が単なる心理的な「思い方の癖」みたいなものになってしまい、自然科学の客観的妥当性が崩壊してしまうという危機感を抱き、いわゆる「コペルニクス的転回」、つまり主観の形式や枠組みこそが客観を構成する、という理論を『純粋理性批判』で展開したことも注記してよいだろう。いずれにせよ、ヒュームの議論は、正的であれ負的であれ、その巨大な影響力を今日まで及ぼし続けている。

けれども、震災関連死の問題に対して、その原因をヒューム流の規則性説に沿った形で確定するのは、いささかためらう。なにしろ、一〇〇〇年に一度の規模の地震である。そして、これほど避難した後に亡くなる人が出ようとは想像されなかった。双葉病院の悲劇のような事態は、私たちが（少なくとも私たち日本人が）はじめて直面した出来事なのである。死亡に至らなくとも、夫婦の放射線被曝に関する感覚が違って離婚するカップルが増えたり、五山送り火問題のように、想定できないような福島・東北への忌避感が発生することなど、すべて私たちが初めて経験した事態である。これらを過去の繰り返しという意味の恒常的連接という概念でもって説明することは、理論的には不可能ではないけれども、全体としての説得性には欠けるだろう。では、ほかに震災関連死の原因を見定めるのに有効な因果性理解はあるだろうか。ここで、強力な手がかりを提供してくれるのが、規則性説と並ぶ、もう一つの有力な因果論、「因果の反事実的条件分析」（counterfactual analysis of causation）である。これはアメリカの哲学者デイヴィッド・ルイスが強力に展開した議論で、cがeの原因である、という事態の必要十分条件を、次のように捉えるという理論である。ただし、ルイスの場合、「可能世界意味論」という独特のスキームを使うが、ここでそれを詳述することは趣旨から思い切り外れるので、省略する。

O (c) □→ O (e) and ~ O (c) □→~ O (e)

Lewis (1986: 167)

O (c) というのは、「cが起こる」という意味である。そして、□は反事実的条件を示している。つまり、cがeの原因である、言い換えるならば、eはcに因果的に依存する、というのは「もしcが起こったならばeが起こるだろう、そして、もしcが起こらなかったならばeも起こらなかっただろう」という文が真なときであり、そのときに限る、ということを意味している。

そんなに難しいことではない。先ほどの例をもう一度使うならば、空中で物を離すことが落下の原因とされることは、まず物を離していない状態のときに、「もしその物を離したなら、落下するだろう」が成り立ち、同時に、物を離してしまったときに、「もしその物を離さなかったならば、落下しなかっただろう」が成り立つとき、そしてそのときに限り、物を離すことが落下の原因であると言える、ということである。この議論は、なぜその二つの条件文が成り立つと言えるのかと問われるならば、すでに私たちが前提している因果的理解に訴えることになるので、因果関係をなにかに還元していることにはならない。そうではなくて、私たちが因果的にものを理解している事態の解明をしている、ということになる。というわけで、「非還元的」な議論であると言える。ただし、ルイスの反事実的条件分析では、なぜ二つの条件文が成り立つかは、可能世界の概念によって説明されるので、彼の反事実的条件分析は還元的な議論に分類されるが、いまはそうした点は追わない。いずれにせよ私は、福島の震災関連死の多さの原因については、さしあたり、恒常的連接が語りにくい以上、この反事実的条件分析に拠って考察していくことに一定の合理性があると考える。

4　予防の不在

それを進めるに当たって、私は、結果生起への「阻止要素」(hindering factors) とか「予防対策」(preventive measures) という視点を、とりわけそうした阻止・予防要因の「不在」(absence) という視点を導入したい。そもそも因果関係をことさら述べ立てる場合というのは、実のところ、物を離したら落下した、というようなニュートラルな場合ではなく、正的であれ負的であれ、何らかの意味で通常の経過から逸脱した、注目が為される、その意味で価値的な要素を含む場合であると考えられるからである。したがって、おのずと、それを生み出した秘訣とか、それを引き起こした元凶とかが問題となる。発見とか、勝利とか、犯罪とか、事故とか、災害とか、そうした日常のノーマルなプロセスからの逸脱が生じた場合こそが、因果関係が語られる典型的場面である。実際、H・L・A・ハートとT・オノレの『法における因果性』は、一貫してこうした因果観を展開している。ただし、物を離すと落下する、といった事象がなにかの意味で注目される場合はありえる。宇宙船の中とか、万有引力について焦点を当てて説明しようとしているとき、などである。そういう場合は、問いを立てずにやり過ごしている通常の場合からの、ある種の逸脱なので、因果関係が問題となって立ち上がってくるのである。

そして、cがeの原因である、というときで、eがポジティブな価値を持つ場合、私たちはしばしば、条件がうまくかみ合ってそうなった、と思う。巡り合わせ、タイミングがよかった、と。言い方を換えれば、阻止要素がなかったので、うまくいったと。とくに、他の、うまくいかなかった場合と比較して、そんな風に思うだろう。多くの発見や発明は、あるいは勝負事の勝利は、そのように生まれてくるものである。ペニシリンの発見などは、フレミングが別の実験をしながらも別な現象に注意を向けるための余裕があったからで、そうでなかったなら見逃されていたはずであろう。換言すれば、不注意や注意散漫が不在だったので、発見に至ったのである。むろん、すべてのポジティブな事態がそうなわけではない。巡り合わせの幸運だけではなく、意図的な計画や努力のゆえに達成されたと捉えられる場合もある。しかし、そうした場合とて、何の支障もなく一発で成し遂げられることはまずなく、試行錯誤がつきものである。だとすると、うまくいった後から考えると、もっと早く成し遂げられたかもしれないのに、一体何でこんなに時間がかかってしまったのかという思いが生じることもあるだろう。医療技術の発見などの場合、もっと早く発見されていたなら、私の親は助かったかもしれないのに、といったような遡及的な悔やみの気持ちは自然に起こりうる。こうした見方は、ポジティブな価値を持つ出来事に対して、それを一旦通り越して、むしろネガティブな出来事として捉え返していることになるかもしれない。いずれにせよ、このことは、言い換えれば、やはり、ある種の阻害要素が考慮されているということであり、そうした阻害要素を排除するまでの技術力が不在だったから、発見には至ったけれども、遅い発見になってしまったのだと、そう捉えられていることになる。ポジティブな価値を持つ結果に対するこうした見方は、将来の相似た状況に対する教訓となっていくであろう。

これに対して、cが原因となって引き起こされたeがネガティブな価値を持つ場合は、阻害要素・予防対策の不在は一層明確な形で関わっている。なぜならば、そうした場合は、「後悔」や「非難」が因果関係理解に含意され、因果関係理解はすなわち責任の帰属という働きと直結するからである。たとえば、タバコの火の不始末で火事を出してしまったとしよう。文字通り、ネガティブな事態である。そして、火事の原因は、表面的には、タバコの火である。けれども、そのようにタバコの火に原因を帰するとき、その根底には、なんでそんなことになってしまったのか、食い止めるやり方があったのではないか、という後悔や非難の感覚が明らかに横たわっている。予防できたはずだ、なのに、予防しなかったから火事を出してしまったのだ、と。まさしく「予防対策の不在」である。二〇一一年の放射性物質拡散も同様に理解できる。放射性物質が拡散してしまったことの原因は何か。原発事故が原因である。そう述べるとき、その言明には非難の意が包含される。防止する手立てがあったのではないか。予備電源の設置の仕方の一層の工夫とか、津波に対する耐性のテストとか、可能な予防措置はいくつか考えられるだろう。つまりは、そうした「予防対策の不在」こそが、放射性物質拡散の原因とされるのである。そして、そこからおのずと、責任の追及先も絞られてくるわけである。

5　予防可能と予防無縁

そして、こうした「阻害要素・予防対策の不在」は、まさしく反事実的条件分析によって表現され、原因としての位置づけがなされる。すなわち、「そうした阻害要素・予防対策の不在がなかったならば、eは生じなかったであろう」というように、である。ここに、反事実的条件分析が阻害要素・予防対策の不在と結びついて効力を発揮してくる。けれども、ここで少し慎重に議論を進めなければならない。というのも、因果関係と見なされる事象の中には、そもそも予防ということが不可能なように思われる場合も少なからずあり、その場合は、予防という媒介なしに、そのもの自体がまさしく原因と見なされるべきだからである。eがポジティブな価値をもつ場合でいえば、たとえば、テニスの試合で信じがたいような鋭い角度のバックハンドウィナーが決まったとしよう。賞賛に値する。こうした場合、そもそもそれを阻害したり、予防したり、という側面はほとんど考慮されない。むろん、そのプレイ以前になにがしか予防する対策はありえたとしても（根源的には、そんなうまい人と試合をしなければウィナーは生じなかった）、ショットとその結果との結びつきが強すぎて、そうした予防は前面に出てこない。こういう場合、私たちは、ウィナーの原因はそのショットにある、とストレートに考えるだろう。私の見解では、こうした、いわば「神がかり」的な、あるいは「奇跡的な」事態に関しては、むしろ、予防できないがゆえに、その事象それ自体が原因と見なされる。予防対策の不在ではなく、予防対策の困難性がポイントになるのである。

同様なことは、ネガティブな価値を持つ結果に対しても明白に当てはまる。確かに、ネガティブな価値を持つ結果に対しては、「助けることはできなかったのか」、「予防できなかったのか」、「食い止めることはできなかったのか」、という後悔の念が込められた形で因果関係が語られる。その限り、「予防対策の不在」が、実のところ、原因として指定されているのである。けれども、そもそも予防できない、あまりに想像や予測を絶した事態で前もっての備えなどほぼ不可能である、といった事故や災害もありえる。突然、経験したこともないような大地震が、いままでほとんど大きな地震がなかったような地域に発生して、大きな地割れが瞬く間に現れて、多くの人々が地割れに呑み込まれて死亡した、などということが起こったら、予防もへったくれもないだろう。死亡の原因は大地震そのものなのである。こうした事態は、先ほどの、ポジティブな価値を持つ場合で予防対策が困難なときに、「神がかり」とか「奇跡的な」という表現が浮かんでくるのと対応的に、「天命」、「神意」、「天罰」、「摂理」などという表現によって形容可能な現象ではないだろうか。実際、東日本大震災のような巨大地震が発生したりすると、「天罰だ」といった理解がしばしば登場するものである。

私の理解では、「予防対策の不在」を原因として指定する場合は、責任帰属の問題と絡む以上、予防が容易であるものほど原因として指定される適切性をより多く備えていると考えられる。たばこによる火事でいえば、家を建てなければ火事にはならなかったけれど、それよりもたばこを吸わなければ、あるいは吸ったとしても確実に消していれば、火事にならなかったし、そういう行為の方が、建物を建てないという大がかりな予防対策に比べて、圧倒的に容易に実行可能な予防対策なので、まさしく原因として適切なのだ、という考え方が成り立っているように私には思えるのである。ポジティブな結果に関する阻害要素の場合も同様である。偶然の幸運で大発見が導かれた場合、そもそもその発見者が誕生しなければ、そうした発見はなかったはずだとは確かに理論的には言えるが、それに比して、不注意な見逃しが発生するということの方が、圧倒的に簡単に現実化しそうな阻害要素なので、「不注意の不在」が原因として指定されるということになるのだろう。けれども、それに対して、予防できないと一旦表象されてしまうと、まったく逆に、予防が困難である現象であればあるほど原因としての適切性を備えている。ここには、奇妙な逆転が生じているというべきだろう。

こうした二つの、相互反転するまったく相反する見方を、さしあたり私は、それぞれ「予防可能視点」(the view of preventability) と「予防無縁視点」(the view of prevention-indifference) と呼んでおきたい。さて、では、こうした反転・逆転はどのような機序で発生するのだろうか。私の現在の考えを述べておこう。何もしないでおくならば発生する「確率」が高い事象は、十分に発生予測ができるので、「予防可能視点」が採られる (ただし、「確率1」の場合、すなわち、論理的真理については当然ながら除外する)。このことは、地球の消滅のような、何十億年後にはほぼ確実にやってくるような、そういう意味で発生確率が非常に高いような事象についても当てはまる。なぜなら、まさしくきわめて発生確率が高く、当然予想される事象なので、予防対策を検討する余地が十分にあるからである (他天体への移住、そしてテラフォーミングなど)。それに対して、奇跡的と形容されるようなテニスのウィナーとか、天罰と称されうるような突然の巨大地震とか、そういう発生確率が著しく低い事象に関しては、「予防無縁視点」が採られる。というよりむしろ、より正確には、予想の範疇を超えているので、予防するという発想がそもそも湧かないのである。

こうした理解から分かるように、私は、「予防可能視点」と「予防無縁視点」との視点の反転は、当該問題事象の発生「確率」の大きさによるのではないかと診断している。発生確率が高い場合は、予想の範囲内なので、食い止める手立てがあったのではないかという「予防可能視点」が採られ、「予防対策の不在」が原因として指定される。それに対して、発生確率が低い事象の場合は、もともと考慮にほとんど入っていないので、後から振り返って考えても、「予防無縁視点」が採られざるをえず、不在性ではなくむしろ逆に、発生してしまった想像外の事象そのものが原因として指定されるほかないのである。むろん、いずれの場合も、反事実的条件文が原因析出のツールとなる点は変わらない。この点は押さえておきたい。(ここで言及した場合以外に、予防が不要、というケースもあり、それも「予防無縁視点」に含まれるだろう。たとえば、社会的に有益な研究が明確な意志によって達成されたような場合、阻害要因の不在ではなく、達成行為そのものが原因とされる。いわば、事後的に見て、発生確率が1の現象であるかのように擬似的に捉えられるのである。一ノ瀬（二〇一八）二九二―二九八頁参照）。

けれども、では、どのくらい発生確率が低いと「予防可能視点」から「予防無縁視点」への反転が起こるのだろうか。これは、ある意味で劇的な反転なので、強いきっかけがあるはずである。しかし、私は、この点について、「曖昧性」があると答えたい。状況によって、人によって、立場によって、反転が起こる境界線は微妙に異なるであろうし、同じ条件だとしても、ほんの少しの確率変化は反転を起こさせることはなく、いわゆる「ソライティーズ・パラドックス」(sorites paradox）が発生してしまう構造になっているのだと思う（一ノ瀬 二〇一一：第4章参照）。こうした点もまた、災害や事故による被害の原因がなんであったのか、という問いに混乱をもたらす重大な要因である。

6　震災関連死への問い

さて、いよいよ震災関連死の原因という主題に、以上の因果関係についての考察を適用する段階に至った。それを行うに当たって、あらかじめ候補を絞りたい。反事実的条件分析をそのまま使うならば、原因候補は、通時的な視点から考えて、無数にありえる。宇宙の誕生がなかったならば、太陽の誕生がなかったならば、日本人が日本列島に住んでいなかったならば、そして一挙に現在に近づけて、人類が放射性物質を発見していなかったならば、人類が核エネルギーを発見していなかったならば、福島第一原子力発電所を建築していなかったならば、福島県に突出して多い震災関連死は生じなかったであろうという、それぞれの反事実的条件文は成立してしまうからである。この中で、おそらく、宇宙の誕生、太陽の誕生、日本人の日本列島居住などは「予防無縁視点」が取られ、それ以外は「予防可能視点」が取られるだろう。けれども、プラクティカルな文脈で、もし人類が核エネルギーを発見していなかったならば、今回の震災関連死はなかったであろう、よって、核エネルギーの発見が、つまりは、先の私の分析を踏まえて厳密に言うならば、核エネルギーの発見を妨げる事態の不在が、震災関連死の原因であるといった言説は、まったく問題にならない。私たちの社会では、そうした言説はリアリティを一切付与されない。

このように考えて、反事実的条件分析の俎上に載せうるリアリティある前件候補を、①津波震災、②福島原発事故、③避難行動の弊害、の三つに絞りたいと思う。放射線被曝を前件候補に入れないことについては、先に触れた点から分かるだろう。震災関連死は、放射線被曝による放射線障害による死ではまったくない。放射線障害による死者は、不幸中の幸いと言うべきか、現れなかったのである。震災関連死は放射線被曝死ではないということは、福島問題に少しでも関心を抱く人にとってはあまりに自明なことなのだが、国外はもとより、国内にもその辺りの理解がぼんやりとしている方々がいるようにふしがあるので、ここでぜひとも強調しておきたい。

ともあれ、津波震災、原発事故を前件候補にすることに紛れはないだろう。それらがなかったならば、間違いなく、福島の避難者がこれほど多くなるなどということはなく、震災関連死もこれほど発生しなかった。では、避難行動についてはどうか。もしかすると、いまだに、避難することで放射線被曝を避けられたのだから、なぜそれが死亡者を増やすことにつながるのか、むしろ被害を減らすことに貢献したはずではないか、といったプリミティブな理解をする人がいるかもしれない。しかし、現時点で言うなら、こうした理解をしている人は、福島問題をあまりに他人事として見過ぎていて、想像力が欠如していると言わなければならない。かりに正義心から述べているとしても、実態としては、無理解・無知・無関心の表明以外の何物でもない。

まず、結果的に見て、すでにいくども言及したように、放射性物質の飛散量は懸念されたほどには多くなかった。理論的な側面に視点を絞って、結果論で言えば、避難しなくても、ほとんど放射線被曝による被害は発生しなかったと、少なくとも物理的・生理的には言える。実際、飯舘村の「いいたてホーム」では、避難勧告にもかかわらず留まることを選択したが、その後の死亡率は震災前と変わらなかった（相川 二〇一三：一二一、一八二）。むろん、事故直後は情報が不足していたのであり、避難するという判断に瑕疵はまったくない。実際、情報不足の中では、心理的な恐怖感も間違いなくある。同じ立場なら、私もそうした。問題は、事故後時間が経って、放射線量の情報が明白になってきた後のことである。その場合、実は、帰還するという選択肢が有力なものとしてあったのである。むろん、避難先に定着したり、子どもの放射線感受性を考慮したり、さらには戻ろうにもインフラの不備などで戻れない、といった複雑な事情もある。しかるに、全員ではないが、そうした避難を継続し続けた方々の中に、健康悪化、自死、などの震災関連死が多発してしまったのである。

なぜなのか。東日本大震災の後にも熊本地震などが発生し、そのたびに避難行動のありようが話題となってきたことを考えると、このように問いを立てることも、いまさら感があり、もどかしい限りだが、この点理解が依然として浸透していないようなので、あえて再び言及する。少しだけ当事者になったことを想像して、「避難」という行動がどういうことなのか、思い描こうと努力してみてほしい。震災直後だったら、いわば着の身着のままに近い状態で体育館に移動し、マットの上で何日も何週間も過ごす。東北の三月で寒いし、プライバシーもない。食事や、トイレ施設も、医療サービスも、十分ではない。また、別の避難所や仮設住宅に移ったとしても、そんなに改善は期待できない。プライバシーは依然として十全ではないし、すき間風が入るし、カビなど繁殖しやすい。自身の家業や、仕事や雇用が非常に不確実となる。仕事が奪われたり、安定しなくなることが、どれだけダメージを与えるか、ぜひとも想像してほしい。そしてなにより、コミュニティーがなくなり、孤立化・孤独化が進みやすい。補償金が出たりするので、さしあたり就業しなくても生活できるけれど、どうしても、閉じこもりがちとなり、運動不足となったり、精神衛生上も好ましくない状態になりがちである。かくして、高脂血症や糖尿病などの健康悪化や病死を招いたり、自死者が出たりしてしまったのである。避難というのは、このようにそれ自体危険性を胚胎する行為なのである。当事者でない人々が、避難したらいい、避難すべきだ、などと軽々に発言してよいものではない。

実は、こうした点は、震災関連死の代表事例である「双葉病院の悲劇」を想起すれば最初から明らかであったと言える。自立歩行の困難な、健康状態もよくない高齢者を、こともあろうに観光バスに無理に乗せて、一〇時間も移動させれば、死者が出てしまうのは避けられまい。それを放射線障害死だと強弁する人がいるとしたら、事実歪曲も甚だしい。当時の放射線量について、すでにデータも出ているのだから、きちんと調べて、そして放射線の健康影響について一通りの知識に基づいて、発信すべきである。人の死について、軽々な発言は厳に慎むべきであろう。そうでなければ、死者を冒瀆することにもなってしまうのではないか。ただ、震災関連死について、放射線被曝に対する「恐怖心」によって避難したのだから、放射線被曝による死といっても間違いではないのではないか、と考えている人がいるように感じられるときもある。けれども、これは言葉の誤用だろう。放射線障害死は、放射線被曝への恐怖心による死とは、物理的にも医学的にも、まったく異なる。放射線被曝への恐怖心を問題視したいのならば、むしろ、それを促した、研究者やメディアの責任をこそ問題として取り上げるべきである。いずれにせよ私は、ここでは、放射線被曝への恐怖心からの避難も含めて、避難行動として一括している。

実は、同様な点は、その後に実施された被災地の子どもの甲状腺悉皆検査についても当てはまる。この検査によって平常以上の割合の甲状腺がん、あるいはその疑いが発見されたが、初期放射性ヨウ素被曝線量のデータ、他地域との比較などから、被災地の子どもたちの甲状腺がんは、いわゆる「スクリーニング効果」による「過剰診断」であることがほぼ了解されてきている[9]。実際、韓国で健康診断の項目に甲状腺検査を入れたところ、甲状腺がんの発見率が一〇倍以上に跳ね上がってしまったこと、けれども死亡数の増加はなかったこと、はよく知られている(学術会議報告 二〇一七：一一など)。ここで言う「スクリーニング効果」とは、詳しく検査しなければ発見されないような軽微な異常が発見されてしまうことであり、「過剰診断」とは、死亡に直結しないような症状を病気として診断してしまうことである。これに対して、依然として、詳しく調べて病気を発見するのだからよいことなのではないか、などと考えている方がおられる。しかし、ここにも想像力が必要である。一旦検査が始まってしまうと、親心として、自分の子どもにも受診させたいと思う。しかし、そうした方々の中から、異常所見が出てしまう。通常なら何も発見されないような、所見である。しかも、その中には、健康や死亡などには関わらないものが多い。けれども、当事者は、悩み苦しみ、不安に思う。大きな精神的負担である。これは、そもそも悉皆検査などをし始めてしまったところに問題があるのだと言うべきだと思う。「甲状腺がんのスクリーニングは、過剰診断の不利益が大きいため推奨しないとされている」(学術会議報告 二〇一七：一二)。いまさら遅い面も多々あるかもしれないが、ともかく、この悉皆検査は止めるべきだろう。放射線被曝による甲状腺がん発症の恐れは限りなく少ないことをよく説明して、これ以上、子どもたち、そして親たちの不要な不安を拡大させないようにすることを強く求めたい。

いずれにせよ、震災関連死の反事実的条件分析の前件候補として、津波震災、原発事故、避難行動の弊害、の三つを挙げることに一定の合理性があることが示されたと思う。

7 予防可能度

さて、かくして問題は、とくに福島に多い震災関連死の原因について、津波震災、原発事故、避難行動の弊害、の三つの選択肢のなかからどのようにしてピックアップできるか、という問いに収斂してきた。改めて確認しておくべきは、この三つとも、反事実的条件分析をクリアする、その意味で震災関連死の原因としての資格を有しているという点である。したがって、おのずと、問題は、どれが真の原因か、ではなく、どれが原因としてより適切か、という「程度」の問題であることになる。これまでの議論を踏まえて言うならば、どれが最も大きな「予防可能性」を持っていたか、言い方を換えれば、どれに対して予防対策を施すことが最も実行可能であったか、ということになるだろう。私はこうした程度概念を「予防可能度」(degree of could-have-prevented) と呼びたい。

私の考え方をストレートに述べよう。予防対策の実行可能性を考えるに、まず、①「コスト」、すなわち費用や労力、が考慮されなければならない。コストが高いものは、当然、実行可能性が低いということになる。次に、場合によってはコストに含めてもいいかもしれないが、二つ目の考慮要素として、②予防対策が効果を発揮するまでの「所要時間」が挙げられるだろう。所要時間が短い対策ほど、実行可能性が高く、やりやすい対策であることになる。この所要時間をコストと別立てにするのには理由がある。すなわち、コストが高くても所要時間が短い予防対策とか、逆に、コストが安くても所要時間のかかる予防対策などがありえて、コストの高低と所要時間の長短とは対応しないからである。たとえば、今日我が国で増え続けているシカ害やイノシシ害対策を例に取ってみよう。農作物などを荒らすシカ害・イノシシ害対策としては、鉄砲による駆除というのが、最も端的な対策であろう。これは、人件費とか装備という点で、そして駆除者の受ける心理的負荷という点で、コストはなかなか高く付く。けれども、解決に要する所要時間は、命中してしまえば短時間ですんでしまう。これに対して、罠を仕掛けて捕獲するというのは、たぶん、コストの点では、人件費や心理的負荷などに鑑みて、鉄砲による駆除よりも安いだろう。けれども、シカやイノシシが罠にかかるのを待たねばならない。直接的な駆除よりも時間がかかるだろう。このように、コストと所要時間は正比例するわけではない。

けれども、コストと所要時間という二つだけで、予防対策の実行可能性を評価するとしたら、奇怪な原因指定が帰結することがありえる。たばこの火の不始末による火事の例に戻ってみよう。その家屋がなかったならば、当然その火事は起こらない。ひいては、そこにその家屋を建てようと土地の持ち主が決断しなければその火事は起こらなかったわけである。しかるに、そこにその家屋を建てないという決断は、一瞬で実行可能であり、コストもかからない。ということは、上の二つの基準だけで原因指定を行うならば、火事の原因は「家屋を建てないという決断ができなかったこと」ということになりうる。有り体に言えば、その家屋を建てようと決断したことが火事の原因である、ということになろうか。これは、しかし、きわめて奇妙な原因指定であると言わねばならない。プラクティカルな意味で、まったく通用しない主張だろう。

では、先の二つの基準以外に、どういう要件が必要だろうか。私の考えでは、③「現在からの時間的距離」という要素が考慮されるべきではないかと思う。現在に近い過去において実行可能な予防対策であればあるほど、予防可能度が高いと考えるということである。このことは、コストとも無関係ではないかもしれない。かなり前もって予防対策を講じるというのは、労力と維持力がかかるであろうからである。さらに、時間が近づいた時点で予防を考える方が、明らかに対策を立てやすい。なぜなら、予見が一層明確にできるようになるからである。むろん、結果発生時点に近すぎては、実際上は、予防可能でなくなってしまい、例の視点の反転が起こりかねない。そこは、コストや所要時間をも考慮に入れた、総合的な判断が必要になるわけである。こうした発想は、法哲学の伝統において「近因」(proximate cause) と呼ばれている概念に近似している。

一般道の道路工事に不備があり、走ってきた車がパンクして、停車したとき、前方不注意の後続の車がぶつかってきた、という場合を考えよう。むろん、道路工事の不備がなければその事故はなかったのであり、反事実的条件分析の観点からして、道路工事の不備は事故の原因としての資格を有する。けれども、ぶつかってきた車の過失もまた、そうした資格を有することは明白である。では、何が違うのか。道路工事の不備があったとしても、そして、それによる車のパンクとか停車があったとしても、ぶつかってきた車の運転手が前方を注意していれば、その事故は起こらなかった。すなわち、反事実的条件分析による原因指定候補の中で、一番後になっても事故を食い止めることができた対策、すなわちこの場合だと不注意な運転を防止すること、それが、対策を実行する時間の余裕という点で、最も実行のチャンスが多く、最も実行可能性が高い、つまり予防可能度が高い、ということになる。実際、事故時の直前でも、停車を明示し、運転手の注意を喚起する方法はあったはずであろう。

この三つの因果指定絞り込みの基準を踏まえて、多くの原因候補の n 番目の候補を Cn、焦点を当てられている結果を E、そして、その原因候補のコストを Cos、実行に要する所要時間を Tim、現在からの時間的距離を Dis と表して、その三つの、値づけをした上での扱いを関数と捉えて(基本は乗法だが、様々な考慮を反映した重み付けを導入した関数でもよいだろう。直観的には Dis に最も大きな重み付けが与えられるのが適切に思える)，その逆数を取ることで予防可能度（degree of could-have-prevented, DCHP と略記）を定式化してみよう。分子に来るΦは，いまのところ明示はできないが，必要があれば導入されうる変数や定数を予想して，念のため加えてある。そしてPは，Cn がEを実現するであろう確率である。以下のような分数による定式を提起したい。

$$DCHP(Cn, E) = \frac{P\Phi}{f_{Cn}(Cos, Tim, Dis)}$$

すなわち，DCHP が高ければ高いほど，原因として指定されることの適切性も高い，ということである。要するに，DCHP の値は，そのまま，原因指定についての適切度という程度概念として読み替えることができるのである。

8　適切な原因指定

最後に，以上に基づいて，津波震災，原発事故，避難行動の弊害，の三つに関して，それぞれの震災関連死の予防可能度を考え，そして震災関連死の原因としてどれが最も適切かを考察してみたい。まず，津波震災が，福島県の突出して多い震災関連死の原因である，つまり，津波震災に関する予防対策の不在が関連死の多さをもたらした原因である，という原因指定についてである。こうした予防対策の予防可能度はどのくらいだと考えるべきだろうか。まず押さえておくべきは，この場合の予防対策というのは，津波震災そのものを予防して生起させないようにする，ということも理論的には含むが，そういう問題設定をしてしまうと「予防可能視点」ではなく「予防無縁視点」へと視点がシフトしてしまいかねず，予防可能度という概念が空転してしまう恐れがあるという点である。したがって，そういう直接的な予防対策というよりも，もっとコントロール可能なやり方に焦点を合わせた方がよい。

私の考えでは、もっと有効な、一〇〇メートルぐらいの非常に高い高さの防潮堤を広範囲に築いておく、というやり方がまずありえると思う。そのようにして、津波が原発を襲うことがなければ、原発事故もかなり防げて、関連死の上昇もなかったであろう。しかるに、この対策のコストは、おそらく膨大である。そして、数年単位の所要時間もかかる。また、かなり前もって動いていなければならず、現在からの時間的距離も長いと言わなければならない。それ以外に、もっと根本的に、そもそも原発を作らないでおく、という対策も候補になる。この場合、原発を作らないのだから、そのコストはかからない。けれども、逆に、そこで作られるはずだったエネルギーを他でまかなわなければならず（火力発電・水力発電・ソーラーパネルの増設、石油、石炭、天然ガスの他国からの輸入など）、そしてそれに伴う弊害への対策（地球温暖化への対策、ダムによる環境破壊対策、ソーラーパネルに含まれる有害物質対策やパネル設置による災害助長への防護対策など）、さらには、原発という職場で発生した雇用を他で創出するためのコストも考慮しなければならない。つまり、原発を作らないということは、その後に対して大きな影響を及ぼす。その意味で、原発を作らないという対策を実行するにも、かなりのコストがかかるのである。所要時間については、考え方に拠るが、巨大防潮堤を作るよりは少ないだろう。ただし、原発を作らないという対策は、実行するためにはかなりの過去に遡らなければならず、現在からの時間的距離は長い。いずれにせよ、津波震災への予防対策の不在を原因とするには、予防可能度はかなり低い、よって、関連死増大の原因としての適切度も低い、と言わなければならないだろう。

では、原発事故が関連死の多さの原因だとする場合、すなわち、より正確に言うと、原発事故を予防する対策の不在が関連死増大の原因だ、と原因指定する場合はどうだろうか。この場合の予防対策は、まずもって、原子炉冷却の維持のための予備電源の充実化であろう。予備電源をもっと標高の高いところに設置しておけば、事故がこれほどの規模になることはなく、関連死の増大は防げたであろう。なぜなら、その場合、原子炉冷却がうまくいき、水素爆発による放射性物質飛散が食い止められて、そもそも避難する人々の数が少なくてすんだはずだからである。

さらには、事故の広範なシミュレーションをしておくこと、そしてより根本的には、原発の設備を改善して事故耐久性を高めることなども対策の候補になる。こうしたことのコストは、先に検討した津波震災への予防対策よりはさすがに小さいだろう。巨大な防潮堤を作ったり、原発を作らなかったりというマッシブかつ長期の国家戦略に関わる対策に比べれば、規模が小さい事業だからである。そしておそらく、所要時間も津波震災対策よりは短いだろう。現在からの時間的距離に関しても、津波震災対策よりは短い。したがって、原発事故の予防対策の不在を、関連死増大の原因として指定することの適切度は、津波震災の対策不在を関連死増大の原因とする場合に比して、ずっと高い。国や電力会社に責任を帰して、補償を求める、という方向性には一定の理があるのである。

けれども、もっとさらに適切な予防対策はなかったであろうか。こうした問いは、津波震災が現に発生し、原発事故もすでに起こってしまったという、その時点に視点を置いて考えたとき、否が応でも湧き上がる疑問であろう。津波震災・原発事故が起こってしまったなら、放射線被曝死は発生しないとしても、関連死の増大はもはや決定論的に必然的に起こるのであり、食い止める手立てはなく、ただただ死者が重なることを手をこまねいてみているしかなかったのだろうか。助ける方策はなかったのだろうか。私にはそうは思えないのである。そこで、第三の避難行動の弊害に震災関連死増大の原因を帰する、すなわちもっと厳密に言えば、避難行動の弊害に対する予防対策の不在が震災関連死の増大の原因であった、という原因指定の適切度について確認してみたい。この場合、予防対策として考えられるのは、まず、避難しない、という選択肢である。これは、双葉病院など、福島第一原発直近の場所も含めて、後知恵で考えれば、実は合理性のある選択肢であったが、当時の状況に鑑みれば、線量の確かな情報がなかった以上、恐怖心という大きなコストを払うことになるはずであったろう。次に考えられるのは、一定期間細心の注意を払いながら屋内退避を続けて、避難経路や避難場所の確保・確認ができてから避難する、というやり方であったろう。これはたぶん、実行可能であったのではなかろうか。さらには、避難した後にも、データがそろって、健康影響がほとんど考えられないことが分かったときに、行政を挙げて帰還する、という選択肢である。行政を挙げて、というのは、自治体によるインフラ復興などが伴わなければ、帰還も実際上困難だからである。いずれにせよ、このような予防対策を取ることによって、関連死の極端な増大は防げたはずである。なにしろ、避難生活の困難さ・過酷さを考えると、自宅に戻って落ち着く方が、はるかに健康によいことは確実だからである。実際、避難勧告を拒否して、待機を選んだ飯舘村の「いいたてホーム」では、震災後の死亡率は震災前と変わらなかった（相川 二〇一三：一一二、一八二、および一ノ瀬 二〇一五：五七参照）。それ以外に考えられる予防策としては、避難所や仮設住宅の質の向上も挙げられるだろう。ただ、これはかなり前もっての準備が必要な予防策なので、実行可能性は、少なくとも事故後に視点を置いた場合、高くないかもしれない。

このような避難行動の危険性に対する予防対策について、避難施設の質の向上という対策を除いて、全般的に考えて、コストはなんといっても恐怖心や不安感であろう。ただ、そうした心理的なコストは、線量データや、放射線の健康影響についての科学的・疫学的知見を周知させることによって相当に軽減できる。事実、現時点で福島に暮らす約一九〇万人の方々の中には、放射線についてずいぶん勉強されて、納得して生活し続けている方がとても多いのである。遡及的に考えて、現状よりもさらに多くの方々がそのように納得して帰還することは、専門家や研究者の努力があればできたはずだと考えられる。しかしむろん、水道や電気などのインフラ復興にもコストがかかる。けれども、全般的に考えて、実際上の放射線障害は、急性はもちろん発生しなかったし、晩発的な障害もまず発生しないことは理性的に理解可能なのだから、コストといっても、巨大防潮堤の建設とか、予備電源の再設定とか、原発設備の改善とか、そういう大きな規模のものと比べると、それ以上にはならない。常識的に考えて、防潮堤とか原発設備の改善とかよりは、インフラ復旧の方がコストは安いはずである。所要時間は考え方にもよるが、なにより、現在との時間的距離は、津波震災や原発事故の予防対策と比べて、圧倒的に短い。

以上の整理を、三つの軸を用いた直方体としてイメージ化してみよう。Cos、Tim、Disのそれぞれの逆数を取る点、注意してほしい。Cos、Tim、Disをその順でそれぞれX軸、Y軸、Z軸と置く。表示される直方体の体積が大

図 1

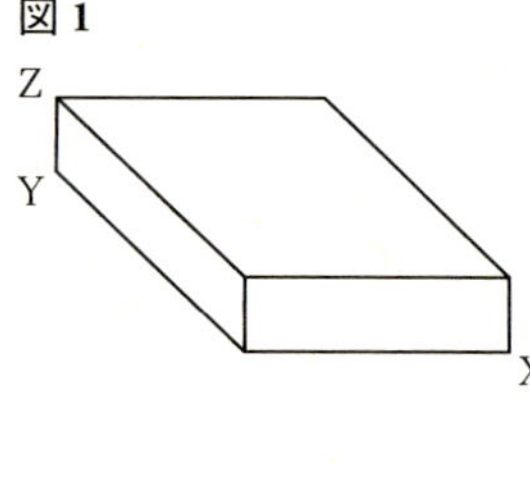

図 2

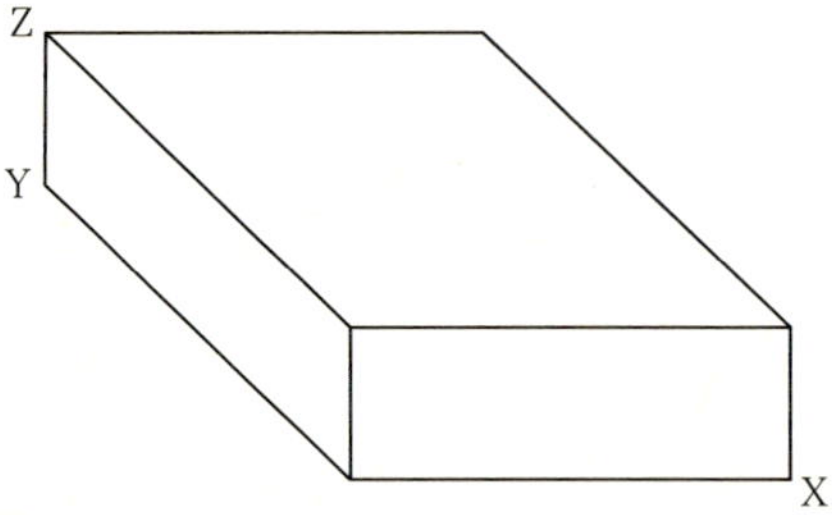

きければ大きいほど、それを原因として指定することの適切度も高い、ということになる。まず、津波震災の予防可能度については、次の図1のようになろう。Cos、Tim、Disのどれもが大きな値なので、その逆数を辺とする直方体は小さな物になる。

次に、原発事故の予防可能度は次のようなイメージ図2として表せるだろう。津波震災の予防可能度に比べて、Cos、Tim、Disのどれもが小さくなるので、その逆数を辺とする直方体は大きくなる。

では、避難行動の弊害の予防可能度はどうだろうか。そのコストは、おもに恐怖心などの心理的コストであり、これは知識によって緩和できるし、インフラ整備についても、水道や電気などのライフラインの復旧だけならば、原発の設備の改善などといった事業よりはずっとコスト的に容易である。ただ、所要時間については、原発の設備の改善などと比べて大小は明確ではないかもしれない。恐怖心の緩和や知識の周知には多少の時間を要すると思われるからである。それゆえ、さしあたり、所要時間に対応するY軸の長さは原発事故の予防可能度と同じと仮定してみよう。そして、現在からの時間的距離に関しては、原発事故の予防可能度と比べて、圧倒的に短い。以上を踏まえると、次のようなイメージ図3になるだろう。

こうして、原発事故の予防可能度を示す直方体よりもずっと大きくなる。かくして、震災関連死の原因として、津波震災、原発事故、避難行動の弊害、の三つの候補の中で、避難行動の弊害の予防可能度の体積が一番大きいということになる。より具体的に述べれば、避難せずとも問題ない状況の中では避難しない、あるいは待機して条件が整ってから避難する、あるいは一旦避難した後でも落ち着いたときに帰還するよう努める、そしてそうした予防対策を実行できるよう専門家や研究者も助力する、過度に危険性を強調し不安をあおるような言説を根気強く客観的に否定していく、といった方策をとれば、震災関連死の福島における突出した増大はいくらかでも（完全には難しいとしても）防げたのではないか、ということである。

むろん、こうした考察は、かなりラフな概括であって、当然ながらもっと詳細な、個別の関連死の原因に関する調査や分析があってしかるべきだし、そのことによってそれぞれ個別のもっと具体的な原因指定が行われるだろう。けれども、だからといって、巨視的な視点からする概括的なスケッチが無意味だということにはならない。少なくとも、福島県に突出して多い関連死について、ひとしなみに原発事故にその原因を帰するという、ありがちな理解に対する真摯な反省や再考を迫り、その結果として事態の真なる理解を促進する、という効用が十分に考えられる。いずれにせよ、震災関連死の原因は避難行動の弊害予防の不在であったと述べることが、原因指定の仕方としては最も適切度が高いと、そう結論づけることができる。大きな痛みと悲劇から学ばれた、将来への貴重な教訓として、銘記したいと思う。

図 3

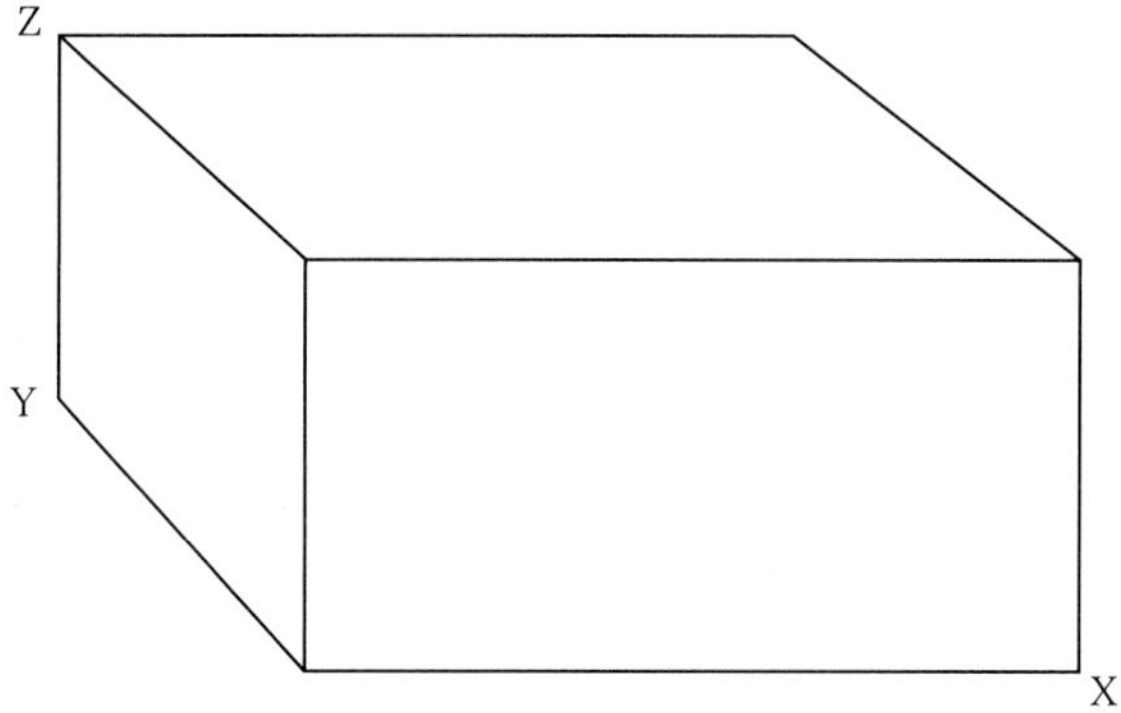

Z

Y

X

補論

以上の議論はやや理論的なので、もう少し分かりやすくするため、別の論考で用いたたとえ話を最後に記す[10]。台風による道路陥没のため主要道路が通行止めになったとする。脇にある狭い林道に車が進入するようになった。林道使用者が事故に遭うリスクが高まった。車の音がするので、林道使用者が、よけるため、あわてて林に逃げ込んだ。あわてていたので、樹木の根っこに足を引っかけて転び、大けがをしてしまった。さて、この人の怪我の原因は何なのだろうか。この場合、台風が津波震災に、林道に車が入り込んで事故のリスクが増えることが原発事故と放射線被曝のリスクに、あわてて林に逃げ込むことが避難行動の弊害に対応している。私の素朴かつ率直な理解を述べよう。車が林道に入り込んだとしても、あわてず周囲を確認しながら林に身を隠せば、あるいは林に入らずとも注意深く林道の端に身を寄せれば、車をやり過ごせて怪我をすることもなかった、だから怪我の原因はあわてて林に逃げ込んだことだ、と。むろん、こういう私の意見は、道路陥没に対する予防策をとること、林道への車の進入に規制を設けることなどに反対するものではまったくない。単に、台風直後に、そうした対策を取るいとまもなく、実際に車が入り込んできてしまったという緊急事態において、身を守る方策について述べているにすぎない。私の上の議論は、同様な思考経路を、理論的に整理して述べたものにほかならない。

註

（1）警察庁緊急災害警備本部「平成二三年（二〇一一年）東北地方太平洋沖地震の警察措置と被害状況」https://www.npa.go.jp/news/other/earthquake2011/pdf/higaijokyo.pdf（二〇一八年一〇月八日閲覧）

（2）復興庁「東日本大震災における震災関死の死者数」http://www.reconstruction.go.jp/topics/main-cat2/sub-cat2-6/20171226_kanrenshi.pdf（二〇一八年一〇月八日閲覧）

（3）復興庁「全国の避難者数」http://www.reconstruction.go.jp/topics/main-cat2/sub-cat2-1/20170829_hinansha.pdf（二〇一八年一〇月八日閲覧）

（4）ただし、毒性の様相は、このパラケルススの格言だけでシンプルに理解することはできない、とも指摘されている。年齢や身体状態など、考慮すべき要素は量だけではなく多様であり、その意味で毒性にまつわる不確実性を消去することはできないからである。次のサイトを参照。http://www.actionbioscience.org/environment/trautmann.html（二〇一七年一〇月二五日閲覧）。それゆえ、私たちの社会では、安全を期して、化学物質や食品添加物などの毒性に関して、相当に厳しい規制を設けているわけである。松永和紀の言い方を引用するならば、「動物実験で求められる基準の数値は……死んでしまう量ではなく、用いられる動物が一生涯毎日その量を食べても影響がまったく出ない「無毒性量」なのです。この数値に一〇〇分の一をかけ算して、人間の一日摂取許容量とします」（松永 二〇〇七：一一三）。

（5） 医薬品情報21「青酸カリの毒性」http://www.drugsinfo.jp/2007/08/17-163800（二〇一七年一〇月二五日閲覧）

（6） UNSCEAR, Sources, Effects and Risks of Ionizing Radiation. Volume I; Scientific Annex A, UNSCEAR Report 2013, 2014 b4dq, and UNSCEAR, Developments since the 2013 UNSCEAR Report on the levels and effects of radiation exposure due to the nuclear accident following the great east-Japan earthquake and tsunami, A 2016 White Paper to guide the Scientific Commitee's future programme of work, 2016. なお、こうした報告に対して依然として異論を提起する方々も少数ながらいる。多分そうした異論の根底には、「完全に問題なし」とは言えないだろう、そして、原子力産業にまつわる政治的思惑が働いているのではないか、という見方があるように思われる。これに対して、私はこう応じておきたい。福島原発事故による放射線被曝は「完全に問題なし」と言えないというのは確かである、しかしそれは、データに基づく自然科学的知見は、論理や数学などのような絶対に例外のない演繹的帰結をそもそも導くものではなく、確率や確からしさを問題にする帰納的・蓋然的なものであることを看過した物言いではなかろうか。データに基づく経験科学的知見、そしてそれに基づく実用的技術に「一〇〇％確実」といった要件を求めても意味はない。問題は量的・統計的なものだからである。橋を建造したり、飛行機を飛ばしたり、といった社会的に認知された活動を思い起こしてほしい。それは一〇〇％安全とは言えない。けれど、きわめて安全である蓋然性が高い、ということで社会的に容認されている作業なのである。放射線被曝の健康影響についての知見もまったく同様である。線量に応じた健康影響に関して統計的な知見が積み上げられていて、それに照らして、福島原発事故による放射線被曝について、健康影響はほとんど心配ないという評価が導かれている。これに抗して、一〇〇％確実に安全とはいえない、「ゼロリスク」でないといけない、としてしまうことは、とどのつまり、私たちの社会的な合意のあり方を全否定することにもつながりかねない。放射線は、医療利用（それはそれで問題はあるが）以外にも、ジャガイモの芽の発生抑制や、自動車タイヤの強化など、私たちの社会で実用化されている。加えて、この世界には、自然な状態として、放射線が遍在もしている。しかも、今回の福島原発事故による人々の放射線被曝線量は、一九五〇～六〇年代の核兵器実験時代に日本人が浴びてしまった被曝線量に比して格段に低く、そのときに被曝した子ども、すなわち現在六〇代以上の方々の寿命の延びを考えると、福島原発事故による被曝には健康影響の懸念などないと合理的に強く結論づけることができる。そういう事実を踏まえて、そして過去の放射線被曝についての分厚いデータや統計による知見に基づいて、被曝問題に対応していく必要があるのである。放射線被曝に関して「ゼロリスク」を求めるという発想には、非現実的な偏りがあることにぜひ気づいてほしい。しかも、単に偏りがあるだけでなく、本論の後半で述べるように、そうした偏りが別の重大な被害を誘引してしまうのである。「いのちの保全」をめざし、被害を少なくする、という目的にとって、放射線被曝の悪影響を過度に強調する言説は、倫理的に問題があると言わなければならない状況にすでに達している。また、政治的思惑についてだが、科学社会学やパラダイム論などが明らかにしているように、自然科学的研究に政治的・権力的要素がなにかしら働くというのは、たぶん間違いない。しかし、それは一般的にそうなのである。放射線被曝について危険性を強調する見方にも、背後に特定の政治的思惑やイデオロギー（？）があるだろうという推定は確からしいだろう。いずれにせよ、真の問題は、繰り返すが、「いのちの保全」を果たすにはどうすべきか、であって、背後にどういう政治的思惑があるかは関係ない。どういう思惑があろうと、「いのちの保全」を目指すという目標は揺るがないし、揺らいではならない。

（7）　こういう言い方をすると、もしかしたら、原発事故を起こした電力会社の責任を免責する、原発推進の御用学者の物言いだ、という反応が出るやもしれない。いまとなってはあきれてしまうような反応だが、一言しておきたい。原発をどうするのかという問題と、放射線被曝の健康影響の問題は、まったく独立で別物である。前者は政治的なエネルギー政策の問題で、決着を見るには時間と議論が求められる。実際、廃炉にするにも、相当な時間がかかる。それに対して放射線被曝の健康影響の問題は、原発事故がなくとも、医療被曝や宇宙飛行士の被曝問題など、別文脈でも発生しうる問題であり、そして、原発問題をたとえ政治的に決着させたとしても依然として残り続ける、喫緊の健康問題である。冷静に考えれば分かることだが、たとえば、いま直ちに原発を廃止しても、原発事故にまつわる放射線被曝の問題性はなくならない。すでに原発事故が起こってしまって、事実としてなにがしかの放射性物質が漏出してしまっている以上、原発を停止しても放射線被曝の問題は解決されない。この現実の事実のもとで、なんとか最善の仕方でサバイバルするために、被曝量とか健康問題についてどう考えるのか、ということが主題として求められてきたのである。拙著『放射能問題に立ち向かう哲学』でも述べたたとえを繰り返しておこう。校内暴力が発生して怪我をした生徒を診た医師が、怪我の様子を診察して、たとえば、大したことはないので一週間もすれば治るよ、と診断したとしても、そのことは校内暴力を容認するかどうかとは関わりない。別の例も挙げてみよう。アスベストで肺がんになった人に対して施した放射線治療が功を奏して経過がよかったとき、「いまはよい状態ですよ」、と医師が患者に事実を伝えることが、アスベストを放置してよいという主張につながると考える人はいないのではないか。むしろ、そうした改善が見られるにもかかわらず、アスベストはいけないのだからという理由で、「依然として危険な状態です」と伝えることは、虚偽を述べることであり、道徳的に許されないだろう。このように、健康問題を論じることは、その健康問題のきっかけとなった政治的・社会的な仕組みの賛否とは独立である。いや、独立であるべきである。こんな当たり前のことを受け入れず、放射線の「量」を論じる専門家に御用学者云々の罵倒を加えることは、いい加減うんざりである。本当に止めてほしいと思う。日本人の良識が問われているのである。いずれにせよ、原発は、一定の必要性がありつつも、危険性を胚胎する施設であることも確かなのだから、多様な視点から原発の安全性や是非の問題をよくと吟味することにして、まずは喫緊の健康問題を優先して考える、という論の立て方には十分な合理性があると私は考えている。

（8） 以下の因果関係に関する私の議論は、拙著『英米哲学入門』において展開した因果論を、東日本大震災と福島原発事故に応用したものである。理論的な詳細は、ぜひ拙著を参照してほしい。

（9） Ohira T et al (2016) には、福島の被災地での甲状腺検査による甲状腺がん発見率は、他の地域との地域差が見られないことが報告されている。甲状腺がん発見の多さが「スクリーニング効果」であることが示唆される。

（10） 拙編著（一ノ瀬・中川・早野編 二〇一八）における私の担当章「福島問題は私たちの内在的問題である」において用いたたとえ話しである。

引用文献

相川祐里奈（二〇一三）『避難弱者』東洋経済新報社
一ノ瀬正樹（二〇一一）『確率と曖昧性の哲学』岩波書店
一ノ瀬正樹（二〇一三）『放射能問題に立ち向かう哲学』筑摩選書
一ノ瀬正樹（二〇一五）「断章 いのちは切なし――人と動物のはざま」『「いのち」再考』哲学雑誌（哲学会）第一三〇巻八〇二号
一ノ瀬正樹（二〇一八）『英米哲学入門――「である」と「べき」の交差する世界』ちくま新書
一ノ瀬正樹・早野龍五・中川恵一共編（二〇一八）『福島はあなた自身――災害と復興を見つめて』福島民報社
坪野吉孝（二〇〇二）『食べ物とがん予防――健康情報をどう読むか』文藝春秋
日本学術会議・臨床医学委員会・放射線防護・リスクマネジメント分科会報告（二〇一七）「子どもの放射線被ばくの影響と今後の課題――現在の科学的知見を福島で生かすために」http://www.scj.go.jp/ja/info/kohyo/pdf/kohyo-23-h170901.pdf#search=%27%E5%AD%

A6%E8%A1%93%E4%BC%9A%E8%AD%B0+%E6%94%BE%E5%B0%84%E7%B7%9A%27
松永和紀（二〇〇七）『メディア・バイアス――あやしい健康情報とニセ科学』光文社新書

Hart, H. L. A. and Honoré, T.（1985）*Causation in the Law*, Oxford University Press

Lewis, D.（1986）'Causation,' In *Philosophical Papers Volume II*, Oxford University Press

Ohira T et al.（2016）Comparison of childhood thyroid cancer prevalence among 3 areas based on external radiation dose after the Fukushima Daiichi nuclear power plant accident: The Fukushima health management survey, *Medicine* 95（35）: e4472

UNSCEAR（2014）Sources, Effects and Risks of Ionizing Radiation. Volume I; Scientific Annex A, UNSCEAR Report 2013, b4dq

UNSCEAR（2016）Developments since the 2013 UNSCEAR Report on the levels and effects of radiation exposure due to the nuclear accident following the great east-Japan earthquake and tsunami, A 2016 White Paper to guide the Scientific Committee's future programme of work

第5章　ポスト3・11と代受苦の思想

出口康夫

はじめに

人災であれ天災であれ、大きな災厄は、人々のものの考え方や感じ方を大きく揺さぶる。そしてその揺れは、表面上は収まったように見えても、我々の心に深い傷跡ないしは痕跡を残し続ける。近代日本で言えば、関東大震災（一九二三年）がそうであり、第二次大戦の敗戦（一九四五年）がそうであり、東日本大震災（二〇一一年）がそうであった。

東日本大震災で、僕らは確かに思想の揺れを体験した。その揺れのありようは人により立場により異なり、またそれらが一つの波に収斂することも決してないだろう。その多様な揺れの中で、本章では「代受苦」ないし「代受苦者」という言葉に集約される言説の変容に焦点を当てたい。

「代受苦」とは、そもそも大乗仏教の用語であり、大乗の菩薩が超人的な能力を発揮して行なう自己犠牲的な利他行を意味していた。それが東日本大震災後、津波や地震などの自然災害による死者を、代受苦を行なった人と見なす言説、言い換えると、死者たちに「代受苦者」という称号を追贈する新たな言説がマスメディアを通じて急速に広まった。本章では、「代受苦」や「代受苦者」という言葉が、震災を契機として蒙った、この意味変容の内実を検討し、新しい言説の意味を探るとともに、そこに潜むいくつかの問題点を浮き彫りにする。その上でポスト3・11の代受苦言説から「多重の自己」という新たな自己観を紡ぎ出し、その言説そのものを、社会改革の視点を欠いた「自己犠牲の物語」から、社会的実践を後押しする「連帯の物語」へと書き換えることを目指す。

1　代受苦言説の意味変容

先に触れたように、「代受苦」とはもともと大乗仏教の言葉であり、仏教の教えの理想的な実践者である菩薩が、他人の罪を代わりに引き受ける行為、具体的には、生前の悪行の報いを受けている地獄の亡者の苦しみを肩代わりする振る舞いを指していた（『大智度論』『瑜伽師地論』）。それは、菩薩の利他行がドラマチックなまでに極限化された自己犠牲の一例だったのである。

ここでの代受苦者たる菩薩は、単に他者を深く愛し慈しむ存在であるのみならず、地獄と現世を自在に行き来し、あろうことか、他者の行為の不可避の結果を自分に付け替えるという、既に定まった因果関係に介入する「超能力」を備えた存在として描かれている。このような超能力者の行為は、そのような能力を持たない我々には、もちろん実行不可能である。「他人の罪を肩代わりする」というオリジナルな意味での代受苦は、あくまで、実現は不可能だが、つねにそれを目指すことを忘れてはならない模範例、即ちカント的な「理念」として提示されていたと言える。その意味で、ここでの代受苦の言説は、必ずしも人々に同様の自己犠牲行為をそのまま強いるものではなかったのである。

オリジナルな代受苦は、行為者によって明確に意図され、他人の助けを借りずに完遂される行為でもある。それはまた、並外れた慈悲心や種々の超能力といった菩薩の「徳」、即ち他者を凌駕する「卓越性（古代ギリシャ哲学で言うアレテー）」の発揮でもある。それは代受苦者の「強さ」の現れだったのである。さらに、ここで語られる「苦しみ」とは、自分の過去の行いが必然的に招いた結果に他ならず、災害などによって偶然降り掛かった災厄という意味は持たされていないことにも注意しておこう。

※　※　※

このように、オリジナルな代受苦思想には、災害死者を後付け的に代受苦者と見なす発想はそもそもなかった。同様の事態が、少なくともメインストリームの日本の仏教界において「3・11」まで続いていたことは、代受苦が災害と結びつけられて語られた比較的稀なケースにおいても確認できる。例えば、阪神大震災六周年に当たって、ある仏教者は「生きている者が〔被災者の〕苦しみを分つ」行為を「代受苦」と呼び、また別の仏教者は二〇〇五年のJR福知山線脱線事故に際して、事故の救助に駆けつけた人々を、代受苦行を行なった菩薩として讃えている[1]。3・11が起こるまで、災害死者を代受苦者とする言説は、仏教界には見られなかったのである。

だが仏教界の外に目を転じれば、例外もあった。ここで七〇年代に収録された原爆の被爆者の言葉を聞いてみよう。

自分は自分なりの仕事をしてきたと、この三十年間に、弱い体にムチ打ってですね。いくばっかはですね、学界に何かをしたと。これが亡くなった子供始めですね、広島・長崎でお亡くなりになった何十万の方々へのお供養だろうと思うんですね。そういう供養の精神、あの仏教で「代受苦」という言葉がありますね。「代わって苦を受ける」と。もうあの方々が僕に代わって「代受苦」の精神で死んでいかれたとすれば、生き残った僕は「代受苦」の精神でですね『何かを人類に残さなきゃいかん』とそういう気持ちで生きてきましたね、僕は。

（伊藤　二〇〇六：証言三七九）

ここでは原爆投下という人類史に残る災厄による死者が代受苦者として語られている。一方、苦を肩代わりしてもらった側、即ち「被代受苦者」は、「生き残った」被爆者であり、その中には語り手本人も含まれる。ここには、自分だけが生き残ったことに対する後ろめたさの感情が読み取れる。その負い目が、今度は自分が代受苦を行なわなければならない、という「代受苦」の精神の継承を促しているのである。

※　※　※

繰り返すが、このように、災厄死者を後付け的に代受苦者と見なす言説は、長らく、あくまで例外的な存在であった。その状況が3・11を境に劇的に変化する。震災の死者を代受苦者とする言説が仏教界から発信され、瞬く間に日本社会に広まったのである。このポスト3・11の代受苦言説には、被災者支援を呼びかける言説と被災者に向けた癒し言説という二つの異なったバージョンが見て取れる。以下では、まずは支援呼びかけ言説から見ていこう。

ポスト3・11の代受苦言説の一つの切掛けとなったのは、震災二日後の二〇一一年三月一三日に、被災地を遠く離れた京都の永観堂で行なわれた僧侶の説法であった(2)。この説法では、まず災害の偏在性と偶然性が強調される。地震はどこででも起こりうる災厄である一方、実際にそれに遭遇するかどうかは多分に偶然に左右される。このことは、死者も含めた被災者と、被災しなかった者（非被災者）との間の線引き自体が偶然であったことを意味する。東日本大震災の被災者の苦難は、たまたま震源から遠く離れていた結果、直接の影響を受けなかった非被災者である我々が受けてもおかしくなかった苦難に他ならない。我々ではなく彼らが苦悩しなければならなかった理由は何一つなかったのである。この苦難の単なる偶然性ないし無根拠性が、我々に起こりえた苦難を代わりに受けてくれたという、被災者の自己犠牲的な代替行為性へと読み替えられる。「私や家族が受けていたかもしれぬ苦しみを、今回、関東・東北地方の人々が代わって受けられた」。この読み替えは、意図的な自己犠牲的行為としての「代受苦」の意味を、「誰にでも起こりうる苦痛をたまたま受けただけ」という単なる「運の悪さ」へとすり替える操作だとも言えるし、単に運が悪かっただけの被災者に、自己を犠牲にしてまで非被災者を助けるという「善意」

を過剰に読み込む作業であるとも言える。

いずれにせよ、このような「すり替え」ないし「過剰な読み込み」の背後にあるのは、先の被爆者言説においても見て取れた、助かった者の罪悪感、負い目があることは容易に理解できる。被災者が苦悩しなければならない根拠が無いという事態は、非被災者が助かったことに対しても、とりたてて理由がないことを意味する。このような理由の無さは、助かったことに対する罪悪感、被災者に対する負い目に転化する。このような負い目は、被災者を代受苦者だと規定することによって、さらに増幅されるだろう。増幅された負い目は、被災者への援助へと、人々をより一層、駆り立てることになるのである。

またこの説法では、「仏教では、自然災害による犠牲者を「代受苦者」といいます」とも語られている。ここでは、災害死者を後付け的に代受苦者と呼ぶことが、いかにも仏教の伝統的教義であるかのように装われている。そのことで、「代受苦」が蒙った重大な意味変容が隠蔽され、新奇な概念を、あたかも昔ながらの「自然な」考えのように見せる演出が施されている。ここにあるのは典型的な「伝統の創造」なのである（ホブズボウム／レンジャー 一九九二）。

いずれにせよ自然災害の犠牲者という代受苦者への新たな意味付与は、被災地を遠く離れた安全圏に暮らす人々の被災者に対する共感や共苦の感情を高め、より一層の支援活動へ駆動するという意図の下で行なわれた。それは、被災者支援の呼びかけという、善意にもとづいた言説であることは確かなのである。

この支援呼びかけ言説としてのポスト3・11代受苦言説は、さっそく、社会的な拡がりを呼ぶことになる。上記の説教を直接聞いた童話作家が、被災者を代受苦者とするこの新たな言説を、「被災者と私の間に横たわる目に見えない境界線を消し去」る言葉、即ち被災者に対する共感を高める言葉として、二〇一一年七月、ある月刊誌上で紹介したのである（矢崎 二〇一一）[3]。

※　※　※

被災地の外で非被災者に向けてなされた以上の言説に対して、被災地に赴いて、震災で家族を失った人も含めた被災者に直接語りかけられたポスト3・11代受苦言説が、瀬戸内寂聴による癒し言説である。瀬戸内は天台宗の尼僧であるとともに著名な作家であり、京都の寂庵での法話や、岩手二戸の天台寺における「あおぞら説法」等の宗教活動によっても知られている。一九八〇年代から頻繁にテレビ番組にも登場してきた彼女は、震災当時、既に日本の文化的アイコンの一人といえる存在となっていた。

その瀬戸内が八九歳の高齢をおして、二〇一一年九月から東北各地の仮説住宅をまわり、被災者に直接語りかける法話を行なった。この法話の一部は、同年一〇月下旬にNHKの衛星放送で放映され、大きな反響を呼ぶことになる[4]。以下、NHKがまとめた瀬戸内の法話を再録しておこう。

今回の震災では、多くの人が亡くなりました。突然の津波で大切なご家族を亡くした方はさぞかし無念で、神も仏もないと思っていることでしょう。仏教には「代受苦」という言葉があります。人が受ける苦しみを他人が代わりに受けて苦しむという意味です。この「代受苦」は、誰もができることではなく、選ばれた人だけができるたいへん尊いことです。だから、大切な人を亡くしたことを虚しいとは決して思わないでください。自分が津波の犠牲になるかもしれなかったのに、大切な人が身代わりになってくれた、そのように亡くなった人にずっと感謝して祈り続けなければいけない、それが亡くなった人のためにもなるし、亡くなった人の死がいきてくることになります。亡くなった人のことを忘れないことが一番の供養になります。お墓を作るのも残された者が死者を忘れないため。お参りに行くのはそこに家族がいると感じることで、忘れないためです。生き残った人たちはちゃんと生きなければなりません。死なないでしっかり生き、ご家族の冥福を祈るということが一番亡くなった人のためになります。亡くなった人の魂は愛する人のそばに来ると言われています。忘れないという思いを示し続ければ、亡くなった人の魂はきっとその思いを感じとってくれるはずです。

また瀬戸内は同年末に出版された、稲盛和夫との対談録『利他』でも、同様の発言を行なっている（稲盛・瀬戸内二〇一一＝二〇一四：四九―五〇）。

瀬戸内の言説も、震災の被災者を代受苦者だと規定している点で、上で見た支援呼びかけ言説と同じである。だが瀬戸内は、代受苦者を、より明確に、震災による死者とし、被代受苦者を、本人たちも被災者であるその家族・親族に限っている。同時に、代受苦者が肩代わりした苦難も死に限定されている。ここでの自己犠牲は、他者を助けるために自らの命を投げ出すという――仏教の用語で言う「身命布施」に相当する――そのもっともラジカルなバージョンに集約されているのである。もちろん、これらの限定は、身内を亡くした被災者に直接語りかけられたものであるという、この言説のあり方に由来する。

その上で、瀬戸内は、このような身命布施を「尊い」行為だとし、そのような行為を行なった死者たちを「選ばれた人」として称賛する。これはありきたりの慰めの言葉ではない。災害死という「理由のない死」に対して、積極的な意義や意味を付与する言説なのである。

死ななければならなかった理由は一切ない無辜の死。そこには理由や根拠の不在という「穴」がぽっかりと開いている。何の罪もない者が、何の理由もなく死んでいかなければならないのなら、日々真面目にひたむきに暮らしていくことに何の意味があるのか。理由の不在は「神」や「仏」のみか、全ての価値観や、生きることの意味をすら飲み込む、底知れぬ深淵である。瀬戸内が被災地で向き合ったのは、「大切な人」を理由なく亡くしたことで、生きる意味を見失った人々だったのである。人々は単に身内の死を悲しんでいただけではない。その死の理由のなさにも苦しんでいたのである。

代受苦言説は、この不在の理由を埋める。ただ、ここで持ち出されるのは、神の意志や天の配剤といった別の何らかの理由や根拠ではない。理由はあくまで不在のままである。代わりに提示されるのは、死者たちの「遺志」。それも「他人の身代わりとして死ぬ」という、およそ人が他者に対して与えるうる最大の「善意」である。災害死における理由の不在を、このような末期の善意、いわば「善遺志」によって埋めることが、ここでの代受苦言説の本質なのである。

いまやこの善遺志が、理由無き災害死に意味を与える。震災死は究極の利他行の実践だったのである。またそれは、生き残った人々の生にも、「善遺志を受け入れ、感謝とともに生き抜くことで、それを実行する」という新たな意義を付与する。彼ら／彼女らの生の意味が、ここに回復されるである。

このように瀬戸内の代受苦言説は、震災死における不在の理由を死者の善意で埋めることで、生き残った人々を理由の不在の苦しみから救い、その生活を再建させることを目指した癒しの言説だったのである。

では本当に死者たちは、今際の際に大切な人のことを想い、その代わりに死ぬことを願ったのだろうか。多くの人が不慮の死を遂げた災害において、このようなことは一般的にはありえなさそうに思える。だが身内の死の状況すら不明なケースでは、代受苦言説が正しいかどうかは突き詰めれば「分からない」というのが正直なところだろう。だが癒しの言説としてはそれで十分である。事実としての確証がなくとも一抹の可能性さえあれば、残りの全生涯をかけて、その可能性に賭けることを、それは、残された者に提案しているからである。

このような代受苦言説を、瀬戸内としても必死の思いで被災者に投げかけたであろうことは、上掲の文面からも伺える。そして実際、彼女の思いは多くの人々の心を打ったのである。

※　※　※

以上、現代日本における代受苦言説の変遷を追ってきた。そこでは、大乗の菩薩の強さの現れとしての究極の利他行が、理由無き死者の最期の、そして最大の善意へと大きく変貌を遂げていた。このような意味変容の契機となったのは、原爆や東日本大震災という、いずれも未曾有の災厄であった。数多の無辜の命が理由無く奪われた、これらの「究極の不条理」を前にして、（超自然的なものであれ何であれ）何らかの理由を捏造するのではなく、むしろその理由の不在に耐えつつ、残された者の生の意味を回復する。このような意図の下で、「代受苦」という、いわば埃を被った古めかしい言葉が持ち出され、「自分が死ぬことで大事な人を救う」という善遺志が、死者たちに事後的に帰されることになったのである。

2　代受苦言説の問題点

これまで見てきた代受苦言説は、いずれも善意に溢れたものである。また瀬戸内のそれのように、多くの人々を勇気づける役割を果たしてきたのも事実である。だからといってそれらに問題がないというわけではない。例えばそれは、代受苦を受けた側、即ち被代受苦者の罪悪感や負い目を増幅することで、彼らを安易な代受苦へと誘導する危険を孕んでいる。また癒し言説としての代受苦言説には、マスメディアで報道され社会に広く流布することで、人々の社会的関与を阻害してしまうという恐れもある。以下これらの問題点を見ていこう。

※　※　※

まず安易な代受苦とは何か。それを見定めるためには、代受苦が、「当避的条件付き規範」とでも呼ぶべき、特殊な道徳的規範であることを確認しておく必要がある。では、当避的条件付き規範とは何か。

自己犠牲とは、言うまでもなく、単に誰かを助ける行為ではなく、自らを犠牲にして他人を救う行為である。誰かが苦しむことで始めて誰かが助かるというのが、自己犠牲の基本的な構図なのである。もちろん同じ人助けをするにしても、苦しむ人を（たとえそれが自分であっても）新たに生み出さずにすめば、それに越したことはない。ではなぜ、誰かが苦しまなければならないのか。言うまでもなく、誰かを犠牲にしなければならない、差し迫った状況が生じてしまったからに他ならない。例えば、沈みゆくタイタニック号の甲板で救命ボートの数が足らない事態といった「資源の過小状況」や、止める術はないが方向だけは変えられる暴走トロッコの二股に分かれた行き先にそれぞれ人が逃げ遅れているといった「トロッコ問題」の設定に見られる「誰かの苦難が不可避である状況」が、ここでいう差し迫った状況の例である。[5] 代受苦をも含めた自己犠牲一般は、このような状況が成り立っているという前提の下で、いやむしろ、そのような前提の下でのみ発動されるべき道徳的行為なのである。このようにつねに一定の前提を背負っているという意味で、それは一種の「条件付き規範」なのである。

それだけではない。ここで言う自己犠牲の発動条件とは、われわれが全力を尽くして、その実現を阻止しなければならない状況でもある。タイタニック号は危険な航路を避けるべきであったし、十分な数の救命ボートを積んでおくべきだったのである。タイタニック号の運営会社や乗組員は、救命ボートが不足する中で船が沈没するという自己犠牲の発動状況を回避する、（法的はともかく）道義的な義務を負っていたことになる。言い換えると、自己犠牲の発動条件は、それが起ることが当(まさ)に避けられるべき条件、つまり「当避的条件」だったのである。結局、自己犠牲とは、可能な限り阻止されるべき条件の下での規範、即ち当避的条件付き規範に他ならないことになる。

もちろん、最大限の努力をしても自己犠牲の発動条件が成り立ってしまうケースもあるだろうし、他者の過失が引き金となって発動状況が出来(しゅったい)する事態もあるだろう（例えば、たまたまタイタニック号に乗り合わせた乗客にはボート不足を回避する責任があったとまでは言えないのである）。このように、自らの回避責任の範囲を超えた、やむをえない事情で、発動状況が生じてしまった場合、自己犠牲行為に打って出ることには、何の問題もない。問題なのは、発動状況にいまだ至っていないにもかかわらず、ないしは、そのような状況を回避するために自らに課せられた努力義務を十分に果たさないまま、自己犠牲に走る行為である。これは、つねに当避的条件を背負っているという自己犠牲規範のあり方に照らして、その条件や条件の当避性をないがしろにしているという意味で、「安易な」自己犠牲と言わざるをえない振る舞いなのである。[6]

では、このような安易な自己犠牲はいかにして誘発されるのか。その一つの誘因として、他者の自己犠牲によって助けられたと思っている人が、そのことに罪悪感や負い目を抱き、自分も自己犠牲を行なわなければならないと思い詰めているケースが考えられる。単に「偶然に生き残った」のではなく、「他人が身代わりになって助けてくれた」という意識は、その人の負い目を強めることはあっても弱めることはないだろう。このようにして強められた罪悪感は、人をして安易な自己犠牲に走らせる危険性を孕んでいるのである。

被災者、特に災害死者を代受苦者とする言説には、このような、過剰とも言うべき負い目を背負った被代受苦者を大量に生み出す恐れがある。もちろん、このような増幅された罪悪感は——援助呼びかけ言説においてそうであったように——被災者に対するより積極的な援助へと人の背中を押す効果も持ちうる。だが一方で、それは被代受苦者をして安易な自己犠牲に走らせる可能性をも伴っているのである。例えば、上で見た、自らを被代受苦者だと規定している被爆者を思い起こしてみよう。周囲の多くの人が被爆死する中で生き残った自分には、人類に尽くす義務を負っていると語る、彼の一途な想いは真摯でまた称賛にすら値する。だが他者に尽くすためには、必ずしも自分を犠牲にする必要はない。むしろ、十分に機が熟する前に、自らを犠牲にする行為は明らかに行き過ぎである。だが彼の語りの中には、安易な自己犠牲の連鎖に繋がる徴候がないとは言い切れない。災害死者に代受苦を追贈する言説には、つねに、この種の危険性がつきまとうのである[7]。

※ ※ ※

次に癒し言説が孕む問題点を見ていこう。それは、その言説が、人々に対して、感謝の念を忘れず死者を追悼することを促すに留まり、彼ら／彼女らの背中を何らかの社会的実践に向けて押すことをしなかったことに由来する。それは、例えば社会の問題点を指摘し、それを改めるべく声を上げ行動することを人々に勧めなかったのである。

この言説が、大切な家族を失い悲嘆にくれている被災者に向けて語られている限りでは、このような姿勢は疑問の余地なく正しい。自らの生を再建することで精一杯の人々に向かって、それを超えた社会的関与を促すことは、過大というより酷な要求だからである。自らは積極的に社会関与を行なってきた瀬戸内は、賢明にもそのような姿勢を封印し、まずは目の前の被災者の心の傷を癒すべく、ただ死者を大事に想い忘れないことのみを彼らに訴えかけたのである。

しかし被災者という限定された人々にのみ向けられていた癒し言説が、マスメディアに報道され、単に追悼を呼びかけるのではなく、追悼のみを呼びかける言説として社会に流布したとなると話は別である。それは確かに、震災死者や被災者への視聴者の同情を深めえただろう。そのことで、被災地へのより一層の援助が促された可能性もある。それは、被災地の外では、援助呼びかけ言説の機能も果たしたと思われるのである。だが一方、それは多くの人々の心を、死者への追悼と被災者への支援に過度に回収してしまう効果も持ったはずである。それが、この言説が人々に求めていたすべてのことだからである。追悼をし援助をすることで、いまや要請には応え終わった。人々がそう思ってしまうことで、原発事故も含め、二度とこのような災害を起こさないために従来の社会の問題点を探り改善していく必要性が隠蔽され、そのような社会的関与への芽が摘まれる。被災地での癒し言説としてのあり方を超え、メディアを介して一人歩きをし出した代受苦言説は、結果として、人々の社会的関与を阻害するという負の効果を持ちうるのである。

これは、ポスト3・11の代受苦言説のみが抱える危険性ではない。例えば、原爆被爆を始めとする第二次大戦における一般市民の犠牲を悼む言説にも見て取れる問題点である。戦争の惨禍のみを語り、追悼のみを呼びかける言説は、癒しを真に必要としている現場を離れるや否や、日本の加害責任を隠蔽し、その加害をもたらした問題点から人々の目をそらしてしまう機能をも担ってしまっているのである。

3　二重の自己——新たな代受苦言説へ

では、どうすればよいのか。代受苦言説は、たとえ一般には忘れ去られていたとしても、われわれの社会に深く根付き、あたかも伏流水のように連綿と受け継がれ、先の被爆者の語りに見られるように、時折、その姿を垣間見せてきた。だからこそ、ポスト3・11の文化状況の中で、それは、少なからぬ人々の心を捉え、社会に広く受け入れられえたのである。従って問題を抱えているからといって、それを全面的に否定することは得策ではない。むしろポスト3・11の代受苦言説を換骨奪胎し、過剰な罪悪感を抱かせず、安易な自己犠牲の連鎖をも招かない言説、さらには聞き手の社会的関与をも積極的に促すような言説へと鍛え上げること。それがより適切な方策であるように思われる。

そのために以下では、特に癒し言説としての瀬戸内の代受苦言説から、代受苦者と被代受苦者との不断の対話から成り立つ「二重の自己」でも呼べる自己観を導き出し、それを核とする新たな代受苦言説、「二重化言説」を提案したい。

この二重の自己という考えを導くために、まず以下では、震災死者に追贈された代受苦行が、「未遂」に終わり、かつ「未完」でもあったという二重の意味で不完全な行為であったことを確認することから始めよう。

※　※　※

まず震災死者の代受苦行為の未遂性から見ていこう。たとえ震災犠牲者が、実際に代受苦者だったとしても、彼らは代受苦を意図しただけであり、それを現に実行できたわけではない。実際、差し迫った自然災害を前にして、自分の命と引き換えに他人を助ける文字通りの代受苦行が行なわれたケースは過去にもある。だが瀬戸内の代受苦言説によって、代受苦が「追贈」されたケースは、そうではなかった（もし実際に代受苦が実行されていれば、死者に対して行なわれるべきは「追贈」ではなく「顕彰」だろう）。また上で述べたように、代受苦言説が死者に事後的に帰したのは、あくまで善なる意志なのであり、自分が死ぬ代わりに他者が助かるように自然を制御する超能力ではなかった。死者たちの代受苦は、あくまで未遂に終わった。彼らは、正確に言えば、「代受苦者」というより、「代受苦未遂者」だったのである。

では、未遂に終わったことで、彼らの「尊さ」は減退してしまったのだろうか。完遂者に比べ、未遂者は、その善行において、より劣る存在なのか。そうではない、と私は考える。なぜか。その理由を明らかにするためには、

「そもそも代受苦も含めた自己犠牲がなぜよいことなのか」という問いに答える必要がある。問われるべきは、「発動状況が出来してしまった場合、なぜ我々は自己犠牲を行なわねばならないのか」なのである。

繰り返すが、代受苦をも含めた自己犠牲は、単なる利他行ではない。それは、そうせざるを得ない場合には、あえて自己の利害を犠牲することも厭わない利他行なのである。ここにあるのは、自己利益の追求の断念、いやむしろその積極的な放棄である。むろん、これは無我や忘我の境地とは異なる。あくまで自己の存在は受け入れ続けつつ、その自己に、そしてそれにつねに付き纏ってきた自己利益に固執することを決然とやめること。言い換えると、自己は保持しながら、それをすべての価値の中心に据えることへの決別が、ここにはあるのである。このような自己中心性からの脱却こそが、代受苦も含めた自己犠牲の核心といえる。自己犠牲の本質は、実は自己利益追求の放棄にあったのであり、代受苦者とは本当は自己利益放棄者だったのである。

自己犠牲的な利他行は単なる利他行よりも尊い。しかしそれが持つ格別の尊さは、他者の利益の代償として差し出された自己の利益の重さに由来するではない。むしろ、それに伴う自己中心性の放棄こそが、それを格別に尊いものにしているのである。

このように見てくると、実際に他者を助け得たかどうかは、自己犠牲にとって二義的であることが分かる。他者を救済できたかどうかは、その都度の、いかんともし難い外的な状況によって左右される。それよりも重要なのは、容易にはなし難い自己中心性の克服を達成しえたかどうかである。それを達成し、自己の利害を度外視してでも他者を救おうと覚悟を決めた者は、そのことで既に十分に尊い存在となりえている。代受苦の完遂者と未遂者の間に尊さの実質的な差はないのである。

このことを雄弁に語るのが、宮沢賢治が語るバルドラの蠍のエピソードである。

むかしのバルドラの野原に一ぴきの蝎がいて小さな虫やなんか殺してたべて生きていたんですって。するとある日いたちに見附かって食べられそうになったんですって。さそりは一生けん命遁げて遁げたけどとうとういたちに押えられそうになったわ、そのときいきなり前に井戸があってその中に落ちてしまったわ、もうどうしてもあがられないでさそりは溺れはじめたのよ。そのときさそりは斯う云ってお祈りしたというの、ああ、わたしはいままでいくつのものの命をとったかわからない、そしてその私がこんどいたちにとられようとしたときはあんなに一生けん命にげた。それでもとうとうこんなになってしまった。ああなんにもあてにならない。どうしてわたしはわたしのからだをだまっていたちに呉れてやらなかったろう。そしたらいたちも一日生きのびたろうに。どうか神さま。私の心をごらん下さい。こんなにむなしく命をすてずどうかこの次にはまことのみんなの幸のために私のからだをおつかい下さい。って云ったというの。そしたらいつか蝎はじぶんのからだがまっ赤なうつくしい火になって燃えてよるのやみを照らしているのを見たって。（宮沢　一九三四＝一九五一：二九三）

ここで描かれているバルドラの蠍は、自己犠牲を志したものの、実際にはそれを果たせずに死を迎えた。彼もまた未遂の代受苦者なのである。しかし代受苦の本質は、むしろ自己中心性の克服にある。蠍は、確かに、その生涯の最後にあたって、自己利益追求の桎梏から脱することができた。そして神は、そのことを嘉し賜うたのである。

自己中心性の放擲にたどり着く道程は、人それぞれである。自己の無力さを痛感し、そのことで自己利益追求の虚しさを悟るという蠍がたどった道も、その一つである。それはまた、代受苦言説に含意されていたであろう災害死者の心の軌跡ともぴたりと重なる。彼らは津波にのまれつつ、自然の圧倒的な猛威を前に、自分の無力さと自己利益追求の虚しさを痛烈に悟り、そこから、もしそのような機会が訪れれば、大切な人のために自分の命を投げ出しても何の悔いもないと思い至って死んでいったのである。この意味で、彼ら彼女らは、まさにバルドラの蠍であった。

ここには自らの脆弱性の徹底した自覚から生まれる自己中心性の克服というストーリーが見て取れる。大乗の菩薩の強さの発現としてのオリジナルな代受苦は、災害死者の弱さの自覚にもとづいた自己利益追求からの解放という真逆の物語へと変貌したのである。

※　※　※

バルドラの蠍としての代受苦者の最後の願いは、単に、大切な人が目前の危難を乗り切って欲しいというものに留まらない。彼ら／彼女らは、瀬戸内が言うように、大切な人が「死なないでしっかり生き」ること、即ち困難な生を最後まで全うすることを願い、そのためには自らの命を差し出してもよいと思ったのである。このことは、代受苦者が意図した人助けは、大切な人が生きている限り続かざるを得ないことを意味する。だが彼らバルドラの蠍たちは、それを見届けることなく死なざるを得なかった。この意味で彼らの代受苦行は、その本性からして、つねに未完であることを運命づけられた行為だったのである。

災害死者の代受苦は未遂であると同時に未完でもあった。それは二重の意味で、円満な成就へは至り得ない行為だったのである。

※　※　※

バルドラの蠍の未完の代受苦は被代受苦者が自らの生を生き抜くことで初めて完全なものとなる。このことは、代受苦行が、代受苦者によってのみ担われる単独の行為なのではなく、被代受苦者も参画しなければならない共同の営みであることを意味している。代受苦とは代受苦者と被代受苦者による共同行為だったのである。

では、それはどのような共同行為なのか。それは、例えばリレー競技によるバトンの引き継ぎのような、継承的な行為なのか。生き残った者が感謝し続けることで死者もそれに応えると説く瀬戸内は、そうは考えていなかっただろう。彼女にとって代受苦とは、生者と死者が幽冥の境を超えて同時に参画する共時的な営みであってはずだ。

しかしそれは単に同時的な行為でもない。それは、例えば器楽の合奏のような、時折なされる共同作業ではない。

むしろそれは、生者が生きている限り絶え間なく続けられるべき共同行為なのである。このように未完の代受苦を引き受けて生きるとは、自らの生を代受苦者との絶え間のない共時的共同行為と化すことを意味するのである。

※　※　※

生者と死者の絶え間ない共時的共同行為とは、平たく言えば、両者が共に生きることを意味する。それを瀬戸内は、「亡くなった人の魂」が「愛する人のそばに来る」ことと表現している。このように彼女は、生者と死者とを（互いに接近し交情はしているものの）二人の異なった人間として併置している。このことは彼女が勧奨した追悼という行為にも見て取れる。追悼は追悼する主体と追悼される対象との区別を前提している。ここでは、生者と死者は行為の両極に分置されているのである。

このように瀬戸内が描く絶え間ない共時的共同行為には、あくまで生者と死者が別人格として関与するという図式が維持されている。ここでは両者がもはや別個の人格ではなくなる可能性、例えば、ともに一つの自己を構成する可能性が頭から排除されているのである。なぜか。その理由を探るためには自己についての通念を見定めておく必要がある。

そもそも自己とは何か。それはまず何よりも行為の主体であり身体の所有者でもある。一個の身体とともに生きる主体であるとも言える。このような身体的行為の主体としては、通常、単一の人格が想定されている。自己とは「私」であり、「私」一人である。この一個の身体を生きている自己は、単数一人称の「私」に他ならないのである。

我々は、しばしば「我々」という言葉を使う。しかし通常は、一個の自己が「我々」と呼ばれているわけではない。自己はあくまで「私」なのであり、複数の個人的自己が集まって初めて「我々」が成立し、場合によっては、何らかの共同行為に従事する。このような通常の自己観を、ここでは個人的自己観と呼んでおこう。瀬戸内は、明らかに、この個人的自己観を暗黙裏に前提している。そして、それにもとづき、生者と死者を別個の行為主体、別個の自己として立てた上で、両者の共時的共同行為を、それら複数の自己が関与する活動として描いたのである。

しかし、ここで常識的な「自己」概念を思い切って捨てて、「自己」は「私」である必要はなく、「我々」であっても構わないとしてみよう。「我々」は、複数の個人を含むという複数性の側面と、それらの個人が「我々」と一括りに呼ばれる一つのグループを成しているという単一性の側面の両面を持つ。特に、複数性の側面を持つことが、「私」との決定的な違いである。この複数性の側面に着目して言えば、「私」から「我々」に変わることで、自己は複数化、ないしは二重化（または多重化）されることになる。

いまや一個の身体を使って何をするにしても、その行為主体は「私」ではなく「我々」である。この身体は「我々」の身体なのであり、その行為は「我々」の行為なのである。

このような「二重の自己」という自己観は、瀬戸内が語っていた「死者と生者による共同行為」にとって、ふさわしい考えである。ここでの共同行為とは、生者が自らの生を全うすることを意味する。ここにあるのは生者の身体のみ。この一個の身体を舞台とした行為を、本気で共同行為であると見なしたいのなら、むしろ行為の主体性や身体の所有者が複数性の側面を持つことを積極的に認める方が自然である。その場合、生者と死者からなる「我々」が、その一個の身体を動かして絶え間のない共時的共同行為を行なっていることになる。

これは単に生者が故人を忘れないということではない。また生者が故人になりきるということでもない。さらに別個の二人が一緒に共同行為を行うということでもない。むしろ、生者と死者の二人が「一つのユニット」としての「我々」という自己を構成したのである。端的に言って、生きているのは、もはや（生者としての単数の）「私」ではなく（生者と故人からなり単数性と複数性を併せ持つ）「我々」なのである。

以下で見るように、このような二重の自己観はまた、先に見た代受苦言説にまつわる問題を解く手がかりをも与えてくれる。結局、瀬戸内は、生者と死者との共同行為について語る以上、個人的自己観を破棄し、二重の自己へと歩みを進めるべきだったのである。

※　※　※

生きる主体が二重化するとは、具体的には生が対話化することを意味する。我々は普段、頭の中で自問自答を繰り広げている。また特定の人を念頭におき、こういった場合、その人ならいかに振る舞うかと考えたりもする。ある死者とともに生きるとは、一生をかけて、こういった類いの想定問答をその人と繰り広げることを意味する。何かを決断しなければならない時はいつでも、一人で考え一人で結論を出すのではなく、その死者に語りかけ、その人ならどう考えるか、どうして欲しいかを問いかけ、その答えが心に浮かべば、またそれについて新たな疑問を発する。そうすることで、思考や行動の基本様式が自ずとモノローグからダイアローグへと変わることが、ここでいう生の対話化であり、それが、自己が「私」から「我々」へと変わるという事態の具体的内実である。独白を基本的なスタイルとし、自分のことは自分で決めてきた「私」としての自己が、対話を基軸とし、つねにその中で行為を選択していく「我々」へと脱皮したのである。この対話を介して、「私」と「死者」がともに納得がいく結論が得られた場合、そしてその場合にのみ、一定の行為が選択される。結果として、対話的生を生きることで、人々はより考え深く、より慎重になるはずだ。

※　※　※

ここで言われている「死者」とは、要するに「死者」についての「私」のイメージにすぎず、「死者」との「対話」なるものも、結局は一人芝居のモノローグにすぎないのではないか。このような反論も、当然なされるだろう。この反論の背後には、「私」さらには人間や社会から独立に存在するものだけが本物の実在物だという考えが潜んでいる。「私」がいなくなれば、「私」のイメージも消えてなくなる。一方、目の前の石は私が死んでも残り続ける。「私」や人間や社会が存在しなくとも存在し続けるという、「存在に関する独立性」を実在の基準とする限り、石は厳然として存在しているが、単なるイメージとしての「死者」は存在せず、「死者」との「対話」なるものも、一人の存在者である「私」の内的モノローグにすぎないとされるのである。

しかし、たとえその存在が「私」や社会に依存しているものであっても、「私」や社会に対して自律的な原因性ないしは因果効力、即ちエージェンシーを発揮するものは、「私」や社会にとって実在するという別の存在の基準を採用すると話はがらりと変わる。例えば、貨幣は人間と社会が作りだしたもの、社会で共有されているアイディアにすぎない。貨幣の存在は人間や社会に依存しており、人類社会が滅びれば貨幣もまた存在しなくなる。しかし貨幣というアイディアが、社会に広く浸透すると、それは作り手の手を離れ、その意図を超えて、自律的に人間社会に影響を及ぼし始める。それは人間社会に対して自律的な因果効力を発揮するエージェントと化すのである。この貨幣のケースのように、単なるアイディアであっても自律的な原因性を持つことがありえる。そしてその場合、それは、それが因果効力を発揮する相手にとっては実在する存在者であると見なせる。(8) 少なからぬ哲学者はこのように考え、実在性の基準を(存在に関する)独立性から(因果効力に関する)自律性へと変更することで、貨幣のような社会的存在に実在性を付与してきたのである(ハッキング 二〇一二)。

同じことは「死者」についても言える。確かにここでの「死者」も「私」が抱くイメージにすぎない。だが、そのイメージが作り手の手を離れ、時には「私」に待ったをかけるような仕方で「私」に影響を及ぼし始めるやいなや、それは自律的なエージェントと化し、「私」にとって(貨幣や他の生者と並んで)実在するものとなる。同時に、「死者」と「私」の会話は、単一のエージェント内のモノローグから、複数のエージェント間の「対話」へと変化するのである。

このように、いまや、この対話には複数のエージェントが関わっている。言い換えると、ここでは相互に影響を及ぼし合う複数のエージェントからなる一つの複合体ないし組織、即ちマルチエージェント系(システム)が成り立っている。そしてこのエージェント系こそが、対話の主体に他ならない。個々の歌手は合唱に参加はするが、合唱をするのはあくまで合唱団である。同様に、個々の発言を行うのは単一のエージェントだが、共同行為としての対話を遂行し運営するのは、その都度成り立つ対話グループとしてのエージェント系なのである。またこのエージェント系は、対話を踏まえた行為を通じて、周囲に対する自律的な因果効力をも発揮する。つまりエージェント系自体が、対話とそれにもとづく行為のエージェントとして働くのである。

自己が「私」から「我々」にシフトするとは、自己が、互いに影響を及ぼしあう複数のエージェントからなり、それ自身一つのエージェントでもあるエージェント系と同一視されることを意味する。自己は単なる対話の一参加者ではなく、対話を行い、それを踏まえた行為を遂行する自律的組織となったのである。二重化された自己、「我々」としての自己とは、「私」と「死者」からなる恒常的な対話グループと同一化された自己に他ならないのである。

※　※　※

このような二重化（ないし多重化）された自己というアイディアを組み込んだ代受苦言説である二重化言説は、先に見た代受苦言説にまつわる問題点をいかに回避できるのか。まずは、二重化言説が、「社会的関与を死者への追悼に過剰に回収してしまう」という問題に、どう対処しうるのかを見ていこう。

先に論じたように、追悼は生者と死者の間の差異を前提とし、その間に一定の距離を設定する。たとえ瀬戸内が言うように、死者が「愛する人のそばに来る」にしても、そこには「そば」という、超えられない距離が最後まで残っているのである。

このように死者を対象化し、生者の外に置く追悼という営みは、二重化言説によれば、不要というより端的に無意味である。死者は墓石の中にも私のそばにもいない。彼ら彼女らは「我々」の中にいる。正確には、「私」とともに「我々」という自己を構成しているのである。

追悼を無意味な行為として退ける二重化言説は、当然、人々を追悼へと誘うこともしない。それは人々の関心を社会的関与から追悼へとそらす危険性とは無縁なのである。

二重化言説が追悼の代わりに推奨するのが、不断の対話であった。では、この対話的連帯の相手とはどのような人物なのか。それは場合により、様々だろう。長年連れ添った頑固な伴侶かもしれないし、まだやんちゃ盛りの子供かもしれないのである。しかしいずれの相手にも共通の特徴がある。誰もが皆、自己中心性を放擲し他者に尽くすことを決意したバルドラの蠍だったのである。バルドラの蠍たちは、対話相手である生者に対して、自己利益追求の虚しさを説き、代わりに他者を助けるよう促すはずだ。結果として、行為主体である「我々」も、その声を受け止めて、自己の利益をいったん棚上げし、周囲を見渡し、よりよい社会を築くために声を上げ、行動することへと誘われることとなる。死者を自己利益放棄者と見なし、不断の対話パートナーとして遇することで、人は社会的関与へと一歩踏み出させざるを得なくなるのである。

これらの社会的関与の主体は「私」ではなく、「私」と「死者」からなる「我々」である。言い換えると、「私」と「死者」は「我々」の一員として、「我々」の行為に対して共同で責任を負うことになる。二人は行為の共同責任者として、あらゆる場面で「連帯」を余儀なくされるのである。この点で二重化された自己は、交替で登場する異なった人格が互いの行為に責任を持ち合わない多重人格とは異なる。不断の対話のパートナーは、また社会的関与に際して連帯のパートナーでもあるのである。結果として、代受苦言説は、単なる癒しの言説から、社会的関与を促す連帯の言説へと脱皮するのである。

※　※　※

代受苦言説は、死者を代受苦者と規定することで、生き残った者の罪悪感を増幅し、安易な代受苦の連鎖を誘発するという問題を抱えていた。以下では、この問題に瀬戸内がどう対処しようとしていたのかを見定めた上で、二重化言説がより強力な方策を提供できることを示す。

生者が死者に対して抱く罪悪感は、「死者に対して自分は何もしてあげられなかった」という後悔や自責の念と、「死者と再び相見えることができない」という喪失感や孤独感の裏返しでもある。そして「死者を追悼し、忘れないで立派に生きる」「死者が愛する者の側に来る」という瀬戸内の言説には、このような後悔の念や孤独感を和らげる意図も込められていたはずである。彼女の「追悼の呼びかけ」は、「今際の際には何もしてあげられなかった死者に対して、いま、そしてこれから、あなたは何かをしてあげられる」というメッセージでもある。このようなメッセージは後悔の念を緩和する力を持つだろう。また「死者が自分の側に来ている」という考えは、孤独感を癒す効果を持つはずだ。後悔の念や孤独感をこのように軽減させることで、瀬戸内は、生者の罪悪感を増幅させず、結果として自殺と共に安易な代受苦の連鎖をも防ごうとしたのである。

二重化言説も同様の方策をとる。しかし、その効力はより高められうる。瀬戸内の「追悼の呼びかけ」が言う「生者が死者にできること」とは、煎じ詰めれば、「忘れない」ということである。それに加えて、二重化言説は、より積極的に、死者に社会的関与の機会を与えることができると説く。先に、不断の対話を通じた社会的関与を行なうのは、「死者」と「生者」からなる「我々」であることを確認した。換言すれば、「死者」は「生者」の助けを借りて、生前やり残した社会的活動に参加することができるのである。生者は死者により多くのことができるとする二重化言説は、結果として、生者の後悔の念をより軽減することができるはずである。

孤独感についても同様のことが言える。既に触れたように、二重化言説における死者は単に「側にいる」存在ではない。それは「私」とともに「我々」としての自己を構成しているのである。ここでは「生者」は「死者」が側にいるかどうか確かめる必要すらない。何かを確かめようとする自己自体が、一人の「私」ではなく、つねに「死者」を含めた二人の「我々」になっているのである。もはやあなたは、いつ何時でも孤独ではない。あなたは常に二人として存在しているからである。「側にいる」という言説に比べ、孤独感は、より一層、癒されることになるのである。

このように、瀬戸内の言説に比べ、後悔の念と孤独感をより弱めることができる二重化言説は、結果として、罪悪感をより一層軽減することができるのである。

終わりに

以上、様々な代受苦言説を見てきた。これらの言説は一体、何を語っていたのだろうか。まずそれらは――上で述べた表現を使えば――我々にとっての実在、ないしは我々にとっての世界についての言説であった。我々は、どのような存在者を受け入れ、それらからどのような影響を受けるかを、ある程度、自分で決めることができる。その意味で、これらの代受苦言説はまた、そのような我々にとっての世界の作り方のレシピでもあった。またそれは、どのような存在者に囲まれて、どのように生きるかに関する提案でもあった。代受苦言説が提案したのは、災害死者を自己犠牲を願って死んだバルドラの蠍と見なし、彼ら彼女らと共に「我々」としての自己を共に構成するという生き方だった。もちろん、そのような提案を受け入れるかどうかは、あなた次第である。

註

(1) 前者は浄土宗宗務総長の発言（『中外日報』平成一三年一月二〇日付一一面）、後者は曹洞宗寺院住職の発言（二〇〇五年六月一日）(http://www.eonet.ne.jp/~jinnouji/page9/houwa/page167.htm)（二〇一八年九月二八日アクセス）。
(2) 浄土宗西山禅林寺派大覚寺ＨＰ法話（第三七回）参照。http://www.daikakuji-himeji.jp/sermon/2011-4.html
(3) ちなみに、この月刊誌『到知』は、昭和時代の保守政財界の指南役として知られた安岡正篤の思想の流れを汲む雑誌である。
(4) 二〇一一年一〇月二三日（日）ＮＨＫＢＳプレミアム『きらり！東北の秋「毎日　寂聴　青空説法～岩手県陸前高田市～」』（一五分番組）http://www.nhk.or.jp/kokorophoto/yosete/001.html
(5) ちなみに大乗の菩薩の代受苦行は、後者の「誰かの苦悩が不可避であるケース」に該当すると思われる。そこでは、「一旦犯された悪行の報いは、いずれにせよ誰かが担わなければならない」という前提がおかれているように思えるからである。
(6) 安易な自己犠牲の中でも特に醜悪なのが、社会的弱者が強者によって、そのような行為に、半ば強制的に走らされるケースである。第二次大戦中の特攻隊や、下請け労働者による原発事故処理、人的リソースを極端に削られた職場での労災死。残念ながら近現代日本には、そのような例は枚挙にいとまがないのである。

（7）先に、大乗の菩薩の代受苦行為には、それを常人には実行不可能なカント的理念とすることで、安易な自己犠牲の連鎖を防止する機能が備わっていたことを見た。だが大乗仏教の代受苦言説は、代受苦が背負っている条件の当避性に無頓着であるように思える。菩薩は、代受苦行を行なう前に、それを要請してしまうような状況を防ぐ責務があった。彼には、例えば人々の生前の悪行を止める義務があったのである。この点への配慮が、仏教のオリジナルな代受苦言説には決定的に欠けているのである。代受苦行は、あくまで、彼がこの義務を怠ったか、ないしは果たせなかった場合の、最期の手段であるべきである。

（8）例えば、貨幣は、それが因果効力を及ぼす人間社会やその周囲の環境にとっては実在物だが、人間の社会活動の影響圏外にある対象にとっては実在物とは言えない。このように、ここでは実在性という概念が相対化されているのである。

引用文献

伊藤明彦編（二〇〇六）『ヒロシマ・ナガサキ私たちは忘れない』CD作品
稲盛和夫・瀬戸内寂聴（二〇一一＝二〇一四）『利他――人は人のために生きる』小学館
エリック・ホブズボウム／テレンス・レンジャー編、前川啓治・梶原景昭他訳（一九九二）『創られた伝統』紀伊國屋書店
イアン・ハッキング著、出口康夫・大西琢朗・渡辺一弘訳（二〇一二）『知の歴史学』岩波書店
宮沢賢治著、谷川徹三編（一九三四＝一九五一）『銀河鉄道の夜　他十四篇』岩波書店
矢崎節夫（二〇一一）「見えない境界線を消し去る言葉」『致知』二〇一一年七月号特集「試練を越える」

第III部

挑戦的メディア，「芸術」そして「文学」

第6章　3・11以後の芸術力

ミツヨ・ワダ・マルシアーノ

1　現代アートに内在する力

3・11から七年、文化や芸術は日本社会の中でどのような役割を果たしてきたのだろう？

今、日本だけでなく世界中の人々が、自分たちの生き方と核エネルギーとの関係性を再考しなくてはならない時を迎えている。原発を支持するか、反原発を唱えるか、核兵器保持を支持するか、核廃絶を唱えるかといった、未来を生き抜くための選択が求められている。一方、現在の日本では、東日本大震災による福島原発崩壊以後も、国家が原発を維持する姿勢を堅持しており、震災によって引き起こされた国民の不安と、それをあくまで「収束済みだ」と主張する国政との間に大きな疑心暗鬼が生じると共に、見えない「揺れ」が渦巻いている。

このような「揺れる」社会の中で生まれた文化や芸術、さらにはこれら文化や芸術を創造する作家やアーティストたちは、いやがうえにも自己の立ち位置を再考し表明せざるをえなかったのではないだろうか。つまり、政治的なスタンスを取らざるをえない時代に、彼らを含めわれわれは生きているというわけだ。

ここで私が考える「政治性」あるいは「政治的なスタンス」というのは、フランクフルト学派のような文化マルクス主義的な考え方とは微妙に異なる。階級批判をすることではないし、伝統的な価値観を破壊したり、家族解体論を唱えたりすることが目的でもないからだ。むしろ、現代の社会問題——グローバルな問題であると同時に日本というローカルな地域に立脚した問題——の中に潜む「矛盾」あるいは「不条理」といったものに対する、批判的な喚起を呼び起こす力、自分の意見を明確にする姿勢を「政治的スタンス」だと考えている。

本稿では、3・11以後現れた現代アートに内在する力について考察する。常日頃は映像を研究する筆者が、あえて芸術作品を分析しようと考えた理由は、3・11以後、映像作品やその制作を通して伺うことのできる文化的な潮流が、はたしてその他の文化領域の中でも同様に起こっているのかどうかを見極めたいと考えたからである。映画は常に芸術と等価であるわけではない。また、映画作品と現代アートは異なるマーケットで流通している。しかし、多くのアーティストたちが3・11以後に抱えた問題は、映画作家たちのそれと共通するのではないかと思う。芸術に求められたもの——時代を席巻する矛盾に抗う力——について考えることによって、3・11以後日本という一つの文化圏に起きた文化的潮流、その変遷について考察を加えたいと思う。

「芸術」と「政治」との関係は、われわれが考えるよりも遙かに複雑だ。政治的な芸術はいつの時代も存在する。しかし、多くの芸術家は、特定の地域や時代に錨を下ろさざるをえなくなる政治との関係性よりも、むしろ「美」や「想像力」といったものに寄り添いながら普遍性を獲得する可能性を追求する傾向にある。言い換えれば、政治が織り成す社会構造や、そこで繰り広げられる政治的力学に拘泥することによって、アートはそれ自体が普遍的な価値を認められる可能性を失ったり、あるいは自己の力ではどうすることもできない修正主義的な価値判断を加えられたりする時がある。例えば「作戦記録画」や「戦争画」を一例に挙げよう。国家主導の下に戦争を鼓舞するため、戦争そのものを題材にしながら描かれた絵画が、敗戦直後その評価を失ったり、また後世になって再評価されたりといった価値変動の憂き目にあっている例を思い起こそう。また、莫大な金額に転じることによってその価値が測られる現代アートにとって、そのような機会を実質的に「手放す」ことになる特定の政治への加担は、多くのアーティストにとって致命的な行為だとも言えるだろう。究極の一例は「反原発映画」だ。[1] 多くの反原発映画の製作者たちは嘆く。反原発を唱える映画は、そうやすやすとは監督できないのだと。作ることはできる、しかし、彼らにとってそれは映画作家生命をかけた、文字通り大きな賭けになる。なぜなら、反原発を唱える作品の監督たちの多くは、次回作を製作しづらい。大手スポンサーからの資金援助が往々にして断たれるからだ。[2] 日本における「原発ムラ」の勢力は膨大であり、東日本大震災以降もそれは衰えることなく継続している。

社会文化の下部構造を構成する諸要素が、必ずしもアートを規定する最も重要な要因を握っているとは思わない。また、芸術の価値を、「文化」といった摑み所がない「社会の状態」や「広域の精神」が決定付けるなどとは必ずしも考えない。しかし、アートは同時に「文化」と深く結びついた地域の政治や経済、あるいは特定な社会的・歴史的要因から完全に隔離されたものでもない。特に東日本大震災以後、日本で生まれた芸術について考えるとき、多くのアーティストたちは、罹災体験を通過した人々／アートの享受者たちに、どのような説得力を提示することができるのかということを考えざるをえなかったに違いない。彼らが追求する「説得力」こそが、批判的な喚起を呼び起こす力の一つだと私は考える。

「批判的な喚起」とは何か。われわれは一体何に対して批判的にならなくてはいけないのか。一九四九年、マルティン・ハイデガーがブレーメンで「有るといえるものへの観入」という連続講演をしている。その中で彼は哲学的技術論を展開するのだが、特に原子力技術に着眼しながら、現代技術の本質に対する大きな懐疑を提示した。つまり、現代技術は、人間も自然も含めたすべてを巻き込む巨大な体制（「総かり立て体制」）であり、その現代技術の本質そのものがニヒリズムの究極だと彼は説いている。その秘儀ともいえる現代技術論で、ハイデガーは「危機」についてわれわれの注意を喚起している。「危機のなかで最も危機的なことは、……危機が危機としてのおのれの正体を隠している点にある」。[3]

私はこのハイデガーの技術論に、批判的な喚起力の目的を見出す。東日本大震災はすでに起こった取り返しのつ

図1　阪急線・南茨木駅の構内から筆者自身が撮影したヤノベケンジの『サン・チャイルド』像（2011）

かない文明の過ちである。しかし、それは現代技術がもたらした大きな危機の単なる一部に過ぎないのかもしれない。今回の震災が氷山の一角、可視化された危機の一部分に過ぎないのだとしたら、われわれがさらに批判的に考えを馳せなくてはならないもの、未だ隠蔽されているさらに大きな危機とは何だろう。私にはその具体的なイメージを描くことができない。しかし、哲学者・高橋哲哉の言葉で言うところの「犠牲のシステム」に近いものではないかと考える(4)。共同体全体の利益のために、何かを、あるいは誰かを犠牲にするシステム、そういった巨大な「総かり立て体制」そのものが、われわれにとっての危機なのではないだろうか。

本稿では、私が興味を持つ幾つかの現代アート作品に焦点を当てる。それが恣意的な選択であること、また、これらのアートに対する私自身の分析が、一つの解釈に過ぎないことも自覚している。つまり、別の読み方もできるという可能性を否定しない。しかし同時に、ここで私が取り上げる現代アートは、完全に恣意的な作品集団とは言えない。それぞれの作品の作り手たちが、東日本大震災を意識し、作品を世に送り出す際、そういった自己意識を発露しているからだ。それがこれから紹介する作品群の共通項である。社会との関わりを意識した作品、言い換えるならば、社会との繋がりを自認している「政治的」な作品たちである。その「政治性」の意味を、ここでは考察したい。

本稿で取り上げる作品は以下の通りである。ヤノベケンジの『サン・チャイルド』（二〇一一年）、福田美蘭の『春夏秋冬』（二〇一二～一三年）、村上隆の『五百羅漢図』（二〇一二年）、Chim↑Pomを中心とする「Don't Follow the Wind」展（二〇一五年～）。また、赤城修司の写真集『Fukushima Traces 2011–2013』（二〇一三年）や壺井明の『連作祭壇画　無主物』（二〇一三年～）にも言及することになるだろう。これらの作品たちの力強さは多義に渡る。しかし、一連の作品分析を通して、私が注目する現代日本アートの芸術力／「批判的な喚起の力」は、不可視なものを可視化する力であり、そして未完性であることによって継続的な「現状」を見つめ続けようとする力であることを、私は強調することになるだろう。

分析を始める前に改めて記しておきたい。本稿は、これら震災後の日本現代アートを評価したり、批判したりすることを目的としない。むしろ私の目的は、この7年間に流布した現代アートについて考えを馳せることにより、震災後の日本における文化政治にわれわれの意識をもう一度向けることに意義を見出す。

2　『サン・チャイルド』――ここから世界に発信されるモノは何なのだろう？

この写真は阪急線・南茨木駅の構内から著者自身が撮影したヤノベケンジの『サン・チャイルド』像だ（二〇一一年）。この作品には、「Giving "Hope for Future" to the Children / 子どもに託す「未来の希望」」という副題が付してある。一九六五年生まれのヤノベケンジは子供の頃から漫画やアニメに登場するヒーローに憧れていたという。京都市立芸術大学を卒業した彼は、一九九〇年に制作発表した『タンキング・マシーン』によってプロのアーティスト・デビューをはたし、その後も「自己中心的な妄想世界」[5]を構築し続ける。『ガイガーチェック』(一九九五年)、『ラディエーションスーツ・アトム』(一九九六年)、『サヴァイヴァル・レーシング・カー』(一九九七年)等の一連の作品を通して「自分という存在の認識を得るためのコミュニケーション」をはかったのだと、ヤノベ自身が記述している。[6]

「サヴァイヴァル」をテーマに掲げ、ヤノベがベルリンに渡るのが一九九六年であり、彼の妄想世界の対象物は、『アトムスーツ・プロジェクト：タンク・チェルノブイリ』(一九九七年)と共に現実世界との結びつきを持ち始めた。「現実世界との結びつき」と言っても、「妄想世界」の中で作り出したキャラクターに、文字通りヤノベ本人がその中に入り込み、展示場から実際に野外に飛び出したにすぎないのだが。

図2『アトムスーツ・プロジェクト：タンク・チェルノブイリ』(1997)

少し長くなるが、ヤノベが二〇一一年三月一六日に発表した声明「立ち上がる人々」を、ここに紹介する。

震災直後に動揺し、情報を得ようと自宅にいる間はテレビに食いつきうかつにも見続けてしまった。しばらくすると横にいた幼い息子がつぶやいた「こんな世界で生きている方が良いの?」あわててテレビを消した。絶望の情報に押し流されている。

確信した。

今ここに芸術が必要か?の問いにははっきりと答えたい。今でこそ必要だ。と。

絶望の嵐の中に敢然と足を踏ん張り、前を見据え立ち向かう力を芸術は与えてくれる。
勇気と希望に溢れるクリエイティビティは生きることへの尊厳を意味する。
私たち芸術の機能に信頼と誇りを持って「生きつづけよう」と思える魂を育てなければならない。
想像しよう。廃墟の向こうにあるそれぞれの理想郷を。
そして災害にあわれても生き抜こうと頑張っている方々
決死の覚悟で災害を食い止めようとしている方々
すべての人々に深い敬意をもって応援いたします。

ウルトラファクトリーディレクター
ヤノベケンジ
二〇一一年三月一六日(7)

ヤノベの声明の是非や適切さについてはここでは問わない。ヤノベが強調するのは「敢然と足を踏ん張り、前を見据え立ち向かう力」であり「勇気と希望」という表象であるわけだが、「生きつづけよう」と思える魂を吹き込むことのできる「勇気と希望」を持ち合わせる表象とは一体どういったものなのか、ここでは考えてみたいと思う。彼のプロジェクトはオーディエンスにどのような反響を呼んだのか、またこれからどういった影響を及ぼす可能性があるのかに関しては、観客研究といったインタビューや統計学を駆使したリサーチが必要だが、ここではその影響の課程を静観するための質問あるいは疑問を幾つか提示しておきたいと思う。

太陽の子『サン・チャイルド』の制作プロジェクトは二〇一一年四月、ヤノベと彼が教鞭をとっている京都造形大学に所属する「ウルトラファクトリー」という制作集団によって開始された。『サン・チャイルド』は子供の像

図3　チェルノブイリの保育園に描かれていた太陽のイメージ

だが、六・二メートルと大きい。放射能防御服を着ている子供の像は、ヘルメットを左手に抱え、胸には「000」と表示されたガイガー・カウンターが取り付けられている。顔には擦り傷があり、絆創膏が右頬に貼られ、これらの記号は、サン・チャイルドが原発事故という受難を受けたにもかかわらず、すでにそれを克服し、作品の副題にあるように「未来の希望」を手にしていることを表現している。

右手の手のひらの上に輝く太陽に注目してみよう。「右手に持つ「太陽」は、チェルノブイリの保育園に描かれていた太陽の絵がモチーフになっている(8)」とヤノベは言及している。ヤノベはその「太陽」に関し、以下のような言及を加える。

『サン・チャイルド』は最初に万博記念公園で展示され、岡本太郎の『太陽の塔』からメッセージを受け継いでいることを示した。そして『小さな太陽』のデザインは岡本太郎の「太陽」をテーマにした作品群から取られている。それは「未来の廃墟」の原点である大阪万博会場跡地に「未来の希望」を立てる行為でもあった(9)。

未来の廃墟の原点が、果たしてなぜ大阪万博会場跡地なのか。あるいは、なぜそこに未来の希望を立てる必要があるのか。こういった誰もが抱く疑問に関しては、今は拘泥しない。それ以上に私の興味を引く点は、ここで強調されている岡本太郎の「太陽」に付加された意味の確証のない「自明性」であり、ヤノベケンジが思い描く自作の岡本太郎作品への回帰である。

図4　岡本太郎『明日の神話』(1969)

ハンドルネーム「The Torayan」が出品した『完全版　ヤノベケンジ「太陽の子・太郎の子」』（三分二四秒）というタイトルの映像がある(10)。これがいつ誰によって制作されたものか定かではないが、ヤノベケンジ自身の出演許可を得たビデオ記録に間違いないだろう。この映像の最後に、「Kenji Yanobe Sun Child, Taro's Children 2011」というテロップが表示される。ここにある「Taro」とは紛れもなく岡本太郎のことであり、ヤノベ自身が岡本の「子供の一人」であると声明している。ちょうどその頃、二〇〇九年の第四五回衆議院議員選挙を契機に、「小沢チルドレン」という表現がマスコミで再浮上した。小沢から政治教育や選挙指南を受けた若手議員を指すこの総称を、The Torayan が模倣したに違いない。しかし、ここで強調されている岡本太郎からの影響を鑑みるにつけ、私には、ヤノベケンジが『サン・チャイルド』に託した意図が何なのか、ますます解らなくなる。

現代アートにおける岡本太郎への回帰は、ヤノベだけに限られたものではない。アート集団 Chim↑Pom の反原発作品の中にも、岡本への回帰、正確には岡本太郎が制作した太陽のイメージに対する回帰が同様に登場している。渋谷で起こった「『明日の神話』へのつけたし」事件を思い起こしてみよう。Chim↑Pom は、二〇一一年五月一日、渋谷駅コンコースにある岡本太郎の巨大壁画『明日の神話』（一九六

図5　Chim↑Pom『明日の神話』への追加アート（2011）

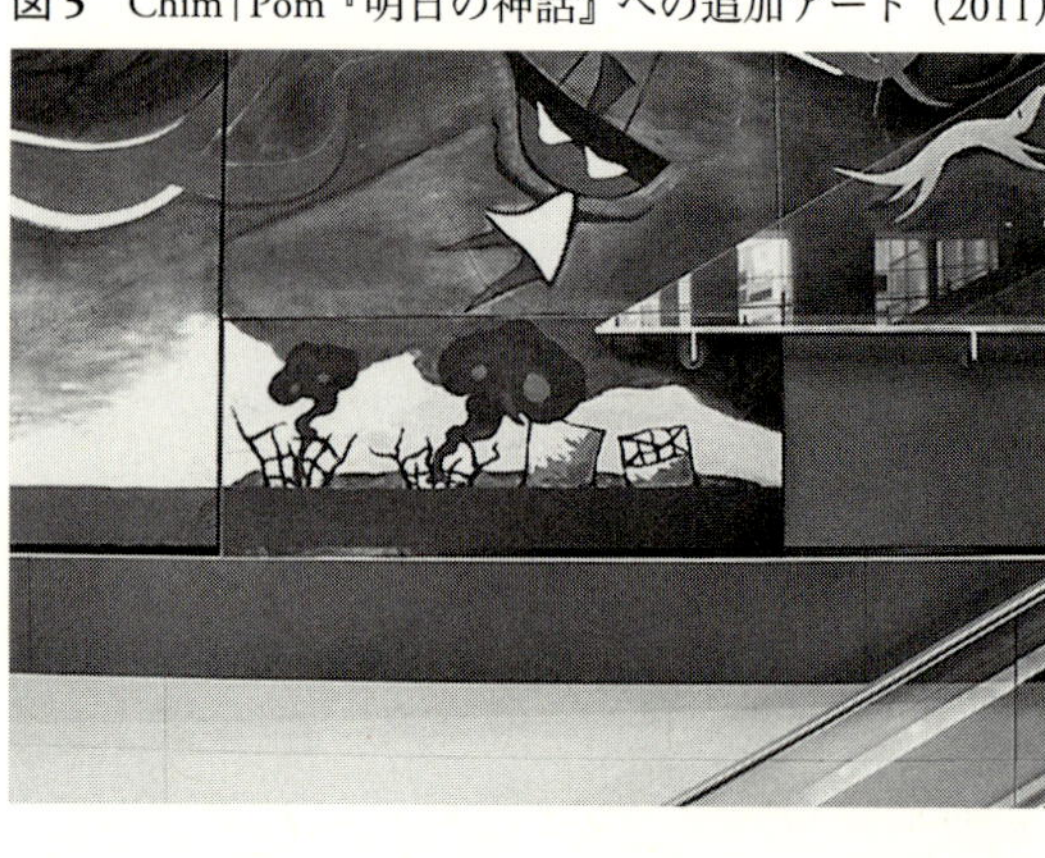

九年）に、福島第一原子力発電所事故を描いた自分たちの「追加アート」を付着した。しかし、それは同日即刻取り除かれ、一日にして公的な場から姿を消すこととなる(11)。

岡本太郎は、一九六八年、『中国新聞』に掲載されたインタビューで、この作品『明日の神話』に関して、「原爆が爆発し、世界は混乱するが、人間はその災い、運命を乗り越え未来を切り開いていく——といった気持ちを表現した」と答えている(12)。第五福竜丸が被曝した水爆炸裂の瞬間をテーマにしているとも伝えられている岡本の作品に対し、Chim↑Pomは「追加アート」を通して負の歴史の継承を意図したというわけだ。

ヤノベケンジも同様に、岡本の『太陽の塔』からの「メッセージ」の「継承」を意識的に試みた、と記述している(13)。

岡本の『明日の神話』には、原爆炸裂、骸骨と炎、第五福竜丸といったイメージが描かれている。しかし、果たして岡本太郎が戦後保守派政権の作り出した核安全神話に立ち向かい、反原発や反核エネルギーといった政治的な意思表示をこの作品で意図したのかは疑わしい。また『明日の神話』を含め、岡本の一連の「太陽」をモチーフにした作品群が、本来、後年ヤノベが想定するように、「未来の希望」といった普遍性や客観性を持つメッセージ・アートだったのかどうかについても、いま一つ再考する必要があるのではないだろうか。ここに反例を一つ紹介したい。

一九八〇年、グラフィックデザイナー粟津潔は、岡本太郎と『太陽の塔』の関係性について興味深い記述をしている。

> 『太陽の塔』を制作していた頃であったと思うが、あの人獣とでもいえる顔のオブジェが、アトリエの庭のあちこちにいくつも散らばっているようにつくられていた。その無造作で、あけひろげた光景は、まさに太郎という人間の中に飛び込んでしまったようなものである。そして、「どうだ粟津君……」というのである。どうだといわれても、こうした時は、ただ唖然とするだけで、なんと返事していいかわからない。ただ、ははあ、と頷くしかない。……この顔は、すでに一九三〇年代初期の作品の中に現れている。四〇年近く執拗なイメージとして太郎という肉体にからみついている超自我ともいうべき自画像なのであると、その瞬間に思ったのであるが、それを口にすることが何故かできないでいたのである。(14)

ここでの粟津の考察は、岡本が描く「太陽」像が、抽象的な「未来」や「希望」ではなく、むしろ岡本自身の自画像、つまり彼そのもの、彼の自我の表象であると看破している。これも一つの解釈であり、決して絶対的な意味ではないことは明らかだ。しかし、岡本の太陽の像を、本能エネルギー／「イド」のはけ口と受け止める見方、また自我理想を含むといわれている「超自我」と考える見方に、私は異議はない。ここで重要なことは、粟津の一九八〇年の解釈が、「芸術」に対して抱きがちな人々の思い込み、それも後の芸術史に組み込まれてしまう巨匠・岡本太郎の「芸術作品」に対する過剰な思い込みが、同じアートというフィールドにおけるヤノベケンジやChim↑Pomといった後続者たちにより、さらに神格化される可能性があることである。

図6 『サン・チャイルド』(2011)
正面からのイメージと『太陽の塔』

『サン・チャイルド』に話を戻そう。私は先に、ヤノベの妄想世界の対象物は、『アトムスーツ・プロジェクト：タンク・チェルノブイリ』と共に現実世界との結びつきを持ち始めた、と書いた。問題はこの「現実世界との結びつき」である。『サン・チャイルド』の現実世界との結びつきとは何なのだろう。少なくとも私には、この作品の震災後の日本社会との結びつき方は、マスメディアを通じて伝えられる震災からの復興に対する過剰な肯定感や、確証の無い希望といったものを、空手形を切る行為のように思えてならない。それは、呪文のように「安全・安心」という造語を連発しながら、社会の安全性や安心感を無責任に約束する政府の公約や、企業の宣伝文句と類似するのではないだろうか。

『サン・チャイルド』は、実は単数（child）ではなく複数存在している。これら複数の像（children）は世界中を今も巡回している。海外では、モスクワ（ロシア）、ハイファ（イスラエル）、日本では大阪三か所、東京二か所を巡回し、そのうちの一体は、図1の通り、大阪府の南茨木駅前に恒久設置されている。また、別の一体は、有志団体やクラウド・ファンディング（二〇八件一八二人からの支援）による支援で運搬・設営費を賄いながら、「フクシマ現代美術ビエンナーレ2012」に展示することが可能になった。

福島での展示にいたった経緯を、ヤノベは以下のように記述している。「『サン・チャイルド』を運搬するのが目的だったのではなく、『サン・チャイルド』によって福島から世界に発信することが重要だったのだ」と。[15]ヤノベの発言には、いったい「何を」発信するのか、その目的語が明示されていない。ここでヤノベが規定する彼の芸術の目的／コンセプト、『サン・チャイルド』によって福島から世界に発信したとされるこの空白の目的語とは何だったのだろう。

二〇一二年八月一一日から九月二三日まで展示され、そしてその翌年の三月末まで設置が延長された『サン・チャイルド』。この並外れたポジティブネス／肯定的な確信、つまり、事故はすでに収束しており、未来の希望を象徴する太陽――次世代のための新しいエネルギー――をすでに手中に納め、明るい未来を見つめているとされる

『サン・チャイルド』は、皮肉にも、二〇一三年九月一日、IOC総会で東京の環境安全性をアピールした安倍晋三首相の五輪招致演説の過剰なほどポジティブな発話とどれほどの違いがあるのだろう。

フクシマについて、お案じの向きには、私から保証をいたします。状況は、統御されています。[16]東京には、いかなる悪影響にしろ、これまで及ぼしたことはなく、今後とも、及ぼすことはありません。……

二〇一八年八月三日、『サン・チャイルド』はJR福島駅前に移設された。しかし、「福島市が未だに放射能汚染されたままだとの印象を与える[17]」あるいは「風評被害を一層招く[18]」といった批判が市民から寄せられ、立像は同年九月一八～二〇日にかけて福島市により撤去された。一時的に市の施設で保管されることになった『サン・チャイルド』に、新たな展示場所は決まっていない。

私は、これからも『サン・チャイルド』というアートの受容について注意を払い続けたいと思う。芸術評論家のさらなる言説、新聞等のメディアでの捉え方、一般市民たちの反応、そしてなによりも自分自身もう一度『サン・チャイルド』に対面する必要があるだろう。南茨木の駅の構内からではなく、今度はじっくり正面から六・二メートルのその黄色いスーツ姿に対峙したいと思う。はたして彼の陰りのない笑顔を共有することができる日が、いつか訪れるのだろうか。

3 『春夏秋冬』と『五百羅漢図』――表現者の欲求と先行するハイコンセプト

並外れたポジティブネス、言い換えれば現実に対する批判力の決定的な欠落を感じさせる現代アートは、『サン・チャイルド』に限らない。ヤノベのアートとは異なる立ち位置をとりながらも、こういった力を失っている作品をここで幾つか指摘しておこう。その一つは福田美蘭の『春夏秋冬』（二〇一二年）であり、もう一つは村上隆の『五百羅漢図：青竜、白虎、朱雀、玄武』（二〇一二年）だ。

一九六三年生まれの福田美蘭は、「美術史への疑問を問い直し、過去の「名画」に対する視線のありように揺さぶりをかける」画家として名高い[19]。しかし、自ら記しているように、彼女の3・11以後の震災に言及した作品には、自身と震災を受けた人々、あるいは震災後の現実との大きな乖離が見受けられる。二〇一三年に東京都美術館で開催された「福田美蘭展」図録で、福田は自己の意識を以下のように明記している。

> 「見る」ことにこだわってきた私の、被害の残酷な状況をこの目でみたいという強い思いは、家を失い、家族を津波にさらわれた人々の気持ちに寄り添うものとは違う、表現者特有の欲求であると感じていた[20]。

福田の四季連作は、『夏―震災後のアサリ』『秋―悲母観音』『冬―供花』が二〇一二年に制作され、『春―翌日の朝刊一面』が二〇一三年に発表されている。「春」が、彼女自身の福島第一原発事故に対する「絶望」の表現であるなら、「夏」は事故後の海水汚染を報じる新聞記事「震災アサリもストレス」など、生体系が受けた不可逆的なダメージに対する彼女自身の「不安」を表している。福田は、震災の影響で「殻の途中に溝ができ、それを境に色や模様がかわってしまった」アサリを魚屋へ行くたびに探し、それらしきアサリを見つけてはスケッチを重ねたという。つまり、絶望や不安を抱く主体は、あくまでも作品の制作者である彼女自身であり、また、こういった絶望や不安の対象が、新聞というメディアを通じて伝播されたものであることから、彼女の描く絵画と、家を失い家族を津波にさらわれた事故の当事者／直接的被害者との大きな隔たりを感じさせる。

アーティスト自身の自己主体への強い執着は、「秋」「冬」ではさらに強く表現される。『秋―悲母観音』は、幕末から明治にかけて活躍した日本画家・狩野芳崖（一八二八～八八年）の遺作『悲母観音』（一八八八年）へのオマ

図7　福田の四季連作『春―翌日の朝刊一面』『夏―震災後のアサリ』『秋―悲母観音』『冬―供花』(2012–13)

秋

春

冬

夏

ージュであり、また『冬―供花』は、フィンセント・ファン・ゴッホの『薔薇』(一八九〇年)を想起させる。美術史研究家・山下裕二は、このような福田のオマージュ作品を「古今東西の美術史を等身大で受け止めて、その延長線上にいる自分、という立ち位置をしっかり見定めている」作品だとし、これらの連作を「震災後を象徴するモニュメンタルな作品」であると評している[21]。

しかし、こういった過去の「名画」へのオマージュ作品から、われわれは実のところ何を読み取るのだろう。ここで福田の代表的な「複製「名画」」作品(図8・9参照)を見てみよう。

こういった福田の3・11以前の作品群と、3・11以後の作品群を比べてみると明らかになることがある。われわれが感銘を受けるもの、言い換えれば、

図8・9 「モナ・リザ2つの微笑」

左はレオナルド・ダ・ヴィンチ『モナ・リザ』（1503–06年），右は福田美蘭「福田美蘭の美術監修による東芝の新聞広告」製作＝電通，日刊工業新聞（1994年8月26日付）掲載

オマージュを表明する行為によって形づけられた二作品の対比から生まれる意味は、福田の作品と過去の名画との「差異」を際立たせる、福田自身のアイデアとテクニックに過ぎないのではないだろうか。

『冬─供花』は、二〇一一年六月、福田が国立新美術館で「ワシントン・ナショナル・ギャラリー」展を巡っている際に出会ったというゴッホの『薔薇』をモチーフにしている。「作品の上で震災をどのように扱っていくかを考えあぐねていた」福田は、「これをきっかけに、作品を通して震災で命を落とした人と向き合う一歩を踏み出すことができた」と解説を加えている[22]。しかし、彼女がここで表現しようとする死への悲しみ、その悲しみの対象は、果たして震災で亡くなった無数の人々──福田にとっては個人的に認識することのできない被災者たち──だけに向けられたものだったのだろうか。

福田の父・福田繁雄は二〇〇九年一月にクモ膜下出血で急死している。そして自宅に多くの白い花が届けられた。福田はこれらの献花の世話をすると共に、真っ白な花を咲かせ続ける多くの鉢植えの写真を撮り集めた。これらのイメージをL版写真紙に焼きつけたものを使って彼女はこの『冬―供花』を完成させた(23)。つまり、彼女がオマージュとしてそこに提示しているのは、単にゴッホの『薔薇』だけではなく、二〇〇九年当時の自己の悲しみであり、その悲しみの対象は紛れもなく彼女の父親であろう。タイミング良く提示されたその「供花」のイメージに、観客は、自身の気持ちを容易に投影することができたかもしれない。しかし、福田自身が、父を亡くした悲しみと、フクシマ震災の被害者たちという、彼女からは文字通り実際に顔すら見ることのできない死者たちへの追悼を、果たしてこの作品を通して同一化することができたのかどうか、それはわれわれには知る由もない。そういった意味でこの作品は、悲しみの由来や、悲しみの対象をすり替えることのできる空虚な「壺」のような役割をしているのかもしれない。それは、非常に漠然とした悲しみを「喚起」はするが、「批判力」を備えているとは思えない。

同様の理由から、私は村上隆の大作『五百羅漢図：青竜、白虎、朱雀、玄武』にも批判的な力を感じない。それだけではなく、この作品が表現しようとする「芸術としての力」そのものに大きな疑問を抱く。芸術評論家・椹木野衣は村上のこの作品に関して以下のように記述している。

> 村上は、二人〔美術史学者・辻惟雄（のぶお）と山下裕二〕から得た「奇想」と羅漢による「救済」から、「3・11」以後の美術家として世界最大級の五百羅漢図を実現することを着想。これまで培ってきたすべての技法とノウハウに加え、最新のデジタル技術や、日本全国の美大生をスカウトして組織した「キャラバン」を投入。震災の翌二〇一二年、着想からわずか一年あまりで、日本を遠く離れた中東カタール、ドーハでの展示を実現した。
>
> ……観音開きの絵をしっかりと凝視してほしい〔観音開きというのは出版物における印刷形態〕。親しかった人の相貌をどこかに見つけることができるとされ、懐かしい人たちとの再会の機会を通じ、死んでいった者の無念

図 10　村上隆の『五百羅漢図：青竜，白虎，朱雀，玄武』

を偲び、残された人に救いと癒しを与えるという五〇〇の羅漢たち。その心の働きを東日本大震災以降の現在の日本に置き換えようと挑んだ本作には、その背景に、かの大津波のように荒ぶる波（例えば青竜）もしっかり書き込まれている。(24)

もしこの作品が「親しかった人の相貌をどこかに見つけることができるとされ、懐かしい人たちとの再会の機会を通じ、死んでいった者の無念を偲び、残された人に救いと癒しを与える」と言われている狩野一信の『五百羅漢図』へのオマージュであり、村上が「その心の働きを東日本大震災以降の現在の日本に置き換えようと挑んだ」のだとすれば、なぜこの作品が福島ではなく、中東カタールの首都ドーハで最初に展示される必要があったのだろう。これは一体何のために、そして誰に向けて作られた作品なのだろうか。

五百羅漢像の本来の役割は、椹木の記述するものだったかもしれない。しかし、一八五四～六三年という約一〇年の歳月をかけて描かれた狩野一信の『五百羅漢図』を、椹木が言うように宗教的な「救い」や「弔い」という意味にのみ重ね合わせるだけでは、この作品の常軌を逸した「嵩」（全一〇〇幅）を正確には読み解けない。狩野一信は、江戸本所林町（現・墨田区本所）の骨董商の子供として生まれ、堤等琳派の絵師に入門、のちに狩野素川章信に入門したと言われている。狩野一信が、『五百羅漢図』

図 11　狩野一信『五百羅漢図』（1854–63）東京港区芝増上寺所蔵。絹本着色・全100 幅㉕

の仕事を引き受けたのは、狩野派末端の絵師として長い間辛酸をなめた末に、やっと絵画の世界で認められ始めた時期だった。一信が『五百羅漢図』制作を発願したのが一八五三年、四〇歳になった年だった。一信はこれと同時期、成田山新勝寺不動の壁画『釈迦文殊普賢・四天王・十大弟子図』（一八五六〜五八）といった巨大画の注文も受け、これらの作品が後世、彼の代表作となる。一信の『五百羅漢図』は、その後、数奇な運命を辿った。徳川将軍家とゆかりの深い大本山増上寺内に羅漢堂が建立されたのが一八七八年、狩野一信の死後一五年後であり、その羅漢堂は第二次世界大戦で焼失してしまう。幸い、『五百羅漢図』は被害をまぬがれたが、以後増上寺の蔵の中に半世紀以上死蔵されてしまう。一九八三年東京都港区教育委員会によって作品調査・報告が刊行されたことがきっかけとなり、『五百羅漢図』はようやく陽の目をみる。そして、二〇一二年春にはワシントンDCにあるアーサー・M・サックラー・ギャラリーでも作品が展示され、狩野一信は世界的な評価を得た。

日本画を学んだ村上隆が、この現代アート市場での胎動を知らない筈はない。彼が『五百羅漢図』の制作を始めたのが二〇一一年、「願かけプロジェクト」と名付けられ、全国の美術大学からおよそ二〇〇人の学生制作助手を動員し、二〇一二年に完成する。前述のように、まずは中東カタール、ドーハで展示され、「村上隆の五百羅漢図展」が六本木・森美術館で開催されたのは二〇一五年一〇月三一日である。

この莫大なる「嵩」の芸術は、「救済」や「願かけ」といった宗教的な意図はほとんどなく、二人の野心的な画家の成功への足がかり、あるいは名声を維持するための作品だとは考えられないだろうか。森美術館での村上の展覧会のゲスト・キューレターを担当した三木あき子も彼ら二人の野心のパラレルについて指摘している。

村上隆は信仰心からというよりも、狩野一信の〈五百羅漢図〉の生まれた江戸時代後期や、桃山時代、平安時代などのすぐれた芸術発生の背景にはしばしば地震と大火、飢饉といった死と隣り合わせの状況があったこと、そして、一信や長沢芦雪ら過去の絵師たちの、集中力や体力の限界に挑むような難業に触発された部分が大きかったようだ。そして、羅漢図は一般的な仏画と違ってあまり縛りがなく、超能力や神秘性をより自由に、また大規模に表すためにヴァーチャルなイメージを展開でき、そこに狩野一信は絵描きとしての野望を抱いていたことを専門家〔山下裕二〕は指摘しているが、おそらく村上にとっても同様のことがいえるだろう。(26)

村上の羅漢の姿はカラフルでコケティッシュであり、すべての像はカリカチュアライズされていることもあって、そこに「親しかった人」や「懐かしい人」を見出すことは難しい。村上は、「世界最大級の五百羅漢図を実現する」という着想、つまり「ハイ・コンセプト」が先行したこの作品を、東日本大震災以降の現在の日本と結びつけようと考えたわけだが、私にはその結びつきがどうしてもしっくりこない。

村上自身が、「五百羅漢図」プロジェクトに言及する際、制作した目的について語っている。自分（村上）にとってこの作品を作る意義は、「日本の戦後のアニメーション制作工房システム」を採用しながら、それを「僕自身が培ってきた〔アート制作の〕方法論」と交差させ、どれだけのものができるかを試したかったと。(27) また、インタビューで村上は、日本の現代美術に何を求めるかと問われ、「琢磨された技術の修練」だと語っている。つまり、彼にとってこの「五百羅漢図」というプロジェクトは、アーティストとしての「技術」の集大成であること、それを誇示する規模こそがその存在意義であり、別な言い方をすれば、それ以外の何物でもないと感じるのは私だけだろうか。

4 「Don't Follow the Wind」——誰も見ることのできない展覧会

福島での震災以後、多くのアーティストたちは、いったい芸術に何ができるのか、あるいはアーティストである自分たちは震災に打ちひしがれた人々にどのように向かい合うことができるのか、と自己の存在理由を見つめ直すことを迫られた。現代アート集団 Chim↑Pom を中心に、多数の現代アーティストたちが開催した展覧会「Don't Follow the Wind」は、見えない放射能を表現すること、つまり不可視なものを可視化するという芸術の力を通して、こういった疑問に立ち向おうとした。

「帰還困難区域」に指定された危険で誰も立ち入ることができなくなった四か所で、一二組のアーティストたちが、二〇一五年三月一一日からこの展覧会を開始した(28)。展覧会のタイトル「Don't Follow the Wind」の由来に関して、展覧会のカタログは以下のように説明している。

> 「Don't Follow the Wind」=「風を追ってはいけない」。ある避難者の言葉から。海釣りの知識から風向きをみることで事故当時、適切な方角へ避難することができた(29)。

この展覧会は、いまだに直接見ることができない。東日本大震災以後、継続的に撒き散らされている放射線物質による汚染のために、政府が決めた「帰還困難区域」内に設置されているからだ。これらの区域がいつ完全に封鎖が解けるか見通しは立っていない。いつ公開できるかわからないこの展覧会は、「人々の想像力の中でみられつづける展覧会」[30]となった。

同時にこの展示会は、不定期ではあるが「Non-Visitor Center（ノン・ビジター・センター）」を世界中に設置することを予定している。カタログには「ノン・ビジター・センターは原則として展覧会のかたちをとりますが、これに加えて書籍やウェブサイトなど多様な形態に媒介され、記録や二次創作などを集積・公開し、長期にわたって継続」すると記されている。[31]二〇一五年九月一九日～一一月三日、ワタリウム美術館にて「Don't Follow the Wind」の第一回目の「Non-Visitor Center」が開催され、園子温、宇川直宏、加藤翼が製作メンバーとして新たに参加した。この「Non-Visitor Center」という名称は、「国立公園や世界遺産などの訪問者のための案内所（Visitor Center）に由来」しており、それを否定形にすることによって「訪問者を歓迎できない案内所」を意味している。

「Don't Follow the Wind」はChim↑Pomが発案者となっており、彼らがこの展覧会のキュレーターであるジェイソン・ウェイト、窪田研二、エヴァ&フランコ・マッテスと力を合わせるかたちをとっている。Chim↑Pomの呼びかけによって世界中から参加した一二組のアーティストたち――例えば中国現代芸術の先鋭的表現者艾未未（アイウェイウェイ）の「Fukushima Project」や、エヴァ&フランコ・マッテスのリサイクル・プロジェクト――は、福島での原発被災を単に日本の問題としてではなく、国境を越えた、自分たちにとっての問題として捉えつつ、不可視の放射能とそれに対する恐怖をいかに可視化しうるかという課題に挑戦している。

震災後投げかけられた、果たして芸術に何ができるのかという問いに対し、この展覧会は「美術の力」を明確化することで答えていると私は思う。われわれは一般的に「美術を鑑賞する」という表現を使う。この鑑賞という行為の中でも、多くの「美術」は「視覚芸術」だと認識されがちだ。「美術」を見る行為について、美術評論家・椹木野衣は以下のような分析をしている。

「美術」は典型的な視覚芸術とされながらも、「目にみえない」。目にみえるのは、「美術作品」でしかない。そして美術作品は目にみえるけれども、私たちは「美術作品そのもの」を鑑賞しているわけではない。私たちが美術作品から受け取ることを期待しているのは、その作品から感受することができる「美術の力」であって、それは、またもや「目に見えない」。それは、作品が私たちの心になんらかの強い働きかけをしたからであって、キャンバスの生地や、そのうえに塗り付けられた絵具そのものに心を動かされている訳ではない。それはあくまで「美術の力」が発せられるための物質的な媒体をなしている（もっとわかりやすく言えば、既製品としての使用例）にすぎない[32]。

一二のアーティスト・グループの、われわれから「隠された」アートについて、椹木の提示した美術の三要素（「美術」「美術作品」「美術力」）から考えてみよう。まず、彼らの実質的な「美術作品」はわれわれには実際には見えない。しかし、それらの作品は「美術」として二〇一五年三月一一日から展示されている。つまり観客は、どこかに展示されていることだけは明らかな「美術作品」を見ることなく、これら見えない「美術作品」を「美術」として認識し、その認識ゆえこれらの作品の「美術の力」を直感する。ここでの「美術の力」は、紛れもなく彼らのコンセプチュアルアートが産み出した想像力以外の何ものでもない。

それを裏づけるように、Chim↑Pomのリーダー卯城竜太は、展覧会カタログにて、以下のように自分たちのアートを定義している。

例えばこのプロジェクトはアクティビズム的な即効性や、ストリートアート的なヴィジュアル性よりも、コンセプチュアルアート的な想像力を頼りにつくり上げたほうが事の深層に迫れるのではないか〔ということを話した[33]〕。

図 12　VR（virtual reality）ゴーグルを装着し作品を「見る」オーディエンス

この展覧会が引き出す「想像力」、つまりこの展覧会の「美術の力」について考えてみよう。われわれは何を「想像」するのか、どういった「想像力」を掻き立てられるのだろうか。われわれが新たに認識させられる対象が、実は、多岐にわたっていることに新たに気付かされる。「彼方」には、われわれが入ることのできない危険地域が未だにあるということ、その危険地域は高い放射能で汚染されているがその汚染はわれわれの裸眼には不可視であること、彼らの「美術作品」はその彼方で日々被曝を受け続けていること、そしてこのような作品を見ることができるのはわれわれにはいつになるか知る由もないということ。つまり、これら不可視の芸術作品／放射能汚染地域／放射能／美術の力を、われわれは「想像する」という形で突きつけられる。「美術作品」の実態を見ることができない代償に、われわれは一般的には見ることのできない高い放射能に対する「認識」、あるいは彼方にはそれによって汚染された場所がまだ存在することを「想起する力」を与えられる。

このような「Don't Follow the Wind」の「美術作品」には、どういった「美術の力」が内在しているのだろう。この展覧会はもともと政府が規定した帰還困難区域、つまりここは危険なので入るべからずという規制を無視する形で展示が始まっている。それだけでなく、そのタイトルに示された「Don't follow／追従してはいけない」とされる「the wind／風」は、震災以後こうするべきだと流布した「声」、つまり政府あるいは東電によって報告された情報、あるいはマスメディアの報道、人々の風評であることは想像に難くない。美術が、こういった既成の言説に対し、懐疑という「政治性」を持つことによって、それ独自の「美術の力」を構築していると読み取れないだろうか。

このようなあからさまな「警告」とは別に、私はこのプロジェクトが現在進行形である点にも注目している。先述したように、このプロジェクトは、帰還困難区域に展示されるだけではなく、サテライト展ともいえる展覧会「Non-Visitor Center」が、いつ終わるかもわからず断続的に開催され続けている。筆者は、残念ながら二〇一五年九月に開催されたワタリウム美術館での第一回目の「Non-Visitor Center」に参加することができなかったが、ヨコハマトリエンナーレ2017で展示された「Don't Follow the Wind」展を体験することができた。後者では、VR(virtual reality)ゴーグルを装着し、Chim↑Pomnが帰還困難区域で作品を展示する過程を撮影した映像を見ることができた。

ある意味、帰還困難区域に展示された作品の数々が、複数の「Non-Visitor Center」や継続する「Don't Follow the Wind」展によって、日本国内に留まらず増殖／リゾームしていく構造、そこには、収拾のつかない3・11以後の原発問題に対する継続的な監視の眼、政府や東電が韜晦する「今」の被害状況を忘却しない、という強い意志としての「美術の力」を感じる。

5　赤城修司『Fukushima Traces 2011–2013』と壺井明『無主物』
――未完であることの力

継続的な監視の眼は「Don't Follow the Wind」展に限らず、幾人かの3・11以後のアーティストたちが、その方

図 13　『Fukushima Traces 2011-2013』からの写真（2013 年 6 月 10 日）

子供が除染土の横で遊んでいる

法論を採用している。写真というメディアでは、福島在住の市民写真家・赤城修司が『Fukushima Traces 2011-2013』を発表しており、彼のこのプロジェクトは今も続いている。「日常の中の非日常」というコンセプト――例えば、子供たちが遊び場にしている空き地に、長い間放置されている青いビニールの除染袋（フレコンバック）という日常、あるいは通学路のすぐ横に置きざりにされたフレコンバックの山――は、現行の行政や福島市民社会のあり方の中で「何かがおかしい」と彼自身が感じる状況を切りとることで表現されている。赤城のそれぞれの写真には、戦場カメラマンが撮るような即時的な扇情性は無いかもしれない、しかし何枚も何枚も継続的に福島市という定点に立ちながら撮られたこれらの「日常」写真から、われわれは、3・11以後の行政のあり方、日本の市民社会のあり方に疑問を持たずにはいられない。

赤城の作品にはタイトルが無い代わりに、撮影日とコメントが書き込まれている。いわゆる「ツイート」する形で、「写真」「日付」「文字テクスト」を日常ベースでネット空間に発信するという方法を赤城は採っており、彼の初めての写真集は、ツイッターに投稿した莫大な数の写真から選び再編集したものである。出版するための経費、プリント・メディアに課されたスペースの限界、そういった垣根を低くする形で、赤城の写真は今日も「世に」送り出され続けている。デジタル技術を駆使したこういった表現スタイルは、赤城自身の「日常の中の非日常」観察を継続する芸術の後押しをしていると言えるだろう。

赤城の作品は、写真というメディアによって生み出された多義的意味に、観客であるわれわれの注意を喚起する。そして、その注意の喚起は、「写真」と「文字テクスト」とが一見なんの繋がりもない時――容易にシンクロしない時――さらに強調される。例えば、彼が二〇一三年六月一〇日に撮影した子供が除染土の横で遊んでいる写真には「僕がどの写真を撮った時も、僕の足の裏は、しっかりと地面についている」というキャプションが付されており、この文字テクストの意識は、被写体である子供や除染土を覆うブルーシートではなく、それを撮影している自分の立ち位置にある。一見乖離したような「写真」と「文字テクスト」が、見られる被写体と見る主体との異なる立ち位置を含む「空間構造」を立ち上げ、もう一人の見る主体であるわれわれ読者に、赤城の視点に対する共感を生み出す。

図 14　『Fukushima Traces 2011–2013』からの写真（2013 年 6 月 8 日）

道端に置きざりにされた除染土

また、二〇一三年六月八日に撮影された同じく除染土を写した写真には、「僕のツイートが、ダークツーリズムであるならば、近い人ほど僕を誹るのは当然だと思う。」という「ツイート」が付されている。ここでは①ツーリズムの対象である除染土／「現在」の福島という地域、②ツーリズムを誘導する彼自身、③赤城を誹る（かもしれない）福島の人々、そして④ツー

図 15・16・17 『連作祭壇画　無主物』の連続イメージ

リズムに「参加」するツィッターのフォロワーたち、といったさらに多層化した主体の存在が強調される。赤城がここで立ち上げているのは、これらの映像を創造する彼自身の写真家としての「主観」であると共に、これらの映像を読み解くツイッター読者の「主観」でもある。毎日のように投稿される赤城のツイートは、「今」福島で起きていること、これから福島に起こるであろうことを、スマホやPCというわれわれにとって今一番身近なテクノロジーを通して波及し続けている。日常見ることのできない危険の萌芽を、一瞬にして拡散する赤城のツイッターの「芸術力」は、そのテクノロジーに内在する波及力だけではなく、日常の中の非日常を監視し続けざるをえないという彼の義務感から生じる継続の力であると思う。赤城はその気持ちを以下のように表現している。

僕にはもう、僕の写真がどういうふうに

人の目に映るのか確信を持てなくなっているし、なにが「扇情的」で、なにが「理性的」なのかも、判断がつかなくなっている。ただ、「残さなければならない」という気持ちだけで、今でも撮影を続けている。[34]

一方、壺井明の絵画シリーズ『無主物』は、丸木美術館学芸員・岡村幸宣の言葉を借りれば「終わらない物語」である。岡村は以下のようにこのシリーズの制作の背景を説明している。

壺井が最初に絵を発表したのは、福島第一原発事故から一年後の二〇一二年三月一一日。国会議事堂を包囲するデモに参加し、路上にならべた。以来、首相官邸前の脱原発デモや福島の集団疎開裁判に絵を持参して展示し、出会った人たちから聞いた悩みや証言を、画面上に少しずつ描き加えていった。[35]

この作品は『連作祭壇画　無主物』と題名が付けられ、今も制作は続いている。二〇一六年一二月一〇〜一一日、東京世田谷区にあるギャラリーKENで、二〇一三年の展示から数えて通算五度目の「企画展」が行われた。このギャラリーKENのウェブサイトは、壺井の仕事を以下のように形容している。

政治的に過ぎるという理由で、ほとんどのアートスペースが手を退く壺井明の活動は単に画家という範疇を超え、描いた絵を東京の町の中にゲリラ的に展示、町の風景そのものを表現物に変え、出会ったひとびとに現状を伝え、時には情報を収集、また時には展示に現地民を招待し、知られざる現状の裏側を暴露させるなど、芸術が社会に対して何ができるのか、自由とは何かを根源的に問う刺激的な表現に発展してきました。[36]

福島県のゴルフ場の芝生に付着した放射線物質を除染するように求めた訴えに対し、「原発事故で飛散した放射性物質は、誰のものでもない「無主物」である」と主張した東電。この東電の言い逃れに対する抗議として壺井のプロジェクトは始まっているだけに、彼の絵物語が今も完結しない点は重視されるべきだと思う。つまり、彼の作品が「未完成」である「現実」は、東電あるいは国の福島第一原発廃炉に向けての納得のいく説明が未だにされていないという「現実」とリンクし、それを観客であるわれわれに常にしらしめているからだ。

二〇一六年一一月、廃炉・賠償・除染といった、復興の収束にむけたあらゆる局面で、予算が限りなく膨らんでいることが報道された。こういった膨らむコストを払うのが、東電でも、国でもなく、国民であるわれわれ一人一人であること、また、それは電気代に上乗せされたり、「電源開発促進税」という名の税金で国民から吸い上げられたりする仕組みが、官僚によって作られたということが公の認識となった。しかし、これらにかかる何十兆円の七割を、国民が負担しているという不条理そのものが、事故後七年以上になろうとしている現在も十分に説明されていない。壺井の「絵物語」が完結しない事実に納得がいく。

壺井の創作手法は、単にそれが「継続」という時間の拡がりを絵画空間に与えただけでなく、「誰が描くのか」という制作「主体」空間に関しても、実験的な拡がりを見せている。先述の岡村幸宣は、壺井の作法を「非核芸術」史の流れに置き直しながら、以下のように評している。

> 苦しみの渦中にある当事者の思いを、まわりにいる人間が本当の意味で共有するのは難しい。しかし、丸木夫妻や上野誠のように、その困難に葛藤しながらも、核の被害者の言葉に耳を傾け、表現しようと試みる画家たちはいた。壺井の試みは、そうした非核芸術のひとつの系譜を、現代に甦らせたようだ。(37)

「非核芸術」の系譜に重ねるかのように、壺井明は、被害者たちの言葉に耳を傾けながら、自己の作品に彼らの声、視点、さらには存在といったものを取り込み、そこから生まれるものを新たに具現化する。つまり、壺井のこの一連の作品は、彼自身の制作主体に留まるのではなく、他者を抱きかかえた「主体」へとその作品空間を拡張している。

このような「制作主体空間」の拡張や、表現の継続性は、絵画に限られているわけではない。例えば、3・11以後制作されたドキュメンタリー映画の数々は、共有することの難しい当事者の思いを映像化するため、独自の工夫をこらしている。しかし、それに関しては別稿に譲りたいと思う。

6　オルタナティブな価値観を求めて

一五年前の話に遡る。「光速スローネス」と題する京都ビエンナーレが、二〇〇三年に開催された。「光速／速度」と、その対極に位置する「スローネス」を重ねる理由を、美学者であり同年ビエンナーレのディレクターを務めた吉岡洋は以下のように説明している。

> 文明化とはつねに速さの追求であった。速さの意味は身体的な実感に基づくものであり、人間よりも馬、馬よりも汽車、汽車よりも飛行機に、私たちは速さを感じてきたのである。だが二〇世紀後半における電子テクノロジーの発達によって、情報の処理・伝達の速度はついに、光速度のレベルに達してしまった。つまりある意味では、人類はすでに速度の限界に到達してしまったのである。身体的な実感からすれば、誰も光を「速い」とは感じない。その意味では、速度とスローネスとの対立という構図は、原理的にはもう存在してはいないのである。にもかかわらず私たちは、速さの追求という一九世紀的な競争原理に、少しでも速く進んで人を出し抜かねばならないという強迫観念に、いまだに駆り立てられている。(38)

図 18『小学生のためのエネルギー副読本　わくわく原子力ランド』

このように「速度追求の原理」が破綻してしまった現代において、芸術や文化はどうあるべきなのか、と吉岡は問いかける。「速度追求の原理」、つまり近代化の過程で信じられてきたスピード＝有意義という価値観が明らかに疑問視される今、オルタナティブな価値観である「スローネス」へ置換されようとしている現状を吉岡は指摘しているわけだが、それからさらに一五年後、もう一つの近代化原理が日本で崩れ落ちた。それは、「原子力」という最新エネルギーを生産し消費すべきだという「エネルギー経済効率原理」であり、日本における「原発安全神話」であった。

二〇一〇年二月、文部科学省・経済産業省資源エネルギー庁は、全国の小学校に『小学生のためのエネルギー副読本　わくわく原子力ランド』を配布した。日本の未来を担う子供たちに流布されたテクストで、「エネルギー経済効率の原理」「原発安全神話」がどのように定義されていたかを見てみよう。

> 今、世界には約六七億人の人がくらしています。これからもアジアやアフリカを中心に人口がさらにふえると予想されています。また、それらの国では、とても速いスピードで経済成長をとげているため、世界のエネルギー消費量と二酸化炭素の排出量はますますふえると予想されています。[39]

このテクストは、近代化の功罪に対し一縷の疑いも抱くことがない。子供ロボットに、「わ〜!大変だ!博士、どうしたらいいの?」と質問をさせると、科学的権威者である博士が、「エネルギーを大切に使いながら、これ以上、地球温暖化が進まないよう、二酸化炭素をださない工夫が必要なんじゃ」と答えながら、なぜ原発が日本にとって必要かという論理を展開する。博士は、「日本の電気の約六割を作っている火力発電と約三割を作っている原子力発電」を比べながら、原子力発電の方が「少ない燃料でたくさん発電できる」こと、「二酸化炭素の出る量が少ない」こと、そして「発電所から出るごみが少ない」ことを子供たちに学習させる。最後に博士の「原子力は施設事故をふせぐしくみやいざという場合にも周囲への影響をふせぐしくみで安全が守られているのじゃ」という発言で『わくわく原子力ランド』は終わっている。

今となっては博士の発言に矛盾や嘘があることは明らかであり、もちろんこの副読本は二〇一一年にすべての小学校から姿を消した。原子力発電所はひとたび施設事故が起こると取り返しのつかない事態に直面すること、そして原発に対する安全は文字通り誰も保証できないことを、われわれは二〇一一年三月の福島第一原子力発電所事故に学んだ。

このように近代化社会における神話の一つである「エネルギー経済効率原理」が崩壊した今、芸術や文化にとってのオルタナティブな価値観とはいったい何なのか、また3・11以後の芸術に求められている「芸術の力」とは何なのかということを本稿では考察した。政府が決めた帰還困難区域指定に逆らうように設置され、原発の被害という不可視なものを可視化する現代アート。そして、「すでに原発被害は収束した」とする政府の声に対し継続的な監視の眼を持ち続ける未完の現代アート。3・11以後の日本の現代アート・シーンに批判的な喚起力があるとしたら、その力はこういった新しいアートの「あり方」に依拠しているのではないだろうか。いや、新しいアートの力は、決してこれらの特徴にのみ起因するわけではなく、私が見逃しているものは限りなくあるかもしれない。私はただ、これからも引き続きこういった喚起力を伴った現代アートが発表され続けていくことを切に祈る。

註

（1）原爆の図丸木美術館の学芸員である岡村幸宣は、著書の中でそれを原発問題だけに回収するのではなく、さらに大きな核問題と結びつけるため「反原発芸術」ではなく、「非核芸術」という表現を使っている。岡村（二〇一三）参照。
（2）弁護士でありながら映画『日本と原発　私たちは原発で幸せですか？』（二〇一四年）、『日本と原発　4年後』（二〇一五年）、『日本と再生　光と風のギガワット作戦』（二〇一七年）を監督した河合弘之とのインタビューによる（二〇一七年七月）。
（3）ハイデッガー（二〇〇三：七一）。
（4）高橋（二〇一二）。
（5）ヤノベ（二〇一三ａ：三）。
（6）同前。
（7）ヤノベ（二〇一三ｂ：七七）。強調は引用者による。
（8）ヤノベ（二〇一三ｂ：八〇）。
（9）ヤノベ（二〇一三ｂ：七四）。
（10）The Trayan『完全版　ヤノベケンジ「太陽の子・太郎の子」.mov』https://www.youtube.com/watch?v=pHoUTNl_Obk&list=UUT3JC0A4lwdtqJQr1OA1iBg&index=8（二〇一八年八月二一日アクセス）。
（11）この「追加アート」は、岡本太郎記念館で二〇一三年に開催された『PAVILION』展に、「Chim↑Pom に、岡本太郎との〝正規のリング〟が二年の時を経てついに用意され、無制限勝負のゴングが打ち鳴らされた」と冗談めいた惹句と共に、「コラボレーション」という形で再度展示されている。「Tokyo Numéro 462 Culture Post」https://numero.jp/news-20130426-chimpom-pavilion/（二〇一八年八月二一日アクセス）。
（12）「インタビュー　岡本太郎」『中国新聞』朝刊（一九六八年一月二七日）。
（13）ヤノベ（二〇一三ｂ：七四）。
（14）粟津（一九九九：一三二）。
（15）「３・11とサン・チャイルド　物事の創造工房」（ヤノベ二〇一三ｂ：一三三）。
（16）WEB RONZA「安倍首相「アンダーコントロール」のウソ」http://webronza.asahi.com/science/themes/2913091700003.html（二〇一七年一月一五日アクセス）。

(17) 林智祐「防護服を着た子供像『サン・チャイルド』は、なぜ福島で炎上したのか」https://gendai.ismedia.jp/articles/-/57167（二〇一八年一〇月四日アクセス）。

(18) 「防御服の子供立像『サン・チャイルド』福島市で撤去作業始まる」『産経ニュース』（二〇一八年九月一八日）http://www.sankei.com/politics/news/180918/plt1809180009-n1.html（二〇一八年一〇月四日アクセス）。

(19) 山下裕二「春—翌日の朝刊一面、夏—震災後のアサリ、秋—悲母観音、冬—供花」（山下 二〇一六：三〇〇—三〇一）。

(20) 同前。

(21) 同前。

(22) 福田（二〇一三：八一）。

(23) 同前。

(24) 椹木野衣「43　五百羅漢図（部分）」（山下 二〇一六：一二七）。

(25) 山下裕二「40　五百羅漢図　狩野一信　増上寺　東京」（山下 二〇一三：一二八—一二九）。

(26) 三木（二〇一六：二九）。

(27) 「村上隆が日本の現代美術を語る／神奈川新聞（カナコロ）」https://www.youtube.com/watch?v=wnFPxcaAffg（二〇一七年一月二六日アクセス）。

(28) 参加アーティスト（アーティストグループ）は以下の通りである。アイ・ウェイウェイ、グランギニョル未来（飴屋放水&椹木野衣、のちに山川冬樹と赤城修司が加わる）、小泉明郎、タリン・サイモン、竹内公太、竹川宣彰、Chim↑Pom、ニコラス・ハーシュ&ホルヘ・オテロ＝バイロス、トレヴァー・パグレン、エヴァ&フランコ・マッテス、宮永愛子、アーメット・ユーグ。

(29) Chim↑Pom ほか編（二〇一五：四五）。

(30) Chim↑Pom ほか編（二〇一五：四三）。

(31) 同前。

(32) 椹木野衣「美術と放射・能：「Don't Follow the Wind」展の旗が立つ位置」（Chim↑Pom ほか編 二〇一五：六五—六六）。

(33) 「Don't Follow the Wind 実行委員座談会」（Chim↑Pom ほか編 二〇一五：一三六）。

(34) 赤城（二〇一五：一六六）。

(35) 岡村（二〇一三：四五）。

(36) Hokusai「壺井明展　東京報告 at Ken vol. 5　Akira Tsuboi Exhibition Tokyo Report Vol. 5」http://kenawazu.com/events（posted 二〇一六年一一月二五日、accessed 二〇一八年八月二二日）。

(37) 岡村（二〇一三：四六）。

(38) http://www.iamas.ac.jp/~yoshioka/SiCS/e-text/jp_pub_2004_kousokuslowness.html（二〇一七年一月五日アクセス）。

(39)『小学生のためのエネルギー副読本　わくわく原子力ランド』文部科学省・経済産業省資源エネルギー庁発行（二〇一〇年）。

引用文献

赤城修司（二〇一五）『Fukushima Traces 2011–2013』オシリス

粟津潔（一九九九）「岡本太郎のリヴィング・アート——無用の用の操り」『岡本太郎の世界』小学館

岡村幸宣（二〇一三）『非核芸術案内——核はどう描かれてきたか』岩波書店

高橋哲哉（二〇一二）『犠牲のシステム——福島・沖縄』集英社

Chim↑Pom+ 椹木野衣＋Don't Follow the Wind 実行委員会編（二〇一五）『Don't Follow the Wind　展覧会公式カタログ 2015』河出書房新社

マルティン・ハイデッガー著、森一郎／ハルトムート・ブフナー訳（二〇〇三）『ブレーメン講演とフライブルク講演　ハイデッガー全集第79巻』創文社

福田美蘭（二〇一三）『福田美蘭展』東京都美術館

三木あき子（二〇一六）「村上隆の五百羅漢図——回帰と新生」森美術館編『村上隆の五百羅漢図展』平凡社

ヤノベケンジ（二〇一三a）『新装版　ヤノベケンジ　1969–2005』青幻舎

ヤノベケンジ（二〇一三b）『ウルトラ　ヤノベケンジ　アートプロジェクト 2008–2013』青幻舎

山下裕二責任編集（二〇一三）『日本美術全集第16巻　幕末から明治時代前期　激動期の美術』小学館

山下裕二責任編集（二〇一六）『日本美術全集第20巻　一九九六〜現在　日本美術の現在・未来』小学館

第7章　写真家の使命
——畠山直哉の「転回」から考える

近森高明

1　被災地と写真家

3・11の被災地に入る写真家について考えてみよう。人びとが生活を営んでいた家屋や商店が根こそぎ押し流され、ありとあらゆる瓦礫が散乱する、言語を絶するような状況を前に、カメラを手にした写真家は、みずからの行為の意味を問い返さざるをえないだろう。肉親を亡くしたその現場、住んでいた家屋が流されたその跡地で、呆然と立ち尽くす人びとをよそに、つぎつぎとシャッターを切ることには、大きな躊躇が生じるだろう。自分はいったい何をしているのかという問いが、そこでは鋭く立ちあがる。報道写真家であれば、あるいは事実を公衆に伝える社会的責務という、ある種のわかりやすい意義に頼ることができるかもしれない。けれども報道目的ではない、写真を「写真として」互いに鑑賞したり批評したりする、アートの領域にかかわる写真家であれば、どうだろうか？　ふだんは閾域下にあり、やり過ごされている、写真を撮ることの出来事性への問いが、そこでは切迫性をもって浮上してくるだろう。

たとえば写真家の菱田雄介は、被災地にカメラを向けることをめぐる葛藤を、つぎのように語る。「今回、僕は写真を撮るために東北に来ている。それは何のためなのか？　身体は写真を撮ることを欲するが、頭はそれを否定しようとする。東北を撮る写真家は他にもいるだろう。何故、自分がここに立ち、シャッターを切るのか？　発表するあてが無いのであれば、単なる自己満足ではないのか？　そんな事が繰り返し、脳裏をよぎる」（飯沢・菱田二〇一一：一一五）。あるいは地面に転がる、泥にまみれた誰かの私物を撮るときにも、躊躇は生じる。「僕はそれに向かってカメラを向ける。ランドセルやアルバムを撮るということは、そこに、何らかの「意味」を持たせることだ。僕は、自分自身の行動に嫌気がさしながら、「畜生！」と思いながらシャッターを切る。被災地で写真を撮る、ということはこういうことなのだと、思いながら」（飯沢・菱田二〇一一：一一五）。

写真を「写真として」鑑賞し評価する共同体に属している写真家は、人物であれ事物であれ風景であれ、対象のもつ美学的な何かに感応して、カメラのレンズを無意識的に向ける修練を積んでいるだろう。そうして露光や絞り、角度やフォーカスなどを総合的かつ微細に調整しつつ、少しでも「いい写真」をつくることに全身全霊を傾けているだろう。だが、震災を主題とする「いい写真」とは、いったいどのような写真だろうか？　言語を絶する出来事を目の前に、「いい写真」をつくろうとするのは、かなりグロテスクな意志であり、行為ではないだろうか？

写真家の畠山直哉は、震災後、代表的な写真誌である『アサヒカメラ』二〇一一年九月号の「総力特集　写真家と震災」で、つぎのようなエピソードを紹介している。

〔ある写真関係の会議の〕帰り際に、そこに同席していた一人の写真家が「テレビで津波の中継映像を見ていて「ああ、いまあそこに自分がいたら、いい写真が撮れたのになぁ」と思った」と語るのを聞きました。「いい写真って、たとえばどのような？」と僕が尋ねると、「たとえば流される自動車とか……」と。

あまりにも正直な胸中の吐露に、あたりの温度が一瞬下がったように感じられましたが、彼の「こんなことを言っていいのかどうか……」という控えめな表情のせいもあって、場の雰囲気はやがてもとに戻りました。

> 写真撮影をなりわいとしているものなら、彼の「いい写真を撮りたい」という気持は理解できることと思います。……圧倒的な出来事を前にしても「いい写真を」と願うのが写真家というものなのです。（畠山 二〇一一：七六―七七）

つづけて畠山は問う。

> ところで、もし流される自動車の写真を間近で撮影することができたとして、……じっさいそこでは、いったいどのような種類の「良さ」が実現されているというのでしょう？
> 崇高の美学の議論や、イコノロジーの歴史に参加する、理性の「喜び」でしょうか？ 他の人には不可能なことを成し遂げる力の「快」でしょうか？ あるいはそれとも、写真の迫真性を最大限に発揮させ、いちばん肝心な瞬間を記録し、それを他の人々に伝達、共有、保存するという「美しい」貢献の精神でしょうか。（畠山 二〇一一：七六―七七）

しかし、いずれの「良さ」も、あまりに圧倒的な被災状況の前には、写真を撮ることの正当化の根拠とはなりえない。畠山は「いい写真」という枠組みそのものを捨て、自分が被災後の惨状に向けてカメラを構える動機を、つぎのようにとらえなおす。

> 率直に言えば、僕は誰かにその写真を見せたいというより、誰かを超えた何者かに、この出来事全体を報告したくて写真を撮っているのです。その「何者か」が、どんなものかははっきりとは言えませんが、僕が構図や色彩や光線に気を使い、できるだけ明瞭な写真を作らなければと思うとき、確かに僕は、その「何者か」が、

あとで困惑しないようにとの思いから、そうしているのです。（畠山 二〇一一：七六―七七）

畠山のこの言葉は、被災地を撮るという究極的な状況において浮かびあがる、写真家の使命を端的に記した言明であるように思われる。「誰かを超えた何者かに、この出来事全体を報告」すること、そして、その「何者か」があとで困惑しないように、できるだけ明瞭な写真を撮ろうとすること――これが写真家の使命である、と。だが、こうした畠山の真摯な言明には、その端的さゆえに、曖昧さも生じている。この「何者か」とは、どのような存在であるのだろうか？ また、なぜ「構図や色彩や光線に気を使」うことが要請されるのだろうか？ 本稿ではこれらの問いを、畠山直哉自身による複数のテクストを参照しつつ、畠山の思考に内在的なかたちで検討する作業をつうじて、写真家の使命とは何かを考えてみたい。

2 写真家・畠山直哉の「転回」

畠山直哉は、本人の意志にかかわらず、震災と写真の関係を問ううえで、ある特権的なポジションに置かれてしまった写真家である。畠山は岩手県陸前高田の出身であり、津波で母親を亡くしている。彼は二〇一一年一〇月に「Natural Stories ナチュラル・ストーリーズ展」と題する大規模な個展を、東京都写真美術館で開催（この個展は震災以前から予定されていた）しており、代表作一三六点を展示するなか、被災した陸前高田の写真とともに、個人的にスナップしていた震災前の町の写真を展示し、話題を呼んだ。さらに畠山は、震災後に『気仙川』（二〇一二年）と『陸前高田 2011–2014』（二〇一五年）という、陸前高田を主題とする写真集を刊行し、また写真評論家の大竹昭子とともに、震災後における、みずからの写真に対する考え方の変化について語る『出来事と写真』（二〇一六年）という対談集を発表している。

畠山について、震災と写真の関係を問ううえでポイントになるのは、彼の「転回」である。畠山は、もともと写真というメディウムにきわめて自覚的な写真家であり、震災以前にも、写真についての原理的考察や、写真の歴史、写真とアートとの関連などの主題を扱った『話す写真』(二〇一〇年)という講演集を出版している。そのような畠山は、震災を契機に、写真に対するみずからの考え方ないしは態度が大きく変容したのだという。すなわち、かつては形式性に意識的で、言葉や状況に依存しない「自立した写真」を規範としていたのが、震災と津波という出来事に「巻き込まれる」ことによって、個人的な出来事を主題とし、言葉や状況によって「見え方」が変わる、「絶対的な写真」を肯定するようになったのだという。

だがしかし、これははたして劇的な変化なのだろうか？　両者の態度は、それほど両極端なのだろうか？　じつは両者には通底するロジックがあり、後者は前者の自然な展開なのではないだろうか？　以下ではこれらの問いに導かれ、一見すると正反対にみえる、震災前後の畠山の写真に対する二つの態度に伏在する、整合的な結びつきを照らし出すという作業をおこなってみたい。そのさい鍵となるのは、彼が震災以前から語っていた「記録は未来に属する」という考え方と「潜像」のアイディアである。そのように畠山の「転回」の前後に通底する論理を再構成する作業をつうじて、先にみた疑問、すなわち「誰かを超えた何者か」とは何か、また「明瞭な写真」が要請されるのはなぜか、という疑問を解く手がかりをつかみ、畠山の考える写真家の使命とは何かを浮かびあがらせることが、本稿の目標である。

3　自立した写真

まずは、畠山が震災以前にもっていた写真に対する主要な考え方を素描してみよう。その特徴は大きく、①作品の自立性の重視、②形式性への反省的意識、③文化度ゼロの地平への志向、④写真の自動性の肯定、⑤自然に対する受動的態度、という五つの点にまとめられ、全体として「自立した写真」と名づけうる規範的モデルとして総括できる。

第一に、作品の自立性の重視。畠山は学生時代に大辻清司に師事し、モダニズムの流れを汲む、自立した作品としての写真という考え方を学び、訓練されてきたという。その立場からすれば、たとえばある写真について、撮影方法をどのように工夫し、いかに苦労したかといった情報は、写真の作品としての評価には関係がないとされる。結果としての画像がすべてであり、それ以外の要素は作品にとって、不純ないしは余計なものと考えられるのだ。あるいは撮影した人物や撮影された人物についてのパーソナル・ヒストリーなども、作品の意義にはかかわらないとみなされる。つまり、誰が、いつ、何を、どこで、どういう状況で、どういう方法で撮ったかといったコンテクストによって、見え方や意義が左右されるような写真は、写真=作品として自立しておらず、不完全であるという考え方である。

第二に、形式性への反省的意識。自立した作品としての写真にあっては、内容と形式を区別したうえで、もっぱら形式性に意識的であることが求められる。写真の内容、すなわち写っている人物や事物、風景などは写真の評価にとって二義的である。むしろ写真として仕上がったときの表層をつくる、形式上の新奇性や独自性こそが評価の対象となる。写真とアートとの歴史的な関係を考えてみても、写真に特有の表現を追い求める形式性の探求こそが、写真のアートとしての評価を高める原動力になったと畠山はいう。「スティーグリッツをはじめ、二〇世紀の写真芸術家たちが、その後堂々と、同時代の画家や彫刻家と渡り合えるようになった、ということの背景には、このような認識論的転換があったんじゃないか。つまり、写真術の形式に徹すれば徹するほど、他の芸術形式から離れれば離れるほど、写真は「芸術」になることができる、という逆説があったんじゃないか、と僕は思っています」(畠山 二〇一〇：二四八)。

第三に、文化度ゼロの地平への志向。彼は学生時代に、師の大辻より写真から「説明的な要素を省いてごらん」

という指導を受けたことを強調する。説明的な要素を省いた写真というのは、要するに、文化的なコードや慣習的な決まりごとを排除し、意味のヴェールを剝ぎ取ったところに、対象となる物質そのものの表情を見出すような写真である。畠山は、そうした写真が切り開く地平を「文化度ゼロ」の地平と表現している。「文化とは、確かに人間たちによって、社会的に構築されているものだ、ということが事実として見えてくる。自分で写真を撮ることによって、文化が社会構築的なものとして見えてくるとしたら、翻って「文化度ゼロ」といった地平を、写真を撮りながら想像できるようになる、ということですね。「文化を括弧でくくる」といった表現も可能かもしれません」。そのうえで、彼はこのように述べている。「僕の好きな写真は、意外性を持って、僕たちの暮らす世界を別の角度から照らし出して見せてくれるような、そんな写真です」（畠山 二〇一〇：三四―三五）。

第四に、写真の自動性の肯定。写真は対象物を忠実に再現するが、その忠実さは他方で人間的な基準からすると、あまりに機械的で、融通がきかず、冷たく、公平すぎる面がある。だがそうした愚鈍にも近い正直さにおいてこそ、写真は、人間的な約束事を取り去った「文化度ゼロ」の地平を開いてくれるのである。畠山は、こうした写真の自動性ないしは非人間性を、文化の閉塞を破る解放的契機として肯定する。

第五に、自然に対する受動的態度。「自然」とは、畠山の定義によれば「人間の原理を超えて現象するもの」である。言い換えれば、人間の意志や営みにまったく無関心な存在であって、そうした自然に対するとき人間は、完全に受け身にならざるをえない。けれども文化的な約束事が充満した世界に窮屈さを覚えるとき、人間の原理を超える自然は、私たちにある種の自由を垣間見せてくれる。畠山は、写真術の祖のひとりであるウィリアム・ヘンリー・フォックス・トルボットによる著書のタイトル『自然の鉛筆／The Pencil of Nature』に、写真が「自然」を開示する局面を読み取り、このように述べている。「鉛筆を握って素描をおこなうのは、人間ではなく自然である、ということなのです。芸術家の領域を超えた地点に、自然、つまり人間の原理を超えて現象するものの力によって写真像は生成する、ということです。これは行為する主体が人間の側ではなくて自然の側にある、ということですから、言ってしまうなら、写真術とは超越的な存在に行為のプロセスを委ね、人間はそこからもたらされるものを、敬意を払いつつ受け取る、ということになりますね。つまり写真を撮る時、人間は自然に対して受け身になる、ということです」（畠山 二〇一〇：二二四）。

芸術と人生を峻別して、パーソナル・ヒストリーを作品から遮断すること。コンテクスト的な情報に依存せず、作品を作品として自立させること。付加的な説明やキャプション抜きで、画像のみで人を納得させること。以上でみてきたように、震災以前の畠山は、近代芸術の系譜をひく、こうしたある種のストイックな「自立した写真」を規範的モデルとしてきた。

4 絶対的な写真

だが震災を契機に、畠山は写真に対する態度を大きく変容させる（ようにみえる）。すなわち個人的な出来事を主題とする写真、説明やキャプションによってその意義や解釈が左右される写真、状況によって「見え方」が変化するような写真を肯定するようになったのである。こうした写真を畠山は「絶対的な写真」と呼ぶ。たとえばある写真にある人の肉親が写っており、その肉親の想い出とともに眺めることで、写真がその人にとってかけがえのないものとなるとき、その写真の「大切さ」は、比較不能ないしは取り替えがきかないという意味で「絶対的」なものとならざるをえない。そのとき写真の「大切さ」は、その人の記憶がまったく個人的であるのと同様、他人にとっては手の届かない、どうしようもないものとなる。畠山はこうした「絶対的な写真」の「やるせなさ」につき合いたくないために、こうした写真を避けてきたのだという。けれども震災をきっかけに、畠山はこの「絶対的な写真」に関与せざるをえなくなる。

ターニング・ポイントとなるのは、畠山が二〇一一年一〇月の「Natural Stories ナチュラル・ストーリーズ展」で、被災後の陸前高田の写真とともに、以前から個人的にスナップしていた被災前の町の写真を展示したことである。それは、畠山の従来のスタイルを知る一部の観客に、戸惑いを引き起こしたという。作品の自立性を重んじ、メディウム性や形式性を追求して、都市や自然物のマテリアルな表情を主題としてきた畠山が、それらとはまったくスタイルの異なる写真、すなわち、何気ない故郷の風景という、ごく個人的な主題を扱った写真を展覧会に展示するに至った。写っているのが被災前の状況であるという事情、陸前高田が畠山個人の故郷であるという事情、被写体となっているのは彼が親しんだ町や人物や風景であるという事情、等々、その意義や解釈に、コンテクスト的な情報が不可欠となる点で、これはまさに畠山が回避してきたはずの「絶対的な写真」そのものであり、観客に戸惑いが生じるのも無理はない。

畠山は、自分が撮りためていた個人的なスナップが、突如、「絶対的な写真」に変わってしまった経緯を、つぎのように語っている。「僕は二〇〇〇年を越えたあたりから、故郷の陸前高田市気仙町で、どうということもない写真を撮るようになった。……僕は暗室で時々プリントを焼いて壁に貼ってはぼんやり眺め、特に人に見せることもなく「un petit coin du monde（地球＝世界の小さな一角）」とラベルを貼った箱に、それらをしまった」（畠山 二〇一二）。だが巨大な津波が故郷の町を襲い、すべてを流し去り消し去ってしまうことで、箱の中の写真は意味合いを変えることとなる。

僕がやるせなさを感じて敬遠してきたような「絶対的な写真」に、これらの写真も変化してしまった。「絶対」といっても、そこにはもともと晴れがましさなどは存在しないし、たとえ写真が特別な感情に彩られているように見えるとしても、それは僕の能力のせいではなく、ひとえに出来事のせいでしかない。無責任な言い方になるかもしれないが、これを近代芸術的な文脈で理解しようとすることは、つまり「写真としてどうか」という風に理解しようとすることは、僕にはもうどうでもいいことのように思える。このような時の写真の振

る舞いの身勝手さは人の手に負えず、僕らはそれをひとつの現象のように、ただ見つめることしかできない。（畠山 二〇一一）

畠山はまた、このようにも述べる。「僕は美術館の個展で陸前高田の写真を発表しましたけれども、ほかの写真とくらべてこの写真が特異なものに見えてしまうのはしょうがないことです。そして鑑賞者に何と言われようと、どう評価されようと、実はそういうことはどうでもよくて、何かその出来事性みたいなものに身をあずけるしかないような……つまり、僕はこの言葉をよく使いますけれども、巻き込まれてしまったんです。巻き込まれてしまったその流れを、巻き込まれながらよく見てみたい、という気持ちなんです」（畠山・大竹 二〇一六：一〇六―一〇七）。

ここで、畠山の「転回」（にみえるもの）は、震災という圧倒的な出来事に彼が「巻き込まれてしまった」結果、否応なく強いられた態度変容なのだろうか？ 言い換えれば、震災という偶発的な外在的要因が、畠山の写真に対する考え方を強制的に押し曲げ、変えてしまったのだろうか？ そうではなく、逆方向への価値観の転換にみえるものは、じつは畠山に潜在していた思考要素が、震災を契機に表面へと浮かびあがり、前景化してきただけなのではないか？ もともと彼のうちに萌芽状態で内在していた考え方を、震災は、結晶化させる触媒となっただけなのではないか？

以下では、このような問いについて、畠山が震災以前から語っていた「記録は未来に属する」という考え方と「潜像」のアイディアを手がかりとしながら検討してみたい。畠山の震災前後の写真に対する態度に一貫するロジックを、整合的にあぶり出すことができるとき、彼のいう「巻き込まれること」という言葉も、たんに外側から強制されるというだけではない、ポジティヴな意味合いを浮かびあがらせることになるだろう。

5　未来からの視線

出来事に巻き込まれること、そうして、状況の変化によって写真の「見え方」が変わってしまうこと自体を、ひとつの現象として受け入れる。こうした震災後の畠山の態度に顕著なのは、時間性の契機、しかも写真というメディウムから連想されがちな過去志向ではなく、希望と結びついた未来志向の契機である。

震災以前の畠山にとっての規範であった「自立した写真」は、外的なコンテクストを遮断し、それに依存しないという以上、時間軸上の変容からも独立した写真を目指すという含みをもっていた。内容（写っているもの）は古びることがあっても、形式は古びず、作品の意義や価値は無時間的である、というように。しかし震災後の畠山は、写真の意味合いが状況の変化によって左右されることを、回避しがたい現実的条件というよりも、それ自体を、写真というものが被る自然なプロセスと理解するようになる[1]。言い換えれば状況の変化それ自体を、写真を取り巻く外的な条件というよりも、写真という現象に内在的な条件とみるようになる。そこにおいて時間性の契機は、写真家が意図した意味合いを外側から歪めるネガティヴな要因ではなく、いわば写真を成熟させ、隠れていた潜在的な意義を顕わにするポジティヴな要因となる。

だがこのような考えの原型は、畠山の内部には以前から存在していた。じつのところ震災以前の時点から、畠山は、写真がもつ未来志向の時間性の契機について語っている。たとえば、ドイツのアーレンという町の炭鉱施設の一部が取り壊されることになり、壊す前に写真を残しておきたいという理由から依頼された撮影の仕事について、二〇〇六年の時点で畠山はつぎのように述べている。「「壊される予定の建物があるから写真に撮っておいてくれませんか？」という依頼には、「もうすぐ死ぬ人がいるから肖像を撮っておいてくれませんか？」という依頼に似た響きがある。いなくなった人を懐かしむためにその人の肖像が必要なように、消えてしまった建築を懐かしむために建築写真が必要とされる」。それに続けて、彼はこう述べている。「「記録」は常に未来からの視線を前提としている。そこに見える光景が過去であっても、写真自体は延々と未来に運ばれる舟のようなものだ。いっそ「記録」は過去ではなく、未来に属していると考えたらどうだろう。そう考えなければ、シャッターを切る指先に、いつも希望が込められてしまうことの理由が分からなくなる」（畠山 二〇一〇：八九）[2]。

「記録」としての写真は、未来からの視線を前提とするのであり、むしろ未来に属している――これは事後的にみるなら、畠山の故郷を写したスナップ写真の運命、すなわち「un petit coin du monde」の箱に納められた何気ない写真が、津波で失われた町の懐かしい細部を想起するよすがとなる「絶対的な写真」へと変化してしまうことを、あらかじめ予言した言葉のようにもみえてくる。「記録」が未来からの視線を前提とする以上、写真家は自分が作成する写真の運命を、みずから決めることができない。自分が撮った写真の意義や解釈は、未来の他者の判断に委ねるほかはない。「記録」は未来に属しているという、この認識には、状況の変化に応じて「見え方」が変わってくること自体を写真に内在的な条件とみる認識が、萌芽状態で含まれている[3]。

ここで、畠山が「希望を込める」という能動態ではなく、わざわざ「希望が込められてしまう」という、受動態的な言い方をしていることに注意しておきたい。この言い方が示しているのは、「希望」は、写真家が意図するとしないとにかかわらず、「記録」が未来からの視線を前提とする以上、写真を撮るさいに、いわば必然的に差し挟まれてくる、ということである。写真家は写真の運命を制御できないが、まさにその制御できなさ、ままならなさのうちに「希望」は宿るのだ。

6　潜像としての写真

それでは、みてきたように未来志向の時間性の契機が、震災以前の時点から畠山の内部にあったとして、「自立した写真」という、以前に畠山が依拠していた規範的モデルと、「絶対的な写真」という、震災以後に彼がつき合うことになる写真のあり方とを、互いに矛盾しないようなかたちで理解するには、どのようにすればよいのか。この点を考えるさいにヒントとなるのが、畠山が震災前にとある講演で触れている、「潜像」というアイディアである。それは、「自立した写真」と「絶対的な写真」という二つのモデルを、ひとつの視座のもとで統合的に理解するモデルを与えてくれる。

畠山は説明する。「写真科学の中に「潜像」という言葉があります。写真を撮る時、フィルムに光が当たりますが、その時点では画像はまだできていません。画像を目に見えるものにするには現像という工程が必要ですね。ということはつまり、撮ってから現像するまでの間、フィルムには「見えない像」が潜んでいる、ということになります。このとても不思議な状態の像を潜像と呼ぶのです」(畠山 二〇一〇：一八七)。

ここで写真科学における「潜像」とは、現像前のフィルムの状態を指すのだが、これを拡張した比喩的な用法が許されるなら、まだ現像されていないフィルムについてだけでなく、すでに現像された写真についても、ある種の「潜像」の状態があるといえるのではないだろうか。つまり写真の「見え方」が状況次第で変わりうるのなら、すでに現像された写真にも、いまだ発見されていない意義が「潜像」のかたちで潜んでいる、という言い方が可能ではないか。そのとき「見えない像」を見えるものにする「現像液」は、未来、ないしは未来の他者が担っていることになる。「潜像」としての写真は、未来の他者という現像液との出会いによって、その隠された意義が発見されることになる。(4)

このように「潜像」を拡張的に考えるとき、「自立した写真」と「絶対的な写真」を媒介するモデルとして、「潜像としての写真」を置くことができる。それは先ほどの「未来からの視線」という考え方と照らすなら、震災以前から、畠山の思考にあらかじめ内在していた写真のモデルとみなしうる。

写真の意義は、未知の他者による未来からの視線に委ねられる。そのように写真の「見え方」が状況次第で変わることは、「自立した写真」を規範的モデルとするなら、ある種の不確定さと映り、回避されるべきネガティヴな事態とみえるだろう。しかし写真を、その意義がまだ発見されない「潜像」とみるなら、状況により「見え方」が変わることは、写真の意義がひとつに閉ざされず、未来の複数的な視線に開かれる、ポジティヴな事態とみることができる。そのとき写真は、事後的な解釈により歪曲されるというよりも、事後的な解釈が積み上げられることで、たえず成熟してゆくことになる。それは言い換えれば、「潜像」のかたちで含まれた意義が、未来という「現像液」と出会うことで、たえず現像=発展し続けることでもある。潜像は「見えない像」である以上、一義的に「ある」とも「ない」ともいえない。むしろ、ある／ないという二項対立を無効化し、宙吊りにしてしまうのが「潜像」の次元である。とするなら、畠山が、「シャッターを切る指先に、いつも希望が込められてしまう」というときの、その「希望」は、ある／ないの二項対立が無効化する「潜像」の状態のうちにある、といえるだろう。

このように「潜像としての写真」を、畠山の思考に潜在する写真のモデルとして抽出できるとすれば、「自立した写真」と「絶対的な写真」は、互いに矛盾し、対立するモデルではなく、むしろ「潜像としての写真」という同一の包括的なモデルの、二つの部分的な現象形態であり、あるいは二つの個別的モードであると解釈することができる。畠山の写真に対する態度は、震災を契機に正反対の「転回」を果たしたようにみえながら、その深層では、「潜像としての写真」というモデルに示されるような、一貫したロジックをつねに保持していたこととなる。

7　写真家の使命

ここで冒頭でみた、被災地を撮ることをめぐる畠山の発言に立ち戻ろう。

率直に言えば、僕は誰かにその写真を見せたいというより、誰かを超えた何者かに、この出来事全体を報告したくて写真を撮っているのです。その「何者か」が、どんなものかははっきりとは言えませんが、僕が構図や色彩や光線に気を使い、できるだけ明瞭な写真を作らなければと思うとき、確かに僕は、その「何者か」が、あとで困惑しないようにとの思いから、そうしているのです。（畠山 二〇一一：七六―七七）

あらためて考えてみると、この言明は、畠山の震災前後における写真に対する態度変容（にみえるもの）の、折り返し地点、ないしは蝶番の位置にある。ここでは二つの矛盾する態度が、矛盾しないかたちで同時に表明されている。一方で「誰かを超えた何者か」というのは、「あとで困惑しないように」との表現も含めて未来の他者一般（の視線）として解釈でき、状況の変化によって「見え方」が変わることに開かれた「絶対的な写真」の枠組みが提示されているといえる。だが他方、従来からの「自立した写真」という枠組みも、ここでは同時に保持されている。すなわち畠山が「図や色彩や光線に気を使い、できるだけ明瞭な写真を作らなければ」というとき、その態度において、彼の写真家としての来歴全体――「自立した写真」を規範的モデルに、対象の美学的な何かに感応し、さまざまな条件を勘案して絞りや角度、フォーカスを調整して、少しでも「いい写真」をつくることに全身全霊を傾けるという修練を積み重ねてきたプロセスの全体――が、否応なくシャッターを切る瞬間に乗りかかっているのであり、その意味で「自立した写真」は、「絶対的な写真」を裏打ちするかたちで保持されているといえる。

じじつ畠山自身、別のところで同様の認識についてこう述べている。「パッとシャッターを切るとき、僕が身につけているすべてが、つまり、僕の全歴史がひとさし指にのっかっちゃうわけです。……美学的判断、教養、それから属する社会の文化、パーソナル・ヒストリーを含めて、それをいちいち反芻する必要はないですけれども、そういうあらゆるすべて、それから自然と。そういうものと出会った瞬間にシャッターは切られている」（畠山・大竹 二〇一六：三二）。

ここで「僕の全歴史がひとさし指にのっかっちゃう」という表現は、先にみた「シャッターを切る指先に、いつも希望が込められてしまう」という表現と、きれいな対をなしているといえるだろう。ここでもまた「のっかっちゃう」というかたちで、能動態を微妙に避けた表現が用いられていることに注意したい。それは「込められてしまう」という表現の、受動態的なニュアンスと正確に対応している。前者は過去志向であり、後者は未来志向である。だが両者は、けっして矛盾しているのではなく、シャッターを切る指先に「全歴史がのる」ことと「希望が込められてしまう」ことは、互いに両立しうる。それはまた同時に、「自立した写真」と「絶対的な写真」が重なり合う瞬間でもある。

ゆえに、以上の議論を踏まえ、「誰かを超えた何者かに、この出来事全体を報告」するという畠山の言葉を、彼自身の潜在的思考に忠実なかたちでパラフレーズするなら、このようになるだろう。すなわち、圧倒的な被災地の惨状を目の前に、「自立した写真」に居直るのでもなく、「絶対的な写真」に身を委ねるのでもなく、その二重的なあり方が交わるところで、みずからの全歴史を動員してシャッターを切るその刹那に、未来の複数的な視線に開かれた「希望」が宿る瞬間を探り当てようとすること──それこそが写真家の使命にほかならない、と。

この点において、畠山の写真に対する態度は、震災と津波という巨大な出来事にもかかわらず、何ひとつ変わっていない。

＊

震災後の畠山は「いい写真」という枠組みを捨て去り、故郷の写真について、近代美術の文脈で「写真としてどうか」と云々することはもはやどうでもいい、と断じた。しかしながら『気仙川』と『陸前高田 2011–2014』に収められた、陸前高田の震災前と震災後の状況をとらえた写真群は、それらを観る者にしてみれば、いずれも静謐な美しさを湛えた「いい写真」といわざるをえないだろう。

冒頭でも触れたように、言語を絶する出来事を目の前に「いい写真」を撮ろうとするのは、グロテスクな意志であり、ことによると非倫理的な行為でもあるだろう。けれども畠山の場合、「いい写真」を撮ろうとすることが当初の動機であったわけではなく、「人間の原理を超えて現象する」自然がもたらすものを、敬意を払いつつ受け取り、つくられた写真が、事後的に「いい写真」とみなされているのであり、その逆ではない。この差は重要である。とはいえ、やはり多大な人命を奪い、甚大な被害をもたらした震災を主題とした写真を「いい写真」と呼ぶことに、私たちは躊躇を覚えずにはいられないだろう。この躊躇の正体は何なのだろうか？　悲惨な出来事を扱った作品に、美しさや感動を覚えてしまったとき、私たちはそれをどう名づけ、意味づければよいのか？　美と倫理の関係を、私たちはどのようにとらえるべきなのか？　畠山が震災後に発表した写真群は、こうした問いを私たちに突きつける。これらの問題は、ポスト3・11の写真やアートをめぐる思考にとって重要な課題となるはずであるが、畠山が示してみせた写真家の使命は、それを考えるうえで大切な導きの糸となるだろう。

註

（1）　たとえば畠山は、つぎのように述べている。「……あの震災前の陸前高田の写真は絶対的なものになっちゃっているんです。目の前でこの数か月間、あの写真の意義はほんとうに変化した。それは僕がコントロールしているのではなくて、もうすこし大きな時間とか空間といった世界の動きの中で、価値とか意味が変化したわけです。これにはやっぱり、僕自身の手が届かない事柄だという感じがしますよ。人智を超えているというんですか、人間原理を超えて現象しているものが、まさにこういうふうにあらわれてきますよね。これを自然と呼ばないで何と呼ぶのか」（畠山・大竹 二〇一六：二五五―二五六）。

（2）　鷲田清一は『朝日新聞』の「折々のことば」欄で畠山のこの言葉を紹介し、つぎのように評している。「震災前のことばとは思えない。写真だけではない。家庭で淡々と子どもの日常を記録する母親のふるまいにも、役所で誰のためともなくこつこつ書類をとじる人の作業にも、きっと密やかな祈りが込められている」（『朝日新聞』二〇一五年五月二〇日）。

（3）　写真という現象に含まれる未来志向の時間性の契機については、震災後にもつぎのように語られている。「で、たぶんですよ、これは恐ろしい想像なのですけど。写真を撮るということには、この世界から我が身を引きはがすような性質があるんです。カメラを持っていると、世界にコミットするというよりも、知らず知らずのうちに世界を傍観する立場におかれていることがある。その場にいても、心理的にはそこに参加していないという。ある場にカメラマンとして身を置くことは、他人から見ればその場にコミットしているように一見みえるのですが、つまりそれは戦場カメラマンが一般的に勇敢な人間に見えるということの理由なのですが、じつはカメラを持っている限り、カメラマンは心理的には、そこではないどこか別の場所にいるんです。たいがい未来のどこか、いま撮っている像が出現する未来の時空間にいて、そこから肉体だけがその場所を訪れているといった感じですね。」（畠山・大竹 二〇一六：一五四）

（4） ここでの「潜像」と「現像液」としての未来という関係については、ヴァルター・ベンヤミンの記憶＝歴史認識論を扱った田中純の議論から手がかりをえた。ベンヤミンは、このように述べる。「過去は文学作品のなかに、感光乾板によって確保される像〔ビルト〕に準えることができるような像を保管している。そうした像をすべての細部ごと出現させるに充分強力な現像液を自由に使用できるのは、未来だけなのだ」（ベンヤミン 一九四〇＝二〇一四：五九四）。それを踏まえ、田中はベンヤミンの記憶＝歴史認識論の構図を、写真を比喩（パラダイム）とする「現像＝発展」のモデルとして解釈する見方を提示している。「生という「感光乾板」について「まったく書かれなかったものを読む」とは、この乾板と現在という「現像液」との出会いによって、それまで存在しなかった過去のイメージが出現することを謂う。それこそが歴史の現像＝発展（Entwicklung）なのである」（田中 二〇一六：四一六）。

なお、ここでベンヤミンを参照するのはとくに恣意的ではなく、畠山とベンヤミンのあいだには、写真というメディウムへの関心はもちろん、「自然」のとらえ方、非人間的なものの評価、記憶や歴史の考え方、言語観、等々、思考の類似点が多数認められ、両者を重ねるのは不自然ではない。

引用文献

飯沢耕太郎・菱田雄介（二〇一一）『アフターマス――震災後の写真』ＮＴＴ出版

田中純（二〇一六）『過去に触れる――歴史経験・写真・サスペンス』羽鳥書店

畠山直哉（二〇一〇）『話す写真』小学館

畠山直哉（二〇一一）「誰かを超えた何者かに、この出来事全体を報告したくて写真を撮っている」『アサヒカメラ』第九六巻九号、七六―七七頁

畠山直哉（二〇一二）「あとがきにかえて」『気仙川』河出書房新社

畠山直哉（二〇一五）「陸前高田　バイオグラフィカル・ランドスケイプ」『陸前高田 2011–2014』河出書房新社

畠山直哉・大竹昭子（二〇一六）『出来事と写真』赤々舎
ヴァルター・ベンヤミン著、浅井健二郎編訳（一九四〇＝一九九五）「歴史の概念について」『ベンヤミン・コレクション1』筑摩書房
ヴァルター・ベンヤミン著、浅井健二郎編訳（一九四〇＝二〇一四）「「歴史の概念について」の異稿断片集〔抄〕」『ベンヤミン・コレクション7』筑摩書房

第8章　上書きする震災後文学
——柳美里の『ＪＲ上野駅公園口』を周辺からの歴史として読む

岩田＝ワイケナント・クリスティーナ

1　時間のひび割れから生まれる物語

「時間にひび割れが入ってしまったと感じるほどインパクトが大きい出来事があるが、東日本大震災はまさにそうだった。3・11を機に、時間は突然〝その前〟と〝その後〟に割れてしまった」と日系人作家のルース・オゼキは語っている（Works and Conversations 2014）。こうした「ひび割れ」が入ると、〝その前〟の生活はかつてと全く違う風に映るにちがいない。社会政治的に言えば、3・11後の日本における東北地方の位置付けを巡るディスクールに見られるように、それまで不可視だったものが可視化する可能性が生じ、それが文学や芸術の世界でも表象と生活経験の関係を見つめ直す契機となるのだといえる。

3・11後、多くのアーティストが新しい表現法を探り、震災の経験を表すために実験を重ねてきた。震災直後、放射能が漂う空間の中でツイッターを通じて詩を配信した福島市在住の詩人和合亮一もその一人である。本の形になるまでに時間がかかることにくわえ、文学の中でも現代詩はとくにオーディエンスが限られたジャンルである。また、多くの決まりごとに制約されている点ではエリート的な表現形式だとも言える。それに対してツイッターに溢れるディスクールは活字メディアのスローさとは無縁であり、顔の見えない大衆もしくは群衆が紡ぎ続けているものである。震災によって壊されてしまった生活世界の中で和合は、ツイッターというメディアを活用することで、現状にふさわしい新しい表現にたどり着こうとした。「自分の詩の解体というか、現代詩の解体というか……。現実も壊れているわけ、現実と一緒に自分も壊れていく。壊すということをやろうと思ったのです。……本能的に全てを壊さないとダメなんだと」(柳 二〇一二:一二一—一二二)。

本章で扱う柳美里も、3・11を転換期として捉え、津波・原発災害後の東北と向きあうためには視点も視座も変える必要があると訴えている。柳は福島第一原発周辺の避難区域が立ち入り禁止となった四月二二日の前日に二〇キロ圏内を車で回ったことをきっかけに、電力発電の歴史から地元の生活習慣まで福島という場所について学びはじめ、二〇一二年春から二〇一八年春にかけての六年間、南相馬ひばりエフエムという臨時放送局で『柳美里のふたりとひとり』という三〇分の番組のパーソナリティーを務めている。

同番組ウェブサイトには、「南相馬で地震や津波や原発事故から免れたひとはいないので、自然にそれらの話になることもあるけれど、それが本題ではありません。わたしが聴きたいのは、〃ふたり〃の過去から今までの、なにものにも回収されることのない時間の記憶です」(南相馬ひばりFM 87.0 MHz)とあるが、インタビューに応じた約六〇〇人のゲストのほとんどは震災時の体験について語ったという。筆者が二〇一六年九月に柳美里にインタビューした際、柳は「毎週のように震災の体験談を聞いているので、あれから時間が経っている気がしない。みなさんが語ってくれることは自分の中に地層となり、今の自分はその上に立っている」と話し、ルース・オゼキの言う時間のひび割れを強く認識しているという。

二〇一五年春には鎌倉の自宅を売却し南相馬の原町区に移り住み、さらに二年後に本屋を開く目的で、立ち入り禁止が解除されたばかりの同市小高区に居を移している。移住の目的には、福島へ通う労力やコストをなくすこともあったが、なによりも現地で暮らすことによって、震災後に生まれた・震災に由来する問題への理解を深めたかったという。実際、移転によって首都圏から通うだけではなかなか見えて来ない様々な問題に気づき、実感するようになったと柳は語っている(1)。

本章では『JR上野駅公園口』の作品分析を行うことで、こうした柳美里の姿勢が作品世界にも強い影響を及ぼしていることを明らかにしたい。二〇一四年春に出版されたこの小説は、震災そのものをテーマにしている訳ではない。むしろ、3・11を背景にして書かれた小説であり、晩年をホームレスとして上野公園で過ごす福島県浜通り出身の出稼ぎ労働者を主人公に、復興の在り方や東北地方が搾取されてきた歴史を強く意識させる小説である。

近代以降の東北は食料のみならず、安価な労働力、そして電力の供給地としての役割を果たしてきた。そうした位置づけがアカデミックな世界を超えて問題視されるきっかけとなったのが3・11であった。すなわち、一九三〇年代以降福島が「エネルギー植民地」(本田 二〇一六)として搾取され、東北全体が「犠牲のシステム」(高橋 二〇一二)を強いられたというナラティブの浮上である。高橋哲哉によれば「戦後日本の高度経済成長に伴い、またそれを支えるために、福島のみならず全国の地方から、多数の若者をはじめとする人々が労働力として人口移動した。これは大きくいえば、近代化の運動そのものの一部であって、その人口移動によって過疎化し、発展から取り残される焦りを抱いた地方が、たとえば福島が、原発の誘致に頼ったのが今回の事故の遠因だったとも考えられる」(高橋 二〇一二:二〇―二一)。高橋のいう「犠牲のシステム」では「犠牲にする者の利益は犠牲にされるものの犠牲なしには生み出されないし、維持されない。この犠牲は、通常、隠されているか、共同体……にとっての〝尊い犠牲〟として美化され、正当化されている」という(高橋 二〇一二:二七)。高橋の議論は、復興が3・11以前の状態を復旧させるということにすぎないのであれば、それは震災以前の不平等な関係が更新されることにほかならないわけで、震災を機に国内の地域格差の裏にある構想・構造の見直しを求めるディスクールの代表的なものと言える(2)。

本章では、こうした社会的コンテキストの中で執筆され出版された『JR上野駅公園口』をホームレス、そして東北という二重の意味で周辺化されたものに焦点を当てるカウンター・ヒストリーとして読みたい。言い換えれば、柳の小説を中央の視点から語られる公の歴史の「上書き」、つまりパランプセストとして分析する。パランプセストとは、紙が普及する前の古代ヨーロッパで一般的だった「パリンプセスト」という羊皮紙のリサイクル法に由来する分析概念である。「パリンプセスト」では羊皮紙に書かれた文章を削り、その上に新しく上書きしていくが、元の文章が完全に消えないで透けて見えることが多い。そのことから生まれる複数のテクストの同時性にフランスの文学研究者・ジェラール・ジュネットが着目し、間テクスト的ないし超テクスト的関係を表す比喩として文学研究に適用したのがパランプセストである（ジュネット 一九九五）。

『JR上野駅公園口』をパランプセストという切り口から読む場合、柳の小説は既存の先行テクスト（hypotext）を批判的に重ね書きする後続テクスト（hypertext）として位置付けることができる。ジュネットのハイポテクストは文学作品に限定されているが、本論文では文学を超えて歴史へ拡がるディスクールとして利用したい。具体的には、日本の戦後史、特に高度経済成長期に国民が豊かになった「奇跡」を巡る言説を先行テクストとし、『JR上野駅公園口』をマージナルな立場に置かれ歴史的記憶からも消された者の視点から重ね書きされたナラティブとして読む。そこで、主人公が物語の開始の時点ですでに死んでいると言う設定はきわめて重要な意味を持つ。小説の語り手が死者であるということは、その「声」が、消されつつあるサバルタン（従属的社会集団）の当事者の「声」として解釈できるからである。

2　脱個性・典型化する（される）マージンを書く

上述のように、『JR上野駅公園口』は主人公の生涯をすでに死んでしまっている当の本人の視点から描いた小説である。主人公は平成天皇と同じ一九三三年生まれ、二〇〇六年に上野駅で飛び込み自殺した福島県浜通り出身の男という設定である。焼け跡世代は戦後復興の担い手として高度な経済成長を支えたのであるが、とくに東北地方には働き口がなく、多くの人が家族を残し都市部に出稼ぎに出た。主人公の男も同様で、家が貧乏だったために一二歳で学校を辞めて季節労働をするようになり、一九六三年にはオリンピック施設の建設現場で働くために単身で東京に出ている。ほとんど休まずに働いたおかげで家族に仕送りはできたものの、年に盆暮れの二回しか故郷に帰ることができず、六〇歳で出稼ぎから帰って来るまで妻と一つの屋根の下で暮らしたのは合計しても一年間にも満たない。仕事を辞めて七年目に妻に先立たれ、若い孫娘に世話をしてもらうことになるが、彼女を家に縛り付けている自分が耐えられなくなる。やがて家出をし、再び東京に流れ着き、上野公園で数年間ホームレスとして過ごす。

「自分」の視点から語られるこの小説は、一見、個人のライフストーリーをテーマにしているように見えるが、実は異なる解釈ができる。知識も教養もない語り手は「自分は運が悪かった」と何度も繰り返すが、うまく行かなかったことを決して誰かのせいにもしようとしない。つまり、不運の裏に不平等な社会的・政治的構造が潜んでいる可能性に気づいていない。しかし読者から見れば、彼が出稼ぎ先で知り合った男たちのみならず数年後ホームレスとなった時の仲間もほとんど東北出身者だったことなどから、男の「不運」が単なる偶然から生まれたのではないことは明白である。石井正人が言うように、「〝カズさん〟と呼ばれる場面が三回ある切りで……ついに自分からはっきり名乗ることさえなかった個性の薄いこの主人公は、善良で勤勉なままに踏みにじられなぎ倒され、自分の不幸と苦労の原因さえ分からぬままに仆れていった多くの福島の男たちの集合体、平均値、一つの〝典型〟なのだ」（石井 二〇一四：一一五）(3)。

主人公のライフストーリーは、明治以降の近代史の様々な出来事を背景に語られる。会津藩が降伏した戊辰戦争。現在の南相馬市にあった原町無線塔から世界に打電された関東大震災。東京大空襲と男が公園暮らしをした時に建立された記念碑。敗戦後の急速な復活の象徴として語られる一九六四年の東京オリンピック。要するに『JR上野駅公園口』は日本近代史を強く意識した（意識させる）小説であると言える。けれども、それ以上に次のようにも問わなければならない。この作品を〝震災後文学〟として読む場合、ヘゲモニックな歴史的記憶と周辺化された主人公個人の回想を照らし合わせることの意味は何か。言いかえれば、この作品による公私の境界を越えた、近代史のパランプセスト的重ね書きはどのような意味を持っているのであろうか。

国家史のターニングポイントとして語られる出来事を、マージナライズされた者の視点から語り直すことによって、「個性の薄い」主人公の文字通り没個性的な人生が持つ社会的、政治的、経済的な意味合いが可視化されていく。けれどもこの小説は、それを喚起するのみならず、3・11がどのように記憶され、誰によってどのように歴史化されるのか、そして復興がどのようにオーガナイズされ、誰の役に立つのかを考えさせる小説でもある。使い捨てにされ忘れられる者たちに焦点を当てることで、在日韓国人としてディアスポラ状態にある作者柳美里は、歴史とアイデンティティに根ざした場所と非場所、可視と不可視、権力と無力という災後日本が避けて通ることができない問題を取り上げている。

この読みを裏付けるために、一九六四年の東京オリンピックの描かれ方と皇室が小説の中で持つ意味合いに焦点を当てて分析してみよう。アジア初のオリンピックの狙いの一つは、第二次世界大戦に参戦した日本を国際社会に復帰させるところにあった。それは政治的なイメージチェンジの他に、敗戦後に遂げた急速な復活と高い技術水準を世界に披露する機会でもあった。二〇二〇年の東京オリンピックにも、ポスト・フクシマの日本が技術先進国として国際社会に復活する期待あるいは希望や、オリンピックによって原発災害を矮小化しようとする政治的意図を読み取ることは十分に可能である。言うまでもないが、問題は危機に晒されている「日本」というブランド名を取り戻すことだけではない。二〇二〇年の東京オリンピックによって被災地の復旧・復興の遅れがさらに深刻化し、それによって東北沿岸部の人々がさらなる被害を受けるのではないかという懸念を述べる者は少なくない。柳美里もその一人である。

また、『JR上野駅公園口』における主人公の男と天皇家の対照的な位置づけにも注目したい。上述のように、男は出稼ぎやホームレスなどの〝周辺にいる者〟の諸類型を一人で体現している。興味深いことに、天皇もまた「日本国の象徴であり日本国民統合の象徴」である（電子政府の総合窓口）。言い換えれば、主人公の男も天皇も一個人として見られることはなく、シンボル的な存在として認識される。戦前なら不敬罪とみなされたかもしれないこの対比によって、柳は表象（歴史的記憶）と非表象（忘却）という、ポスト3・11の日本社会においても重要な問題を取り上げているといえる。

3　オリンピックの舞台裏

東京都と近代オリンピックの関わりは、日本代表が国際オリンピック委員会（IOC）に正式な招待状を提出した一九三二年に始まる。一九三六年に東京での開催は決定したものの、戦争により一九四〇年の五輪は中止となり、以降〝幻のオリンピック〟として知られるようになった。第一回の五輪招致の背景には、一九三〇年代に満州国が承認されなかったなどの理由で国際連盟から脱退した日本が国際的地位を取り戻したいという思惑が存在したと言われているが、その一方で戦後に開催された一九六四年のオリンピックには、日本を平和国として再定義しようとする狙いがあった。すなわち東京オリンピックは、「古くからのナショナルな象徴、とくに天皇、日の丸、軍隊……を戦時中のイメージから切り離し、平和のシンボルとして再定義しようとした試みであった。それは、これらのシンボルを五輪のナラティブの中に埋め込み、かつ新幹線などの新しいシンボルを導入することによって達成された復権だったと言える」（Tagsold 2009: 2）。

一九六四年の東京オリンピックはアジア初の五輪だが、世界初の技術を数多くそなえた国家プロジェクトでもあった。各競技は世界に先駆けて衛星中継され、部分的ではあるがカラーで録画された。また、太平洋横断電話ケーブルの運用開始も世界初であった。交通面では、オリンピックに合わせて東海道新幹線の運行が始まったほか、地下鉄や首都高速、さらに羽田空港がそれぞれ整備拡張されたというように、東京のインフラは全面的にオーバホールされた。

このように一九六四年の東京オリンピックは二つの出来事として記憶されている。一方でそれは〝平和を愛する民主国家〟として日本が国際社会の仲間入りを果たした国際的祭典であるが、それと同時に、敗戦後短期間で技術大国にまで成長したことを示し、今日なお通用する〝世界に冠たる技術先進国〟というイメージを創り出した一大イベントでもあった。そしてこうした二つの出来事としての記憶は、その後日本の近代化ナラティブの不可欠な部分を構成することになる。

それから半世紀を経て日本国政府は再びこの成功体験を再現しようと試みているようだ。長期にわたる停滞不況の中で狙った二〇一六年の失敗につづいて、二〇二〇年の東京オリンピックは勝ち取ることができた。そこでは、経済再生そして技術（再）立国が大きなテーマになっている。二〇一三年秋のＩＯＣ総会で安倍晋三首相が発した〝安全宣言〟、すなわち「フクシマについて、お案じの向きには、私から保証をいたします。状況は、統御されています。東京には、いかなる悪影響にしろ、これまで及ぼしたことはなく、今後とも、及ぼすことはありません」（首相官邸 二〇一三）という発言には、二〇二〇年の東京オリンピックと福島第一原発事故がいかに不可分に結び付いているかが明確に示されている一方で、その技術的な「統御」を断言することによって技術大国日本というイメージを強化したい政治的意志を読み取ることができる。

柳の小説が刊行されたのはこのＩＯＣ総会から半年経った時点であり、まだ安倍首相の発言とそれへの批判がメディアを賑わせていたころであった。柳は小説のあとがきに次のようにコメントしている。

昨年、二〇二〇年の東京オリンピック・パラリンピック開催が決定しました。先日、東京五輪の経済効果が二十兆円、五二十万人の雇用を生むと発表されました。宿泊・体育施設の建設や、道路などの基礎整備の前倒しが挙げられ、ハイビジョンテレビなどの高性能電気機器の購入や、スポーツ用品の購入などで国民の貯金が消費に回され景気が上向きになるとも予想されています。一方で、五輪特需が首都圏に集中し、資材高騰や人手不足で東北沿岸部の復旧・復興の遅れが深刻化するのではないかという懸念も報じられています。オリンピック関連の土木工事には、震災と原発事故で家や職を失った一家の父親や息子たちも従事するのではないかと思います。多くの人々が、希望のレンズを通して六年後の東京オリンピックを見ているからこそ、わたしはそのレンズではピントが合わないものを見てしまいます。「感動」や「熱狂」の後先を――(柳 二〇一四:一八二―一八三)

このあとがきからは、『JR上野駅公園口』が(過去と未来の)東京オリンピックの舞台裏のようなものとして位置付けられていることがわかる。たしかに、プロットやページ数の面で東京オリンピックが大きな割合を占めているわけではない。「幻のオリンピック」への言及もなければ、一九六四年に日本を熱狂させたスポーツ競技も登場しない。二〇一六年の東京都による招致活動に関する記述は存在するものの、以下詳しく述べるように、むしろ重点的に描かれるのはホームレスが公園から追い出されるなどの負の面ばかりである。

つまり、たとえ五輪への言及が分量の面で短く、まとまっていないとしても、五輪は『JR上野駅公園口』をカウンター・ヒストリーとして読むうえで鍵となる出来事になっている。なぜなら、主人公のライフヒストリーに焦点を当て、彼の生涯を〝出稼ぎ〟という地域格差や貧困から生まれた国内人口移動の文脈に据えることによって、柳の小説は東京オリンピックそのものというよりも、より大きな戦後日本の成功譚の舞台裏を探ることになるからである。

一九六四年の東京オリンピックは、実際の日本社会の集団的記憶の中で特別な位置を占めているのと同じように、主人公の個人史においても重要な転換点となっている。けれども、東京オリンピックが達成感や誇りをもたらす華やかな祝典として語られるのとは対照的に、主人公の男にとってこのイベントは妻と幼い子供二人をふるさとに残して上京するきっかけであったのに過ぎない。貧乏を逃れるためにオリンピック前年のある朝、常磐線に乗るが、東北への玄関口である上野駅に着く頃に彼の顔は煤で真っ黒になっている。東北太平洋岸を伸びる常磐線は、東海道新幹線という世界一早い鉄道が開通する数か月前の時点でも電気化が進んでおらず、乗客の顔を覆った黒い煤は「お上りさん」というアイデンティティの象徴であった。[4]

> 仕事の内容は、東京オリンピックで使う陸上競技場や野球場やテニスコートやバレーコートなどの体育施設の土木工事。土木といっても、ブルドーザーやショベルカーなどの重機なんというものは見たこともなかったし、出稼ぎ労働者には操縦できなかったから、ツルハシやスコップで土を掘って、リヤカーで土を運んで、全て人力。東北の農家出身が多かった。みんな〝土方仕事は畑さ耕すのとおんなじだべ〟と笑っていた。（柳 二〇一四：二七）

仕事の状況が細かく描写されるわけではないが、国内外に宣伝された技術大国日本というイメージからは程遠い状況である。五輪とそれを契機に実行されたインフラのリニューアルによって東京は国際都市へ飛躍できたのであるが、底辺でそれを支えていたのはそういった華やかさとは無縁の、文字通り周辺化された弱者の群れであった。主人公は決して豊かになっていくわけではなく、オリンピックが終わっても出稼ぎ生活は数十年にわたり続き、主人公は底辺から逃れることができない。ここでも高橋哲哉の言う「犠牲のシステム」が存在していたと言える。

一九六〇年代日本政府はオリンピックの魅力を利用してスポーツの普及による健康増進を図っており、また高度経済成長期の開発の波が東北にも押し寄せた結果、多くの自治体が体育施設を作った。運動を楽しむ身分ではなかった身体労働者の主人公も、オリンピック後は東北や北海道の体育施設の土木工事に従事した。そんななか建設現場で働いているとき訃報を受ける。二一歳になったばかりの一人息子が、桜が咲き始める少し前の三月のある日に原因不明の死を遂げる。突然何の説明もなく亡くなることや悔やみ、悼みは3・11を思い出させる展開であるが、ここで重視したいのは主人公が訃報を受けた時にテニスコートの建設現場で働いていたという設定である。息子は皇太子徳仁親王（御称号・浩宮）と同じ日に生まれたために浩一と名付けられた。そして、テニスもまた皇太子の〝テニスコートの恋〟を連想させる洒落た余暇活動である。スポーツと階級／格差の関連性は浩一の死をめぐる設定にも表れている。

この例が示すように、『JR上野駅公園口』ではオリンピックを含むスポーツへの言及は、多くの場合何らかの意味で皇室と関連したものとなっている。最後の場面では、上野公園に住むホームレスは行幸啓（ぎょうこうけい）（天皇・皇后がご一緒に外出されること）の際に実施される〝山狩り〟なる特別清掃によってコヤを畳むことを余儀なくされる。しかし、特別清掃の対象エリアは皇室の車が通るルートから見えないところにまで及び、行幸啓が終るたびにコヤを建てることができる場所は限定され、狭まっていく。そのことからホームレスたちは、オリンピック招致を目指す東京都は行幸啓を言い訳にホームレスたちを公園全体から追い出そうとしていると考えている（柳 二〇一四：一五二）。実際に社会学の研究でも、社会の一番の弱者であるホームレスが大規模なスポーツイベントなどでは社会的に不利になりやすいという事実が指摘される。

> オリンピックのようなスポーツのメガイベントは、都市再開発計画から生じる強制立ち退きをとおして、貧困層の大規模移住を生み出してきた。……しばしばホームレスは犯罪者扱いされ、外国人観光客の目に止まらないよう、公共の場から立ち退きされることになる。（Suzuki et al. 2018: 1）

二〇二〇年の東京オリンピックの準備段階でもすでに、明治公園近辺に住むホームレスたちはスタジアム拡張工事のために公園から退去させられている。また近くの都営住宅が取り壊されたため、高齢の住民も住み慣れた環境から離れることを余儀なくされた（Suzuki et al. 2018: 1）。『JR上野駅公園口』のあとがきで柳は二〇二〇年の東京オリンピックの余波は3・11の被災地まで響くと指摘している。たとえば先に引用した、「五輪特需が首都圏に集中し、資材高騰や人手不足で東北沿岸部の復旧・復興の遅れが深刻化するのではないかという懸念」である（柳 二〇一四：二八二）。

ノンフィクション作家・堀江邦夫が『原発ジプシー』で解明しているように、原発労働者は昔から社会の最下層からリクルートされるし、組織犯罪とのつながりをテーマにした鈴木智彦の『ヤクザと原発』もある。福島第一原発の周りの汚染された広大な土地についていえば、政府は3・11以降長期的（半永久的に）に立ち入り禁止にするのではなく、将来的な帰還に向けた除染作業を早い段階から開始したため、かえって問題が深刻化したという。二〇一六年九月に筆者が柳美里にインタビューした時、柳は、質の高い労働者はオリンピック前で建設ラッシュの首都圏に集まるため、福島県内では人手不足が深刻になっていると語っていた。

こうした原発労働の問題は、特別なスキルが必要とされない除染のような労働において顕著に現れる。例えば大阪の西成区などのような、日雇い労働者が集まる地区から「ホームレス同然の人」たちがリクルートされている。仕事中に死亡した出稼ぎ作業員も複数いるが、身元不明で遺骨の引き取り手がいない場合さえあるという。身分証明証を持っていないか緊急連絡先を登録していないため、氏名を確認するのも、遺族に連絡するのも不可能であった。そのため、遺骨は〝除染作業員〟とラベルが貼られ、お寺で保管されているという。除染作業員は二万六〇〇〇人もいるが、その多くは特別なスキルを持ち合わせておらず、家族もいない五〇代、六〇代の男である。汚くて危険でキツイ仕事をするために全国から集まる男たちは、以前から法律違反が目立つ、カーストのような下請制度のもとで働く。作業員たちは搾取されやすい立場にあると同時に地域住民からの冷たい視線を浴びながら、仮設の寮に住み、三～六カ月間の契約で何の社会保障もなく働く。それに加えて、国の被ばく線量の管理はずさんとしか言いようがない。(Yamaguchi 2016)

二度目のオリンピックを開催することによって、東京はロンドン、パリ、アテネと並んで近代オリンピック史、つまり〝公認の歴史〟の中で特別な位置を獲得することになるであろう。『JR上野駅公園口』は、こうした歴史の代償を払うのが社会的弱者であり、二〇二〇年の五輪の場合はそこに東北の被災地の住民や命がけで原発事故の後始末に当たる人々が含まれることを示している。

4　対抗的な歴史的表象・記憶

『JR上野駅公園口』には皇室への言及が少なくない。例えば大正天皇については、息子裕仁の結婚を機に公園を東京市に下賜されたため「上野恩賜公園」という名称になったとある。昭和天皇への言及は人間宣言や戦争責任などのデリケートな問題ではなく、一九四七年八月の福島県原ノ町駅巡幸に関する主人公の個人的な記憶である。さらに主人公は、自分が建設に加わったオリンピックスタジアムにおける競技は何一つ見ることができなかったものの、昭和天皇開会宣言をラジオで聞いたことは記憶しているという箇所もある。

しかしながら最も注目すべきは、主人公と今上天皇(平成天皇)が同い年だという設定である。どちらの長男も同じ誕生日だが、浩宮は皇居内の病院での安産によって出生したのに対し、浩一は難産で赤札だらけの仏間で生まれる。皇太子として子供時代を送った浩宮だが、浩一は事実上シングルマザーに育てられ、父親とは盆暮れしか会うことはなかった。主人公は死んでもなお、たまに帰ったときでさえ息子を甘やかすことができなかったことを後悔している。今上天皇と新天皇は顔がそっくりだが、主人公は浩一が死ぬまで、自分に似ていることに気づいたことはない。

このように、主人公と今上天皇が常に比較対照される関係に置かれることによって、社会の階層的なギャップが明瞭になる。しかし、そこには格差以上のものを読みとることが可能だ。日本の天皇制は実証的な歴史を超えて神話的な過去にルーツを持ち、天皇は一個人としてではなく、〝日本国の象徴〟として認識される。同様に、ホームレスもまた底辺とはいえ社会に生きる一人一人の人間としてではなく、望ましからざるアウトカーストの一群としてみなされがちである。したがって厳密に言えば、『JR上野駅公園口』における主人公と今上天皇の対比は、〝森カズ〟と〝明仁〟という単なる二人の人間というより、正反対のシンボルを並置した関係と見るべきである。

こうした対照的な象徴を用いることで、柳は歴史的表象と非表象、可視と不可視、声と沈黙という、震災後の日本においても依然重要であり続けている問題を暗示しているようだ。天皇が日本の公式なシンボルであることを考えると、ホームレスと対置しつつ、天皇ではなく無名の集団に属するホームレスの生涯にフォーカスを当てて〝記録〟することは、歴史的記憶と忘却の公的メカニズムに異議を唱え、公的な歴史に挑むラディカルな試みだと言える。

すでに述べたように、小説の最後で、行幸啓をきっかけに上野公園の特別清掃が実施されることにより、雨降りの寒い日にホームレスたちは段ボール箱などで作ったコヤを畳まなければならなくなる。「ブルーシートを取り払い、屋根や壁にしている段ボールやベニヤをはずすと、一瞬にして家財道具が粗大ごみの山にしか見えないのが、辛かった」（柳 二〇一四：一五三）という主人公のつぶやきから、3・11の津波が家々を瓦礫に一変した風景を連想しても、それはけっして行き過ぎではあるまい。公園に戻ってはいけない時間をどう過ごすべきか迷っている主人公は、パンダ橋の上から公園の方を眺めながらある意味異常なことに気づく。

公園の中にはいつもと同じ日常が流れていた。通学や通勤で毎日決まった時間にこの公園を通り抜けていく人々も、ベンチにホームレスが座っていないこと、ブルーシートや段ボールなどが撤去されていることにはおそらく気づかないだろう。「特別清掃」で清掃されるのは彼らの家ではないし、「山狩り」で狩られるのは彼らではないからだ。彼らは気づいていないだろう――（柳 二〇一四：一六三）

行幸啓は、道路の通行止め、低空飛行で旋回するヘリコプター、大勢の警察官と爆発物探知犬の派遣、爆発物処理用具運搬車、爆発処理筒車、採証車などの機動隊車両一〇台というように、大がかりなセキュリティーを伴う。それは、極めて視覚的なやり方で日常を非日常に変えるイベントであるといってよい。

一方、ホームレスたちは保護されるどころか、生活の場である公園から追い出され、行幸啓が終わってからも数時間は公園の外で過ごさなければならない。天皇皇后両陛下は、通行人が興奮して「写メ」することが示すように、フェティッシュな被写体として大衆のまなざしにさらされている。それに対して、ホームレスたちは不可視である。上記の引用からわかるとおり、ホームレスたちは突然消えていなくなっても、誰も気づかないほど「透明な」存在なのである。

御料車が現れるクライマックスでは、主人公の透明性に沈黙が加わる。主人公があてもなく公園の周りをうろうろしているとき、偶然御料車が通るところを目撃する。後部席の窓が開き、天皇陛下が道端で立っている人々に向けて手を振り、会釈をする。

後部座席の窓が開いた……目と鼻の先に天皇皇后両陛下がいらっしゃる。お二人は柔和としか言いようのない眼差しをこちらに向け、罪にも恥にも無縁な唇で微笑まれている。微笑みからお二人の心は透けては見えない。けれども、政治家や芸能人のように心を隠すような微笑みではなかった。挑んだり、貪ったり、彷徨ったりすることを一度も経験したことのない人生――、自分が生きた歳月と同じ七十三年間――、同じ昭和八年生まれだから間違いようがない、天皇陛下はもうすぐ七十三歳になられる。昭和三十五年二月二十三日にお生れになった皇太子殿下は四十六歳――、浩一も生きていれば四十六歳になる。浩宮徳仁親王と同じ日に生まれ、浩の一字をいただき、浩一と名付けた長男――。

自分と天皇皇后両陛下の間を隔てるものは一本のロープしかない。飛び出して走り寄れば大勢の警察官たちに取り押さえられるだろうが、それでも、この姿を見てもらえるし、何か言えば聞いてもらえる。

なにか――。

なにを――。

声は、空っぽだった。（柳 二〇一四：一六六―一六七）

主人公は、天皇が自分と同じ一九三三年生まれであることや長男の浩一が浩宮と同じ誕生日であることから、天皇に対して親近感を持ち続けてきた。しかし、物理的な距離が数メートルに縮むと、逆に主人公は彼と国の公的な象徴である天皇の隔たりがいかに大きいかに初めて気づく。二人の間の溝は、東北出身のホームレスとして周辺に置かれている主人公と「日本」という想像共同体の間に広がる溝と重なり、主人公がそれを超えられる言葉を自分が持ち合わせていないことに衝撃を受ける。天皇の眼差しに触れられ、サバルタンの立場にある男は声を失う。自己表現ができなくなった――もしくは表現できる自己を失った――主人公は、もはや単に天皇の声が反響する器に過ぎない。昭和二二年に昭和天皇が原ノ町駅を訪問した際に上がった大衆の歓声や、ラジオで聞いたオリンピック開会宣言の昭和天皇の声、浩宮の誕生を知らせるラジオの声。自分の声は枯れて〝帝国の声〟に取って代わられ、個人の記憶が消され公的な歴史に上書きされる瞬間、主人公は出口が一つしかないことに気づく。すなわちそれは、上野駅内、山手線のプラットホームから飛び降り自殺するという出口である。ずたずたに引き裂かれて死んだ時、魂は解放されて、上空からふるさととの緑豊かな景色を眺める視点に変わる。

5　死者は語ることはできるか

死による解放は長く続かない。成仏できない主人公の魂は上野公園に戻り、小説のほとんどの間不幸であった人生を振り返りながら公園内を彷徨う。時空の縛りを無くした主人公は、同時に様々な時間や場所に〝存在する〟ことができるため、自分の死後に起きた3・11の津波に孫娘が流されて死ぬことを海底から〝目撃〟し、福島原発のメルトダウンをめぐるラジオ放送を〝聞く〟。

総合的に考えれば、『JR上野駅公園口』は死んだ主人公の断片的な記憶や死後の〝経験〟を〝記録〟するものとして読むことができる。『JR上野駅公園口』は周辺化されたサバルタンを主人公にすることで、不可視化され続けた主体をドミナントな言説――戦後の高度経済成長で豊かになったという言説であれ、3・11後に被災地と非被災地は強い絆で結ばれて復興に取り組んだという言説であれ――に刻み込もうとしていると解釈できる。言い換えれば、柳のこの小説に見られる〝歴史〟、〝記憶〟、〝トラウマ〟の理解・解釈・あり方は、ポストコロニアル文学のそれとよく似ている。けれども、『JR上野駅公園口』の主人公は、死ぬことで〝声〟を取り戻し〝語る〟ことができるようになったと柳は暗示しているのだろうか？

『JR上野駅公園口』より一〇年前に柳美里が発表した長編小説『8月の果て』と比較してみよう。主な舞台を植民地朝鮮と戦後日本に置いたこの小説は、韓国の巫祭の構造を真似ており、呼び寄せ・憑霊・鎮魂という三つの相に相当する部分から構成されていると解釈できる。(5) 死者を相手とする巫祭の主な目的は、「巫堂（ムーダン）の口を通じて霊にあらゆる自分の恨（ハン）（満たされなかった願望や未解決の悔やみや恨み）を吐き出させる機会を与え、それによってカタルシスを経験させて、この世との縁を切らせること、そして、死者を無事にあの世に送り出し、祖先の一員にさせること」（Kim Hogarth 1999: 179）にある。『8月の果て』は、大部分を憑霊のフェーズが占めていることから、抑圧・搾取され不可視化された主体を刻み込もうとするポストコロニアル文学として読むことができるが、ここで重要な点は、小説の最後で死者たちが実際にカタルシスを迎えるところにある。

それに対して『JR上野駅公園口』には、シャーマンも巫祭も鎮魂も現れない。福島で亡くなった多くの除染作業員のケースと同様に、死者である主人公の遺骨を受け取り、彼のために葬儀や法事などを行う遺族さえいない。そのためか、主人公の魂はこの世とあの世の間を彷徨っているようである。

> 残る――。
> 朽ちた家を取り壊した空き地に残った庭木のように……
> 萎れた花を抜き取った花瓶に残った水のように……
> 残った。（柳 二〇一四：四）

読者である私たちは、主人公の不幸な生涯について断片的な記憶を通じて知らされる。死者である語り手の耳には、生者の世界から様々な音が一方通行で届くが、コミュニケーションが取れるわけではない。そのため、主人公の語りは聞き手を意識した語りなのか、あるいはモノローグ的な語りなのかははっきりと区別することができない間接的な語りだと言える。

小説のあとがきで、柳が取材をしたというあるホームレス男性が自分との間の空間に両手で家を描いて見せて、「あんたには在る。おれたちには無い。在るひとに、無いひとの気持ちは解らないよ」（柳 二〇一四：一八〇）と発言したことが綴られている。3・11後にも浮上した〝当時者〟と〝非当事者〟の溝を、柳は小説の語り口を間接的なものにすることで埋めようとしたように見える。東日本大震災の場合は、津波と原発災害による被災の状況に国や東電からの賠償金にもばらつきがあった。そのような状況では、被害のヒエラルキーが作り上げられ、オーセンティシティや正当性というニュアンスを色濃く持つ〝当事者〟をめぐる議論が起きやすい。そうなると、3・11について〝当事者〟として語るのは容易ではなくなるし、非当事者という立場から発言する意味も疑問視されやすくなってしまう。

導入部分で述べたように、柳美里は、二〇一二年から二〇一八年という六年間に『柳美里のふたりとひとり』というラジオ番組で3・11の経験について話す「場」を設け、数百人と対話した。その経験について「他人の痛みを共有できないことを痛むしかできない」と話す柳は、『JR上野駅公園口』を読者がたまたま聞いてしまっている内なるモノローグとしての読みを可能にすることで、当事者と非当事者の間の溝を完全に埋めることができないという、六年間の間に痛感した認識を表しているのではないだろうか。しかし同時に「聴く」ことを、「耳を傾ける」というアクティブなものとして捉えることで、〝非当事者〟が〝当事者〟の声に歩み寄るかもしれないという可能性も残している。

『8月の果て』では死者たちはシャーマンの口を借りて恨を吐き出し、生者がそれに耳を向け、受け止めた。それに対して『JR上野駅公園口』では、語りを自分以外の誰にも向けないモノローグとして読む可能性を残すことによって、柳は主人公——そして、3・11の〝当事者〟——が可視性と声を奪われ、他者化され続けて来たプロセスを表現しているように見える。柳の物語は、日本近代史、特に戦後史を社会の周辺から——もしくは、成仏できない魂の視点から——批判的に上書きすることによって、中央と周辺という関係性が歴史的に作り上げられていまも存続する暴力的在り様を暴いている。『JR上野駅公園口』というパランプセストは読者に対して、ポスト3・11日本の舞台裏に覗き込み、周辺化された者の声に耳を傾けるよう訴えている。

註

（1）柳の南相馬への移住はマスコミによく取り上げられ、地域住民からも好意的に受け入れられている。しかし一方で、原発反対派の側からの批判も絶えない。低線量被曝の危険性を軽視して安全デマに洗脳されている、原子力に反対の立場をとっていても旧警戒区域に書店を開くことは帰還政策を進めている政府にとって都合のいい立場であるなどの批判である。例えば魑魅魍魎男（二〇一八）を参照。

（2）例えば小熊（二〇一一）も参照。

（3）たしかに主人公が「森さん」と彼の苗字で呼びかけられる場面もいくつか存在する。けれども、「森」はごくありふれた名前であると同時に、自然に近い東北、いいかえれば近代化の遅れた未開の東北という典型的な東北イメージと結びつく字でもある。このように主人公の個人名にも、石井が言う「一つの典型」という解釈を当てはめることができよう。

（4）原発事故で南北に分断され不通となったＪＲ常磐線は、オリンピックが開催される二〇二〇年、しかも震災のあった三月に全線運行を再開する予定である。一九六四年の東京オリンピックの際に東海道新幹線が開通した過去を想起すれば、それが単なる鉄道の復旧以上に東北あるいは国家の〝復興〟という意味さえ担いうることが理解できよう。

（5）詳しくは岩田＝ワイケナント・クリスティーナ（二〇〇七）、Iwata-Weickgenannt (2008) を参照。

引用文献

石井正人（二〇一四）「死者の幻影――柳美里『ＪＲ上野駅公園口』」『民主文学』第五八九号

岩田＝ワイケナント・クリスティーナ（二〇〇七）「アイデンティティの脱構築としての〝自分探し〟」『社会文学　特集「在日」文学――過去、現在、未来』第二六号

小熊英二（二〇一一）「東北と戦後日本――近代日本を超える構想力の必要性」*The Asia-Pacific Journal*, Vol 9, Issue 31, No 6

首相官邸（二〇一三）「ＩＯＣ総会における安倍総理プレゼンテーション」https://www.kantei.go.jp/jp/96_abe/statement/2013/0907ioc_presentation.html（二〇一八年一月一八日アクセス）

ジェラール・ジュネット著、和泉涼一訳（一九九五）『パランプセスト――第二次の文学』水声社（原著は一九八二年）

鈴木智彦（二〇一一）『ヤクザと原発』文藝春秋社

高橋哲哉（二〇一二）『犠牲のシステム　福島・沖縄』集英社新書

魑魅魍魎男（二〇一八）「南相馬市小高に書店を開店する作家・柳美里さんを賞賛するマスコミの非常識」二〇一八年三月二七日投稿、http://www.asyura2.com/17/genpatu49/msg/561.html（二〇一八年四月四日アクセス）
電子政府の総合窓口　日本国憲法 http://elaws.e-gov.go.jp/search/elawsSearch/elaws_search/lsg0500/detail?lawId=321CONSTITUTION&openerCode=1（二〇一八年二月二三日アクセス）
堀江邦夫（一九七九）『原発ジプシー』現代書館
本田雅和（二〇一六）「エネルギー植民地としての福島（フォーラム 内なる植民地 再び）」『植民地文化研究：資料と分析』第一五号
南相馬ひばりFM 87.0 MHz（二〇一八）『柳美里のふたりとひとり』http://hibarifm.wixsite.com/870mhz/yuumiri（二〇一八年一月一八日アクセス）
柳美里（二〇〇四）『8月の果て』新潮社
柳美里（二〇一二）『沈黙より軽い言葉を発するなかれ』創出版
柳美里（二〇一四）『JR上野駅公園口』河出書房新社

Iwata-Weickgenannt, Kristina（2008）*Alles Nur Theater? Gender und Ethnizität bei der japankoreanischen Autorin Yū Miri*, Munich: Iudicium Verlag
Kim Hogarth, Hyun-key（1999）*Korean shamanism and cultural nationalism*, Seoul: Jimoondang
Suzuki, Naofumi, et al.（2018）"The Right to Adequate Housing: Evictions of the Homeless and the Elderly Caused by the 2020 Summer Olympics in Tokyo," *Leisure Studies*, vol. 37, no. 1, Routledge, 2018, pp. 89–96, doi:10.1080/02614367.2017.1355408
Tagsold, Christian（2009）"The 1964 TokyoOlympics as Political Games." *Asia-Pacific Journal: Japan Focus*, vol. 7, no. 23, http://search.ebscohost.com/login.aspx?direct=true&AuthType=ip,shib&db=edo&AN=43182133&site=eds-live
Yamaguchi, Mari（2016）"Fukushima's decontamination workers from the margins of society are being 'exploited'," *Japan Times*, 16 March. Available at: https://www.japantimes.co.jp/news/2016/03/12/national/social-issues/fukushimas-decontamination-workers-from-the-margins-of-society-are-being-exploited/#.WyPJyS35zNY
Works & Conversations（2014）"Interview with Ruth Ozeki: We Are All Time-Beings," in http://www.conversations.org/story.php?sid=403（二〇一八年一月一五日アクセス）

第IV部

映画，20世紀メディアの王道

第9章　『シン・ゴジラ』と『絆　再びの空へ』
――二人のゴジラ監督は津波と原発事故をどう「記憶／忘却」したか[1]

須藤遙子(のりこ)

1　「ポスト3・11映画」の問題性

二〇一六年には、二〇一一年三月一一日に起きた東日本大震災による津波と原発事故を意識した、いわゆる「ポスト3・11映画」と称される二本の映画が話題となった。七月二九日に公開された庵野秀明監督による『シン・ゴジラ』と八月二六日公開の新海誠監督による長編アニメーション映画『君の名は。』である。『シン・ゴジラ』の興行収入は、二〇一六年映画興収ランキング三位の八二・五億円、二位を大きく引き離しての一位となった『君の名は。』に至っては、日本の歴代興収四位となる二五〇・三億円にも達した[2]。

これら二本の作品と東日本大震災との関係については、研究者・評論家から一般の観客まで多くの言説がマスコミやネット上に溢れかえった。『シン・ゴジラ』では、ゴジラが東京湾から川を遡上するときの様子が津波を想起させ、放射能に汚染された東京の状況やゴジラへの政府の対応などが福島第一原発事故を連想させた。評論では「このゴジラの出現自体が、地震と原発事故の発生であり、ゴジラはその「換喩」なのである」(加藤 二〇一六：一六五)、「東日本大震災後の「災後日本」のあの状況の記憶も、きわめて直截に反映している」(伊藤 二〇一六：二八四）というように論じられた。『君の名は。』では、彗星の落下による町の消滅が、震災や原発事故によって廃墟となった東北の状況と重なり、「町ごと無人の廃墟と化してしまう情景は、二〇一一年三月の福島第一原子力発電所のメルトダウン事故後に見た帰還困難区域の景色につながっている。立ち入り禁止の立て看板、建物だけがあって人気のない町、壊れた家々と無傷の学校、どれもあの原発事故後の風景に似ている」（木村 二〇一六：六七）などと評されている。

震災から五年以上が経ち、ようやく作る側も観る側も「3・11」をある程度客観視できるようになったといえるのかもしれない。もちろんこれまでにも、震災や原発事故を扱った映画は存在する。二〇一二年には『311』（森達也ほか共同監督）、『青いソラ白い雲』（金子修介監督）、『希望の国』（園子温監督）などが公開された。ただし、これらの作品はドキュメンタリーを含めて「直接的に」震災や原発事故をテーマにしており、そのショックや混乱がそのまま表現されていた。時間の経過によって、ようやくメタファーとして扱われるようになったとも考えられる。

だが同時に、私たち自身の震災の記憶が他者によって構成された「ポスト3・11映画」といういわば擬似的な記憶によって脱文脈化／再文脈化されてはいないだろうか。また、自衛隊の協力を含めて、それらの作品にある種の「ナショナル」な意図が侵入してはいないか。こうした問題意識から、本章では「ポスト3・11自衛隊協力映画」という視点で『シン・ゴジラ』と『絆　再びの空へ』（以下、『絆』）を扱いたい。『絆』は、二〇一四年二月に公開された手塚昌明監督の作品であり、航空自衛隊に所属するアクロバット飛行チームであるブルーインパルスが、震災後に訓練移転してから宮城県松島基地へ帰還するまでの約二年間の軌跡を追ったドキュメンタリーだ。この作品は『シン・ゴジラ』のような話題性は無かったが、自衛隊が全面協力した「ポスト3・11自衛隊協力映画」という点では『シン・ゴジラ』と変わらない。また後述するように、手塚は自衛隊協力映画の監督のなかで最も多い五本の作品を撮り、ゴジラ映画三本を撮っているゴジラ監督でもある。

この二人のゴジラ監督が撮った「ポスト3・11自衛隊協力映画」には、どちらも「記憶」と「歴史」の問題が内在すると考える。つまり、集団的・国家的記憶／個人的記憶、あるいは国家による正史／国家にとって都合の悪い事実、といった問題である。この二作品を比較分析することで、津波と原発事故が作品内でどう「ナショナル」なものとして「記憶／忘却」され、「歴史」として「再記憶」されているかを考察するのが本章の目的である。

2 自衛隊協力映画とは

「自衛隊協力映画」とは、拙著（須藤 二〇一三）で示した概念であり、自衛隊が公的に製作に協力する一般劇映画を指す。この映画協力では、私企業である映画関連会社に対し、隊員から戦車・戦闘機・艦艇の出演までもがすべて「無償」、つまり税金で提供されている。また、協力が行われる場合には、防衛省（二〇〇七年以前は防衛庁）や自衛隊が作品の設定やシナリオにかなり関与しているのが通例だ。二〇一二年までの防衛省への三回にわたる取材で協力が確認できた作品とその後に公開された作品を合わせ、現在まで四〇本ほどの自衛隊協力映画が製作されている。『シン・ゴジラ』のヒットを受けて、自衛隊の映画協力に関するさまざまな言説が見られるようになったが、突然自衛隊協力映画が現れたわけではなく、自衛隊による映画協力には六〇年近い歴史がある。

自衛隊が映画に協力する際の基礎となる「部外協力映画に対する防衛庁の協力実施の基準について（通知）」が発令されたのは、日米安全保障条約締結・強行採決からすぐの一九六〇年八月である。公的にはこの通知以降に公開された映画が自衛隊協力映画であり、実際に防衛省に残っている資料もこの年以降に公開された作品なのだが、実は警察予備隊時代から一般劇映画への協力は行われていたうえに、初期の自衛隊協力映画がアメリカの文化・軍事政策の一環でもあったことが判明している[(3)]。

野党が強かった一九七〇―八〇年代には、国会での追及をきっかけに自衛隊の映画協力は中断していたが、冷戦の終結と軌を一にして一九八九年に再開された。これ以降、自衛隊協力映画は着実にその数を増やしており、特に一九九五年、二〇〇五年、二〇一三年が三つの重要なピークとなっている。

一九九五年は、平成ガメラ三部作の第一作『ガメラ　大怪獣空中決戦』（金子修介監督）が公開された。この作品は、自衛隊の出動が「法にのっとった行為」であることを示す場面を詳しく描いたことが大きな特徴となっており、具体的には、首相が出動決定を下す場面や、劇中のテレビリポーターが「閣議決定されました」と放送するシーンが入っていた。これ以降、協力した映画のなかで自衛隊が出動する場面では、『ガメラ』にしたがって同様のシーンが挿入されることになる。また、防衛省・自衛隊の意向を汲んで「リアルな自衛隊」が映画で描かれるようになっていったのも、この『ガメラ』以降だった。特に怪獣映画では、勝手に出動・攻撃したあげく簡単に怪獣にやられてしまう役でしかなかった自衛隊（あるいは自衛隊を彷彿させる軍事組織）だが、「現実に即して」出動し、実際の装備をもとに怪獣と「互角に」戦う存在となったのである。四本の自衛隊協力映画が公開された一九九五年は、阪神・淡路大震災と一連のオウム真理教事件、そして戦後五〇年という日本にとって大きな転換期となった年である（中西編 二〇〇八）。特に震災とオウム真理教事件においては、自衛隊が大活躍してそのイメージが大きく好転したことは、社会背景として特筆すべきだろう。

二番目のピークである二〇〇五年には、興行収入一七・一億円の『戦国自衛隊１５４９』（手塚昌明監督）、二〇・六億円の『亡国のイージス』（阪本順治監督）、五〇・九億円の『男たちの大和／YAMATO』（佐藤純彌監督）と、大作のヒットが続いた。この年の一番の特徴は、いずれの作品でも予告編やポスター等で「防衛省、自衛隊全面協力！」というように自衛隊の協力自体が宣伝の目玉として使われたことである。二〇〇一年には9・11米国同時多発テロが起こり、「テロとの戦い」という世界的な大合唱に加え、二〇〇三年頃からの中国・韓国・北朝鮮との緊張関係を背景とした有事法制の整備というように、自衛隊はいわば「日陰者」から一気に正義の味方に大躍進した。二〇〇七年の防衛庁の防衛「省」への昇格は、この一連の流れのひとつだったといえよう。

三つ目のピークである二〇一三年には、『名探偵コナン　絶海の探偵（プライベート・アイ）』（静野孔文監督）と『図書館戦争』（佐藤信介監督）が四月に、『永遠の0』（山崎貴監督）が一二月に公開された。三作品ともヒットし、『名探偵コナン…』は興行収入三六・三億円、『図書館戦争』は一七・二億円、『永遠の0』は歴代の自衛隊協力映画で最高の八七・六億円を稼いだ。特攻隊員を主人公とし、安倍首相とも知己の仲である右派論客の百田尚樹による原作の『永遠の0』が、愛国的な自己犠牲を肯定するプロパガンダ映画との物議をかもしたのはよく知られるところだが、むしろ子どもが多数視聴する人気アニメに自衛隊が協力したことに注目したい。『名探偵コナン…』は、イージス艦に潜入した異国のスパイが起こす事件をコナンたちが解決していくというストーリーだった。ミステリーに主軸を置いており、過度にナショナリズムを煽る内容だったとはいえないが、予告編での「このままでは日本が危ない！」という台詞[4]、主人公らがイージス艦を「カッコいい！」「すごい！」と繰り返し称賛し、パンフレットのコラムでも監督やプロデューサーらが見学したイージス艦について同様の意見を繰り返す様子には、強烈な違和感があったのもまた事実である。

以降で分析する「ポスト3・11自衛隊協力映画」は、このような経緯があって製作された作品である。重要な点は、自衛隊の映画協力は映画製作側の申請があって初めて検討されるものであり、防衛省・自衛隊の発注や依頼によって映画が製作されるわけではないということである。災害時の救援活動等での実績による社会的な自衛隊イメージの向上、景気低迷や対外不安等に起因する保守的風潮の蔓延、リアルな映像を無償で手に入れようとするメディア企業の思惑、などの複数要因が重なった結果として自衛隊協力映画は製作されることになる。自衛隊が全面協力した『シン・ゴジラ』も、こうした背景のもとで製作されていることをまず抑えておきたい。

3　自衛隊協力映画としての『シン・ゴジラ』

『シン・ゴジラ』は東宝ゴジラシリーズの第二九作[5]にあたり、日本における製作としては約一二年ぶりのゴジラ作品となる。製作委員会方式が当然となった邦画には珍しく、東宝一社による製作だ。巨大生物が東京湾沖で確認され、アメリカから「ゴジラ」の資料を提供された「巨大不明生物特設災害対策本部」のメンバーたちが、ゴジラの侵攻とゴジラに対する国連軍の熱核攻撃の両方を食い止めるべく、自衛隊や米軍と協力して奮闘するというストーリーである。総監督・脚本は庵野秀明、監督・特技監督は樋口真嗣である。庵野は『新世紀エヴァンゲリオン』の監督として特に有名であり、樋口は平成ガメラ三部作での特技監督として注目され、自衛隊協力映画でもある二〇〇六年公開のヒット作『日本沈没』を監督している。

本作で大きな話題となったのは、自衛隊の戦車や戦闘ヘリコプターによる攻撃が克明に描写されていたことである。自衛隊はこれまでに七本のゴジラ作品に協力しているが[6]、実際の最新整備がこれほど詳細に描かれたことはない。以下、劇場用パンフレットに記載された作品内での自衛隊の活動をいくつか記述すると、

「三沢基地から戦闘機F-2、木更津駐屯地からAH-1S、立川駐屯地から戦闘回転翼航空機AH-64Dが発進した。多摩川河川敷に機甲科と特科大隊が集結し、武蔵小杉駅上空に対戦車ヘリ中隊が待機する」

「10式戦車、99式自走155㎜榴弾砲などの地上部隊がゴジラに直接攻撃を始め、富士駐屯地からも自走発射機M270MLRSが砲弾を浴びせる」

というように、まるで一年に一回東富士演習場で実施される陸上自衛隊の総合火力演習[7]さながらの具体的な説明となっている。さらにパンフレットのストーリー紹介にすら、各攻撃内容の進展ごとに内閣総理大臣による武器使用許可、武器の無制限使用の決断などを明記するという念の入れようだった。

『シン・ゴジラ』に関しては、全国紙や一般雑誌に至るまでさまざまな特集や記事が載り[8]、なかでも作品内での自衛隊の装備や活動に言及したものが少なくなかった。また、自衛隊をメインとする『シン・ゴジラ』特集本が何

冊も発売されたことも、これまでのゴジラ作品にはない現象である。これらはいずれも自衛隊の装備や攻撃が現実的に機能するか否かを検証するような内容となっており、現在日本が実際に所有している武器をこれほどまでに一般国民が話題にしたのは、戦後初めてのことだったのではないか。しかも「嬉々として」その専門的な情報を「消費」する風潮は、これまでは一部マニアにしか見られないものだったが、それが社会現象といえるほどまでに浸透、拡散したことが『シン・ゴジラ』の大きな特徴の一つだろう。

見田宗介は「〈情報化／消費化社会〉こそが初めての純粋な資本主義である」（強調は原文。見田 一九九六：三一）と断言したが、『シン・ゴジラ』ではまさに資本主義の論理に則って自衛隊の「情報化」「消費化」が行われたといえる。また、自衛隊のほうでも「この今を、未来を、守る。」というキャッチコピーで『シン・ゴジラ』を自衛官募集のポスターに起用（図1）することで、『シン・ゴジラ』を情報化し消費していた。このように本作と自衛隊との相互依存関係が批判を含めて話題となったわけだが、自衛隊協力映画を長年研究してきた立場からすると、主要登場人物のほとんどが政治家や官僚であり[10]、ゴジラの対応をめぐっての政府・官邸の奮闘がドラマの中心となっていたことのほうがより注目される。

前述のように、一九九五年公開の『ガメラ』以降は、自衛隊協力映画内で自衛隊出動が描かれる際に内閣総理大臣による出動決定を示すシーンを入れることが慣例となっていたが、恐らく「面白くない」という前提のもとにあっさりとしか描かれてこなかったこうした閣議シーンそのものをストーリーの中心としたのは、庵野監督によるコペルニクス的転回である。そして、権力を持つ一握りの人間のみが専門用語を多用して早口で日本の未来を決定していくドラマにおいて、一般市民は「群衆」としてしか描かれることはなかった。研究者・評論家から一般の観客までマスコミやネット上に溢れかえった『シン・ゴジラ』に対する「熱狂的な賞賛」には、こうした無名の市民の捨象を懸念する声は見られない。この事実は、非常時には国家の決定に粛々と従うことへの批判が存在しないことを暗に示しており、自衛隊による協力そのものよりもむしろ問題は大きいと考える。こうした点でも、『シン・ゴ

図1 『シン・ゴジラ』を使用した自衛隊のポスター

筆者撮影。2016年9月17日「九州ヒューマンフェスタ」自衛隊広報ブース

ジラ』が国家権力の実力行使を是とする自衛隊協力映画の集大成であることは間違いないだろう。

さらに、東日本大震災を描いた映画としての『シン・ゴジラ』の特徴の一つに、「地方」の捨象が挙げられる。本作は、大臣クラスの政治家や高級官僚たちの物語であるため、必然的に東京近郊が舞台となっていて「地方」は一切描かれていない。新聞記者が「ここでも地方は後回しですか」とつぶやくシーンがあるが、それは『シン・ゴジラ』という作品のスタンスそのものでもある。ゴジラの駆除を目的に東京に核兵器を落とそうとするアメリカの企図を阻止するのが本作の山場の一つだが、首都圏に住む人びとにとっては当然と感じる「国家的」危機が、日本のほとんどを占める「地方」の人間にとって同様のものであるかは甚だ疑問である。

二〇一一年三月一一日、福島は覚醒したゴジラに襲われた、という言い方も可能だろう。事故の四〇年前に建設されたゴジラたる原子力発電所が、地震と津波で破壊されて放射能をまき散らしたからだ。そのとき政府は的確な避難指示すら出さず、その地方一帯を破壊するにまかせた。その背景に、福島が「地方」であって首都「東京」ではない、という暗黙の前提を感じる。つまり、福島の危機は「国家」の危機と直結されないのである。しかも、そのゴジラは政府の手先だったという強烈なオチまでついていた。こうした「東京＝国家」が「地方」をないがしろにする／し続ける問題性については後述したい。

『シン・ゴジラ』がこのように「東京」の物語であったのに対し、本章で扱うもう一つの自衛隊協力映画『絆』は、被災地である「地方」の部隊に所属する自衛官を主人公としていた。しかし、そこにもやはり「東京＝国家」のまなざしが含まれていたといえる。

4 『絆 再びの空へ』にみるナショナルな「記憶」

『絆』で主人公となっているのは、前述のように航空自衛隊所属のブルーインパルスのパイロットたちである。航空自衛隊の公式ホームページの解説によれば、ブルーインパルスは「航空自衛隊の存在を多くの人々に知ってもらうために、航空自衛隊の航空祭や国民的な大きな行事などで、華麗なアクロバット飛行（これを展示飛行と呼びます）を披露する専門のチーム」であり、「正式名称は、宮城県松島基地の第四航空団に所属する「第一一飛行隊」」、「青と白にカラーリングされた六機の機体」で編成されている。[11] 一九六四年一〇月一〇日の東京オリンピックの開会式で五輪を描く祝賀飛行を行ったのは有名だ。現在でもブルーインパルスの展示飛行は自衛隊の航空イベントの目玉となっており、来場者のモチベーションを大きく左右するほどの人気がある[12]（図2）。

『絆』のストーリーは、東日本大震災の発生当日である二〇一一年三月一一日から始まる。三月一二日に九州新幹線全線開通を記念した展示飛行が予定されていたため、ブルーインパルスは福岡県芦屋基地へ移動していた。博

図2　ブルーインパルスの飛行の様子

筆者撮影。2016年5月21日「第62回防府南基地開庁記念行事」

多駅上空で予行演習を行なった直後に東日本大震災が発生、展示飛行を含む記念行事全てが中止されたうえに、所属の航空機が全滅するほどの甚大な津波被害をベース基地である松島基地が受けたことで、帰還することも不可能となる。隊員たちは、機体を九州に残したまま被災地の復旧作業にあたることになり、飛行訓練を全く行わないまま二か月が過ぎた。ようやく芦屋基地での訓練が再開されたものの、彼らは思うように技能や感覚を取り戻すことができない。被災地の悲惨な状況のなかで展示飛行を行うことへの疑問や葛藤なども乗り越え、二〇一三年三月末に松島基地へ帰還し、通常任務へと戻っていく隊員たちの二年半ほどの姿を追ったドキュメンタリーである。

東日本大震災で自衛隊が奮闘したことに異論を唱える者はいないだろう。防衛省の資料によると、二〇一一年三月一一日から八月三一日まで一七四日間続けられた「大規模震災災害派遣」においては、延べ人員約一〇五八万人が動員され、一日の最大派遣人員は約一〇・七万人だった。救助した人命数は一万九二八六名、収容した遺体数は九五〇五体、給水支援が最大約二〇〇か所で三万二九八五トン、給食支援が最大約一〇〇か所で五〇〇万五四八四食、入浴支援が最大三五か所で一〇九万二五二六名となっている。同じく一二月二六日まで二九一日間続けられた「原子力災害派遣」では、原発への空中放水・地上放水のほか、人命救助や遺体収容を含む捜索、給食支援、給水支援、入浴支援、輸送支援、医療支援等に延べ人員二二五万四七〇〇名が動員された[13]。

以上のような活動はマスコミでもかなり報道されたが、『絆』という作品は、自衛隊のなかでも華やかで楽しい曲芸飛行を担当する隊員の震災後の姿を追っていることが特徴である。東日本大震災自体は、まぎれもなく日本にとって国家的・国民的大事件であった。しかし、その体験や記憶は地域や立場に大きく左右され、言うまでもなく一人一人異なるものである。『絆』で描かれたのが、同じ自衛官でも人命救助などにあたって壮絶な現実に直面した隊員ではなく、いわばサイドストーリー的なブルーインパルスのパイロットらの物語だったことで、観る者は「ナショナルな記憶」を作品と共有しつつも、各自の記憶と並列させせながら、新鮮かつ安心して物語を楽しめるのだ。

しかし、『絆』で全くと言っていいほど描かれなかった東日本大震災の記憶が一つある。原発事故である。最初のほうに一か所だけ原発による放射能災害が短くナレーションで入っただけで、その後一切触れられることはなかった。『絆』はパイロットの話であり、しかもストーリーのほとんどは北九州芦屋基地で再開された訓練の様子になっているので、原発事故は関係ないともいえる。だが、『絆』が描く「ナショナルな記憶」のなかに、東日本大震災による二大被害である津波と原発事故のうちの片方しか存在しないというのは、やはり不自然ではないだろうか。

『絆』で語られた地震・津波被害では、まさに「絆」という言葉で日本国民が団結し、苦難を共に耐えて乗り越えようとした。それは国家的美談として世界からも称賛されるものだった。一方、語られなかった原発事故はどうか。政府と東京電力の発表は後手後手に回り、必要な情報は隠されたり誤魔化されたりしたまま今日に至っている。世界中に汚染を広げる最悪の事故により、各国が「フクシマ」を教訓として脱原発ゼロへと方針転換したのにもかかわらず、当の日本政府は原発が国家的大事業だからという理由で再稼働を認めた。福島ではまだまだ放射線量が高い地域が存在するが[14]、東京電力の賠償金の打ち切りを念頭に、帰還困難区域を除いて二〇一七年三月三一日と四月一日に避難指示が解除された。この原発事故は、「東京＝国家」という首都の独善的論理を最優先したことに起因する、まさに日本の国家的汚点といえる。『絆』では、この汚点が自衛官の美談によって見えなくさせられていた。

一九八〇年前後に長洲一二神奈川県知事や大平正芳元首相らにより「地方の時代」というスローガンが叫ばれて以来、この四〇年余りの間に中央からの地方の主権回復がたびたび議論の俎上に載せられているが、常に理想論で終わってきている感がある。税源の観点では、小泉内閣が主導した「三位一体の改革」で国から地方への三億円規模の移譲があったが、一方の地方交付税の削減によりその財政は決して好転したとはいえず、最近では納税者が好きな自治体に寄付を行うことで税金分に相当できる「ふるさと納税」が盛んだが、返礼品の加熱競争などでその全体的な効果はまだ不透明である。森友・加計問題を見ても、国つまり東京の政治家・役人と地方自治体の政治家・役人とのヒエラルキーが厳然と存在し続けているのは明らかだ。大都市重視の経済政策により、世界都市として膨張を続ける「中央」たる東京に対し、「地方」「山と海」「周辺」「辺境」「過疎」「裏日本」と称される地域は、近代化の恩恵よりも負の遺産をより多く受け続けてきた（中澤 二〇一四：二一九）。こうした明治以来の流れをそのまま踏襲するかのように、表現の仕方は異なれど、『絆』にも『シン・ゴジラ』にも「中央」へのまなざししか存在しない。震災後の報道を思い起こせば、東京自体も放射能汚染から逃れていないことは明らかなのにもかかわらず。

映画は何かを「語る」ことによって「ナショナルな記憶」の形成に寄与するだけでなく、「語らない」ことによっても同様な働きを持つ。エルネスト・ルナンは「国民の本質とは、すべての個人が多くの事柄を共有し、また全員が多くのことを忘れていることです」（ルナン 一九九七：四八）と述べたが、『絆』では原発事故を捨象することで、日本国民が屈辱的な過去／現在を忘れることに加担していると言えるだろう。もっとも、ほとんど話題にもならなかった『絆』という作品に国民的記憶の責任を押しつけるのは無謀であるし、原発事故に言及することに熱心でないのは日本の大手マスコミに共通することだ。さらに言えば、二〇一六年三月に放送された震災特別番組がＮＨＫ・民放とも惨憺たる視聴率だった[15]という事実から、国民自身が震災の映像には食傷気味で、放射能汚染に関する報道など見たくもないというのもまた明らかである。しかし、『絆』が「地方」に焦点を当てているように見せつつ、東京＝国家にとって都合の悪い原発事故を語らないことで、結果的に権力に都合の良い歴史を描くことになっているのは間違いない。

前述のように、これまで多くの自衛隊協力映画を撮ってきた手塚昌明は、自衛隊から絶大な信頼が寄せられているといえる。そのきっかけとなったのが、女性自衛官を主人公とした『ゴジラ×メガギラス　G消滅作戦』（二〇〇〇年）だった。この作品には自衛隊の協力はないものの、『ゴジラ×メカゴジラ』（二〇〇二年）、『ゴジラ×モスラ×メカゴジラ　東京ＳＯＳ』（二〇〇三年）、『戦国自衛隊１５４９』（二〇〇五年）、『空へ～救いの翼 RESCUE WINGS～』（二〇〇八年）、そして『絆』と手塚が撮った自衛隊協力映画は全て自衛官が主人公となっている。自衛隊協力映画だからといって常に主人公が自衛官であるわけではないので、手塚監督の自衛隊嗜好がよく表れているといえよう。そしてもちろん自衛隊は、首都東京にいる最高指揮官である内閣総理大臣を頂点とする「東京＝国家（ナショナル）」なシステムの中核の一つを担っている。

5　トーキョー・セントリズム

以上、『シン・ゴジラ』と『絆』という二つの作品における東日本大震災の描写は、いずれも「東京＝国家」という概念のもとに構成された「ナショナルな記憶」を映像化したものだった。それは多分に歪んだ集合的記憶である。

『シン・ゴジラ』のキャッチコピーは「現実 対 虚構。」であり、「現実」には「ニッポン」、「虚構」には「ゴジラ」というルビが振られていた。しかし実状は、東京を含む東日本全体を放射能で汚染した「ゴジラ」こそが「現実」であり、その汚染に目をつぶってオリンピック開催まで勝ち取った「ニッポン」こそが「虚構」ではないのか。『シン・ゴジラ』では、ゴジラが現れた東京の人々が逃げ惑い、東京の省庁にいる政治家や高級官僚たちが昼夜問わずに大奮闘していたが、描かれなかった＝ゴジラが現れなかった東京以外の日本のほとんどの地域は、テレビに釘付けになりつつもこれまでと同じ日常を送っていたことだろう。換言すれば、地方はある意味「ニッポン」ではなかったのである。この背景にある「東京＝国家」という論理を、ここからは首都圏「トーキョー（東京）」と「ニッポン（国家）」を事実上イコールで結ぶ「トーキョー・セントリズム」と定義したい。国家政策として東京電力が福島に原発を建てたことに象徴されるように、トーキョー・セントリズムは地方にとって排除と搾取の論理でしかない。しかし残念ながらその論理は、これまで述べてきたように東京中心の目線で作品世界を描く庵野監督を含む『シン・ゴジラ』の製作陣、『絆』を撮った手塚監督から、実際に社会を形成する日本の政治・経済・文化すべての分野の上層にまで、首都圏あるいは首都文化圏の人びとにあまりにも深く内面化されているようにみえる。ここで言う首都文化圏には、常に中央を伺っている地方にいる人々も含まれよう。

筆者が勤務する福岡の大学では、複数のクラスで『君の名は。』を劇場で観たと答えた学生が三分の一近くいた一方で、『シン・ゴジラ』を観たという学生は一人もいなかった。同様のことを北九州出身の元SEALDsの奥田愛基が語っているので（赤坂他 二〇一六：一三九）、「地方」では東京ほどの盛り上がりはなく、『シン・ゴジラ』は「トーキョー人のトーキョー人によるトーキョー人のための」映画だった可能性がある。そして、東京の大学に通い、東京を中心としたデモを主催し、参院特別委員会で意見陳述を行って東京拠点の全国メディアで有名になった「トーキョー人」たる奥田も、他の論者同様に興奮を交えてトリヴィア的に本作を評し、「大学生、ゴジラ観ようぜ」と呼びかけていた（同前）。

「トーキョー・セントリズム」に右だの左だのというイデオロギーは、全く関係ない。権力に属する側も批判する側も「トーキョー・セントリズム」信奉者であることが、原発問題を含む日本国内のさまざまな格差を解決できない要因ではないか。そしてその「トーキョー」を「ニッポン」に重ねるまなざしには、明らかにナショナリズムとの親和性が存在する。東京在住の保守評論家である櫻井よしこが、沖縄住民を対中国の「防人」とみなす発言(16)をしたのが最たる例だが、「トーキョー人」は自らの利益を守るときに「ニッポンのために」という理由をつけて地方を犠牲にする。地球規模の事故を起こしても、原発は「国益」という名のもとに廃止を逃れている。「ニッポン」の問題を「トーキョー」の論理で解決するのを自明視する姿勢を、いい加減やめる時期が来ているのではないだろうか。

酒井直樹は、映画の分析に「集団的な自己憐憫」を背景として構築される「共感の共同体」（酒井 二〇〇七：二〇）という概念を用いているが、『絆』が観客として想定していたのは、まさに東日本大震災の「ナショナルな記憶」を共有する「共感の共同体」だっただろう。有限会社バナプルという航空機の映像作品をメインとした小さな会社による製作だったこともあり、『絆』ではこの「共感の共同体」をうまく動員に結びつけることができなかったが、放射能をフィクション化し、現実には不誠実この上ない政府をヒーローにした『シン・ゴジラ』では、自らの汚点から目を逸らしたいトーキョー人を中心に、多くの人びとの共感を得ることに成功したのである。

6　個人の「記憶」と国家の「歴史」

六〇年以上の歴史を持つ『ゴジラ』シリーズは、間違いなく日本の国民的（ナショナル）な映画といえる。そしていうまでもなく、東日本大震災は今でも日本を揺るがし続けている国家的（ナショナル）な事件だった。また、その震災で大活躍をした自衛隊が国家的（ナショナル）な軍事組織であることは言うまでもない。こうした意味で、「ポスト3・11自衛隊協力映画」としての『シン・ゴジラ』と『絆』は、明らかにナショナルな「記憶の場」であり「歴史の場」である。

ピエール・ノラは、原始社会などかつての社会に無自覚に組み込まれ、過去と連続するありのままの記憶を「記憶」、そしてその「記憶」から痕跡・距離・媒体・選別などによって正当性を奪い去り、もはや存在しない過去の再現(ルプレザンタシオン)を「歴史」と定義した（ノラ 二〇〇二：三〇―三二）。映画というのは虚構を可視化できるという点で、「歴史」を表す最適なメディウムといえる。映画は現実にあったことを題材にしていようがいまいが、そもそも特定の意図を持って構成された表象(ルプレザンタシオン)だからだ。そして「記憶の場」という概念で批判的に記憶の問題を扱ったノラだが、現代における「コメモラシオン（記念＝顕彰行為）」を求める激しい欲求によって、その概念が呑み込まれてしまったことを後に嘆くことになる（ノラ 二〇〇三：四二七―四二九）。

『シン・ゴジラ』と『絆』は、このような「記憶」と「歴史」の問題を体現する好例である。『シン・ゴジラ』では、自衛隊の出動・作戦を含むゴジラへの対応を決定する中央の閣僚たちの奮闘というストーリーのもとに、市民や地方が切り捨てられていた。『絆』では、自衛官の苦悩や頑張りに焦点が当てられ、原発事故は無視された。このどちらにも共通していたのが、「東京＝国家」というトーキョー・セントリズムの論理なのである。

手塚監督は『ゴジラ×メカゴジラ』を撮った二〇〇二年に「なぜかゴジラというのは、その時々の世相を反映しちゃうんです。『ミレニアム』のときは原発事故（東海村JOC臨界事故のこと）が起きて、『メガギラス』のときは中部地方で大洪水があり、『GMK』では9・11、そして今回は不審船サルベージなど北朝鮮問題とか……」と語っている[17]。庵野監督と手塚監督という二人のゴジラ監督は、『シン・ゴジラ』と『絆』で東日本大震災を直接・間接に扱ったが、その内容は日本に住む一人一人の「記憶」を微妙に揺るがし、忘れてはならないことを忘却させ、ナショナルな「歴史」の支配に荷担するものだったといえないか。

小説家の村上春樹は、一九九五年に起こった地下鉄サリン事件の被害者をインタビューしたノンフィクションの解説部分で、同じ年に発生した阪神大震災にも言及している。一九九五年には、天災＝阪神大震災と人災＝地下鉄サリン事件が別々に起こったが（村上 一九九七：七一五）、二〇一一年には天災＝地震・津波と人災＝原発事故が同時に起こってしまった。村上は、一九三九年のノモンハン事件の経験が大戦に生かされなかったことに触れ、一九九五年の二つの事件にも重ねて「閉塞的、責任回避型の社会体質は、実のところ当時の帝国陸軍の体質とたいして変わっていない」(同：七二〇)と糾弾しているが、東日本大震災と原発事故でもまさに同様のことが繰り返されたと言わざるを得ない。将来同様の過ちを起こさないためには、事実を洗い出して客観的な原因分析を行うことが不可欠だが、「記憶」と「歴史」の問題がそれを邪魔する。つまり、辛い過去を忘れたいという個人の心理と不都合な真実を隠したいという権力側の思惑は、残念ながら見事なハーモニーを作り出してしまうからだ。そして、権力側に親和的な物語は、個人の「記憶」を圧倒し、権力に都合のよい「歴史」を形成しようとする。受容者側の受け取り方はさまざまであるとはいえ、視聴覚メディアである映画には、フィクションであれノンフィクションであれ、その物語をダイレクトに見せる力があるのである。

註

(1) 本稿は、「「ポスト3・11自衛隊協力映画」としての『シン・ゴジラ』――「市民」と「地方」の捨象によるナショナリズム」(『唯物論研究年誌』第二二号(大月書店、二〇一七年一一月)レビューエッセイ)を大幅に加筆したものである。

(2) 興行通信社HP「歴代ランキング：二〇一七年一〇月二九日現在」http://www.kogyotsushin.com/archives/alltime/(二〇一七年一〇月三一日最終閲覧)

(3) 詳細は現在進めている「一九五〇年代の米国による映画広報政策と日本の防衛広報の結節点についての実証的研究」(科研費基盤研究C、代表：谷川建司)の成果を待つことになる。

(4) ただし本編ではそのようなシーンは存在しなかった。

(5) 二〇一四年公開のハリウッド製作によるギャレス・エドワーズ監督『GODZILLA ゴジラ』はカウントしない。

(6) 『ゴジラ vs ビオランテ』(大森一樹監督、一九八九年)、『ゴジラ vs キングギドラ』(大森一樹監督、一九九一年)、『ゴジラ vs モスラ』(大河原孝夫監督、一九九二年)、『ゴジラ vs デストロイア』(大河原孝夫監督、一九九五年)、『ゴジラ2000ミレニアム』（大河原孝夫監督、一九九九年）、後述の手塚監督による『ゴジラ×メガゴジラ』、『ゴジラ×モスラ×メカゴジラ　東京ＳＯＳ』の七本（須藤 二〇一三：九五―一一三）。

(7) 二〇一七年八月二七日に実施された平成二九年度富士総合火力演習の公開演習には、「隊員約二三〇〇名、戦車・装甲車約八〇両、各種火砲約六〇門、航空機約二〇機等が参加し、約二万四〇〇〇人」が来場した。ちなみに一般公募の応募総数は一五万三六一通、当選倍率は約二九倍に達し、過去最高だった。陸上自衛隊ＨＰ「富士総合火力演習」http://www.mod.go.jp/gsdf/event/fire_power/index.html および陸上自衛隊 Facebook 二〇一七年七月五日付 https://ja-jp.facebook.com/jgsdf.fp/posts/1744979565520023:0（二〇一七年一〇月一〇日最終閲覧）

(8) 二〇一七年一〇月一三日現在で「シン・ゴジラ」をキーワードに検索すると、朝日新聞がデジタル版を合わせて三三三件、毎日新聞が一六五件、読売新聞が一一四件、地方紙の西日本新聞でも九三件の記事が存在した。

(9) 柿谷哲也他『シン・ゴジラ機密研究読本』（KADOKAWA、二〇一七年）、石動竜仁『シン・ゴジラ政府・自衛隊 事態対処研究』（ホビージャパン、二〇一七年）、『シン・ゴジラ 巨大不明生物との戦いの記録』（宝島社、二〇一七年）など。

(10) 同様の指摘としては、大塚英志が「登場人物の殆どが「公務員」という映画をぼくは初めて見た。自衛隊員、官僚、そして政治家も含め、彼らは文字通りパブリックサーバントとしてのみ行動し、私的な感情や、誰かが指摘したように恋愛も家族も例外的にしか描かれない」（大塚 二〇一六：二一六）と述べている。

(11) 航空自衛隊ＨＰ「ブルーインパルスとは」http://www.mod.go.jp/asdf/pr_report/blueimpulse/about/index.html（二〇一七年一〇月一〇日最終閲覧）

(12) たとえば、岐阜基地で開催される航空祭には例年六万人ほどの来場者があるが、二〇一七年一一月一九日に開催された航空祭は四年ぶりにブルーインパルスの飛行展示があったため、主催者発表で一三万人の来場があった。産経 WEST ＨＰ「岡田敏彦の軍事ワールド」二〇一七年一二月五日付 https://www.sankei.com/west/news/171205/wst1712050005-n1.html（二〇一八年七月一八日最終閲覧）

(13) 防衛省ＨＰ「東日本大震災（平成二三年三月一一日）における災害派遣活動」http://www.mod.go.jp/j/press/news/2011/12/26b.pdf（二〇一七年一〇月三一日最終閲覧）

(14) たとえば二〇一七年四月に避難指示が解除された富岡町の桜ヶ丘ニュータウン公園の二〇一七年一〇月三一日現在の放射線量は、毎時二・七九マイクロシーベルトだった。福島県運営の福島県放射線測定マップＨＰ、http://fukushima-radioactivity.jp/pc/（二

〇一七年一〇月三一日最終閲覧）

(15) 二〇一六年三月一一日に放送されたテレビ朝日系の『報道ステーション』では、冒頭の四五分以上にわたって、福島県の県民健康調査で甲状腺がんが多発している現状をレポートしたが、前日三月一〇日の視聴率が一三・三％だったのに対し、三・五％も低い九・八％だった。また、三月一三日に放送されたＮＨＫスペシャル「原発メルトダウン危機の八八時間」では、九〇分間にわたって震災当時の福島第一原発の緊迫した状況を再現し、二〇一六年の震災特番の中でも規模の大きい番組の一つだったにもかかわらず、視聴率は直前に放送された大河ドラマ『真田丸』と『ニュース・気象情報』の一六％超から一気に下がって七・六％と低迷した。現代ビジネスＨＰ『週刊現代 二〇一六年四月五日号』「震災特番「視聴率全滅」が意味するもの〜日本人は冷たいのか？ それとも、見られない理由があるのか？」http://gendai.ismedia.jp/articles/-/48338?page=4（二〇一七年一〇月三一日最終閲覧）

(16) 沖縄県豊見城市で二〇一四年一一月九日に開かれた講演会における発言。

(17) 『キネマ旬報』二〇〇二年一二月下旬号、五九頁。須藤（二〇一三：一一八）も参照。

引用文献

赤坂真理他（二〇一六）『「シン・ゴジラ」をどう観るか』河出書房新社

伊藤剛（二〇一六）「「それでもなお」の／と「あかるさ」」『ユリイカ 総特集Ω『シン・ゴジラ』とはなにか』第四八巻第一七号、二〇一六年一二月臨時増刊号

大塚英志（二〇一六）「『シン・ゴジラ』は感情天皇制を断念する」同前『ユリイカ』

加藤典洋（二〇一六）「シン・ゴジラ論（ネタバレ注意）」『新潮』第一一三巻第一〇号、二〇一六年一〇月号

木村朗子（二〇一六）「古代を橋渡す」『ユリイカ 特集＊新海誠――『ほしのこえ』から『君の名は。』へ』第四八巻第一三号、二〇一六年九月号

酒井直樹（二〇〇七）『日本／映像／米国――共感の共同体と帝国的国民主義』青土社

須藤遙子（二〇一三）『自衛隊協力映画『今日もわれ大空にあり』から『名探偵コナン』まで』大月書店

中澤秀雄（二〇一四）「地方と中央――「均衡ある発展」という建前の崩壊」小熊英二編著『平成史〈増補新版〉』河出書房新社

中西新太郎編（二〇〇八）『１９９５年――未了の問題圏』大月書店

ピエール・ノラ著、長井伸仁訳（二〇〇二）「序論　記憶と歴史のはざまに」ノラ編『記憶の場――フランス国民意識の文化＝社会史　第1巻・対立』岩波書店（原著は一九八四年）
ピエール・ノラ著、工藤光一訳（二〇〇三）「コメモラシオンの時代」ノラ編『記憶の場――フランス国民意識の文化＝社会史　第3巻・模索』岩波書店（原著は一九九二年）
エリック・ホブズボーム著、前川啓治他訳（一九九二）「1序論――伝統は作り出される」『創られた伝統』紀伊國屋書店（原著は一九八三年）
見田宗介（一九九六）『現代社会の理論――情報化・消費化社会の現在と未来』岩波新書
村上春樹（一九九七）『アンダーグラウンド』講談社
エルネスト・ルナン他著、鵜飼哲他訳（一九九七）『国民とは何か』インスクリプト

第10章　喪失と対峙する

――震災以後の喪の映画における移動性

久保　豊

0　喪失に向かって歩き出す前に

東日本大震災以降、東北地方をめぐるドキュメンタリー映画やアマチュア映画／映像の数々は、被災地内部での移動を通じて、外的／物理的のみならず内的／心理的な喪失を収めてきた。その一例とも言える『村に住む人々』『福島の光景 +α』（岩崎孝正、二〇一四年）では、震災時に東京在住であった撮影者が故郷の相馬市磯部へ戻り、家族や旧友たちに震災以降の経験を問いかける傍ら、津波被害にあった村の様子、そして放射能汚染により立ち入りの境界が定められた風景を捉える。まるであの日の不在を埋め合わせるように、岩崎は様々な場所へ出向き人々との会話や風景を根気よく撮影する。だが同時に、彼がそのようにして郷里のコミュニティとつながろうとする欲望は、ときどきキャメラに注がれる、映像を観る者を遠ざけるような抵抗の視線を映し出す。けれども、遠ざけられるのは観る者だけではない。不可視の放射能は撮影者を少年時代の思い出のつまった福島の自然から阻むのだ。物理的に自由に移動できなくなってしまった大地を前に、記憶の中の景色と目前の景色の間を行き交う感情をナレーションという音声へと移動させ、震災によって失ったものと対峙する。

本章では、喪失の物語を扱う映画における移動性の役割について考察する。これまでの映画史のなかで、災害の被災者や遺族が喪失と向き合う姿を描く映画群を包括する特定の映画ジャンルは存在せず、「災害映画 disaster film」や「女性映画 women's picture」のカテゴリーの一つとして考えられてきた。議論の便宜上、震災やその影響を直接／間接的に描く映画群をポスト3・11の時代において「震災後映画」と総称することはあっても、その定義は曖昧かつ流動的である。そのような柔軟性を持つからこそ、『君の名は。』（新海誠、二〇一六年）や『シン・ゴジラ』（庵野秀明、二〇一六年）といった天災や放射能をテーマにした映画作品を「震災後映画」という枠組みのなかで考える営みを可能としてきた。しかし、東日本大震災から約八年が経過し、その間に熊本大地震、西日本豪雨による水害といった甚大な被害を伴う災害だけでなく、生産性を理由とした相模原やまゆり園事件やオウム真理教死刑執行など、数多くの生命が失われた時代において、「震災後映画」は震災だけでなく、より広範な視野を備えるべきではないだろうか。『その後の震災後文学論』において木村朗子が「震災後文学というのは、震災後に震災を扱って書かれたものだけをさすのではなくて、震災後の文学状況全体をさ〔し〕」、また「震災後に読まれるあらゆる作品に、震災の記憶が否応なしに読み込まれてしまうのである」と主張するように、「震災後映画」もまた震災以前／以後の映画や映像作品を同様のアプローチで再考できるのではないか。[1] そこで、本章は「喪の映画」（mourning film）の視点を導入することで、生命の尊さが問われてきた震災以後の現在の日本文化における「震災後映画」の枠組みを刷新したい。それによって、より広い視野で喪失の表象に対して、運動性を捉える映画というメディアが果たしてきた役割についてポスト3・11の時代において考えることができるからだ。実際、大切な人を失ったことへの深い悲哀や喪を扱った映画群に関する学術研究が展開されている。[2]

本章の目的は、失われた生命の膨大さのあまりに死者が数値化されたポスト3・11という時代において、個人単位の喪失を扱った映画作品を分析することによって、一つ一つの喪失と向き合う際に表出する物理的／心理的な移動性が喪失と対峙する際に果たす役割を考察するものである。

対象作品として、『悼む人』（堤幸彦、二〇一四年）を議論の入り口にし、主に中川龍太郎監督の『Calling』『走れ、絶望に追いつかれない速さで』（二〇一二年、二〇一五年）を取り上げる。恣意的な選択ではあるが、自分の人生とは全く関係のない喪失の現場を主人公が訪ねる作品、子どもの喪失を扱ったと考えられる作品、そして同性間の喪失を扱った作品を選んだ。これらの作品は共通して、喪失と対峙するうえで身体／精神的な移動性が重要な要素となる。これらの作品は震災を直接的には描いていないけれども、文芸評論家の藤田直哉が述べるような、震災と「同時代に生きる」人間によって製作され、受容されているものである。[3] 喪の映画としてこれらの作品を分析することで、震災後の日本文化において、大切な人を失う体験に対して映画がどのように挑んできたのかを考えてみたい。

1　あなたは誰に愛されたのか――『悼む人』

悼むとは、誰かの死を悲しみ嘆く、冥福を祈る行為を一般的に指す。天童荒太の直木賞受賞作『悼む人』（二〇〇八年）において主人公の坂築静人は、新聞やラジオ、雑誌や噂で見聞きした訃報を頼りに、誰かが亡くなった場所へ直接赴き、その人の死を悼む旅を数年続けている。静人の悼みにおいて重要なのは、故人が「誰に愛され、また誰を愛していたか、どんなことで感謝されていたか」という三つの問いである。[4] 静人はこれらの問いをもとに、喪失の現場においてその「場所を心に収めることで」ひとつひとつの死を特別な存在として記憶しようと努める。[5] 死因の追求や冥福を祈ることではなく、三つの問いをもとに故人を覚えていることが静人の悼みの行為であり、長い旅のなかで導き出した方法である。また旅を継続するうえで重要なのは「一人一人に深く心を残さないこと」であり、「或る人の死を深く想うのは、遺族や身内の方の、いわば特権のように思います。他人のぼくは、懐かしい友人の思い出のように覚えておくのがよいと、旅をするなかで気がつきました」と静人は言う。[6] かつて医療機器メーカーに勤めていた静人は、仕事に忙殺されていたとはいえ、死んでいった小児科の子ども達の名前も覚えていないこと、また医者で過労死した親友の一周忌を忘れてしまった自責の念が原因で憔悴し、精神を病んだ。静人は「多くの人々の死にふれ、悲しみを背負いすぎて、倒れてしまった人」であり、「何もする気にはなれず、ただただ悼んでいる」人だった。(7) 喪失に取り憑かれ、身動きが取れなかった人。それが悼む人の原点である。

東日本大震災が起こる三年前に発表された『悼む人』と震災で大切な人を失った人間が抱える喪失との間に親和性はあるのだろうか。『悼む人』の続編で序章に位置づけられた『静人日記』(二〇〇九年、二〇一二年)には「忘れもしないあの日の震災」という言葉とともに、復興支援住宅で、サバイバーズ・ギルトの重圧を感じていたであろう人の孤独死について静人が思いを馳せる記述がある。(8)「孤独のうちに亡くなった方のなかには、自分だけがなぜ助かってしまったのか、あのときに、親しい者たちと一緒に死んでいたほうがよかった、と毎日のように語っていた人もいるらしい。／亡くした親しい人のことを毎日祈るなかで、生き残った側の寂しさや虚しさを、ずっと感じ続けていた、ということだろうか」と。(9)『静人日記』は『悼む人』執筆のために天童が「個人的につけていた日記」を『オール讀物』の二〇〇九年三月号から一一月号まで連載されていたものであるが、天童は『静人日記』の西暦を「二〇XX年」と設定することで、静人が生きる時代性を曖昧にしている。(10) それによって、東日本大震災から一年後に文庫本として新たに刊行された本作の読者の多くが「あの日の震災」を東日本大震災と連関させ、現実に経験した数え切れない喪失の前に静人の悼む行為の意義を問うたとしても何ら不思議ではない。それでは、震災後の時代にもし静人＝悼む人が存在していたならば、死を単なる数字ではなく、一つの人生として捉えたいとする静人の悼みは、東日本大震災、また後続する熊本大震災、西日本豪雨といった災害の時代における喪失の前でどのような意味を持つのか。

それを考えるためには『悼む人』を、静人を創り出した作者自身が震災後に求められた役割を振り返る必要があるだろう。二〇一一年六月一日、天童はニュース番組の企画で被災者の遺族に会うために岩手を訪れている。その企画において天童は、悼む人である静人を「この世に送り出した者の責任として」、地方紙に掲載された記事や同行した記者からの限られた情報だけを頼りに遺族と対面し、悼みに関するインタビューを行った[11]。その体験を綴ったエッセイのなかで天童は、実際に震災から八〇日後の被災状況を目の当たりにした時の困惑、また被災者／遺族との会話を通して抱いた複雑な感情を語る。

なかでも次の二点は興味深い。一つは被災地との距離感である。天童は「被災現場の圧倒的な広大さを前に、〔彼が〕これまで正常な距離感を失っていたことを自覚し、ショックを受けていた」と述べ、キャメラで撮影され編集された被災地映像のシャワーを被災地から離れた東京で浴び続けた結果、被災地の現状との「本来の距離感」を測り損ねていたことを明らかにする[12]。天童は実際に被災地を訪れることで改めて被害の大規模さを認識した。もう一つは、被災者遺族が前向きに振る舞うのをポジティブに捉えるという風潮が、喪失を前にして「声もなく、うずくまったままの人」の存在を隠蔽しかねない危険性である[13]。『悼む人』においても、静人が悼みのあと即座に別の場所へと歩み出す姿は遺族の心をかき乱すのではないかと批判される。なぜならそれは、歩く行為に付随する前進する移動性が故人を忘れ去るような印象を与えるだけでなく、歩く体力をもたず「うずくまったままの人」が置き去りにされる印象や歩き出せないことへの罪悪感を与えかねないからだ。

しかし、前述の通り、静人自身も「うずくまったままの人」であった。「初めは倒れて動けない状態にいた〈悼む人〉が、時間とともに、からだを起こし、自分の内面と周囲の出来事を見つめ直して、恐る恐る外へ向かって足を踏み出し、やがて思いもよらない悼みの旅へ出ていきました」と天童は振り返る[14]。悼みの旅の原動力は動けない状態から動き出す状態へと変化する移動性はもちろん、悼みの旅自体もまた移動の積み重ねである。映画版『悼む人』は原作の悼みの旅から大部分をそぎ落としているが、冒頭から山道や田畑の脇道などを歩く静人をロングショットで捉え、喪失の現場において膝をつき、それぞれの喪失を悼む姿が捉えられている。そのように悼みの旅の一片を捉える冒頭のシークエンスには、前述の三つの問いをもとに、それぞれの故人に対する悼みの言葉がヴォイスオーヴァーで重ねられる。悼みの現場において静人は、右手を宙で仰ぎ心臓の前に拳を置き、そして左手は地面すれすれで何かを掬うように弧を描き、右手の拳に合わせながら「そんなあなたが確かに生きていたということを私は覚えておきます」と、それぞれの喪失を体内に取り込むように記憶することを誓う。

一つ一つの喪失を単なる数字ではなく、個人として「生きていたということ」を憶えておくことが静人の悼みの根幹にある。東日本大震災に限らず、大きな災害や事件によって大勢の人間が亡くなった時、死者は数値化される傾向にある。たとえば一万五〇〇〇人以上が亡くなった東日本大震災のあと、一人一人の故人について知ることは到底困難かもしれない。しかし、もし静人が実在していたとすれば、彼は一つ一つの喪失を悼むのではないか、と読者／観客は期待するだろう。震災前に小説として発表された『悼む人』が震災後に再び読まれ、また映画化されたことは、復興を目指すなかで置き去りにされたもの、「うずくまったままの人」たちへ視線を向ける必要性があることを反映していると考えられる。

静人が悼みの現場へと歩く移動性はそれぞれの場所に存在する喪失の物語を紐解く鍵となる。かつて「うずくまったままの人」であった静人は遺族に喪失を乗り越え前に進むことは強要せず、あくまでも彼自身が移動性の主体となる。自分とはまったく関係のない人々の死を悼む行為は喪の映画のなかでも珍しいが、震災後という特定の時代性において、こういった悼みの行為を描く作品の登場は必然と言えるのかもしれない。本章の後半では、震災と「同時代に生きる」映画監督の一人であり、個人レベルの喪失を一貫して扱ってきた中川龍太郎の作品に着目する。

2　不在の生命を描く——中川龍太郎という映画監督と『Calling』

まず監督の来歴について確認しておきたい。一九九〇年生まれの映画監督・中川龍太郎は高校時代に太宰治や三島由紀夫を愛読し、好きな人への想いを詩で綴るような少年であった。書きためた詩を自費出版することを思いついた彼は、「恋と政治と死」を主題にほぼ全篇書き直し、一七歳で『詩集　雪に至る都』を上梓した。その後彼は産経新聞「朝の詩」欄や、やなせたかし主宰『詩とファンタジー』誌へ寄稿するなど、詩人としての頭角を現す。慶應義塾大学へ入学後、中川は一九歳で大学の仲間たちと映画制作を始め、企画、制作、そして配給までを行う映画制作団体 Tokyo New Cinema（ＴＮＣ）を設立した。長編デビュー作『Calling』（二〇一二年）が、二〇一三年のボストン国際映画祭で最優秀撮影賞を受賞したことをうけて、中川は海外展開を視野に入れた制作活動にも力を入れている。『Calling』以降、中川は『雨粒の小さな歴史』（二〇一二年）、『Plastic Love Story』（二〇一三年）、『愛の小さな歴史』（二〇一四年）、『走れ、絶望に追いつかれない速さで』（二〇一五年）、『四月の永い夢』（二〇一七年）、以上合わせて六本の長編映画を世に送り出している。

中川の作品群はこれまで直接的には震災を描いてこなかった。だが、『四月の永い夢』公開時のインタビューで中川が「最初に憶えてるニュースがオウム事件と阪神・淡路大震災で。で、大学に入ってすぐに東日本大震災があって」と答えているように、平成生まれの映画監督の記憶に震災は強くこびりついている。[15] 私の知る限り、中川はこのインタビューまで震災について積極的に言及しておらず、作品においても、『雨粒の小さな歴史』で耐震の話題が出るのみで、震災直後に撮影された『Calling』以外の作品で震災以後という時代性が物語の設定として大きく機能することはない。しかしそれでも、ポスト３・11の時代において中川の存在を見過ごすことができない理由は、最新作に至るまで中川作品には悲哀、喪失、不在、弔いのテーマが通底しているからである。前述の詩集にも共通する特徴ではあるが、中川が一〇代から抱いている「死への複雑な興味」は、作品の主要登場人物たちがいずれも何らかの欠落、喪失、死といった事象と対峙する傾向に表れている。[16] 実際、国際映画祭で入賞し、インディペンデントながらも上映館をゆるやかに拡大しつつある、中川の描く喪失には震災後の文脈から喪の映画として考察するに値する。彼が描く喪失の物語が観客を惹き付ける磁力はなんなのか。中川は「起きそうで起きない」ものの例として大地震を挙げているが、起きなさそうで起きるのが身近な人々の死である。[17] 中川は何かが「起きそうで起きない」時間感覚を世代として持ちつつも、大切な人を失ってしまうという、起きなさそうで起きてしまう物語を描き続ける。

『Calling』は不在の映画である。「予算はほぼゼロ、スタッフは〔中川と〕カメラマンだけ」で制作された本作は、精神的に病んでいる妻をどうにか笑顔にしようとする夫の底なしの愛情を描く[18]。『四月の永い夢』ではキャスト同士の音声的ハーモニーが重要視された一方で、本作では、おそらく低予算のなかで効率的に制作を行うためにダイアローグがほぼ一切用いられない。その代わり、蝉の声、料理を作る音、花を切り落とす音や街の雑踏が音響的に映画を満たす。画面を満たすのは一夏の音だけではない。飛び降り自殺を想起させる一連の編集、車に轢かれて潰れたネズミの死骸、道端で踏みつけられ萎びた青い花などのイメージを通して死の香りが漂う。本作において、生命の不在が音声によってもっとも強烈に印象づけられるのが冒頭のショットである。蝉のけたたましい鳴き声を背景に、両手いっぱいに集められた蝉の抜け殻が画面中央に映し出される。ショットが切り替わり、黒い背景に「2011 August」とインタータイトルが挿入され、夫婦が住まうアパートへと空間が移動する。このように映画の時空間が東日本大震災後の夏と設定されることによって、本作における不在に対していくつかの解釈が可能になる。

たとえば、本作を通して物言わぬ妻が抱えている女の子の人形がまるで夫婦間に存在していたはずの子どもの身代わりであり、その子どもの不在／喪失の理由が震災にあるのではないか、というものである。夫婦が暮らすアパートには、女の子と母親と思しき絵が描かれた短い暖簾が勉強机の上から掛けられている。その暖簾には二本の切り込みが入っており、そのうちの一本が少女と母親の間に断裂を作ることで、その少女が母親の手の届かない場所に配置される。物語の前半、万引きをした妻の代わりに夫が土下座する場面があるが、その時に妻が抱えている商品は紙オムツである。幼児が不在の家庭に必要ない商品への執着は子どもの不在をより鮮明にする。さらに、三枚のキャンバスに描かれた絵を夜中に夫が前述の暖簾の奥から、しかも少女の絵のついた部分をめくり上げながら取り出す場面において、そのうちの一枚が少女の絵であることが明らかにされる。後続するショットにおいて、その絵は他の絵の下に重ねられた状態でゴミ袋へと捨てられる。このように、人形、オムツ、絵に具現化された少女／

幼児のイメージは、実際に生きている少女の不在を観ている者に常に意識させる。森達也・他制作の『311』（二〇一一年）のようなドキュメンタリー映画で行方不明の子どもを探す母親たちが明かすように、津波によって多くの子どもたちの命が奪われた。『Calling』の夫婦もまた津波によって娘の命を無くし、冒頭の蟬の抜け殻は震災後に見つかった多くの遺体かもしれない。背景で鳴り響くも、決して姿を見せることのない蟬の鳴き声が抜け殻に重ねられることで、生命の不在が強調される。

古典期からポスト古典期までのヨーロッパ・アメリカ映画における喪に服す女性主人公像を分析したリチャード・アームストロングによれば、映画は「言葉によって失われたものの意味を認識することができず」、沈黙は「悲哀と黙想の強度を表現する美学的資源」として機能する。[19]『Calling』はダイアローグを排することで、妻に喪の映画における典型的な沈黙する女性像を踏襲させている。沈黙は彼女が抱える深い悲哀を表現すると同時に、沈黙を保つ彼女の「陰鬱で読解不能な」表情は彼女の哀悼はまだ終わりが見えない「行き止まり（culs-de-sac）」にあることを意味する。[20]また、物語の所々で外出はするものの、妻は主にアパートで過ごす。メロドラマ映画の伝統を引継ぎ、家あるいは家の代理的空間のような家庭的空間は「私的で個人的な問題や感情」が展開する空間であり、「喪失への反応」、言い換えれば喪の作業が執り行われる場所として認識されている。[21]映画の最後は夫婦が食卓でオムライスを食べる描写で締められる。一見して夫婦への救いを暗示する可能性を保持しつつも、実質的に妻の悲哀に対する解決策は見出されないままに終わる。

『Calling』の妻は「声もなく、うずくまったままの人」である。実際、映画を通して彼女は座っていることが多く、妻を支えるために歩き回る夫の身体イメージとは対照的に描かれる。沈黙を保ち、子どもの不在と存在が交錯する家に留まる妻を、中川はサイレント映画を彷彿させるような手法で具現化させた。ただし喪の映画の文脈から、「声もなく、うずくまったままの人」である妻を否定的に捉えられるべきではなく、むしろ悼む人と同じように存在していた生命との記憶を覚えておこうとするためのプロセスにある。東日本大震災直後に制作されたという時代性を顧みれば、『Calling』は震災後の喪失の物語の一つとして捉えることは十分可能である。なぜなら中川が映画制作をする二〇一〇年代の日本という空間から震災の記憶を拭い去ることはできないからだ。たとえ震災の直接的な被害を描いた映画を作っておらずとも、彼が描く喪失の物語は震災という限定的な経験に限定するよりもさらに多くの喪失と悲哀の物語へと広がっていく可能性を持つと私は考える。

このような可能性については、東日本大震災に対する映画監督・是枝裕和の距離感が参考になるだろう。「今度の地震に関してはもっと時間をかけて、自分なりの描き方をしたいと思うんです。今は今回の震災が自分にとって何だったのかを言葉や映像に定着させるよりも、混沌としたまま抱えていたい」と。[22] 実際、是枝は震災直後に福島へ向かっているが、被災地の惨状を目の前にして、そこでドキュメンタリーを撮ることが自分の中で困難であったと明かしている。[23] だが、『DISTANCE』(二〇〇一年)や『誰も知らない』(二〇〇四年)でオウム真理教やネグレクト、貧困といった社会問題を扱ってきた是枝は次のようにも言う。「震災を意識的に取り入れたフィクションをつくろうとは思わない」が、震災をはじめとする日常を脅かす事象による影響を受けて「映画が変わるのではなく、自分が変わる」という考え方を映画製作に取り入れる。[24] このような態度は、よりパーソナルなレヴェルでうごめきながら中川作品に現れている。

3　あなたのいない世界でうずくまる――『走れ、絶望に追いつかれない速さで』

人がひとり死ぬというのは、その人が周りの人と交わしていた親密な言語がひとつ滅びることだ。[25]

中川にとって長編第五作目『走れ、絶望に追いつかれない速さで』は大学時代の親友が自死した実体験をもとに、「亡くなった親友へのレクイエム」かつ「自分にとってのメモワール」として作られている。[26] 大学一年で出会った親友との交流のなかで、中川はゴダールやブレッソンといった映画作家を知り、サブカルに浸り、そして映画を撮ることを始めた。[27]ＴＮＣの設立前、親友は助監督や役者として中川の作品作りに協力しており、ＴＮＣ立ち上げ後も、エキストラやスクリプトとして手助けをしたという。彼の死を報告する文章において中川は、これまで二度、映画を撮ることを諦めようとしたことがあり、いずれにおいても親友がいたからこそ諦めずに済んだこと、また後に映画のタイトルとなる「走れ、絶望に追いつかれない速さで」が彼の残した言葉だったことを打ち明けている。[28]

第二八回東京国際映画祭日本映画スプラッシュ部門に正式招待された本作は、大学在学中一緒に暮らしていた親友・薫（小林竜樹）の自死から一年後、主人公の漣（太賀）が薫の残した肖像画に描かれた女性へ絵を手渡しに行く過程を捉える。『キネマ旬報』のレビューで「ロードムービー調」と表現されるこの過程を通して、漣は薫の不在――つまり、漣の人生からの喪失――と向き合わざるを得なくなる。[29]家、コインランドリー、銭湯といった日常的な空間や物理的な旅を通じて想起される薫との記憶は、多くの喪の映画と同様に「並行的な時間性」を映画に与え、過去と現在を時間や空間の移動によって交錯させる。[30]この旅を通じて、観客は漣と薫の親密さの強度を目撃し、また漣にとって薫の不在がどれほど重くて深いのか、孤独と悲哀から内臓をえぐられるように漣が流す涙を目撃する。

一人の人間の死をどのように捉えるのかは、故人との距離感に左右されるだろう。故人に対する喪の作業を行う時期や長さ、あるいは方法に「正しさ」は存在しないと私は考えている。中川が親友の死をもとにした群像劇を作るのではなく、自らの経験に焦点を当てることによって、喪失に対する他者と自らの視点の間にある「分かり合えなさ」を漣という主人公を通して描く演出は、だからこそ、そのような「正しさ」に縛られることなく、故人との距離感の間を自分のペースで移動しつつ、喪失と対峙する方法を模索する過程を導き出すのだ。[31]薫の死後、「声もなく、うずくまったままの人」であった漣が、どのようにしていつしかの静人のように悼みの旅へと動きだすのか。以下では映画の具体的な分析を始めよう。

本作の冒頭シーンは、誰かが残していったであろう絵を少女が拾い上げる姿と、ある男性が夜道のドライブの果てに、海辺の崖へと辿りつく様子を描く。夜道を運転する、崖沿いに停車した車の中で漫画雑誌を読む、崖の上でタバコを吸いながら、崖の下を恐る恐るのぞき込み、足が竦んで後ずさりしながら、朝焼けを背景に頭をかきむしる。この一連のアクションを通して観客はこの男性の顔を正面から見ることはできない。だが、画面がブラックアウトし波の音が遮断された後、「さらば！ 薫くん♥」と黒字で大きく書かれた紙が壁に映り、ティルトダウンするキャメラの先に頬杖をついた男性が現れる。冒頭で不在だった顔がここで挿入されることで、冒頭の男性とこの男性が同一人物であることが編集によって印象強く示され、彼が座っている位置関係によって彼が薫であることが分かる。また、ホーム・ヴィデオ的質感で撮影されるこの場面は、薫の人間関係を短時間で巧妙に構築する。理沙子は「薫ちゃんの元彼女」として周囲に認識され、キャメラを面倒くさがる薫が「あいつ撮れ」と指さすことができる男性が漣である。このホーム・ヴィデオ的場面は、薫が大阪で就職する前に友人たちと過ごした最後の時間を残した記録となる。

画面がブラックアウトし、次に続く薫の一周忌の挨拶によって、薫がすでにこの世に存在しないことが提示される。本作はこの一回忌のシーンが始まるまでにたった七分三〇秒しか経っていない。にもかかわらず、薫の父親の「もう、一年過ぎたんで乾杯します」や旧友が「もう一年か」と言う際に強調される「もう」というたった二文字の副詞によって、一年という時間単位が過ぎ去る早さが示唆される。父親が「乾杯」の音頭を取ると同時に、キャメラは漣へと向けられる。他の参加者が「かんぱい」という四文字をはっきりと発する一方で、漣は弱々しく「……ぱい」と発話し、グラスを持ちあげる。ここで注目したいのは、「もう」という副詞が示唆する時間の流れについていけない漣の「遅さ」である。それは「かんぱい」と最初からはっきりと言えなかった漣の「ついていけなさ」とも解釈することが可能である。言い換えれば、漣の時間感覚は映画がたったの七分三〇秒しか経っていなかったのと同じく、すでに一年が経ち、その一年の早さに異質さを感じることなく受け入れることができている（ように見える／聞こえる）他者とは異なる時間性を、薫の死に対する喪の作業という観点から、進んでいると言える。

このような弔いに対する遅い時間感覚は『四月の永い夢』でも顕著である。それはLisbon22が的確に言語化するように、故人を「共に悼んだ人達が何とか喪失を受け入れ、生き残ったもののつとめとして前に歩き出す一方で、どうしてもその喪失を受け止めきれないひとによって、自分だけが世界から取り残されて時が止まってしまった」感覚である。(32) ここでいう「世界」とは、多くの喪の映画が提示する二つの世界のうちの一つである。つまり、一つは「喪失がまるで起こらなかったかのように人生が進む世界」であり、もう一つの世界とは「世界を定義していた人がいなくなってしまった世界」である。(33) 喪の映画の主人公たちはこれら二つの世界の間（in-between）でうずくまっている状態にあり、故人との思い出の詰まった空間が「並行的な時間性」を通じて映画的に提示されることで、喪失がより強く意識される。

漣の生活から薫が抜け落ちた事実が突きつける空間が二つある。一つは大衆浴場である。大学を中退し町工場で働く漣は帰り道に銭湯へ行く。客が一人しかいない湯船に浸かる漣をキャメラはワイドレンズを用いてロングショットで捉えるのだが、漣は画面の左三分の一の湯船を占めているに過ぎず、残りの三分の二が大きく空いている。ロビーの長い腰掛けに座る漣を画面中央にロングで捉える次のショットでも、空間的な広がりのなかでぽつんと座る漣の隣に空いたスポットが強調される。他方、次に同じ銭湯が登場する過去の場面では空間的により狭い印象を与える一方で、漣と薫の親密さを身体的な近さを通して表現される。キャメラは湯船に浸かり他愛のない話を繰り広げる二人をズームレンズを用いてミディアムショットでフレームに入れる。銭湯の空間を現在と過去で比較することによって、漣が抱える喪失はかつてそこにいた薫の不在が可視化されることで強調される。

二つ目の空間は漣が暮らすアパートである。過去軸において生前の薫は漣と同居しており、二段ベッドの上段を使用していたことが明らかになる。『Calling』でも私的空間がもっとも喪失を意識させる空間であることは指摘したが、空間的使用の類似点が見られる『四月の永い夢』においても不在と存在を私的空間を用いて演出する手法は健在である。薫の初恋相手に肖像画を渡すためのロード・トリップに出発する直前、アパートを訪れる理沙子が「まだ引っ越してなかったんだね」と言うとき、そしてその彼女に薫がかつて使っていた水色のマグカップで飲み物を出すとき、漣が薫と一緒に過ごした記憶の詰まった空間を手放すことが未だにできない状態にあることが婉曲的に指摘される。後で述べるが、ここで理沙子が元恋人として易々とやってのける行為は、漣が薫の不在と対峙するうえで重要なものである。すなわち、薫が使っていた上段ベッドにあがることである。漣が下段ベッドを好むのは高い所が苦手だからだ、と漣自身が説明する。しかし、かつて薫が存在していた空間に身を重ね合わせることは、たとえ生前の薫と至近距離で接することができる関係性であったとしても、喪失と対峙する旅から帰還するまでは遂行することができない。

薫の両親をはじめ、薫を知っていた人々が一周忌という時間の流れとともに前に進もうとする一方で、漣はなぜ立ち止まり、うずくまったままなのか。本章が震災後の日本文化において、喪の映画として『走れ、絶望に追いつかれない速さで』を取り上げなければならない重要性を感じたのは、喪の作業を論じるときに、同性同士の関係性、とりわけ男性同士の親密さが見過ごされてきたように考えたからだ。親から子、子から親、あるいは異性愛の恋人同士といった関係性は喪の映画の研究でも中心的に取り上げられてきた。しかし、そのような傾向に隠蔽されてきたのは同性間の親密さであり、喪失を語る機会である。薫の不在に対する漣の喪失は、Lisbon22がジュディス・バトラーの『アンティゴネーの主張』を参照し、「死者を「正統に」弔うことができない人、愛の喪失を「適切に」意味づけられない人は、私たちの社会においては不適当なものとされ、抑圧・排除の対象となる」として指摘するように[34]、現代日本において「公的に嘆くことが叶わぬ喪失」として認識されるものなのかもしれない[35]。

同性間の喪の作業を困難とさせる重圧を端的に示すのが、薫がクラブでナンパした女性二人と居酒屋で飲む場面において、薫と漣の関係性に同性愛的解釈が介入する時である。「いやいやいや、よく言われるけども」と薫は笑ってごまかすが、「ゲイ?」と問う女性の方をまっすぐ見たまま漣は何も言わない。その間、居合わせたサラリーマンたちの下品な会話に苛つく漣をなだめようと漣の肩を触る薫の手にフォーカスが当てられる。しかし、薫の努力も虚しく、漣はサラリーマンたちに向かって暴言を放つ。女性たちがお金を置いてそそくさと去った後、「お前が短気起こすから」と言う薫に対して、漣は「悔しくねえのかよ」と返す。サラリーマンたちの会話は決して漣や薫に向けられたものではなかったはずであり、もしそうであれば、漣の言う「悔しさ」とは何に対する感情なのだろうか。漣が女性たちに対して終始不機嫌な態度を取っていたことを考慮すると、漣の「悔しさ」は「ゲイ？」という疑いに向けられたものとして考えることも十分可能だろう。中川は『Plastic Love Story』において悲劇的なクィアな登場人物をすでに描いている。漣と薫の間に性的な関係性があったか否かは観客の想像に委ねられるしかないが、ここで重要なのは漣の「悔しさ」や「短気」は自身が抱えるホモフォビアに対する感情の一片としての解釈もありうるということだ。あるいは男性同士の親密さを同性愛、両性愛的関係としてしか見ることができない想像力の乏しさへの「悔しさ」かもしれない。

そのような想像力の乏しさは男性間の友愛に基づいた喪失を「公的に嘆くことが叶わぬ喪失」と化し、男性から喪の作業に従事する機会を奪う可能性がある。男性同士の友愛という文脈において『走れ、絶望に追いつかれない速さで』と親和性を持つ春本雄二郎監督の『かぞくへ』（二〇一六年）もまた、異性愛の恋愛関係よりも同性間の友愛を優先することで生じる葛藤や生きづらさを描いた。けれども、たとえ将来に不穏さは残るものの、同性間の友愛が尊重され存続する形で結末を迎える『かぞくへ』とは異なり、薫はもうこの世にはいない。過去軸の物語は、漣と薫が朝日の差すビルの屋上で過ごす二人だけの時間を美しく描く。この場面に至るまでとこの場面において強調されるのは、将来に向けての希望であり、映画のタイトルでもある言葉を薫が漣に残したことである。しかし、「将来、なんか一緒にできたらいいな」とあの朝日に向かって薫が語った将来にもはや薫は存在していない。漣にとってそのような将来＝現在は「世界を定義していた人がいなくなってしまった世界」であり、前に進むことに意義を見いだせない世界である。

4　感情をさらけだす――距離を確かめること、食べること、そして飛び立つこと

本作は約八三分間の尺のうち、約三〇分をロード・ムーヴィーの形式で展開させる。漣は理沙子とともに薫がかつて中学時代の一部を過ごした北陸地方に向かう。ダッシュボードに設置したキャメラで運転席と助手席を映しながら進む会話や、大きく広がる日本海や自然を捉えた、流れるような移動ショットが挿入される映像スタイルはロード・ムーヴィーの形式を意識した撮影方法であると言える。このように、旅の形式を採用することで、喪失の物語である本作に物理的な移動性が視覚化される。『悼む人』の静人のように死の現場まで歩くことはないが、本作の場合は、喪失に対峙する本人が親友が自殺したと考えられる崖を訪れる。

薫が海へと身を投げたであろう崖で漣と理沙子は何を思うのか。崖において二人はしばらく沈黙を保つ。かつて同じ崖で薫がタバコを吸っていたように、漣は手に持っていたタバコをまるで線香を手向けるかのように崖にそっと置く。すると理沙子は泣き出す。彼女が少し落ち着くまで待った漣は、「俺はさぁ、むしろ理沙子に嫉妬してたよ。あいつお前と付き合ってから、構ってくんねぇからさ」と打ち明ける。理沙子は「ばかじゃないの」と泣きながら笑う。漣の言葉は理沙子に冗談として解釈されるが、ここで注目すべきは、この言葉を契機に漣が初めて薫に対する感情を打ち明け始めたということである。このように、北陸への旅は漣にとって薫の不在へと対峙するための機会となると考えられる。

崖の近くで滞在することとなった旅館での夜、漣と理沙子はなぜ北陸へ来たのかを互いに問いかける。ミディアム・ロングの画面サイズ、フィクスで約三分間つづくロングテイクの構図（図1）は、画面左手に漣が腰掛け、画面右手の窓際に理沙子が座っている。理沙子の方が構図的に高い位置にあるのだが、漣のある一言を聞いた理沙子がほぼ同じアイ・レヴェルの高さに座り直してシーンが終わる。では、具体的にどのような会話が展開するのか。

図 1　薫との距離感を再想像する二人。漣の身体は薫（の不在）との近さに囚われ動きを制限されている。

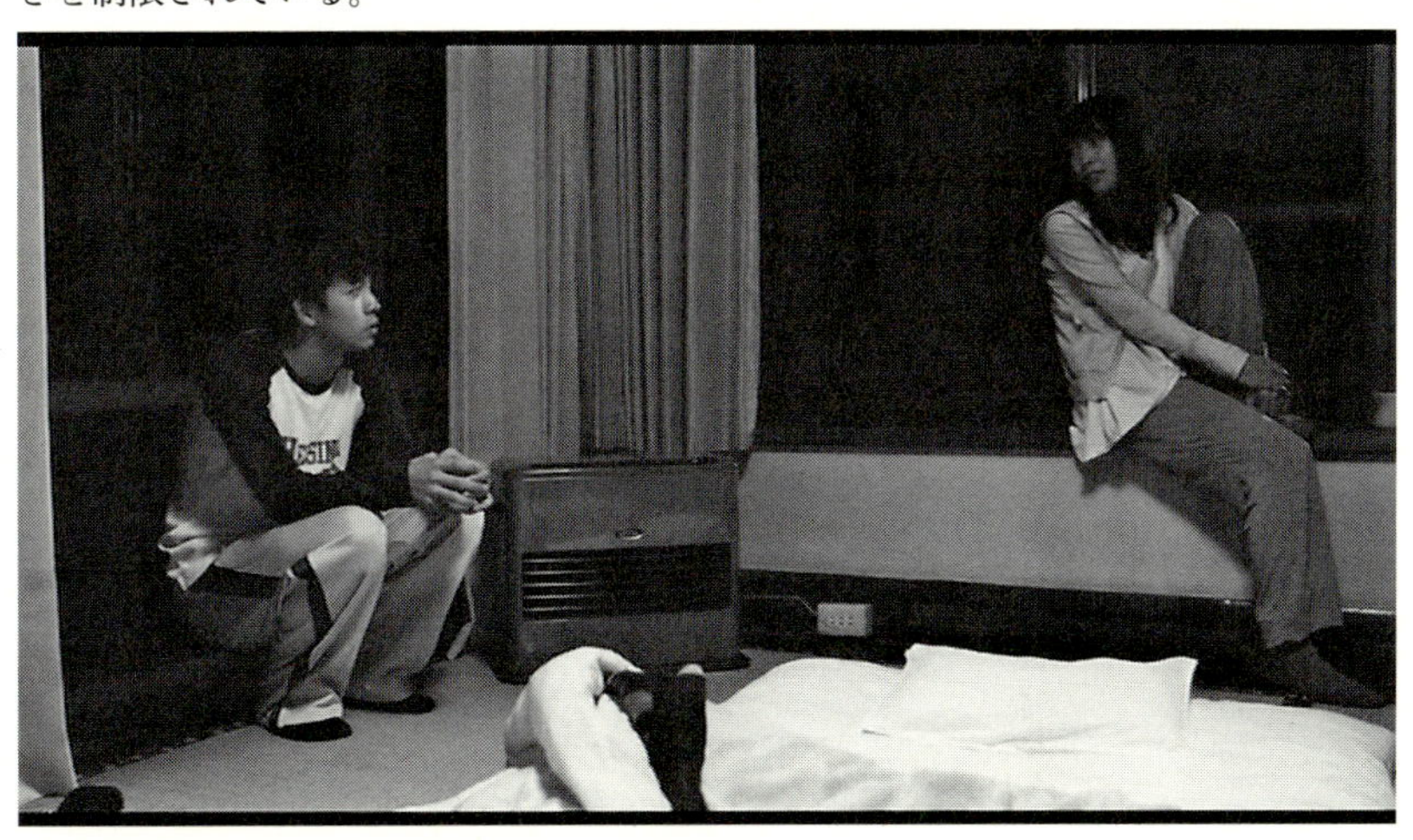

すでに死んでいる薫に振り回されることが癪だ、と毅然と振る舞う理沙子は翌朝の電車で帰ると漣に告げる。「なんで来たの？」と問う漣に対して、「わかんないよ、そんなこと」と目を合わせることなく漣に言い返す。「自分が別れたせいでって思いたくないから」と続ける漣に対して、目を合わせずに「自分はどうしたいの。あんな近くにいたのに」と、そして振り向いて「自分こそ会ってどうするの。会ったらなんか変わるの」と理沙子は問い直す。それに対して、漣はゆっくりと吐き出すように言う。「せめて憎んでくれてたら。俺のこと。自分とは何も関係なく死なれたって思う方がしんどい」。その言葉が突き刺さり、理沙子は静かに目頭を押さえながら床に座る。最後に、「ほんとはどんなやつだったんだろうな」と目線を下に向けたまま漣はぼそりと投げかける。キャメラと被写体の距離は、二人の表情が見えるほどの近さでありつつも、薫との距離感を手探りで考え直す過程で反応する身体の動きの全体像を正確に捉える。漣の身体は顔がわずかに上下運動するだけで、残りの手足は硬直したままである[36]。この硬直が解放されることはあるのだろうか。

理沙子と別れたあと、漣は薫の初恋相手を捜し当てる旅を続ける。崖に至るまでの道のりと比べて、後半の旅の方がトラッキングやパニングを用いて景色を映し出すショットの数が多く挿入されている。印象的なのは、画面奥に超ロングショットで撮影されていた夕焼けが、ロングショットへと切り替わることでより大きな夕焼けを映し出す編集だろう。夕焼けの美しさと対比されるのが、キャバクラで働いていた薫の初恋相手・環奈と出会うことで経験する分かり合えないことでの落胆である。一切の人工照明を排した崖に戻った漣を灰色に近い暗闇のグラデーションと日本海の波の音が包み込む。喪の映画において、灰色は喪失に飲み込まれそうな者の精神状態を表し、また海の満ち引きは生と死の境界線となることで喪に服す者の自殺を暗示する場合もある。[37] まさに絶望に追いつかれそうになりながら、漣は救いを求めるかのように誰かに電話をかける。留守番電話につながる相手が誰なのか、観客は知ることはできない。しかし、もし漣が薫へ電話をかけていると仮定した場合、けっして繋がることのない電話の機械的な音声は冷たく薫の不在を増長させるに過ぎない。

漣の喪失の物語においてもっとも印象に残るのが、旅館の老人に引き留められた漣が暖かい食事を食べる場面である。キャメラはまず漣を側面からバストショットで捉え、彼がゆっくりと食事に手をつける様子を映す。ひとたび漣が食事を口に運ぶと、キャメラは彼を正面から撮影する位置に切り替わり、ほぼフィクスで約三分間のワンカット=ワンシーンが続く。食事を進めるにつれて、それまで一度も涙を流すことのなかった漣の感情が揺さぶられ、彼は泣き崩れながらも食べ物を詰め込んでいく(図2)。中川監督はこの場面を太賀に演じさせるうえである注文をしたと言う。「「この映画では、わかり合えなさを描きたいんだ」ということです。だから、漣の感情が動くのは環奈のいるキャバクラのシーンから、泣いて飯を食うところまでにしなければいけないと伝えました。漣が泣くシーンの前日から、太賀さんは誰とも口をきかず、飯も抜いて。本番では胸を打つ芝居をしてくれました」[38]と。漣が旅の終わりに食べる食事は、硬直していた彼の身体を解きほぐし、涙や震えという情動的な形で内に抱えていた感情を体外へとようやく移動させるのを助けたのだった。[39]

薫の喪失と対峙する旅の果てに、漣は薫が残した一枚の絵を見つける。広大な海のうえで大きく輝く太陽に向か

図2　静かに泣く漣とは対照的に，背後で流れる蛇口の水音は豪快に空間を満たす。感情の決壊を音響的に表象するショット。

って、腕をまっすぐ広げて飛んでいる人が描かれている絵だ。絵に描かれた人は、あの日ビルの上で、真っ赤な朝日に照らされながら同じように腕を伸ばして飛んでいた親友に似ている。東京へ戻りパラグライダーを始める漣は、薫と同居していたアパートから引っ越す。空の二段ベッドと段ボールだけが残った明るい部屋で、漣は薫の上段ベッドに寝転がり天井を見つめる。薫がかつて眺めていた天井を見つめる漣の視線は、今度はパラグライダーで薫が目指した大空と太陽へと向けられる。パラグライダーを経由して本作の冒頭と結末は、薫と漣の視線の一致を介してある種の円環構造を作り出す。海を背景にたたずむ薫をキャメラが捉える。薫が画面左のオフスクリーンを見ながら少しほほえむ。ショットが切り替わり、漣は夜道を運転する様子が、冒頭で薫が夜道を運転するのと同じように撮影される。パラグライダーのために見晴らしのよい山の平地に停車して休む漣をキャメラがフロントガラス越しに捉える。キャメラアイは車内へと移り、逆行でほとんど認識できない漣の横顔を映す。だんだんと画面がフェイドアウトし、坂道を自転車で下る漣と薫が見える。腕を広げて、まるで飛ぶように自転車を操る薫の姿はパラグライダーのイメージと

も重なる。穏やかな海波に反射する赤い朝日。空の向こうに見える朝日を見つめる漣が振り向き、キャメラをまっすぐに見つめる。漣が視線を送る先には、おそらくオフスクリーンに向かって笑っていた薫の視線へと繋がる。薫と漣の視線が同一化するのではなく、まるで切り返しショットのようにつながれる編集は、漣が薫の不在を乗り越え忘却するのではなく、不在と共存していく方法を模索しようとする未来を想像させる。

5　終わらない喪失の物語

喪失の物語における移動性の役割を、震災以後に製作された主に三つの作品を分析することで明らかにした。これらの喪の映画はいずれも「声もなく、うずくまったままの人」を物語の核に置き、それぞれがどのような喪失を抱え、またどのようにその喪失を乗り越え、あるいは共存するのかを描いている。これらの映画で描かれる喪失は東日本大震災に直接リンクしていないと反論する者もいるだろう。明示的なレヴェルの表象において、そのような意見はある程度の信憑性を有すると考えられる。しかし、明示的なレヴェルでの震災による物理的ダメージは、テレビやインターネットで放送／拡散された津波が家々を飲み込む様子や福島原子力発電所の爆発など震災直後から数え切れないほど目にしてきたではないか。また、直接的な震災へのリンクが被災の当事者と非当事者の境界を分断することは、震災の時代を生きる我々にとって有効な手段なのだろうか。もちろん、震災から一〇年、一五年と時間が経つうちに、被災者や被災地を舞台としたフィクション映画やドキュメンタリー映画はさらに多く増えるだろう。けれども、私たちはその瞬間に向かってただ真っ直ぐと前へと進み、その速度についてこられない者たちを置き去りにするのか。

喪の映画はそのような人々を決して置き去りにすることはない。なぜなら、喪の映画では喪失を前に「声もなく、うずくまったままの人」たちが常に主人公であり、彼／彼女たちが喪失を前に、大切な人の喪失／不在によって意味の失われた世界に留まり、涙を流し、沈黙し、あるいは共存の道を模索する姿を真摯に表象するからだ。喪の映画は、「声もなく、うずくまったままの人」たちの存在を隠蔽することなく、彼／彼女たちがそれぞれの速度で喪失と付き合う過程を描く。このような映画は、直接的な災害描写を持たずとも、震災後という時代において観られるとき、震災による喪失を経験した者たちの物語として解釈することも可能であるし、それ以外の原因による喪失を経験した者たちの物語として理解することもできる。

喪失のない世界はあり得ない。『四月の永い夢』において主人公・初海の元恋人の母親は喪失について次のように言う。「人生って失っていくこと。失い続けることで、その度に本当の自分を発見していくしかないんじゃないかな」と。何かを失うたびに自分の位置を移動させ、心地よい所に調整すること。そのようにして、ポスト3・11という時代において喪失との共存の方法を模索していくことを映画的想像力を通じて実現するのが喪の映画であると私は考える。

註

(1) 木村朗子（二〇一八：二六）。
(2) Armstrong (2012) などは喪の映画に関する代表的な先行研究である。
(3) 藤田（二〇一七：二四）。
(4) 天童（二〇〇八：三四）。
(5) 天童（二〇〇八：四〇）。
(6) 天童（二〇〇八：二二五）。
(7) 天童（二〇〇八：四四三）。
(8) 天童（二〇〇九＝二〇一二：四九）。
(9) 天童（二〇〇九＝二〇一二：四九）。

(10) 「本の話」編集部「静人と自分の成長の証」『文藝春秋 Books』二〇〇九年一一月二〇日。https://books.bunshun.jp/articles/-/3059（二〇一八年七月三一日アクセス）
(11) 天童（二〇一二：三八〇）。
(12) 天童（二〇一二：三九三）。
(13) 天童（二〇一二：四〇六）。
(14) 天童（二〇〇八：四四三）。
(15) 兵庫（二〇一八：一三七）。
(16) 中川（二〇一七b：一二七）。
(17) 兵庫（二〇一八：一三七）。
(18) 『Calling』の劇中、フィッツジェラルドの『夜はやさし』が登場する。未完成と呼ばれるこの小説に登場する精神病を患う若い妻が、本作の無言の妻の人物像構成に用いられていると考えられる。この点に関しては別稿に譲る。
(19) Armstrong (2012: 193).
(20) Armstrong (2012: 192).
(21) Armstrong (2012: 176).
(22) 是枝（二〇一七：一三九）。
(23) 是枝（二〇一七：一三七）。
(24) 是枝（二〇一七：一三九）。
(25) 水原（二〇一八：一八五）。
(26) 『四月の永い夢　パンフレット』（二〇一八：九）の「Production Notes」。
(27) 中川（二〇一七a：一七五）。
(28) 中川（二〇一三）、二〇一八年七月三一日アクセス。
(29) 石村（二〇一七：一三四）。
(30) Armstrong (2012: 179).
(31) 石村（二〇一七：一三四）。

（32）Lisbon22（二〇一八）、二〇一八年七月三一日アクセス。
（33）Armstrong (2012: 28).
（34）Lisbon22（二〇一八）。
（35）バトラー（二〇〇二：五六）。
（36）理沙子と漣は崖を降りたあと、浜辺で凧揚げをしている子どもたちと出会う。二人は凧揚げをやらせてもらい、理沙子がうまく凧を操作できる一方で、漣に交代するとすぐに凧は地面に落下する。そんな漣に対して女の子が「力抜かないと」と言う。もし泣くことが喪失によって硬直した身体をほぐすのであれば、漣の身体は喪失を前に強ばっていると推測される。
（37）Armstrong (2012: 187, 99).
（38）石村（二〇一七：一三四）。
（39）わすれン！のプロジェクトの一つ「3月12日　はじまりのごはん」は、二〇一一年三月一一日から二〇一一年五月二四日までに撮影された七二枚の写真から成る展示である。震災直後の食体験について多くのコメントが付箋紙を用いて貼られているユニークな展示である。『走れ、絶望に追いつかれない速さで』で、喪失にうちひしがれる漣を救ったのが食事であったように、この展示会は震災で様々なものを失った、大部分が被災当事者から様々な視点が寄せられている。例えば「食べることは生きる事」という付箋コメントは食事と生命の直結性を提示する。また「たいせつな人を失い食べることなんてどうでもいいと思っていた。でも今もこうして生きている」というコメントは、喪失と対峙し絶望の淵にうずくまりつつも、食べる行為を通じて自らの生命を実感した言葉である。

引用文献

石村加奈（二〇一七）「走れ、絶望に追いつかれない速さで」『キネマ旬報』五月上旬号
木村朗子（二〇一八）『その後の震災後文学論』青土社
是枝裕和（二〇一七）「日常の根底が揺らいでいる世界に向けて、父親となった自分が描きたいと思うこと」『文藝別冊　総特集　是枝裕和　またここから始まる』河出書房新社、初出『熱風』二〇一一年一月
『四月の永い夢　パンフレット』（二〇一八）ギャガ株式会社
天童荒太（二〇〇八）『悼む人』文藝春秋

天童荒太（二〇〇九＝二〇一二）『静人日記　悼む人II』文春文庫
天童荒太（二〇一二）「可視と不可視のはざまで――悼む人、被災地にて」『静人日記　悼む人II』文春文庫
中川龍太郎（二〇一三）「ご報告」『Tokyo New Cinema　ホームページ』（二〇一三年七月二日）http://tokyonewcinema.com/news/1170/
中川龍太郎（二〇一七a）「大学一年」『すばる』集英社、三月号
中川龍太郎（二〇一七b）「詩情のゆくえ、詩作のいしずえ」『すばる』集英社、七月号
ジュディス・バトラー（二〇〇二）『アンティゴネーの主張』竹村和子訳、青土社
兵庫慎司（二〇一八）「中川龍太郎『四月の永い夢』「消えていくもの」と「残されたもの」で現代のリアリティを描く、新しい才能」『CUT』ロッキング・オン、五月号
藤田直哉（二〇一七）「同時代としての震災後」限界研編『東日本大震災後文学論』南雲堂
「本の話」編集部（二〇〇九）「静人と自分の成長の証」（二〇〇九年一一月二〇日）『文藝春秋 Books』https://books.bunshun.jp/articles/-/3059
水原涼（二〇一八）「クイーンズ・ロード・フィールド」『蹴爪』講談社

Armstrong, Richard (2012) *Mourning Films: A Critical Study of Loss and Grieving in Cinema*, Jefferson: McFarland & Company, Inc.
Lisbon22（二〇一八）「映画『四月の永い夢』、乗り越えられない死に寄り添い続けること」『WEZZY』（二〇一八年五月二二日）http://wezz-y.com/archives/54970

第11章　〝かつて3・11があった〟
――映画における災害と忘却のストラテジー

谷川建司

1　3・11を後景におくことでその意味を問う作品群

東日本大震災後、津波の被害やその後の原発事故に触発されて夥しい数の劇映画が作られている。それらの中には、観客がそれを意識して観てくれるか否かは別として、少なくとも震災について自分の考えるところを自らの作品の中に暗喩なり直喩なりの形で示すことで、震災を自分自身の問題として捉えていることをアピールしている作品群がある一方で、震災や原発事故が起きた事実を単に事実として後景におき、物語そのものは震災とも原発事故とも関係なく進行するものもある。――本論考では主としてその後者、即ち〝かつて3・11があった〟という事実を後景に置いて、それについて多くを語らないことによって、却って作り手にも観客にも深層意識としての3・11の意味といったようなものを先鋭化させる作品のメカニズムを検討していく。それらの作品には、〝人は大切なことでも忘れてしまう〟という否定できない真実をベースに、その〝忘却〟との間の距離の取り方において、〝忘却〟への抵抗なり、〝忘却〟への許しなり、〝忘却〟の積極的利用なり、個々の作家のストラテジーが存在すると考えられるが、それらを比較検討することによって震災後の日本人のメンタリティというものを浮き彫りにさせることが本稿の目的である。

2　人はなぜ大切なことでも忘れてしまうのか？

大地震、大津波のような自然災害にしろ、大空襲、原発事故、大規模なテロ行為のような人為的な災害にしろ、直接的・間接的を問わずそれらによって理不尽にも命を奪われた個人に対する、残された者——遺族や恋人といった故人を愛した当事者たち——の悲しみや嘆きというものは、どんなに共感し、共鳴し、その心に寄り添おうとしても、皮膚感覚としてのその痛みの本質部分というのはそれを経験した当人にしか判らないものである。だが、その悲しみや嘆きが持続する期間は何十年という程度の長さに過ぎない。可愛い孫を失った祖父母はせいぜい三〇年、子を失った親にしても六〇年ほどの期間しかその悲しみと共に過ごす時間は残されていないだろうし、幼い時に親や祖父母を失った子供とて六〇年とか七〇年、どんなに長くても八〇年も経てばこの世を去るに違いない。つまり、八〇年経てば、亡くなった者を直接知っていた人、つまり残された者として悲しみや嘆きを経験した人というのはいなくなる。その後には、そういった悲しみや嘆きは〝忘却〟の彼方へと消えていく。もちろん、過去のそうした悲しみや嘆きが後の世の人々の前に突然提示されることもあり得る。たとえば、エジプトの王家の墓から埋葬品や花束の痕跡と共に子供のミイラが発見された時、我々は何千年も前の、子を失った親の悲しみや嘆きを鮮烈に感じ取ることができ、それはその悲しみや嘆きといった生身の感情が何千年かの間ずっと〝忘却〟の彼方にあったのに、いま突然目の前に提示されたという事実自体が心を揺さぶるのである。

では、個人というレヴェルとは別に、集団的記憶としての大地震、大津波、大空襲、原発事故などについてはどうであろうか。たとえそれが〝負の記憶〟だったとしても、文学や映画、あるいは記念碑のような形で、それを後世に残そうとする人たちがきっといるに違いなく、それは故人の記憶の集積やサンプルとして機能して意識的に未来への警鐘として残されていくものである、と捉えることも出来よう。――だが、本当にそれは後世の人たちにとっての継承となり得ているのだろうか。

阪神・淡路大震災の被災地である神戸市のJR新長田駅近くの若松公園内に、〝震災復興と地域活性化のシンボル〟として、新長田に所縁の深い漫画家・横山光輝の代表作である『鉄人28号』の巨大なモニュメントが聳え立っている。これは、直立時に一八メートルもの設定の鉄人が、両脚を広げて片腕を延ばし、あたかも「エイエイオー!(ガオゥーッ!)」と力いっぱいこぶしを突き上げたようなポーズで、震災から力強く復興していく願いを込めて地元商店街などが中心になって設置したものである。(1) だが、『鉄人28号』という漫画が描かれた経緯を思い返したとき、地域活性化は別としても、〝震災復興のシンボル〟には違和感を禁じえない。何故なら、設定としては、『鉄人28号』は太平洋戦争末期に旧日本軍が悪化の一途を辿る戦局を一気に挽回する秘密兵器として開発した兵器ロボットというものであり、(2) そのモティーフの源泉は横山が遭遇した米国のB29による神戸大空襲の恐怖のイメージであったからだ。つまり、そもそも『鉄人28号』は神戸の街を焼き尽くしたB29の破壊のパワーをヒントに生み出されたキャラクターであり、それが再び神戸の街を焼き尽くした大震災の復興のシンボルとなっているアイロニーを、ほとんどの神戸市民や観光客は知らないと思われるからである。換言すれば、人々は一九九五年の阪神・淡路大震災のことは記憶し、語り継いで行こうとしていながら、その半世紀前の一九四五年にあった神戸大空襲のことは既にほとんど〝忘却〟しているのである。

やはり、現実としては、集団的記憶としての大地震、大津波、大空襲、原発事故などについてであっても、人は成す術もなく〝忘却〟していくということなのではないだろうか。小説や映画は〝忘却〟への抵抗の手段として生み出されるものという側面がある一方で、〝人は大切なことでも忘れてしまうものである〟という諦観を根底に持ちつつ、その〝忘却〟の意味を問い、〝忘却〟との距離の取り方によって、自らの立ち位置を明確化し、考察していくというタイプの映画もある。以下、第三節では3・11以前の大規模な災害・人災をモティーフにその記憶の

〝忘却〟の意味を考えさせる作品を四作品紹介し、次の第四節では〝ポスト3・11〟映画とその〝忘却〟へのスタンスの違いをよく表わしている作品を四例紹介することで、最終的には〝ポスト3・11〟映画における〝忘却のストラテジー〟を考察していく。

3　〝忘却〟することの意味を意識した3・11以前の映画

本節では、3・11以前の人々の集団的記憶としての、〝忘れてはならないこと〟としての災害をモティーフとしつつ、人々がそのような大切なことすら忘れてしまうのだという現実を踏まえて様々な形で描かれた映画作品を四例取り上げる。具体的には、ナチスのホロコーストをモティーフとしたアトム・エゴヤン監督による『手紙は憶えている』（二〇一五年）、「ウラル核惨事」として知られる一九五七年のロシア、チェリャビンスク州に存在した秘密閉鎖都市、オジョルスク近くのマヤーク原発における放射能汚染事故をモティーフとしたアンドレイ・タルコフスキー監督の『ストーカー』（一九七九年）、アメリカで二〇〇一年に起こった「9・11同時多発テロ」後に初めてマンハッタンでロケーション撮影されたジェフ・オッペンハイム監督の『Funny Valentine』（二〇〇五年）、そして「島原大変肥後迷惑」として知られる一七九二年五月（寛政四年四月）の大地震・大津波、そして同じ地域での一九二二年の大地震・大津波をモティーフとしたタッド・ダニエレフスキー監督の『大津波（The Big Wave）』（一九六一年）の四作品である。以下、それぞれの作品について述べる。

カナダ＝ドイツ合作である『手紙は憶えている』が扱っている題材は、これまでにも何度となく映画の主題となってきたナチスによるホロコーストのおぞましい記憶と、戦後、名前を変え素性を隠して、素知らぬ顔で今も生きている元ナチスの戦争犯罪人への追及というテーマである。戦後七〇年以上が経過し、加害者も、サヴァイヴァーである被害者も共に人生の残り時間が刻々と残り少なくなる中で、本作の主人公も既に九〇歳近くになり、認知症が進んで、一度寝てしまうと翌日には昨日までの記憶がリセットされてしまい、一週間前に妻が死んだことも忘れてしまう状況だ。同じくホロコーストのサヴァイヴァーである親友は脳梗塞の影響で歩行が出来ないが、主人公に対して「成し遂げねばならないこと」が書かれた手紙を託す。それは収容所で家族を処刑したナチスの軍人がユダヤ人に成りすまして今も生きている事実、そしてその偽名と、その同じ名前を持つ四人の候補者の住所であり、主人公は薄れる記憶と闘いながら復讐のため四人を一人ずつ訪ねる旅に出る、といった内容である。そこから先はサスペンス映画としてのどんでん返しの展開となるが、ずばり、アトム・エゴヤン監督が描こうとしたポイントは、否も応もなく消滅していく運命にある人の記憶というものを、如何にして留めていくか、ということである。つまり、〝人は大切なことでも忘れてしまうものである〟という事実を前提とした上で、それでは人は何をなすべきなのかを問うていくことである。それは、〝忘却〟への抵抗というよりは、逆に〝忘却〟と如何に折り合いをつけていくか、といった〝忘却〟との付き合い方を描いた映画という側面もあろう。

アンドレイ・タルコフスキー監督の『ストーカー』に関しては、一般には一九八六年に起こったロシアのチェルノブイリ原発事故を〝予見した〟作品として語られることが多いのだが、実際にはチェルノブイリの惨事ほど認知度は高くないものの、同じロシアのチェリャビンスク州北西部にあるオジョルスクの近くにあったマヤーク原発で一九五七年に発生した核廃棄物処理場事故をモティーフにした、とされる。

SF映画としての体裁を取っている本作品には、直接的にはマヤーク原発の事故自体は言及されていない。物語は、ロシアのある地域で起こったという〝ある出来事〟のために多数の住民が犠牲となり、政府によって立ち入り禁止地域とされたその〝ゾーン〟を舞台に、〝ゾーン〟の中にあると噂される〝願いの叶う部屋〟への道案内人＝ストーカーの一人である主人公と、彼に道案内を依頼する科学者と作家らが、〝願いの叶う部屋〟に到着し、それが実は願いを叶えるのではなく、自身の心の奥底にある醜い欲望を現実化させる場所なのだと理解する……といったものである。アルカジイ&ボリス・ストルガツキー兄弟による小説『路傍のピクニック』を原作とはしているが、実際にはほとんどタルコフスキー監督のオリジナルで難解なストーリーが展開される。劇中、放射能という言葉すら出てこないものの、主人公のストーカーが何度も〝ゾーン〟に出入りしている代償として娘の脚に障害が起きているという設定があるなど、原発事故について〝何も語らないこと〟によって却って原発事故のことを意識せざるを得ない作りとなっている。その意味で、本作はマヤークの核廃棄物処理場事故との関係で言えば〝忘却〟への抵抗であるのかもしれないし、チェルノブイリ原発事故との関係で言えば〝忘却〟によって同じ惨事が繰り返されるという未来の可能性を予言した作品、ということが出来よう。

インディペンデント映画である『Funny Valentine』は、完成からかなりの年月を経た二〇〇五年になるまで米国内で公開される機会を持たず、日本では劇場未公開・ビデオ未発売であるため、ほとんど知られていない作品だが、アメリカで二〇〇一年に起こった「9・11同時多発テロ」後に初めてマンハッタンでロケーション撮影された作品であり、ツインタワーの無い摩天楼の夜景が初めて劇中に写された作品でもある。筆者はたまたま同時多発テロの際にワシントンDCとニューヨークの両方の都市でテロ直後の混乱した状況を体験し、翌年の一月から三月にかけてニューヨークのエンターテインメント産業の復興状況を取材していた中で、ニューヨーク市の映画演劇テレビ市長オフィス（フィルム・コミッション）の斡旋で『Funny Valentine』の撮影を終えたばかりのジェフ・オッペンハイム監督や出演者たちへの取材を行ない、テロ後のニューヨークで「それでも映画はマンハッタンで作り続けられていく」という復興への意識、そして「それまで当り前のように背景に写りこんでいたツインタワーが無くなってしまったマンハッタンの夜景」によって喚起される喪失感を十二分に意識して映画を作っている様子を目の当たりにした。ストーリー自体はありがちのラブ・ロマンスで、台詞の上で特に同時多発テロやツインタワーについて言及されることはないものの、当時、ディザスター映画やCGを用いた大規模な破壊シーンのあるアクション映画が公開延期になり、製作が自粛されるなどしていた中で、全く言及しないことによって却って同時多発テロの意味を考えさせる作品としての立ち位置を、少なくとも製作当時の監督は強烈に意識していたのである。その意味で、本作は、やがて惨事を〝忘却〟して、何も無かったかの如く当たり前の日常に戻って行くであろう近い未来を先取りして見せることによって、〝忘却〟の意味を問う作品だった言えるだろう。

人為的な災害であるホロコースト、原発事故、同時多発テロといったモティーフを扱った三例に対して、もう一本は自然災害をモティーフとした作品を取り上げたい。具体的には、ノーベル文学賞受賞者であるアメリカの女性作家パール・S・バックの原作を元に、タッド・ダニエレフスキー監督が日本の俳優たちを使い、日本ロケで撮った『大津波(The Big Wave)』という作品である。タイトルに英語の原題を併記したのは、この日本ロケ、全編英語による日米合作映画は、日本国内では完成後僅かに弘前や新潟、そしてかなり後にロケ地ともなった雲仙にて試験的に公開されただけで、東京を含む全国規模では公開されていないため、各種の映画データベースでは日本未公開作品扱いとなっているためである。原作者のバックは、一九二七年に長崎県雲仙に四か月間滞在し、その地で一三〇年前に起こった大地震・大津波の話を聞き、また一九二二年にも同じ場所で大地震・大津波があったという事実に触発され、滞在から二一年経った一九四八年にこの小説を発表した。映画版でもバック自身が製作・脚色を務めた他、映画の冒頭に自ら出演して背景について説明している。物語は津波で両親を失って孤児となった漁師の子トオルと、山で農業をして暮らすその親友ユキオとその一家を軸に描かれるが、村外れに住む古老が、言い伝えにあるような大地震・大津波がきっとまた来ると警告するのに、村人が誰も本気で話を聞こうとしない、といった様子が描かれ、ラストには円谷英二による特撮で描かれる大津波で大勢が犠牲になるものの、生き残ったトオルは漁師として今後も海と共に生きていく決意をすることが示唆されて終る。言わば、寺田寅彦の「天災は忘れた頃にやってくる」の警句を地で行くような〝忘却〟への警告のために作られたような作品である。

このように、3・11以前の映画のうち〝忘却〟することの意味を意識した作品をいくつか挙げてみただけで、そのスタンスには、①〝忘却〟と如何に折り合いをつけていくか(『手紙は憶えている』)、②〝忘却〟への抵抗あるいは〝忘却〟される未来への警鐘(『ストーカー』)、③〝忘却〟される近未来を描くことで〝忘却〟の意味を問う

(『Funny Valentine』)、④〝忘却〟への純粋な警告(『大津波(The Big Wave)』)、といった、それぞれ異なる立場があることが確認できた。――それでは、それらの類型を踏まえた上で、〝ポスト3・11〟映画における〝忘却〟に対するストラテジーとしてどのようなものが現われてきているのかについて、次節で確認してみたい。

4 〝ポスト3・11〟映画と〝忘却〟へのストラテジー

一口に〝ポスト3・11〟映画といっても、〝3・11〟自体をどのような事象として捉えるのかによって、その定義にも様々な解釈が成り立ち得る。主として自然災害としての大地震とそれによって生じた大津波に注目した場合と、その結果として引き起こされた福島の原発事故を含めて考える場合とでは、含まれる映画の範囲も当然ながら異なってくる。ここでは、その両方を含んだ概念としての〝3・11〟を想定するが、結果的には、一、二の作品を除いては福島の原発事故が作り手の意識の中にあることは明らかであった。即ち、〝ポスト3・11〟を考える上で、やはり福島の原発事故というものが避けがたく映画の作り手の意識下に存在するということである。

代表的な〝ポスト3・11〟映画と呼べるような作品も今日までに沢山製作されている。夥しい数のドキュメンタリー映画は別として、劇映画だけでもたとえば、園子温監督の『ヒミズ』(二〇一二年)、『希望の国』(二〇一二年)、内田信輝監督の『おだやかな日常』(二〇一二年)、君塚良一監督の『遺体　明日への十日間』(二〇一三年)、奥田瑛二監督の『今日子と修一の場合』(二〇一三年)、太田隆文監督の『朝日のあたる家』(二〇一三年)、久保田直監督の『家路』(二〇一四年)、廣木隆一監督の『彼女の人生は間違いじゃない』(二〇一七年)といった作品がいずれも高い評価を得て、一つのカテゴリーを形成しているかのごとき様相を呈している。本稿で具体的に取り上げる作品は四作品であるが、その選定に関しては先ず多くの〝ポスト3・11〟映画を観た上で、直接的に震災そのもの(大地震・大津波)を描いたり、直接的にその影響を受けた(親族を亡くしたり財産を失う)登場人物を描いているものは外して、震災や原発事故が起きた事実を単に事実として後景におき、物語そのものは震災とも原発事故とも関係なく進行するもの、あるいは震災については全く言及もしなければ一見すると震災とは何の関係もない映画に思えるものを探した。その結果として残ったのが四作品だったということである。(3) 取り上げる作品は、震災に関してはドキュメンタリー映画『フタバから遠く離れて』二部作（二〇一二／二〇一四年）も手掛けている船橋淳監督の『桜並木の満開の下に』（二〇一二年）、俳優としても知られる大鶴義丹監督の『裸のいとこ』（二〇一三年）、新海誠監督による大ヒット・アニメ作品『君の名は。』（二〇一六年）、ピンク映画の俳優・監督として知られ咽頭がんで声帯を失いながらも俳優に復帰した佐野和宏を主演に迎えた坂本礼監督の『夢の女——ユメノヒト』（二〇一五年）である。

『桜並木の満開の下に』：〝忘却〟への許し

『桜並木の満開の下に』は震災後の茨城県日立市を舞台に、地方都市としての閉塞感、不況と外国人労働者（中国人）の存在、サービス残業といった現実を背景として描いた恋愛映画で、クレジットはされていないものの、成瀬巳喜男監督の遺作『乱れ雲』（一九六七年）のリメイクに当たる作品と位置付けることが出来る。東日本大震災については劇中ではほとんど言及はされないが、震災のお陰で主人公たちが勤める町工場への仕事の発注が減り、倒産寸前になって行く中でヒロインの夫が作業中の事故で亡くなってしまう。事故に責任があると見なされた青年の、ヒロインへの許しを求める想い、そしてその青年の愛を受け入れて人生を次のステップへと一歩進めようとするヒロインの、亡き夫への許しを求める気持ちといったものが丹念に描かれ、間接的にではあるが震災についての〝忘却〟への許しを乞うスタンスに立っているとも取れる。

船橋淳監督によれば、「あと一週間でクランクインというときに東日本大震災が起こり、日立市からの補助金も白紙となり、映画作りも白紙状態になってとても落ち込みました。……家で震災のテレビばかり見ていた時に、原発から最も遠くに避難した双葉町に興味がわき、ドキュメンタリーを作り始めました（『フタバから遠く離れて』）」という経緯で中断していたプロジェクトが、震災から半年後に再開の運びとなったというが、「震災がなければ内容は全然違っていたのか」との問いに対しては「実際は震災の前に撮ろうとしていたときのストーリーラインは全く変わらないです」と答え、「工場が少しずつ斜陽で倒産寸前になっていくような希望のない感じや、震災以後に感じたことをこの工場の中に入れたいと考えました。中国人労働者の確執や、現代日本の労働環境をあの工場だけで描いてしまう。あの工場を見つめることで今の日本が見えてくる感じにしたかったのです。……今も継続してさらに悪化している災害をフィクションで劇化してしまうと、何か歪めている感じがあります。まだフィクションとして（震災の）ありのままの現実を描くには早すぎる気がしました。……ですからこの映画も本当の物語の軸は、震災や原発事故とは関係なく、あくまでも背景にとどめています」とその立ち位置を明確に示している。(4)

劇中、事故を起こした青年が「あの日のことを一日たりとも忘れたことはありません」と言う場面がある。それは直接的にはヒロインの夫が犠牲となった事故のことを言っているのは明白だが、同時に福島の原発事故のことを指しているとも取ることが出来る。また、舞台となっている工場では朝礼で「みんなで築こう、安全意識」と従業員が声を揃えて標語を口に出しているが、それでも事故が起きてヒロインの夫が死んでしまう。これも「事故は絶対に起きない」と言っていたのに結果的にメルトダウンの最悪の事故を起こしてしまった福島の原発のことを示唆しているようにも、見る人によっては受け取れるのである。「それ見たことか」と糾弾するだけでなく、〝許す〟というところからしか次へのステップは見えてこない。震災後多くの人々に共有された考え方が、このナラティブの根底にある点も、一見３・11とは直接接点のないように見えるこの作品を、震災を経験した多くの観客に結びつける結果となったと言えるかもしれない。

『裸のいとこ』：〝忘却〟からの搾取

大鶴義丹脚本・監督の『裸のいとこ』は、おそらく数ある〝ポスト3・11〟映画の中でも最も物議を醸した作品であろう。震災で津波の被害を受け、更に福島原発事故によって屋内退避地区に指定され、避難のための転出が相次ぎ、無人のようになった南相馬市を舞台としているが、主人公は東京でIT企業を経営破綻させ、この地に住む叔母を頼って債権者から逃げてきた男で、その叔母と同居する従兄妹のミウ、そのボーイフレンドのタケシなど、僅かに残る住民たちの中で過ごす彼は、次第に再び生への渇望を取り戻していくが、借金取りとしてやってきたヤクザに殺されることが示唆される。主人公の目を通じて観客に提示されるのは、避難地域というものが、別に原発事故のために突然破綻に追い込まれた訳でも何でもなく、元々破綻していたというような見立てであり、原発に関する著作の多い川村湊は、この見立てのことを「〝不謹慎〟な見解」と評している。[5]〝不謹慎さ〟を挙げるならば、他にもヒロインのミウを放射能の影響で超能力を身につけた存在としている点が挙げられるが、全般的には、セックスの欲望や暴力といった生々しい題材を扱っているにも拘らずむしろ非常にまじめな作品と言ってもよい作りとなっている。

全編を南相馬市でロケした本作は、言わば他者の醒めた目で被災地（避難地域）を見つめた作品である。時が止まったように静まり返る南相馬の街＝〝見捨てられた街〟という舞台装置を用いて、その地に残る少数の人々のことをある種の〝忘れ去られた人々〟と位置付け、東京で居場所を失った主人公がその〝見捨てられた街〟での己の再生を試みようとする物語と言ってよいだろう。それは確信犯的な〝忘却〟からの搾取と位置付けることが出来るかも知れず、〝政治的な正しさ〟を求める世間一般の建前からはけっして許容されることの無い立ち位置であるに違いない。

『君の名は。』：〝忘却〟への抵抗

〝忘却〟をメインテーマとして扱った代表的な〝ポスト3・11〟映画として外すことができない作品。――それは、日本の映画興行史上、第二位に当たる二五〇億円越えの圧倒的興行収入を挙げている二〇一六年の新海誠監督作品『君の名は。』である。本作は、東京に暮らす男子高校生・瀧と飛驒の山奥にある糸守町に住む女子高生・三葉とが何故かある日を境に体が入れ替わってしまい、二人はスマホのメモを通してやりとりしてお互い束の間の入れ替わりを楽しみつつ次第に打ち解けていくものの、やがて二人の時間軸が三年間ずれていたことが判明、瀧は三年前に隕石の破片の衝突によって糸守町が消滅してしまった事実を知る……という内容で、震災について言及されることは全くない。しかしながら、「（神社の巫女である三葉とその妹の）鈴を合わせて左右に分かれる振りは、割れ落ちてくる彗星を表していて、次のカットではかがり火の炎が激しく燃える。そんな暗喩をこの映画に入れようと思ったのは、ひとつは3・11の記憶があったからです。大津波石碑というものがいくつかの地域に遺されていたことで、教訓を忘れずにいた人たちは助かったという話がニュースになった。瀧や三葉の想いも含め、忘れてしまうこと、忘れずにいようともがくことが、この映画のテーマそのものでもあるんです」[6]と新海監督自身が語るように、一二〇〇年周期で訪れ、過去の教訓を忘れ去っていた田舎のある町を瞬時に壊滅させる彗星という本作の設定は震災のメタファー以外の何物でもない。物語の中で彗星がどんな役割を担っているのか、との問いに対しても、新海は「彗星は太陽を中心に公転しているので、周期的に地球に訪れます。この周期性が、地震のような自然災害のイメージと結びつきました」と周期的に起こる大地震との関連性を明確に肯定している[7]。

『君の名は。』が〝ポスト3・11〟であることは明白であり、その立ち位置は一言で言えば〝忘却〟への抵抗ということである。その点において、SF的な設定を採用している点も含めて本作はアンドレイ・タルコフスキー監督の『ストーカー』に近いスタンスにあると言えよう。本作に対しては、一部の著名人などが否定的な見解を表明していることでも知られているが、「思い出さざるを得ないのが311の記憶です。……悲惨な被害を防ぐことはできなかったのか、人々を救うすべはなかったのかと、悩み苦しんだ日本人は決して少なくないはず。『君の名は。』はそんな311の辛い現実をフィクションという形で救ってくれます。瀧が災害直前の犠牲者とリンクすることで未然に惨事を回避する。五年前、本当にこんなことができていたらという「願い」、そして、せめてフィクションの中だけでも救われてほしいという「祈り」がこの作品には込められていると、私は解釈しています[8]」という肯定的な評価があることを指摘しておきたい。

『夢の女――ユメノヒト』:〝忘却〟の積極的利用

主人公は心の病で四〇年間、精神病院に入院していた。ところが、3・11東日本大震災の避難中、彼がとっくに完治していることが判り、皮肉にも震災がきっかけで、ようやく外の世界に戻ることができた、というところから物語が始まる。つまり、震災について言及されるのは、あくまでもプロットとしての、主人公が娑婆に出られることになったきっかけの出来事としてのみである。また、浦島太郎状態の主人公は、唯一逢いたいと思った中学生時代の初体験の相手が現在住んでいると聞いた東京へ出ていく。そして、その女性が東京に住む娘の家に身を寄せているのが震災によるということも示唆されるが、それが具体的に地震や津波で住む場所を失ったとか、放射能による帰宅禁止地域だったためとかまでは全く描かれていない。つまり、震災はこの作品にとっては物語上の設定を生み出すための〝仕掛け〟に過ぎないことになる。

本作を評して、脚本家・映画監督の荒井晴彦は「福島の双葉町の精神病院にいた男が、原発爆発で三八年ぶりに娑婆に出てくるというプロットを聞いた時、震災のセイではなく震災のオカゲという傑作ができると思った」と述べているが[9]、坂本礼監督自身は、「僕は東京の人間ですし、「福島の電気で生きてたんだ」ていう、そういう罪悪感みたいなのがあると思うんです。なかなか被災者の気持ちにはなれないというか。南相馬で僕と同じ世代で津波で二人くらい子供を亡くされて、仕事も変わって離婚もしてという人をNHKスペシャルで見たとき、その人の感情にはどんな想像力を働かせてもたどりつけないと思ったんです。被災者の遺族の気持ちっていうのは無理だなと。加害者という言い方は違うかもしれないけど、そっち側は描けるんじゃないかと。それなら原発を題材にしたものを作れるんじゃないかと」と本作製作開始時点での立ち位置について述べている。[10] 主人公とヒロインが再び出会えて大切なひと時を共にする映画のクライマックス・シーンで、ヒロインの「そうだね。震災のおかげ」という台詞があるのだが、元々は「原発のおかげだね」の予定だったという。脚本家の中野太は「あそこは「震災のおかげ」と「原発のおかげ」っていう二つの台詞を考えたんだけど、……なんか「原発のおかげ」って書けなかった自分がいるんですよね。荒井（晴彦）さんに言われたのは、震災は悲しいこと、辛いことじゃないですか。だけど震災のおかげで自由になった人もいるんだよ、そこから生き直せる人もいるって」と、明確に本作の立ち位置を述べている。[11] つまり、本作の基本的な立場というのは、〝忘却〟とはむしろしなければならないことなのであり、その〝忘却〟の積極的利用によってこそ人は前に一歩踏み出せる、ということである。

以上、震災や原発事故が起きた事実を単に事実として後景におき、物語そのものは震災とも原発事故とも関係なく進行する、あるいは震災については全く言及もしないし一見すると震災とは何の関係もない映画に思える作品四本について、それぞれの立ち位置、特に〝ポスト3・11〟映画としての〝忘却〟に対するストラテジーを確認してみた。その結果としては、それぞれの作品はA〝忘却〟への許しを求める（『桜並木の満開の下に』）、B確信犯的な〝忘却〟からの搾取（『裸のいとこ』）、C〝忘却〟への抵抗（『君の名は。』）、そしてD〝忘却〟の積極的利用（『夢の女――ユメノヒト』）、とでもいうべき立ち位置にあることが判った。

それを、第二節で扱った3・11以前の映画のうち〝忘却〟することの意味を意識した作品における立ち位置の四つの類型（①〜④）と照らし合わせてみるならば、A〝忘却〟への許しを求める、という立ち位置は、震災というものが何れにしろ〝忘却〟されていくものに相違ないという前提に立っているという点では①〝忘却〟といかに折り合いをつけていくか、とほぼ同じであると言え、B確信犯的な〝忘却〟からの搾取、及びD〝忘却〟の積極的利用、というスタンスは、震災というものが〝忘却〟されること自体に対してむしろ肯定的に捉えているという点で

③〝忘却〟される近未来を描く事で〝忘却〟の意味を問う、という立場に通じる。C〝忘却〟への抵抗、は『ストーカー』と『君の名は。』に共通した立ち位置である。

もっとも、本稿にて取りあげた個々の作品に関し、それぞれの〝忘却〟に対する態度（肯定的であるか／否定的であるか）、あるいは〝忘却〟することに対する行動（積極的であるか／消極的であるか）を類型化することは必ずしも本稿の目的ではない。映像における〝忘却のストラテジー〟について考える、という本稿の目的に鑑み、次の第五節にて若干の考察を試みたい。

5　まとめ――北上川の底に眠る『第三の男』のフィルムを巡って

第三節、第四節で見てきたように、震災を扱った映画の中で、〝忘却〟することに対する意識を明確に持っていると思われる作品、つまり〝人は大切なことでも忘れてしまうものである〟という前提に立っている作品は、却って観客に対して深層意識としての3・11の意味といったようなものを先鋭化させる。だが、同じくそういう意識で作られた作品であっても、実際にはその立ち位置はまちまちであり、実に様々なストラテジーが存在し得ることが確認できた。

たとえば、〝忘却〟すること自体は避けられないことなのであり、だからこそ人は〝忘却〟してしまうことに対して許しを請い、〝忘却〟してしまうことと折り合いをつけて前へ進んでいくべきだ、ということを映像作品によって訴えかけていくというストラテジーがある。一方で、たとえ不謹慎と批判されようが、人が〝忘却〟してしまうことを利用して、その状況の中から何かプラスの要素を見つけ出そうとする、あるいはその状況から確信犯的に何らかの利益を生み出そうとしていく、そんな立ち位置の主人公を描くことによって逆説的に観客に〝忘却〟してしまうことの意味を考えさせる、というストラテジーもあり得るのである。

もちろん、ここで筆者は「どの立場、どのストラテジーが最も政治的に正しいものである」などと論じるつもりはない。同じく震災を扱った映画であっても、共感を得られやすいものから物議を醸すものまで、多様な立場があることの方が自然である。だが、一つだけ確実に言えることがあるとするならば、「我々は〝3・11〟のことをけっして忘れない」というような、政治的な正しさに擦り寄るだけで実際には幻想でしかないお題目の枠内に留まっていたのでは、映画というメディアで〝3・11〟を扱う意味はほとんどない、ということである。

テレビというメディアであれば、たとえばNHKスペシャルの『映像記録　3・11――あの日を忘れない』(二〇一二年)のような、考えることは後世の人々に任せて、できるだけ客観的かつ多面的な立場で、そこで何が起きたのかを映像記録として残すことがまず必要なことなのである、という立場もあり得る。[12] だが、放送法という縛りのあるテレビというメディアとは異なり、観客がある程度の情報を収集したうえで能動的に観に行くことを前提として成立する映画というメディアでは、すべからく作り手(プロデューサー・監督・脚本家)の明確な立ち位置というものが求められる。観客は、作り手の採ったストラテジーに対して共感したり反発したりすることで考えを深め、そのことで初めて作り手と観客の間のコミュニケーションが成立し、作品は初めて作品としての意味を持つ。『夢の女――ユメノヒト』の関係者座談会の中で、脚本を担当した中野太は「「福島を忘れない」ってよく言うじゃないですか。でも震災の被害を受けた人達は「忘れたい」んだと。忘れたいけど忘れられないのが被害を受けた人達で」と述べている。これはつまり、他者に対する想像力を持つことなくお題目を唱えていたのではダメだということである。[13] ――映画というメディアに描けることとは何なのか、震災という圧倒的な事実に対して、自分の眼に映った現実とは一体何であったのか、といったスタンスがあって初めて〝ポスト3・11〟映画という括りで論じるに値する作品が生まれるはずだからである。

二〇一七年三月、筆者は四半世紀ぶりに宮城県石巻市を訪れ、当地でかつて石巻テアトル東宝という映画館を経営していたＩ氏と再会した。一九五〇年からこの方、公民館での上映活動、洋画封切館の経営を通じて興行の第一線にいたI氏は、二〇〇〇年に劇場を閉館した後も市内の仲間を集めて定期的に映画上映会を企画してきたという。その中で、I氏が愛して止まないキャロル・リード監督の名作『第三の男』（一九四九年）については個人的に三五ミリのプリントを所持し、毎年必ず秋になると上映し、それは石巻の映画ファンにとっての風物詩となっていたという。東日本大震災の時、フィルムを預けてあった別の劇場は津波で流され、フィルムはおそらくは北上川の川底のどこかに沈んでしまった。だが、I氏は今でもｉＰａｄで『第三の男』の映像をしばしば観て、仲間を集めてブルーレイのソフトで上映会も継続しているという。昭和一桁世代で八〇歳代後半のI氏はまだまだお元気で、自分が元気なうちは上映会を継続したいと言う。もちろん、いずれは『第三の男』上映という風物詩も、あるいは石巻テアトル東宝という映画館がかつて存在した事実さえも人々の記憶から無くなり、〝忘却〟の彼方へと消えていくだろう。だが、〝忘却〟されると判っているなら上映しても意味がないかと言うとそうではない。〝忘却〟されることを前提とした上で、やりたいことをやる、する価値があると信じることをするというのが、地震や津波といった避けがたい自然災害、あるいは絶対に起きないと言われながらもほぼ確実に起こるものと考えざるを得ない人為的な災害と、うまく付き合って行かねばならない国に生まれた日本人のメンタリティとして求められる態度であるはずなのだから。

註

（1）神戸公式観光サイト「Feel KOBE」内の「鉄人28号　モニュメント」の説明。https://www.feel-kobe.jp/facilities/detail.php?code=0000000126（二〇一八年六月一三日最終閲覧）

（2）B29を超える30号という誇らしげな数字にしなかったのは結果的に開発が敗戦に間に合わなかったからである。

（3）あるいは他にもそういった基準に当てはまる重要な作品があるにも拘らず筆者がその存在に気づいていなかったということはあるかもしれないが、恣意的に特定の作品だけを選んだという誹りは的を射ていない筈である。

（4）『桜並木の満開の下に』舩橋淳監督インタビュー（ウェブサイト「Happy Together」）http://blog.livedoor.jp/yumiakane/archives/

52953587.html（二〇一八年一〇月二日最終閲覧）

（5）川村湊『銀幕のキノコ雲――映画はいかに「原子力／核」を描いてきたか』（インパクト出版会、二〇一七年）二四一―二四二頁。

（6）『君の名は。』Pamphlet vol. 2 での新海誠監督の発言。

（7）同前。

（8）トガワ　イッペー「『君の名は。』はまぎれもなく〝ポスト3・11〟である」（ORIVERcinema）https://theriver.jp/kimino-nawa-review/（二〇一八年六月一三日最終閲覧）

（9）『夢の女――ユメノヒト』プレスシートに拠る。

（10）『夢の女――ユメノヒト』オフィシャルＨＰの座談会での発言。http://www.interfilm.co.jp/yumenohito/interview.html（二〇一八年一〇月二日最終閲覧）

（11）同前。

（12）ＮＨＫのＨＰでの同番組の内容紹介の文章によれば、「三月一一日に撮影された映像は、私たちが忘れてはならない、そして将来の防災を考える原点となる記録である。一四時四六分に発生した巨大地震は、日本各地をどのように揺らし被害を拡大させたのか。大津波襲来までの時間、人々は何を考え行動していたのか。そして目の前に襲いかかってきた巨大津波から人々はどう避難したのか。番組では、映像を「被災者一人一人の行動と心理が刻まれた記録」として見直し、教訓を学び取っていく」とされている。http://www2.nhk.or.jp/archives/tv60bin/detail/index.cgi?das_id=D0009050010_00000（二〇一八年一〇月二日最終閲覧）

（13）前出の『夢の女』オフィシャルＨＰの座談会での発言。

第12章　記憶と身体を乗り越える

――東北ドキュメンタリー三部作とポスト・福島ドキュメンタリー(1)

馬 然

東北記録映画三部作は、濱口竜介と酒井耕の共同監督による、『なみのおと』（二〇一一年）、『なみのこえ――新地町』（二〇一三年）、『なみのこえ――気仙沼』（二〇一三年）、『うたうひと』（二〇一三年）から成るドキュメンタリー連作である（『なみのこえ』が二編構成となっているため、実際には四編が存在するが、本稿は映画祭などの公式出品の際にも用いられる「三部作」の呼称を使用する）。日本芸術財団、せんだいメディアテークの「3がつ11にちをわすれないためにセンター」によるアーカイブや東京藝術大学といった文化団体のサポートを受け、濱口と酒井は、二〇一一年の三月、日本の東北地方が地震、津波、そして原発事故という三重の災害に見舞われた翌月の時点で被災地に赴き、撮影を始めることができた。大災害とその余波が住居と故郷を破壊し、人命を奪い、住民の生活と精神に決定的な変化を強いるなか、映画製作者を含めた創作者たちは3・11後に何ができるかという問いに対峙し続けている(2)。

「ポスト・福島ドキュメンタリー」として位置付けながら、本章はまず3・11後の日本にかかわる記憶（そして忘却）の言説とともに登場したドキュメンタリー映画製作の幅広い実践を俯瞰する。「ポスト・福島ドキュメンタリー」にみられる、シネマ・ヴェリテ的な観察スタイル、また現地の美学を特徴とするインディペンデント作品には、公共放送であるNHKをはじめとした組織や制度が生存者の証言を集め、広範なマルチメディア・アーカイブを整備する姿勢への異議が読み取れる。重要なのは、濱口と酒井が東北記録映画三部作を通じ、従来のインタビュー手法を、映画製作者、インタビュー対象、そして観客を巻き込んだストーリー・テリングの構造へと組み換えた点である。本章は特に、濱口と酒井が撮影対象および被災した風景とどのように向き合い、ジル・ドゥルーズが述べるところの、観客の主体と客体、私的な事柄と政治的なものの関係の再考を促すため、どのような表現モードあるいはスタイルを選択したかに注目する。それは、ポスト3・11後において記憶の空間を削り出し、東北の人々とのコミュニティーを可視化する作業であり、「現代政治映画」の体現とも呼べるものである（ドゥルーズ 二〇〇六：二九九―三一〇）。

1　ポスト・福島ドキュメンタリー――現地記録とアーカイブのはざま

未曾有の被災の現実を目の前にしても使命感を揺り動かされた国内外の映像作家たちは、福島の災害について多岐にわたる重要な問題に取り組み、私が「ポスト・福島ドキュメンタリー」（以後ＰＦＤ）として分析する、バラエティー豊かなドキュメンタリー製作に着手することとなった。これらの作品は、震災とその余波のなかで生み出された多層的な言説と関わりを持っている。それらの言説は、日本における福島という主体性およびアイデンティティーを構成するだけでなく、映画製作者たちはそれらの数多の言説（証拠）を取捨選択し、視聴覚化することで自らの作品に纏め上げるのである。藤木秀朗の言葉を借りれば、原発事故といった問題について「「偏向しつつ、未だに係争中である想像力の領土」を形成する」ような、社会政治、経済、環境といった様々な側面からの主張と絡み合ってきたのである（Fujiki 2016: 90–109）。

ＰＦＤの全体系を分類し精査することは、本論の範疇を越えている。本論が重要視するのは、組織構造の違いや重なりの有無から離れ、ＰＦＤに複数の立場の相互関連性――政府と企業が関わる企画を含めた公共、民間のテレビ・ドキュメンタリー、現代芸術集団の Chim↑Pom によるビデオ・アート作品にみられるような芸術作品[3]、そしてインディペンデント製作——の観点からアプローチすることである。本論は、生存者と被災者による語りとその共有に依拠し、製作者が意識的、無意識的に被災の経験についての声を見出し、それらを今日および後世の日本社会にとっての「証言」として保存するインディペンデント・ドキュメンタリーの分析を行う。

NHKによる3・11証言アーカイブス

東北三部作の具体的な分析に進む前に、テレビ・ドキュメンタリーが福島という主題をどのように扱ってきたかを概観する必要がある。日本の公共放送であるNHKは、ウェブサイト「東日本大震災アーカイブス——証言webドキュメント」(略称「アーカイブス」)を二〇一二年の三月一日に立ち上げた(英語版は二〇一六年)。ビデオ、写真、録音資料を柱としたそのオンライン・アーカイブスは、「地震発生から72時間」、「あの日の証言」、「空から見た被災地」といった項目ごとにシステマチックに整備されている。「証言」項目に入りサイド・バーをクリックすると、インタビューの書き起こしやインタビューが行われた場所、日時といった詳細とともに、個々の証言者がどのように震災に巻き込まれ、生き残ったかについて、五、六分の短いビデオが流れる。例えば、甚大な被害を受け、濱口と酒井も訪れた湾岸地域の気仙沼の場合、女性ナレーターが津波にさらわれた女性を助けた証言者・佐藤俊光の勇敢さを紹介する[4]。この映像において、佐藤氏は実際の現場に戻り、自身が津波後の海をプラスチック製のトランクにしがみついて漂っていたところ、溺れかけている女性を発見し、助けるに至った顚末をカメラに語る。この短編映像は、佐藤氏の証言と救出の瞬間を奇跡的に捉えた写真付きの地元の新聞記事を引用する。興味深いのは、このオンライン証言ビデオが、その時間的短さにも拘わらず三章構成となっており、各章が佐藤による救出劇の進行を追うかたちで展開することである。その他の「アーカイブス」内の証言映像も、同様のスタイルと物語構造をとっている。

ＮＨＫのアーカイブスサイトは、東北の様々な場所と環境において被災した人々の証言を丹念に蓄積し、継続的に公開し続けてきた。しかしながら、これらの証言映像が、各エピソードのひとつの主題を強調するために画一的となっている点は見逃せない。円滑で同質的な手法による証言の収集、公開、またそこに偏在する「神の声」の冷静な口調によって保たれているかに見える中立性と客観性は、さらなる追求を必要とする。アーカイブを「権力、記憶、アイデンティティーが競合する場」として考えてみれば（Schwartz and Terry 2002: 1–19）、上述の短編映像が追悼（remembrance）、絆、復興といった震災についての既成の言説空間のなかで、ボイス・オーバーとインタビュー対象によって語られる記憶と、被災地の現実をいかに丁寧に織り交ぜているかがわかるだろう。あるいは、ＮＨＫのアーカイビング、つまりアーカイブを蓄積、編集する実務的な作業が何を目指しているのか、また、証言が選ばれ、このような冷静で、アクセス可能で、理解しやすいかたちに処理される時、記憶されているものは実際のところ何なのかといった問いも生まれるかもしれない。私の考えでは、ＮＨＫ証言映像の編集は、日本の視聴者に供するに足る放送技術と内容を担保している一方で、そのアーカイビングの真の目的は、膨大に蓄積されていく福島に関する資料を「手なづける」ことにあるのではないだろうか。藤木が指摘するように、ポスト・福島の日本では、公共の場において「友和的な絆の機運と復興へのうねりに水をささないよう、住民たちが異論を口に出すことへの圧力」が働いていた（Fujiki 2016: 93）。そこで排除、抑圧、周縁化されていたものは、まさに現在まで議論され続けている、政府やＴＥＰＣＯの震災への対応といった、トラウマ的な出来事についてのまとまりのない、非理性的で、時には転覆的でさえある側面と、それらが引き起こした問題についての声であった。また、濱口と酒井はそのようなアーカイビング作業に伴う暴力や非理性といった隠れた危険に警鐘を鳴らしている（藤井・酒井・清水 二〇一五：一四八―一八九）。

数あるインディペンデント製作によるポスト・福島ドキュメンタリーのなかで、本論は松林要樹監督『相馬看花：奪われた土地の記憶』（二〇一一年、以下『相馬看花』）をはじめとした観察モードの作品を取り上げ、それらに見られる「現地の美学」に注目する。また、そのような「現地の美学」は、ルーク・ロビンソンによる、時間と空間に規定された経験として、生存性がいかに偶発的なものであるかといった議論に接続される（Robinson 2013: 80）。

松林の『相馬看花』は、三月一一日の昼中、巨大地震の発生を知り、東京のアパートの自室も揺れに襲われる瞬間の記録で幕を開ける。その三週間後の二〇一一年四月はじめ、ビデオテープレコーダーを手に友人のトラックに乗り込み、松林は福島第一原子力発電所から二〇キロ圏内にあり、甚大な津波の被害を受けた南相馬市へと向かった。壊れた原子力プラントには、メルト・ダウンや爆発の恐れがあるとして世界各国のメディアの視線が注がれていた。製作スタッフは、原発事故によって居住地域が第一原発近郊の避難区域として指定され、許可なしでは立ち入りを禁じられた被災者たちが、避難所のひとつとなっていた高校でどのような集団生活を送っているかを目の当たりにする。二〇一一年四月末から政府による被災地域の管理が徹底され、救助活動が本格化し、国内外における福島問題の報道が増えていったのち、本編の後半で松林は再び南相馬に戻り、被災者が失われた故郷の未来を思い描く姿をカメラに収める。

『相馬看花』は、映画製作者が震災直後の福島の立ち入り禁止区域において自主的に行動を起こし、介入するうえで、デジタルビデオカメラを始めとしたデジタル録画機器が大きな役割を果たした点では、インディペンデントなポスト・福島ドキュメンタリーの典型と言える。松林とカメラは、想像を超える被害の凄まじさと作品が自然発生することを前提として、事前に何を撮り、調査し、記録するかという細かな計画を立てずに南相馬の「奪われた風景」を見つめ歩く。特筆すべきは、震災の壊滅的でトラウマ的な影響の具体的な経験、感情、理解を被災者と同じ時間と場所において記録しなければならないという切迫感と責任感を帯びていることである。

その一例は、南相馬に到着してすぐの、中年の女性市議・田中京子（彼女自身も避難住民である）との出会いである。彼女との出会いは、松林が当地にとどまってドキュメンタリーを製作することを決意した理由であり、避難区域に指定され、ほとんどの住民がいなくなっていた彼女の実家周辺のパトロールにも帯同することができた。ゴーストタウンと化し、荒廃した瓦礫だらけの地を彼女の後に続きながら練り歩く松林の動画は揺れ動き、途切れ途切れとなっている。道中、田中は松林に「あの日」について覚えていることを説明し、意見を交換する。松林にとっては「いま」、「ここ」で目撃し、体験しているものに他ならず、ビデオカメラは彼の身体反応のメカニズムであり、冒険の道具と言える。ビュー・ファインダーが何度も調整され、画質が目まぐるしく移り変わっていく様子は、現場における被写体の実体の捉えどころのなさを雄弁に物語っている。

中国のインディペンデント・ドキュメンタリーの分析において、ルーク・ロビンソンは *xianchang*/〝現地〟理論を、「その時点での監督の個人的な解釈を介し、製作状況によって構成化される、不確かな「いま」における撮影の所産」と定義した（Robinson 2013: 80）。ロビンソンが述べるような *xianchang* は、ポスト・福島ドキュメンタリーにおける観察モードの作品にそのまま応用できるものではなく、実際、ロビンソンが強調するような中国人監督が好むロング・テイクと不確かな時間との関係は、松林の作品には必ずしも見られるものではない。しかしながら、『相馬看花』において、非計画的かつ非操作的な方法によって不確かな被写体の現実を捉えようとする現地観察が不安定なイメージを生んでいることは、それが震災後の不安定な「いま」、「ここ」を表している点でなお興味深い。それは権威や指導が不在であり、監督自身の罪悪感、混乱、弱さがインタータイトルによって明らかとなるイメージであり、観客はそのようなイメージに参画することによって、ＮＨＫの洗練された短編映像を見る場合とは異なった３・11への洞察を得ることとなるだろう。

2　東北ドキュメンタリー三部作

東北ドキュメンタリー三部作は、一見すると二人の監督が湾岸地域の旅で出会った被災者たちへのインタビューの寄せ集めのようである。確かに、三部作はロード・ムービーの連作という構成をなしている[5]。『なみのおと』では、各地でのインタビューの様子は監督たちが乗る車の中から、また車の前から収められ、車窓に移動ルートを示す地図と滞在先の地名がスーパーインポーズされる。

そのような旅の要因が表象される一方で、三部作は破壊された風景に接近し、それを直視しようとはしない。松林を含めたその他の監督たちの志向とは異なり、三部作の監督たちは東北の壊滅的な光景と避難者が直面している困難についての直接的で報道価値の高い実況には重きを置いていない。濱口と酒井が思案するように、携帯電話で撮影された（動）画像がテレビで放送されるといった、3・11に関する多種多様な情報とイメージの氾濫のなか、またデジタル・オンライン・プラットフォームがそのようなイメージの共有と流通を加速させるなか、3・11についてのドキュメンタリーの必要性はどこにあるのだろうか。さらに言えば、観客あるいは傍観者たちが震災後の福島と東北についてより多くを「垣間見たい」と欲する時、それはどのようなイメージであるだろうか。

現地に着いた濱口と酒井は、まず破壊され生気を失った光景に圧倒され、どこにカメラを置き、何を撮ればよいかわからなかったという。そして、風景と瓦礫の境界がわからない状況において彼らが撮るべきは、そこに生きる住民たちの姿だと悟ったのである。三部作の第一作『なみのおと』で語られるように、「被害の甚大だった村が必ずしも次の津波には気をつけるとは限らないという。むしろ体験者や良き伝承者が生存しているのが肝要であるという。これを災害写真というメディアと比較して考えるならば、もっとも悲惨を極めた場所の写真は何も写っておらず、単なる一幅の風景画のように見える」のである。

『なみのおと』についてはさらなる分析が可能である。冒頭、固定カメラによる八分間のロング・テイクによって、のちに自己紹介をすることとなる高齢女性が紙芝居を読み聞かせる。色とりどりの絵が画面を占め、その後ろにいる彼女の表情は窺えず、声だけがよっちゃんという少女のお話を語る。続くインタビューでは、ともに八〇過ぎの紙芝居師・田畑ヨシと妹の東キヌがカメラに向かって自己紹介し、一八九六年と一九三三年の過去の津波によって家族と故郷が被った影響に思いを馳せ、話し込む。ミディアム・クローズアップと二人の肩越しのショットを行き来するこの冒頭のインタビュー・シークエンスは、東北地方一帯の民話収集の旅を描いた『うたうひと』を含めた三部作に共通する構造とスタイルの特徴を備えている。『なみのおと』において濱口と酒井は、津波に見舞われた三陸海岸を太郎町から気仙沼、南三陸町、石巻、東松島、そして新地町へと南進し、合わせて六グループ、一一人の住民に対してインタビューを行う。濱口と酒井それぞれが一対一のインタビューに登場する二場面を除き、インタビューを受ける人々は家族（夫婦）や同僚、友人といった関係にあるため、故郷の地や災害について似通った記憶を共有している。

ヨシとキヌのインタビューには、作品のタイトルが津波の「音」を表していることを語る濱口のボイス・オーバーが続く。それは地震が起きた少し後に聞こえる、迫りくる津波の音である。濱口は災害に関わる様々な身体的経験の違い、特に可視的なものと不可視的なものの差について、字義的な意味以上のものを見出している。「音」、「声」、「唄う」といった三部作の題名は、濱口らがドキュメンタリー映画が持つ語りの要素を意識しているのみならず、目に見え、言葉にでき、感じられ、記憶されうるものについての弁証法を通じて文化的表象と記憶、そして現実の関係を問う姿勢を示している。

注目すべきは、三部作におけるインタビューの映画的構成である。ヨシとキヌのインタビューを締めくくるショットでは、畳の上に座って向かい合う二人の横で、濱口が画面に背を向け観客と同じような位置から話を聞いている。この設定ショットらしきものは、映画撮影の疑似性と曖昧さを多分に表している。他方、濱口自身が会話やインタビューの画面に登場することはめったにない。他の三部作の作品でも、監督自身が現れる場面以外では、観客は彼がどう動き、どう問いを投げかけているかを見ることはできない。つまり、画面に映しだされるインタビューは、インタビュー対象自身の思考、記憶、語りのリズムと流れによって進行するのである。

画面上の監督たちの存在は抑制されているものの、意識的に固定され、静止的なカメラ位置とインタビュー記録を再構成する撮影、編集技術に目を配ると、実際には彼らが至る所で参加、介入していることがわかる。濱口は次のように指摘する。

インタビューは、基本的に過去について語ってもらいます。実際に僕らも、津波が起きたときのことを聞かせてくださいい、と聞いているわけですけれど、厳密に言えば、それは絶対にそのとき起きたこととは違うし、言葉によって描写できないことでもあるし、記憶自体も怪しい。インタビューという手法は、その当事者が語るといかにも真実らしく響いてしまうけれど、実際はまた違うんですよね。しかし、その大前提は簡単に忘れられてしまう。そのとき、真正面で撮ったふたりの人物の対話する映像を交互に切り返すと、あり得ない、フィクショナルなタイムラインができるわけですよ。……ふたりはまるで向き合って話しているようにしか見えないという、フィクショナルな映像と体験が成立するんです。インタビューというドキュメンタリー的な手法の最たるものから、このカメラポジションによってフィクションが生成するということが、すごく大事だった。我々が欲しいものが全部備わるのがそのポジションだったということです。（藤井・酒井・清水 二〇一五：一四八―一八九）

上述の姉妹のインタビューにおける疑似設定ショットに立ち戻れば、向き合って話している彼女たちを、カメラは一人ずつ、真正面から捉えていることがわかる。カメラワークとともに編集についても、ショット／切り返しショットやアイラインマッチといった古典的な物語映画のコンティニュイティー編集を多用している。それは濱口が三部作におけるドキュメンタリー実験以前にハイブリッドなフィクション映画製作に携わっていたことと関係している。彼自身が述べるように、三部作の製作において重要視されたのは「聞く者の観点」であった。ショット／切り返しショットやアイラインマッチには観客の参与を促す効果が期待できる。濱口によれば、語る者／インタビュー対象が観客を見つめながら話しかけることで、直接の震災経験がない観客もいつの間にか自身をインタビューを聞く「当事者」と感じるようになるのである。

「フィクショナルなタイムライン」の創出を試みるドキュメンタリー映画とはどのようなものだろうか。また、三部作のインタビューが綿密な整理、編集を経ているように、福島と3・11の「証拠」として観客の目と耳に訴えるものは一体どのように選ばれるのだろうか。さらに、三部作が提示する「証言」はＮＨＫのアーカイブが提供するビデオとはどう違うのだろうか。

コンティニュイティー編集がインタビューや会話を滑らかで理解しやすいものにしている一方で、それは受動的な主体として観客に呼びかけた古典ハリウッド映画の戦略とは質を異にする。濱口と酒井は映画をイデオロギー装置とは考えていない。例えば、インタビューを受けている人物たちが自分たちはカメラに対して適切な目線を配っているか監督たちに尋ねるショットは、完成したインタビューが周到に準備されたものであることを露見している。また三部作のコンセプトの核心に関わる問題として、「フィクショナルなもの」とは、「ノン・フィクション」やドキュメンタリーといったその他の映画ジャンルとの対照関係において単純に定義されるべきものではない。濱口にとってのフィクション（映画）とは、「偽物の空間」を形成し、監督の意思に応じて現実に様々な層を重ねていくものである。

3　「偽なるものの力能」

三部作における異例のインタビュー構成をさらにジル・ドゥルーズが提唱する「偽なるものの力能」の議論に広げ、三部作に通底するインタビュー・スタイルがいかにインタビューする者／される者、監督／被写体、可視／不可視を結びつけているかを、ドゥルーズの身体についての議論から考えてみよう。

『シネマ2――時間イメージ』の第8章で、「ファシズム、スターリン主義、また植民地主義の政策が大衆芸術に及ぼした断絶」について議論を進めるなか、ドゥルーズは現代の政治映画と古典的な政治映画の違いを論じている。彼が現代政治映画について問題とするのは、「民衆はもはや存在しない。あるいはまだ存在しない……民衆が欠けている」状況下で、「主体となった大衆の芸術と運動イメージとの革命的な結びつきは断ち切られ」ていることであった（ドゥルーズ 二〇〇六：三六三）。パトリシア・ピスターズはさらに、その結果として「断片化と脱統合化」、「あらゆるまとまりの瓦解」、そして私的な事柄と政治の絡み合いが現代的な政治映画を特徴づけており、「政治映画はそのような人間（民衆）の生成に寄与することしかできない」と述べている（Pisters 2003: 90–95）。

そのように考えると、現代の政治的意図を持った映画製作者、また芸術家（厳密には、マイナーシネマの製作者）にとっての挑戦は、「仮構作用」を通じた民衆の「創造」について、「偽なる物の活力」を肯定する」ナレーションや物語の語りの観点から問い直すことであろう。ドゥルーズにとって仮構作用とは、「活動する言葉、言語行為であり、それを通じて人物は彼の私的事項と政治とを分離する境界線をたえず越え、彼自身、集団的言表を生み出す」ものである（ドゥルーズ 二〇〇六：三〇八）。「共不可能的な様々な現在の同時性、あるいは必然的に真でない様々な過去の共存を主張する」偽なるものの力能（同：一八三）のひとつとして、「偽る説話」は現実的なものを否定するのではなく、それに強さと厚みを加えるのである。また、ドゥルーズはそのような物語の語り方を「自由間接話法」とみなし、そこで「作家はこのような人物たちのほうに歩み寄るが、しかしまた人物たちも作家のほうに歩み寄る」ことから、「二重の生成変化」が起こると述べている。二重の生成変化とは、まだ存在しておらず、実際には統一もされていない民衆を、想像のうちに集団として可視化することである。映画作家にとってこのプロセスは、民衆を代弁するのではなく、民衆が可視化され注目を浴びることのできる空間を創出することを意味する（Frangville 2016: 114）。

D・N・ロドウィックは、仮構作用の概念がドゥルーズの時間の概念に依拠し、「個人と集団の変化の連鎖」を伴うものであることを指摘している。よって、「そのような語りにおいて、表象する者と表象される者、また個人と集団は切り分けられない関係に置かれ、ひとりひとりがその他の者にとっての仲裁者として存在し、他の時間イメージと同様に、皆が「相互イメージ」(mutual image)における他者となる」(Rodwick 2003: 159)。ロドウィックが強調するのは、「主客の関係を突き崩し、両者を判別不能」とする「仲裁者」の存在が集団的言表を可能にしていることである。映画製作を例に説明すれば、互いが間に立ち合い、「役割を絶えず交換する」がゆえに相対的な位置が決して一定とはならない監督と撮影対象の関係が、連続的な変化を生み出す。また、「監督が仲裁者を見つけられない時には、それを仕立て上げる必要が生じる」(ibid: 162)。ロドウィックにとって仲裁者の創造は「言表的」な作業であり、そこでは支配的な言説を揺さぶるためにナレーションの脱領土化が必要とされ、連続性の力を具体化する上で少なくとも二人以上のナレーターが存在しなければならない。

ドゥルーズが提唱する現代政治映画が示唆に富む一方で、偽なるものの力能、また仮構作用および偽る説話の概念の複雑性は、個別のドキュメンタリー作品の分析への援用を難しくしている。さしあたっては、インタビューの意義、とりわけそのような表現モードとドキュメンタリーの現実への関わり方との関係の再考という点から、ドゥルーズの映画理論を引き続き援用していきたい。極めて重要なのは、三部作のドキュメンタリーをより大きなポスト・福島ドキュメンタリーの布置において分析する際、現実の「中」で、あるいは現実「として」「何」が表象されているかではなく、「わたしたちを刺激し議論させるといった、現実への作用」を及ぼすイメージの活力の観点から、「どのように」表象されているかへと思考をシフトさせることである (Pisters 2010: 208)。

濱口と酒井がインタビュー場面の革新を通じて仮構/偽る説話がどのように成り立っているかを描こうとしたことは、いくつかの関連する要素から説明できる。ひとつには、相手の話を聞く、インタビューを行う、質問する/知ることとすべてを含め、対話者自身が耳を傾け、物語を描く姿勢が強調された「聞く」という行為である。第二に、発話し、伝え、くり返すといった「語る」ことである。そして第三は、そのような「聞く」「語る」を構成するカメラワークと編集に伴う表現モードである。

まず、語りの手法が複数の会話者／インタビュー対象を参入させ、「集団的言表」の（ための）空間を形成していることである。濱口と酒井は、震災後の福島のイメージと情報を浴び続けているにも拘らず、被災地の現実というものをあまり知らずにやって来る彼ら自身のような非当事者たちにとって、東北に関わる証言の理解、消化の在り方は単一的ではないことに自覚的である。すでに述べた通り、三部作におけるインタビューは、監督とカメラをはさんだ住民との一対一の会話、あるいは住民同士の対話で構成されていた。そのようなインタビューの集団性においては、インタビューされる人物ひとりひとりがその周りの人物たちにとって、話題を切り出し、意見を交換し、疑問を投げかけ、共に記憶を喚起する役割を担う媒介者となる。つまり、すべてのインタビューが監督と撮影対象の既成のヒエラルキーを動揺させる「生成」の力学に貫かれているのだ。

監督自身がインタビューに参加する場合も、会話を導き、質問を投げかける権利を振りかざしはしない。石巻市議会議員の庄司慈明（六〇歳）とのインタビューにおいて、酒井はなぜこの先さらなる津波の被害が予想されている故郷にいまだに住み続けているのかを尋ね、庄司は明確な答えを与えず、酒井自身の故郷とそこで自然災害が起こったらどうするかを聞き返す。庄司の故郷である石巻の過去、現在、そして未来についての語りに織り交ざりながら、酒井にとっての故郷の記憶が呼び起こされるのである。

生成の力学は、表現モードの観点から捉える必要がある。東松島に住む安倍淳と志摩子夫妻のインタビューを見てみよう。インタビューが開始されるまでは、ロング・ショットが撮影機材をセットするあいだ二人の脇に待機する濱口の姿を捉える一方で、インタビュー自体は、三〇分に亘る安倍夫妻のミディアム・クロースアップと肩越しのショットの滑らかな交換によって構成されている。必死に津波から逃れ、惨状に対処してきたことを思い出しながら、夫妻は互いの証言を補い合い、確認し合い、新しく指摘し合っており、それは3・11の記憶の語りのプロセスが「その場の」夫妻の協働によって物語が紡ぎ出される過程であることを意味している。

さらに注目すべきは、カメラ位置を理解した安倍夫妻が、自分たちが向き合って話している際も、カメラに向かい、観客（また監督）に語りかけていることを意識し、第二人称である「あなた」、自由間接第三人称である「（私の）夫」や「（私の）妻」、そして複数第一人称である「私たち」とお互いの呼び方を常に変化させていることである。会話を通じ、ある意味で語る自分たちを聞く者／観客の立場から客観視しながら、夫妻は「その日」に共に経験したことを見つめ直している。集団的言表によって、それまで打ち明け、確かめ合う機会の無かった考えや感情を共有できる空間が切り開かれているのである。

編集方法も、「フィクショナルなタイムライン」において観客が夫妻の会話に参与するのを手助けする。妻の肩越しショットから捉えられた夫が、津波が自宅に届くまで数分しか残っていない状況で、ベランダの妻を強く抱きしめたことを熱く語っている。それを再現するように、彼の手は自然と前に座る妻の方へと差し出される。画面は夫の背後からの肩越しショットに切り替わり、彼の動きを観察していた妻が、「頼りがいのある、安心できる手」であったことをふと思い出し、穏やかな表情を見せる。夫は彼女の優しい言葉にあえて反応せずに話を続けるが、最後の夫を見つめる妻の主観ショットは、二人の心が深く繋がっていることを観客に伝えている。

また、集団的言表はインタビューにおける具体的な会話のみならず、間テクスト的、また間メディア的な「物語」の循環の中で生み出されるものである。その例として、再びヨシとキヌのインタビューにあたろう。作品の冒頭を飾る紙芝居は、3・11の歴史的、地域的な参照点を重要なかたちで示しつつ、過去と現在における集団的な被害の経験を媒介している。よっちゃんの話は、複数世代に亘る地震と津波についての知識や記憶を橋渡しし、再構成するものであった。一九三三年に起きた巨大津波は、三陸河岸とよっちゃんの故郷であり、濱口と酒井のインタビューが行われようとしている太郎町を襲ったが、彼女は生き永らえた。物語は、負傷した家族との再会を果たしたのち、津波の被害を目の当たりにしたよっちゃんの劇的な反応を詳細に描いている。「海の馬鹿野郎！」——恨みのこもった彼女の心の叫びで物語は幕を閉じる。被災住民の手による過去の災害事故の記録と伝承を目的としたアーカイビングをする努力に顕著なように、間メディア的語りとは、ドキュメンタリー映画製作自体を含めた高度に自省的な実践と言える。そのことは、三部作最後の作品であり、宮城県において民話の読み聞かせとシナリオ収集に携わる人々を追う『うたうひと』に特に言えることである。

ヨシの証言とその妹の内省と記憶は、ヨシが語るよっちゃんのお話と重なり、融合する。また、二人の過去についての会話は三月一一日に限ったものではなく、一八九六年と一九三三年に起きた二つの歴史的な出来事の間を行き交う。そのように入り組んだ語りは、その上に成り立っている実際のトラウマ的な事件、個人の証言、記憶を分かつ境界、そして文化的表象と想像がいかに偶然的（恣意的）で漠然としたものであるかを考えさせる。例えば、観客は母の命を奪った一九三三年の津波への憤りを語るキヌを、紙芝居の最後に心の中で叫ぶよっちゃんの姿に重ねずにはいられないだろう。

会話者の「語る頭（talking heads）」は、さらに「語る身体（talking bodies）」に敷衍して考察できる。「語る身体」とは、パフォーマンス芸術や演技技法の観点から、被インタビュー者がカメラの前でどのような身ぶりをするかだけの問題ではない。カメラワークと編集は、物理的にはじっと座ってインタビューを受けている人物たちが意見を交わし物語を共有し合う際の視線と感情をドラマチックに演出しており、三部作はもはや「語る身体」の記録であるとさえ言える。ドゥルーズが述べるように、身体は思考と記憶と情動の入れ物ではなく、身体そのものが三者の接合体であると考えなければならない。

「だから私に一つの身体を与えて下さい」、これは哲学的な大転換を示す定式である。身体はもはや思考をそれ自体から分離するような障害なのではなく、思考するにいたるために思考が克服しなければならないようなものではない。反対にそれは、思考が思考されないものに到達するため、つまり生に到達するために、その中

> に潜入する何か、潜入しなければならない何かなのである。だからといって身体そのものが思考するのではなく、身体は執拗に頑固に思考することを強い、また思考をのがれるもの、つまり生を思考することを強いるのである。……「だからわれわれに一つの身体を与えて下さい」、それはまず日常的な身体の上にカメラをすえることである。身体は決して現在に属しているのではなく、以前と以後を内包し、疲労、待機を内包している。疲労、待機、また絶望さえも、身体の態度なのである。（ドゥルーズ 二〇〇六：二六三―二六四）

本章を締めくくるにあたり、東北三部作のようなインディペンデントなドキュメンタリーにおいて提示された震災の生存者や語り手（インタビュー対象）による物語の内容や、それらが真実かどうかを見極める代わりに、近代政治映画の枠組みに導かれながら、濱口と酒井の身体に対するドゥルーズ的意識が3・11を記憶するプロジェクトにおいて果たした役割へと焦点を移すこととしよう。

ロドウィックの身体についての議論は示唆に富む。彼は「身体は流れる時間の空間的記号である。それは決して現在に存在しているものではない、なぜなら時間は流れ続けるからだ。身体は過去の経験を記録し蓄積する。また、身体は同じような時間の反復のなかで受動的に、あるいは新たな可能性や変化の勢力を得て積極的に未来を予期する」と述べている（Rodwick 2003: 168）。

三部作のインタビューにおける生存者／インタビュー対象の話し方や振る舞いについては、すでに一部議論を行った。私の興味をひいてやまないのは、それらの人々自身の身体がどのようにアーカイブの場――証言や記憶の場としてだけではなく、部分的にしか具体化され認知されえない情動にとっての場――を構成しているかである。濱口と酒井は、彼らを撮影対象から遠ざける見えない力を感知した。言い換えれば、彼らは災害経験それ自体のみならず、それを記録する作業に伴う暴力性やトラウマ性についての本質的理解に至ったのである。その一方で、彼らに対し東北の語り部は、土地が津波によって破壊されようとも彼の身体に物語は残り続けると答えた。三部作のインタビュー／聞き取りの手法は、そのような身体が抱える「新たな可能性や変化の勢力」を開拓する試みとして理解されるべきである。

二〇一一年から二年間、二二回に亘ってオンライン放送された「かたログ」（語る＋ログ（記録）に由来すると考えられる）にて、司会の濱口と酒井はゲストとともに三部作の撮影前の現地調査と実際の撮影経験について大いに語り合っている。その中で二人の監督たちは、「被災者」の「語る身体」に向けたカメラが、被写体が自身の記憶やフラッシュバックに飲み込まれる瞬間を捉え、そこに情動的反応、あるいは身体から発せられる見えない力のようなものを感じ、身体が「以前（過去）と以後（未来）を同時に抱え込んだ」ものであると悟ったことに言及している。

なんかね、こんな映っちゃっていいのかな、っていうような瞬間があるんですよね……話していて、急にその方が、まぁ、フラッシュバックっていうものじゃない、そこまで言っていいのかわからないですけど……その人の体に、なんか、入ってくるのか、それとも、その人の体が拒絶するのか、わからないですけど、「語り」っていうものがうまくいかなくなる瞬間っていうのがあって、それは少しあられもない瞬間というか、本当は親しくなければ、きっと、そんなものは見れないはずなんですよ。(6)

濱口と酒井は、東北地方の被災者や語り部とのインタビューを再構成する上で表現モードを更新し、個人の証言と地域の物語を聞こえるかたちに、情動、身ぶり、身体を見えるかたちにした。彼らが明らかにしたのは、伝えられ演じられてきた物語や民話、身ぶり、身体は情動的につながり、私的なものと政治的なものはお互いに浸透し合っているということである。

本稿を執筆している現在、3・11から既に七年が経過している。国内外で流通する東北に関する社会言説について、復興のモチーフが存在していることは明らかである。復興を旗印に未来を想像することは、奇しくも、オリンピックという視覚表象／メディア・イベントを通じ、国土の復興と国民の団結を印象付けようとする安倍政権の試みと軌を一にする。[7] 本稿は、ポスト・福島ドキュメンタリーのなかで、インディペンデントな映画製作がいかに3・11後の日本社会についての批判的な洞察を含んだものであったかを議論した。特に、濱口と酒井による生存者や語り部へのインタビューの革新が、表現モードの修正によってなされたということ、またそれは個人の証言や民話を人々の耳に届け、私と公を繫げていたという点を論じた。東北三部作は、シネマ・ヴェリテのインタビュー形式から遠く離れ、リアリティーとフィクションの境界をかき乱した。そのような手法により、二人の監督は、震災をテーマとしたＮＨＫの特集番組やインディペンデント製作のシネマ・ヴェリテ作品について、観客が抱く先入観を払拭しようとしたのである。さらに、彼らが凝らした「仮構」の意匠には、目的論的、また直線的な復興の語りを批判する役割もあったとさえ言える。従来のインタビュー者とインタビュー対象の権力関係を脱し、三部作のインタビューはナレーター、監督、観客の位置づけを新たにした。観客にとって重要なことは、彼ら／彼女らが語りの行為遂行性、偶然性（恣意性）、そして情動性を意識し、独自の解釈枠組みを調整、発展させることとなり、それは集団的な記憶に思い至るのみならず、この先の未来に訪れるであろう集団性に想像力を膨らませる契機となりえる。東北三部作は、まさにそのような政治性を持つドキュメンタリーだったのである。

註

（1）謝辞：まず、ミツヨ・ワダ・マルシアーノをはじめとした、国際日本文化研究センター・共同研究「3・11以後のディスクール」（二〇一六～二〇一七年）に携わったすべての研究者に感謝の意を表する。また、日本語の書き起こしと日本語翻訳に際しては、潘沁および名取雅航の学生両名（名古屋大学大学院人文学研究科）に多大な協力をいただいた。最後に、濱口竜介、酒井耕と松林要樹監督のご協力をいただき、ここに深く感謝の意を表す。

（2）この五年間、3・11と映画を含めた芸術との関係について、示唆に富む多数の論考が出版されている。例えば、森・綿井・松林・安岡（二〇一二）、Geilhorn and Iwata-Weickgenannt (2016); Mōri (2015); Mackie and Brown (2015).

（3）日本の第一線で活躍する芸術家集団 Chim↑Pom（http://chimpom.jp/project/real-ktimes.html#ngu）の作品には、福島において撮影されたビデオ・アート『Real Times』や『気合い１００連発』（二〇一一年）が含まれる。

（4）「アーカイブス」ＨＰ、二〇一一年九月二一日付インタビュー（https://www9.nhk.or.jp/archives/311shogen/detail/#dasID=D0007010019_00000)。

（5）岩崎孝正（二〇一七）「「東北」を移動する記録映画〈ロードムーヴィー〉酒井耕&濱口竜介「東北記録映画三部作」」。http://webneo.org/archives/10038（二〇一七年五月二日アクセス）。

（6）かたログ（1）「なみのおとプロジェクトとは?」https://recorder311.smt.jp/movie/2116/（二〇一七年五月一〇日アクセス）。

（7）朝日新聞（二〇一八年七月二一日）は次のように報道している――東京オリンピックの聖火リレーが、二〇二〇年の三月二六日、被災地の福島県からスタートすることが決定した。国際オリンピック委員会と東京大会組織委員会は、競技の開催を、東京の北約二四〇キロに位置し、原子力発電所のメルト・ダウンを受け多くの住民が避難を余儀なくされた福島を含む、東北地方を襲った二〇一一年の震災からの復興のシンボルとして積極的に利用している。http://www.asahi.com/ajw/articles/AJ201807120040.html（二〇一八年七月二〇日アクセス）

引用文献

岩崎孝正（二〇一七）「「東北」を移動する記録映画〈ロードムーヴィー〉酒井耕&濱口竜介「東北記録映画三部作」」。http://webneo.org/archives/10038（二〇一七年五月二日アクセス）

ジル・ドゥルーズ著、宇野邦一・江澤健一郎・岡村民夫・石原陽一郎・大原理志訳（二〇〇六）『シネマ2――時間イメージ』法政大学出版局

藤井光・酒井耕・清水健人（二〇一五）「カメラ位置と信仰、あるいは狂気」『ミルフイユ07　想起の方則』赤々舎

森達也・綿井健陽・松林要樹・安岡卓治（二〇一二）『３１１を撮る』岩波書店

Frangville, Vanessa (2016) "Pema Tseden's The Search: The Making of a Minor Cinema," *Journal of Chinese Cinemas* 10.2: 106–120

Fujiki, Hideaki（2016）"Problematizing life: documentary films on the 3.11 documentary films," In Geilhorn, B. & Iwata-Weickgenannt, K.（eds.）, *Fukushima and the Arts in Japan: Negotiating Disaster*, Routledge

Geilhorn, B., & Iwata-Weickgenannt, K.（2016）*Fukushima and the Arts in Japan: Negotiating Disaster*, Milton Park, Abingdon, Oxon: New York Routledge

Mōri, Yoshitaka（2015）"New Collectivism, Participation and Politics after the East Japan Great Earthquake," *World Art*, 5.1: 167–186

Mackie, Vera, and Alexander Brown（2015）"Introduction: Art and Activism in Post-Disaster Japan"（はじめに：災害後の日本におけるアートとアクティビズム）*Asia-Pacific Journal: Japan Focus*, 13.7: 1–5

Pisters, Patricia（2003）*The Matrix of Visual Culture: Working with Deleuze in film theory*, Stanford: Stanford University Press

Pisters, Patricia（2010）"Violence and Laughter: Paradoxes of Nomadic Thought in Postcolonial Cinema," In Bignall, Simone, and Patton, Paul（eds.）, *Deleuze and the Postcolonial*, Edinburgh: Edinburgh University Press

Rodwick, D. N.（2003）*Gilles Deleuze's time machine*, Durham, NC: Duke University Press

Robinson, Luke.（2013）*Independent Chinese Documentary: From the Studio to the Street*, London: Palgrave Macmillan

Schwartz, Joan M., and Terry Cook（2002）"Archives, Records, and Power: The Making of Modern Memory," *Archival Science 2*

日本語翻訳：名取雅航

第Ｖ部

イコン性メディア，マンガ＆アニメーション

第13章　放射性物質の表象
——見えないものを見ること、見えるようにすること

石田美紀

二〇一一年三月一一日、東日本大震災の発生とその後襲来した津波により、東京電力福島第一原子力発電所は全電源を喪失した。冷却機能を失った福島第一原発では、重大な爆発が少なくとも四回と大小の火災が多数発生している。しかし、映像として報道されたのはうち二回、一二日午後三時三六分の一号機の爆発と、一四日午前一一時一分の三号機の爆発だけである。事故映像の乏しさは、その一〇年前、二〇〇一年九月一一日にアメリカのニューヨークで発生した同時多発テロと比較してみればよくわかる。当時、炎上し崩落するワールド・トレード・センターは、テレビ局のカメラから携帯電話のデジタルカメラに至る、あらゆる光学機器で撮影され、中継され、放送された。いっぽう、福島第一原発の事故では、カメラが収め放送できた二回の爆発映像は、どちらも原発から一七キロ地点にある福島中央テレビの定点観測カメラによって撮影されたものであるため、もし一〇年以上前に設置されたこのカメラが機能していなかったら、わたしたちは事故が発生する瞬間の記録映像すら持ちえなかったのである（伊藤 二〇一二：九〇）。

福島第一原発の事故は見えない事故であった。というのは、発生時の映像の乏しさはもとより、それ以降報道が機能不全に陥ったからである。もちろん、テレビ、新聞等各種報道機関は、連日事故を伝えたが、たとえばＮＨＫはその後一か月間、原発から三〇キロ圏内への社員の立ち入りを規制した（朝日新聞特別報道部 二〇一二：四七―五

〇）[1]。結果、一部を除いて独自取材は困難になり、情報源は一号機爆発の発表時に「何らかの爆発的事象」と婉曲的に述べた政府[2]と、原発の所轄部門である原子力安全・保安院、そして事故の当事者である東京電力だけとなった。報道機関は自らが現場で取材したことを社会に伝えるのではなく、政府・省庁・東電が発表する情報を解釈することに専念したのである。つまり、刻一刻と変化する現場の状況とオーディエンスを繋ぐ媒介（メディア）としては足りえなかったのである。

現場映像の乏しさ、報道機関の機能不全に加え、この原発事故をさらに見えないものにしたのは、原子炉の外へと放出された放射性物質の特性である。三月一八日、茨城県内でもほうれん草とネギの放射性物質による汚染が確認され、大量の放射性物質の放出が明らかになった[3]。このとき、原発事故がさらなる段階に進んだことが判明した。しかし政府は汚染されたほうれん草を一年間食べたとしても、CTスキャン一回分の五分の一程度の被曝でしかないという見解を発表し[4]、テレビ報道もそれに追随したが、二二日には原発から二五〇キロ離れた東京都の水道水からも、乳児用の暫定基準値一〇〇ベクレル／キロをはるかに超える放射性ヨウ素が検出され、もはや放射性物質の危険は原発敷地内の問題でも、福島県内の問題でもなくなっていることが明らかになった[5]。

にもかかわらず、放射性物質は、ガイガーカウンターやシンチレーターによる測定と数値化は可能でも、それ自体は目には見えず、口に入れても分からない。わたしたちの感官に対する媒介の欠如という放射性物質の特性は、自分はすでに被曝しているのかもしれないという激しい恐怖と不安を人々のうちに呼び起こした。そして、報道の機能不全という媒介の欠如がそれを加速させていったのである。

1　不可視性の克服の試み

とはいえ、原子力災害に対する反応は、恐怖と不安だけではなかった。伝えられないこと、見えないことを克服しようとする自発的な試みがいくつも生まれている。本章では、写真、動画、イラスト、マンガといった視覚メディアの事例に即して、それらが放射性物質をどのように可視化したのかを論じながら、二〇一一年三月一一日以降に見えないものを見ること、見えるようにすることとは、いったい何なのかを考えていきたい。

最初に注目したいのは特別な科学的知識を持たない人々、いわば市井の人々の試みである。日本全国どこにいても放射性物質の問題とは無関係でいられないことが広く認識された三月下旬、多くの人々が身辺をガイガーカウンターで計測し、その数値を写真や動画によってインターネット上で報告していた。当初、測定法や数値の読み取りも一定ではなく、明らかに誤ったものもあったため、それらは流言蜚語として罵られ、科学的リテラシーの欠如を露呈する「放射脳」(放射線を恐れるあまり正常な判断ができない人間を意味するネットスラングであり、いうまでもなく放射「能」のもじりである)の愚行とも嘲笑された。

しかし、こうした行動を一笑に付すことなど到底できない。というのも、それらは見えない恐怖のなかで、なんとかして日常生活に入り込んだ放射性物質を自身で把握しようとして生まれた行動であるからだ。本章ではそうした無数の試みのなかでも、放射性物質を「見る」ことにこだわる二つの試みを取り上げる。

四月一八日、インターネットの巨大掲示板「2ちゃんねる」(二〇一七年一一月現在は、運営元の変更に伴い、「5ちゃんねる」と名を変えた)において、東京電力が発表した二号機建屋付近の写真が話題になった[6]。東京電力は、この写真を津波の高さと浸水状況の報告目的で公表したのであるが、議論はまったく別の観点から起きている。ある投稿者(ID: bLphu8Ak0)がこの写真をアップし、この写真と同じく「ドット欠けの点々としてノイズが入っている写真」で、チェルノブイリ関連の画像を知らないかと尋ねた。どこにドットの欠けがあるのか分からないとの意見が出たため、投稿者は写真の一部を拡大した画像を再度投稿した。そこにはたしかに白、赤、紫といった無数の点が見える。

スレッドの参加者に、これらの無数の点は放射線が、デジタルカメラの撮像素子を通過して破壊した結果生まれたノイズであると主張する者が現れた。それについて「古いデジタルカメラなら放射線でなくともノイズは出る」(ID: O8ILGFyC0) といった異論とともに、興味深い指摘がなされている。別の投稿者 (ID: 9oz/wrz20) は、デジタルカメラの仕組みに踏み込んで、考えを述べている。曰く、画像を記録する瞬間だけ光がセンサーを通過するデジタルカメラで放射線を捉えるのは、フィルムの感光に比べて非常に難しい。にもかかわらず、無数のドットが現れているのは、極めて高い放射線量の証であると彼/彼女は結論づけている。また、別の投稿者 (ID: fFB+8j5n0) は、同じく東電が発表した四号機の使用済燃料プールからの採取作業の動画を紹介し、三〇秒あたりに白いノイズが映っていることを指摘した。(7)

これらの議論は次の二点において重要である。まず議論の対象となった福島第一原発内で撮影された写真・動画が、東京電力が自社のホームページで発表したものであったことである。つまり、テレビや新聞等の既存のマスメディアにとっては受信者にすぎない人々が、マスメディアを介さずに直接資料を入手していたのである。次に、より重要なのは人々が目を凝らして見えたものについて率直に意見を交わしたことである。もちろん、ノイズが放射線由来なのかどうかは、東京電力が保有するデジタルカメラを調査してみないとわからない。しかし、何者の利便も代表していない一個人が、放射線と光学機器との関係を考察するやり取りは、政府、テレビや新聞等のマスメディアにおける言説とは全く異なっている。媒介の欠如という不安のなか、受信者は自発的に発信者になったのである。

つぎに紹介するのも、おなじく個人による活動である。YouTube 上には二〇一一年五月五日に投稿された、「カメラに写りこむ放射線のノイズ」と題された動画がある。(8) わたしたちが目にするのは真っ黒な画面である。撮影者は「現在、カメラに蓋をした状態で録画しています。これを一〇〇 μSv per hour 以上の地面に押し付けると、もしかしたらノイズのようなものが映るかもしれません」と述べる。彼が説明するところでは、撮影場所は警戒区域外の福島県内である。撮影機器は、SANYO製のデジタルカメラ Xacti CG6 (六〇〇万画素CCD) というありふれた光学機器であり、撮影は風景撮影というごく一般的なモードで行われている。撮影者がカメラを地面に押し当てていますと語りはじめると、暗闇の画面のあちこちで白い点がまばらに点滅しはじめる。こう述べれば、簡単に点滅を見ることができると思われるだろう。しかしこれらの点滅は、画面を注視していないと見過ごしてしまうほどに微細なものである。くわえて、視聴環境も点滅が見えるかどうかを左右する。コンピュータのモニターでなら点滅は見える。しかしプロジェクターで投影するとたいていの場合、それらは見えなくなる。この動画は、放射線のノイズを万人に証明するには非常に不安定で、脆い。非科学的だと言う人もいるだろう。しかしながら、放射性物質の大量拡散という状況に突き動かされた一個人が撮影した暗闇の画面は、放射性物質の見えづらさのみを示しているのではない。この動画の視聴者である私たちは画面を凝視することに駆り立てられる。「見えない」からこそ、「見たい」という欲求が強く喚起される。この動画の最大の効果は、原発事故以来、多くの人間が抱えていた「見たい」という欲求に意識を向けさせたことにある。個人が「見たい」と意識することこそ、政府やマスメディア、そして東京電力が相互に連動し原発事故を見づらくするなかで、拡散された放射性物質と対峙するための拠り所となっていたのである。

2　痕跡への信頼

上述した二つの例は、ノイズがどれほど微細なものであったとしても、放射性物質を「見たい」という人々の欲求に応えようとしていた。その際に忘れてはならないことがひとつある。それは、画面に映り込む微かなノイズが放射性物質の放つものであるということも、ひとつの信念、つまり放射性物質はある「はずだ」という信念に基づいていることである。その信念を支えるのが、写真と不可分となっている「痕跡」という概念である。

わたしたちは写真と絵を異なる映像のカテゴリーとして理解している。たとえば、わたしたちの社会において証明写真は自己の同一性を示すものとして使用されているが、証明絵画なるものは流通していない。絵も、ハイパーリアリズム絵画が雄弁に示すとおり、写真と同程度に精巧に描くことができるにもかかわらず、である。写真と絵画の違いを考えるにあたって述べるべきことは、写真映像はレンズが捉えた事物の光が感光材に残した痕跡であるため、事物がそこにあったことを示すと理解されていることである。それゆえ映画批評家アンドレ・バザンが、写真の登場によって「外部世界のイメージは初めて、人間の創造的介入なしに、動かしがたいプロセスに従って自動的に得られるようになった」（バザン 二〇一五：一六）と述べ、人の手を介さずに生成する写真の独創性は「本質的な客観性にある」（同：一五）と主張しても、決しておかしいことではない。

ふたたび放射性物質が映り込む映像にもどろう。先に議論した二〇一一年三月以降の映像はすべてデジタルカメラで撮影されており、厳密に述べればバザンの時代の写真、つまり光が感光材にその痕跡を残す写真ではない。しかしそれでもやはり、わたしたちは画面に映り込むノイズを放射性物質の「痕跡」として見ているのだ。そのノイズはいくら微かなものであっても、デジタルカメラの撮像素子への放射線による物理的な働きかけを示すもの、つまりは放射性物質の存在を示す痕跡として信じられている。だからこそ、わたしたちは痕跡を探して映像に目を凝らすのだ。

3 消えゆく痕跡を追い求める——赤城修司の実践

ここまで、事故直後から約二か月間に経験された放射性物質を見ることの困難さとその克服について論じてきたのだが、事故から六年が経過しつつある二〇一七年一一月現在においてもまだ、見ることの困難さについて述べるべきことはある。まず確認しておきたいことは、事故を収束させるために気の遠くなるような長い時間が必要であることだ。二〇一一年一二月一六日、政府は原子炉の「冷温停止」をもって事故の収束を宣言し、廃炉作業の工程が次のステップに進んだと発表した。[9] しかし、いまも建屋内部の調査が手探りで行われている。実際に廃炉が完了するまでの間、いかにして放射性物質を「見よう」とし続けられるのか。また、放射性物質があると信じて、痕跡を探し続けることができるのか。

放射性物質が人間にとって危険である理由は、その寿命がきわめて長いことである。セシウム137の半減期は約三〇年、プルトニウム239の半減期は二万四〇〇〇年、ウラン235に至っては約七億年。わたしたちの生とは時間の桁が全く異なるこれら放射性物質とどのように向き合っていけばよいのだろうか。考えるだけですべてを放棄したくなるこの問題に直面するとき、福島市在住の美術教員である赤城修司がツイッター（@akagishuji）に投稿し続けている写真の重要性が浮き彫りになる。というのも、彼の一連の写真は、見えない放射性物質を見極めようとするだけでなく、時間の経過を意識し、環境に存在する放射性物質を、撮影という行為を通して自身の視覚のうちに現前させようとする点で、きわめて示唆的であるからである。

二〇一一年三月一二日から赤城は写真をツイッターに投稿している。そのタイムラインを追いかければ、原発事故後の混乱が徐々に収まり、「日常」が回復されていくようにみえる。だが、時間が経過するにしたがって、事故前には存在しなかった風景が現れてくるのだ。その一枚が二〇一三年五月二一日に撮影された福島市内の公園の様子である（図1）。画面の大部分を占める斜面は不自然にも草がすべてはぎ取られている。赤城はこの写真を含む除染作業を収めた一連の写真を二〇一三年六月二五日にツイッターに投稿する際に、次のようにコメントしていた。

「あの斜面も剝がしてるんですか。」「そう、全部剝がして、芝を貼るの。」僕は、後ろの中学生に気を取られていた。

コメントからは、赤城が公園を訪れたときに放射性物質を取り除く除染作業が行われていたことがわかる。彼は、

図1　2013年5月21日撮影

© 赤城修司

裸になった斜面と、自転車で通学する制服の中学生たちをフレームに収めた。放射性物質が沈殿した茂みや樹皮を取り除く除染作業は異様な光景を突如出現させ、放射性物質による汚染という非日常を内包する事故後の日常を顕在化させる。多くの人々が日常生活を営む福島市の線量であれば、放射性物質のノイズはカメラには写らない。だが、除染の徹底ぶりと除染後の風景が示す不自然さによって、不可視の放射性物質の存在は可視化されることになり、そこに放射性物質が存在することをわたしたちが認識する契機となる。この写真を前にして、わたしたちは異様なやり方で取り去られたものの存在を想起せざるを得ないのである。それは、広島の爆心地にそびえる原爆ドームと同様に、ある種の記念碑としての効果すら発揮しているだろう。

しかしそれと同時に、福島県内のそこかしこに出現する除染作業の痕跡とそこから喚起されるカタストロフは、原爆ドームが喚起するカタストロフとは決定的に異なっていることもまた無視できない。爆心地で原爆の光を見た者は、熱と爆風、さらには高線量の放射線を浴び、すぐさま命を奪われた。原爆による被爆経

図2　2014年5月3日撮影

© 赤城修司

験は、リピット水田堯が述べる没視覚性（Avisuality）、すなわち「私たちを可視と不可視の間に、外部と内部の間に、生者と死者の間におく究極の光学的経験」（Lippit 2005: 81–103）として説明することがもっともふさわしい。だからこそ、肉体がとても耐えきれなかった没視覚性を耐えた原爆ドームは、七〇年以上に亘って集団的記憶の場として、また反戦と平和の、そして民主主義の象徴として機能してきたといえるだろう。

いっぽう、多くの人が日常生活を送る福島市内は、除染によって居住可能とされる低線量の環境である。現在、没視覚性は、人間が数十秒で死に、電子機器も誤作動を起こすといわれる炉心が溶融した原子炉内でしか経験できない[10]。事故直後に政府の会見や各種報道において繰り返された文言「直ちに影響はない」という環境であるからこそ、時間の経過とともに、放射性物質の存在を忘れ去る危険性に満ちているのだ。赤城が二〇一四年六月一日にツイッターに投稿した写真——撮影日は二〇一四年五月三日——は忘却の危険性を教えてくれる[11]。撮影の場所は二〇一三年五月に除染されたあの公園の斜面である。一年前に丸裸にされた斜面に芝生が生え、ところどころ雑草まで茂っている。「作業の面影も、もうない」という赤城のコメントのとおり、見えない放射性物質を視覚化する契機であった除染の跡も時間のなかで消えていく（図2）。それは記念碑とするにはあまりに儚い。放射性物質とともに生きる日常にとっての最大の脅威は、忘却という深淵に気づかぬうちに呑みこまれることである。赤城修司の実践は、新しいカタストロフがいまもここにあることを静かに伝えている。

4 描かれる放射性物質

実写映像のなかに放射性物質の痕跡を見ようとする試みについて述べてきた。これより議論を絵に移そう。絵は福島第一原発事故後にどのように放射性物質を描いてきたのだろうか。

写真映像を称揚するバザンにとって、絵は主観性と分かちがたいものである。なかでも画家と観者の視点を中心に画面を構成する遠近法は「西欧絵画の原罪」であるとまで批判されている（バザン 二〇一五：一四）。しかしながら、絵はそれだけに尽きるものではない。美術史の始祖であるルネサンスの人文主義者レオン・バッティスタ・アルベルティは『絵画論』（一四三五年）において、水面に映る自分の姿に恋をし、それを抱きしめようとして溺死したナルキッソスに触れつつ、「絵を描くとは、ほかでもなく、そんな泉の表面を技芸でもって抱擁するようなものではないだろうか」と述べた（Alberti 2004: 61）。

実際、二〇一一年三月一一日以降、放射性物質を描くために、本論で述べてきた放射性物質の痕跡を逃すまいと画面に目を凝らすことや、カメラを自分の眼に接続し除染の痕をひたすら記録し記憶することとは全く異なる手法が採用されている。語弊を恐れずに述べるなら、自由奔放なやり方で放射性物質は描かれているのだ。これより、痕跡が担保する事実性とは異なる水準において、不可視の放射性物質がいかに可視化され、どのような問題を提起しているのかを考察していこう。

見えないから描く：柚木ミサト「あかいつぶつぶの絵」シリーズ

最初に取り上げるのは、イラストレーターの柚木ミサトが二〇一一年五月七日にインターネット上で発表した四枚のイラストである（図3）[12]。白地に簡潔かつ力強い黒い描線で子どもの姿が描かれている。一枚目は、石に座って小鳥に餌をやっている子どもを、二枚目は、大人に手をひかれた幼児の後ろ姿を描いているのだが、見る者を驚かすのは、赤い粒子が無数に子どもたちに降り注ぎ、地面に堆積していることである。そこには「こういうこと。」との一言が添えられている。三枚目は、身体を寄せ合っている子どもたちの上に手がかざされ、その手の上に赤いつぶつぶが降り積もっている。そして「すべての大人たちが　すべてをのりこえて　子どもたちを守れるよう」と書かれている。四枚目は、立ち話をするふたりの大人の黒い影が伸び、赤いつぶつぶを胸に蓄えた化け物の姿となっている様が描かれ、「ほうしゃのうは洗えばとれる。心がきたないのは洗ってもとれない。」という文言が書かれている。目に鮮やかな赤色のつぶつぶが放射性物質を表していることは、福島第一原発事故を知る者なら誰にでも、難なく理解できるだろう。

柚木はこれらのイラストのフリーダウンロードを許可している。そこに掲載された文章をみてみよう。

命を守るためにならご自由にお使いください。原発反対デモでもおっけ〜！愛のあるご使用をお願いいたします。疎開にふみきれない人を責めたりに使っちゃダメです。（人には様々な理由があります）

これは福島県の子どもを守りたい大人のために描きました。周りの大人が知らないがために、守られない子ども。子どもを守りたいのに、まわりに危険を信じてもらえなくて、疎開出来ないと聞いたからです。学校への訴えにも使えると思いました。守られるべき人に条件など何もなく！一人残さず被曝しないで欲しいのです。[13]

図3　あかいつぶつぶの絵

図3-1

図3-2

図3-3

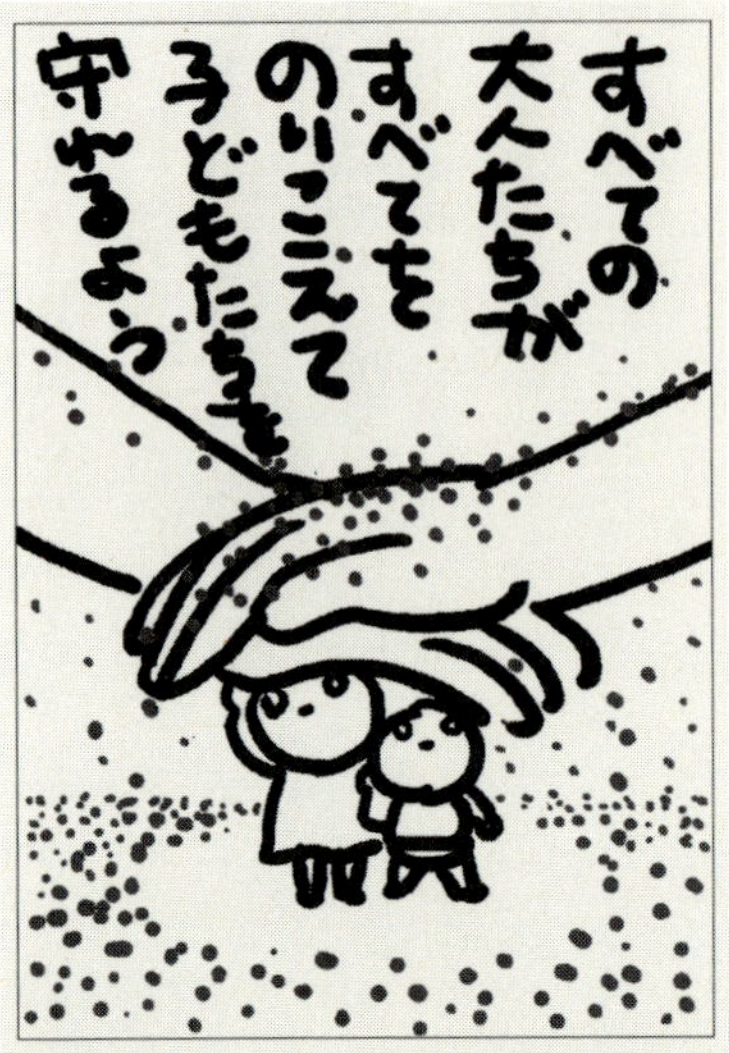

図3-4

2011年5月7日発表　

もちろん放射性物質は赤いつぶには見えない。それゆえ、柚木のイラストは根拠なく非科学的に危険を誇張し、福島に住む者への差別を助長するイラストであると、批判に晒されてもいる[14]。しかしそのいっぽうで、脱原発デモにおいて柚木のイラストを用いる者は少なくなく、『週刊金曜日』二〇一一年六月一七日号の表紙にも採用されている。デモという行動を取る、取らないはべつにしても、柚木のイラストは、原子炉の外に出てしまった放射性物質の存在を表現し、また放射線の影響をもっとも受けやすい子どもについての懸念を端的に視覚化している。そしてより重要なことは、柚木自身はこのシリーズを描いた意図を説明する際に、「福島」という地名に言及してはいるものの、この絵が彼の地で発生した災害だけを示すものとしては受容されなかったことである。

新潟市に暮らす筆者が「あかいつぶつぶの絵」シリーズを知ったのは、二〇一一年五月下旬、新潟県・新潟市が発表する水道水の放射能測定値を確認していたときのことである。当時インターネットで放射性物質の検出情報を確認することが日課になっていたのだが、その際に筆者は柚木の絵に出逢った。赤いつぶつぶが子どもたちのまわりに存在する絵を見た瞬間、事故以降に絶え間なく感じていた抑えがたく湧き上がる放射性物質への恐怖と、なんとかしなければならないという焦燥が自分だけのものではなく、他人にも共有されているのだと感じ、安堵すらしたのである。そのため、柚木が見えないものを見えるようにするために施した赤色についても、この絵の批判者が声高に指摘するような、福島の人々を差別するために選ばれた色であるとも思わなかった。そうではなく、筆者にとって、赤色は、事故以前にはなかったものが、日本とよばれる地域の、そこで生きざるを得ない子どもたちの日常生活に出現してしまったことを告げるものでしかなかった。

そもそも放射性物質が目に見えないものである以上、対象との類似性を追求して「正しい」形象を与えることは不可能である。放射性物質はいわば表象の向こう側の存在である。それを表象のうちに引き入れる為に、形と色が与えられているのである。

擬人化：少女マンガとの交錯

では、絵を連続させることで多種多様な物語を語ってきたマンガは、どのように放射性物質を描いたのだろうか。二〇一一年三月以降、多くのマンガ家たちが自らの信じるところに従い、原発事故について、また放射性物質についてマンガを描き、発表してきた[15]。興味深い作品は多数あるのだが、放射性物質を見ること、見えるようにすることを考察する本章がとくに注目したいのは、人間以外の存在——無機物であれ、有機物であれ——を、人に見立てて描く「擬人化」が放射性物質に施されている例である。

一九七〇年代に少女マンガを質的に向上させた「二四年組」のひとりとして頭角を現し、それ以降もマンガ表現を牽引してきた萩尾望都は、福島第一原発事故後に放射性物質の擬人化作品である「プルート夫人」（『月刊flowers』二〇一一年一〇月号に掲載）、「雨の夜——ウラノス伯爵」（『月刊flowers』二〇一二年二月号に掲載）、「サロメ20XX」（『月刊flowers』二〇一二年三月号に掲載）を発表し、放射性物質の可視化に傾注している。萩尾は「プルート夫人」においてプルトニウムにまがまがしくも美しい女の姿を与えた[16]。人類の運命と未来を決めるべく男性たちが集う場に、プルート夫人が姿を現す。彼女は文明を発展させてきた人類にふさわしいのは自分であると自負し、人類がさらに発展するためには自分の助けが必要であると説く。人々がその美しさに魅せられてなびき始めると、彼女が危険な放射性物質であることを指摘する人間が出現する。以下、プルート夫人と彼女の敵対者のやりとりの一部を抜粋しよう。

プルート夫人　さあわたくしをあげるわ　わたしの愛をあげる　受けとって
男1　だまされるな!!　プルトニウムは強力な放射性物質だ！
プルート夫人　放射性物質？　放射性物質なんて……　そこらへんにゴロゴロあるわ　ラドン温泉とか体にいいっていうじゃない　放射線や放射性物質は決して危険なものじゃないわ　おフロなんか好き

でしょう？

「プルート夫人」萩尾（二〇一二：四二―四四）

男2　きみにふれたら人間は死んでしまうんだ！

プルート夫人　ねえ　人間は飛行機に乗るとき宇宙からの放射線を浴びているのよ　宇宙旅行をどうするの？　レントゲンやCTスキャン　放射線は人間に役に立っているじゃないの⁉　いいことよ？　ねえ

（同：四四―四五）

男1　きみの熱にふれたら我々は被曝するんだ　大量の放射線は人間を死に至らしめるし　低量であっても　長い時間曝されると細胞は蝕まれていく　個人差はあるが……

プルート夫人　死ぬ死ぬ死ぬって　なんて弱いの人間って　人間は死ぬ　交通事故で死ぬ　病気で死ぬ　熱中症で死ぬ　寒くてこごえて死ぬ　嵐のせい　雪のせい　太陽のせい　いつもいつも死と隣り合わせでもそれは生きるためのリスクでしょ？　きりがないわ！　不幸な運命だわ　命の必然だわ　わたしだけをせめないで！

（同：四六）

このやり取りにはマンガ家の巧みな演出が施されている。まず、プルトニウムを擬人化することで、萩尾は放射性物質と人間との直接対話を描くことを可能した。さらに、キャラクターの衣裳が無視できない効果をあげている。プルート夫人が一九八〇年代の東京がよく似合うボディ・コンシャスのドレスに身を包んでいるのに対し、彼女と議論する男性たちは皆近世ヨーロッパ風の装束を身につけている。両者の衣裳が所属する時代が異なるために、時と場所の同定が不可能な抽象的な空間が立ち上がる。

しかしそのいっぽうで、先に挙げたプルート夫人の物言いは、この作品が執筆され発表された二〇一一年にテレビ、新聞、雑誌、インターネットに溢れていた放射性物質についての言説を凝縮したものであり、現実との接点は失われていない。それどころか、虚構としての純度を高めることで、安全派・原子力ムラ・御用学者と危険派・放射脳・エセ科学信者たちが放射性物質の評価をめぐって罵り合う中で見失われてしまう論点を抽出することに成功している。擬人化という技法は、現実との直接的な対峙から逃げていると捉えられるかもしれないが、このように現実にアプローチするやり方として機能させることも可能である。

結末において、人間が自分を忌み嫌う理由を理解しないプルート夫人はかれらを誘惑し続け、「私の十万年のしとね」（萩尾 二〇一二：五五）に招き入れてすべてを滅亡させてしまう。この作品において、プルトニウムが男を破滅させるファムファタルとして造形されていることについては、ミソジニーの典型的な表現が用いられているという批判があるかもしれない。しかし、次作「雨の夜──ウラノス伯爵」では、ウランが美青年のウラノス伯爵として造形されていることを忘れてはならない。この作品でも、前作同様に衣裳が寓意性を担保しつつ（近世ヨーロッパ貴族の衣服を身につけたウラノスに対し、彼の美貌と甘言に籠絡される女性たちは現代の衣服を着ている）、人間がウランを発見してしまった以上、それがいかに御しがたくとも共存していく他ないのであるという、極めて冷徹に現実を直視する諦念へとたどり着くのである。

単行本『なのはな』に収録されたエッセイ「なのはなと…」のなかで、萩尾は放射性物質に擬人化を施した理由を次のように語っている。

……人々がこの奇跡のような新しいエネルギーに魅了され、のめり込んで行く様子はハラハラします。マンハッタン計画や核実験。広島、長崎。

この力への欲望は、絶世の美女の魔力に取り付かれ、危険だと解っていても逃れられない呪縛のように思えました。(萩尾 二〇一二)

ここに、ウランとプルトニウムが美男美女として造形された理由が端的に述べられている。そして、それと同時に萩尾が選択した美という視覚的語彙が、美とともに「愛」についての物語を発動させる少女マンガというジャンルと不可分であることもわかる。というのも、美貌で人々を支配し堕落させるプルート夫人とウラノス伯爵は、自身の行為を愛ゆえだと語るからだ。プルート夫人は自らの力を人間に与えることを「愛」と呼び、ウラノス伯爵は自分を発見してくれた人々を「愛」しているからこそ報いたいと言う(萩尾 二〇一二:七七)。そして、放射性物質の擬人化の三作目となる「サロメ20XX」も、前二作同様に「愛」という文脈に依拠している。

踊り子のサロメは、恋い焦がれるヨカナーンによって牢屋に閉じ込められる。少女はヨカナーンから自身が核の廃棄物であることを告げられ、失恋を喫することになる。つまり、「サロメ20XX」は、原子炉の稼働によって大量に生成されていく核廃棄物をどう処理するのかという、原発事故以前から先送りにしてきた基本的な問題を、少女の失恋になぞらえている。その意味において、この作品はやはり、少女の心の機微を描くことに傾注してきた少女マンガというジャンルにも属していると言えるだろう。

このように、萩尾による放射性物質の擬人化は少女マンガというジャンルのコードと深く関わり、物語の虚構性を高めていきながら、逆説的にも福島第一原発事故という現実へと迫るのである。

読者とのコミュニケーション:しりあがり寿

次に、東日本大震災と福島第一原発事故について、いち早く、そしてもっとも敏感に反応したマンガ家、しりあがり寿へと議論を移そう。二〇〇二年四月より『朝日新聞』夕刊にて連載している四コママンガ『地球防衛家のヒトビト』でしりあがりは、二〇一一年三月一四日から頻繁に震災と原発を頻繁に取り上げている。新聞マンガが時事的な話題に言及するのは当然のことではあるにしても、しりあがりは新聞以外の媒体においても震災と原発事故に集中し、絵が許す表現の幅を駆使して、見えない放射性物質とその影響に形を与え続けてきたのだが、しりあがりもまた、放射性物質の擬人化を行なっている。

マンガ誌『月刊コミックビーム』二〇一一年六月号に掲載され、単行本『あの日からのマンガ』（二〇一一年）に収録されている「希望」では、原子炉内の放射性物質に、簡潔な線ではあるものの、人間としての姿形が与えられている。ヨウ素は悪ガキ、セシウムはヨウ素たちをたしなめるちょっとおませな女の子、そしてストロンチウムにはたくましい肉体をもった男性、またこの中では半減期がもっとも長いプルトニウムは彼らのご意見番である長老、といった具合である。彼らは外の世界を一目見たいと願い続けている。そして、炉に亀裂が入り、ついにその願いが叶う瞬間がやってくる。炉の外へと放出されるとき、セシウムは外で人にあったら「希望を捨てないで」と伝えたいと微笑む。その直後のコマには、白煙が立ちあがる破壊された原発建屋が現れる。この作品の掉尾となるこのコマだけは、それまでとは異なり、写実的に綿密に描きこまれているために、妙に生々しい効果を生み出している。炉内と炉外の描画の落差を目の当たりにするとき、読者は諦念とも、怒りとも判然としない感情が自身のうちに沸き上がるのを経験することになるだろう。

しりあがり自身は、原発事故関係の擬人化について次のように述べている。

> ……当時〔引用者註：二〇一一年四月、五月〕は、ちょっと安全よりのことを言うと「おまえは安全派だ」とか、ちょっと危険のことを言うと「おまえは危険派だ」とか、どちらかに分けられてしまって、ブログやツイッターが面倒くさいことになる。そういう時期だった。でも、かといって、それを嫌がって、原発や放射能のこと

は描かない、というわけにはいかない。だから、いかにその二分化を避けて、起こっている物事をどう表現するか。それにものすごく苦心しました。例えば、こういうふうに原発を女性に擬人化したり、あるいは同じ本の「希望×」という作品では、強い放射能を持つ物質が原子炉の外に出てしまった、ということを、安全でも危険でもなく、ものすごくショックな出来事だということだけを描こうとして擬人化したりしたのですが、そこに一番苦労しました。（日本マンガ学会 二〇一五：二〇四）[17]

この発言からは、表現したいことだけでなく、それがもたらす余波についても考えざるを得ない状況にマンガ家が置かれていたために擬人化が選ばれたことがわかる。しかし、しりあがりが八〇年代から一貫してギャグマンガを描くいっぽうで、絶望を淡々と描いてきたことにも鑑みれば（たとえば、水没していく日本の地獄絵図を静かに展開させる『方舟』（一九九九～二〇〇〇年）が挙げられる）、彼のスタイルは、原発事故を契機に放射性物質という見えない存在が社会問題となったことにより、先鋭化している。

『月刊コミックビーム』二〇一一年五月号に掲載され、単行本『あの日からのマンガ』に収録されている「海辺の村」――同作品の締め切りは二〇一一年三月三一日であった――（日本マンガ学会二〇一五：二〇二）もまた、その意味において無視できない作品である。そこでしりあがりは原発事故以後に生きる人間の、驚くべき「姿」を視覚化している。

物語の舞台は、震災と原発事故から五〇年経った日本。社会はかつての繁栄を失い、海辺の村に住む一家も倹しく暮らしていた。祖父が現在の困窮を嘆くと、ミライが帰宅する。事故後に生まれた彼の背には羽が生えている。遊びに出かけるミライに父は「あまり遠くまでいくなよー　特にゲンパツには近づくな!!」（しりあがり 二〇一一：二三）と声をかける。しかし父の心配をよそに、好奇心に駆られたミライと友だちは一斉に羽ばたき、ゲンパツへと向かう。多くの子どもたちが、上空から福島第一原発を眺める様は、見開き一頁の大きな「コマ」として提示される。破壊された海辺の原発建屋を飲みこまんばかりに迫る森には、無数の風力発電用のプロペラが林立している。その光景を翼の生えた多くの子どもたちが見下ろす。その様は壮観である（しりあがり 二〇一一：二八―二九）。

羽根が子どもたちに生えているのは、放射線の影響であると、多くの読者は考えるだろう。事実、劇中のセリフでも、そうほのめかされている。しかも、この作品が執筆された二〇一一年三月末は、首都圏の水道水から一〇〇ベクレル／キロを超える放射性物質が検出され、自治体がミネラルウォーターを配布していたころである。それを思えば、子どもに羽が生えているという描写は、環境に撒き散らされた放射性物質の影響について一歩も二歩も踏み込んでいる。だが、そのいっぽうで、大勢の子どもたちが空を飛ぶ様には、爽快感や解放感も感じられるだろう。事実、原発を見る子どもたちの表情は冒険の高揚感に包まれている。しりあがりは大胆に踏み込んだ表現を取りながら、その解釈を読者に委ねている。

解釈を読者に委ねられること。それは読者を信頼するということである。そうしたしりあがりの態度は、エッセイマンガ「放射能可視化計画」（『月刊コミックビーム』二〇一二年七月号掲載、しりあがり二〇一五に収録）にも端的に現れている。原稿執筆中のしりあがりが誌面に登場し、「こんな時放射能ってどう描けばいいんだ!?」と悩む。彼は、マンガの定番表現であり、目に見えない存在（作中、しりあがりは「電波」「音波」「妖気」を例にあげている）を描くことを可能にする「漫符」（形喩、漫画に特有の表現記号）にも、放射能にふさわしいものはないと嘆くのだ。このくだりはあくまでもさりげないものの、そこには非常に重要な論点が含まれている。つまり「漫符」が見えないものでも描けるのは、それらが「電波」「音波」「妖気」であると読者が理解してくれるからである。つまりは読者と作者が共有するコードがあってこそ可能となるのだ。しかし放射能を表象するコードなどはない。そのためしりあがりは、大人から子どもまでのあらゆる人に、また福島、京都、東京とあらゆる場所で、放射能の漫符を描いてもらい、集まった一〇〇枚以上の放射能の絵を分類しようとする。しかし、それらは直線的なものと曲線的なものに大別はできるものの、着眼点はそれぞれであり、なかなか共通点を見出せず、「とてもひとつに決められませんでした!!」、「無理にしぼらず場面場面で使い分けるかなー」との結論に至る。ここでは、放射能の可視化の困難さに加えて、見えない放射能を巡る描き手と読み手のコミュニケーションそのものに焦点が当てられている。放射性物質について話そうとすると不毛な罵り合いに陥りがちなのも、安全派と呼ばれる人々も、危険派と呼ばれる人々も、必要以上に肩に力が入りすぎているからではないかと、この作品を読むと思い至るのだが、その際に、こちらの警戒を解除し、脱力させる独自の絵柄が一役買っていることを忘れてはならない。

マンガと現実:『美味しんぼ』における鼻血問題

どのような絵柄を選択するのか。マンガという表現媒体の根幹に横たわるこの問題は、こと放射性物質の問題を扱うときには、いっそう重要なものとなる。それについて教えてくれるのは、雁屋哲・花咲アキラ『美味しんぼ』(一九八三年~)の「福島の真実」編(『週刊ビッグコミックスピリッツ』二〇一三年第九号から二〇一四年第二五号まで掲載)である。

原発事故後の福島のありのままの姿を伝えようと、主人公である新聞記者の山岡士郎は、二〇一一年一〇月から福島を訪れ、農家、漁師、自治体職員など、福島に住むさまざまな人に取材を行う。もちろん、そこは究極のメニューと至高のメニューの対決を語りの軸に据え食文化を掘り下げていった人気グルメ・マンガのこと、福島の食の豊かさに言及することを忘れない。と同時に、放射性物質の汚染状況を調査し、その影響を最小限に抑えようと努力する人々の声が丁寧に拾われながら、地域が育んできた食を根底から破壊してしまった原発事故への怒りが表明されている。丹念な取材と調査のうえで「福島の真実」編は描かれた。

にもかかわらず、二〇一四年四月二八日に発売された『週刊ビッグコミックスピリッツ』第二二・二三合併号掲載の「福島の真実22」が発表されると批判が殺到することになった。二〇一三年四月、山岡は廃炉作業を行っている福島第一原発を訪れた後に鼻血を出す。そして、つづく第二四号掲載の「福島の真実23」では、福島県双葉町前町長の井戸川克隆が山岡の鼻血が被曝によるものだと断言する。さらにがれき処理を行っている大阪でも同様の被害が報告されていると述べられる場面が描かれ、大きな批判が巻き起こった。批判のほとんどが、『美味しんぼ』が被曝との関連がない鼻血を取り上げ、非科学的誤謬にもとづく風評被害と福島への差別を扇動しているというものであった。すでに確認したとおり、柚木のイラストにも同様の批判はなされているのだが、『美味しんぼ』への批判の規模と質は異例であったことは忘れてはならない。

福島県と双葉町がその内容が科学的に誤っており、差別を助長するものであると抗議した。そして、がれき処理の所轄省庁である環境省ががれき処理と鼻血の因果関係はないと説明し、さらには内閣官房長官までもが記者会見で正しい知識を伝えるべきだと言及した(18)。中央省庁、政府の反応については、いくつかの理由が推測されうる。まずは人気長寿マンガである『美味しんぼ』がもつ影響力に対する懸念である。つぎに「福島の真実22」の冒頭において、二〇一二年一二月に政権に返り咲き、翌一三年四月には原発再稼働を明言した自民党・安倍内閣への批判がなされていることも、すくなからず関係しているだろう。そうした政治的理由を踏まえたうえで、改めてここで考察したいのは、「福島の真実」編が採用した作画の問題である。

『美味しんぼ』をめぐる騒動について藤本由香里は、「福島の真実」編における実在の人物の描写について、「マンガの普通のタッチとは異なる、実在の人のスケッチ風の絵で描かれていて、何か客観が半分入り込んだような表現になっている」(日本マンガ学会 二〇一五:二三一) ことを指摘している。藤本の指摘は非常に重要である。実際、実在の人物とお馴染みの登場人物がみせる作画の違いこそが、「福島の真実」編の最大の特徴になっている。さらに指摘するならば、両者の差異は造形だけにとどまらず、感情表現についても顕著な違いを見せる。登場人物は読者が慣れ親しんだ記号的な表現でわかりやすい喜怒哀楽を示すのに対し、実在の人物は無表情とはいえないまでも、記号化されていない複雑で曖昧な表情を浮かべている。誌面に登場する実在の人物が放つ違和感は、『美味しんぼ』というマンガを、よくできたフィクションから、記号的表現だけではとても把握しきれない複雑な現実に連れ出しているのである。結果、鼻血の描写も、それを現実の事象として認めない者にとっては看過できない事実誤認でしかなかった。もし、「福島の真実」編が、しりあがりのようなリアリズムから距離を取る絵柄や、あるいは萩尾のそれのようにジャンルのなかで様式化された絵柄――被曝の結果としての鼻血なら萩尾も「雨の夜――ウラノス伯爵」において描写している――を採用したのなら、また違った反応が生まれたことだろう。

とはいえ、『美味しんぼ』「福島の真実」編について言い忘れてはならないのは、この作品が「福島の真実22・23」で描いた鼻血についての批判を真正面から受け止めつつ、自らの表現に対して形式的な謝罪や撤回を一切行わなかったことである。福島編が完結する「福島の真実24」の掲載号である二〇一四年第二五号には、「『美味しんぼ』福島の真実編に寄せられたご批判とご意見」と題して、自治体、放射線医、原子核工学研究者、物理学者、環境医学の専門家、小児科医、チェルノブイリ原発事故被災者支援団体等、様々な立場から福島第一原発事故にかかわる関係者の意見を、一〇頁にわたって掲載している（ビッグコミックスピリッツ編集部 二〇一四：三九一―四〇〇）。そのなかには、断罪にも近い厳しい抗議もあれば、鼻血を描いたことの意義を評価するものも含まれており、放射性物質の表象と評価をめぐる対立を生々しくも誌面に登場させた。それは、両論併記という報道のコンベンションとは質量ともに異なっており、誰にとっても居心地のよい結論や、安易な案も出せない現状を露呈している。こうした場を、意見を述べることすら極端に嫌う現在の社会において出現させたことに、『美味しんぼ』「福島の真実」編の意義はある。

議論をまとめよう。福島原発の事故で放出された放射性物質は、わたしたちの暮らしのなかに見えないまま存在し続けている。日常の一部となった放射性物質を、客観的に、誰の眼にも明らかにすることは、現行の視覚的・光学的機器では事実上不可能である。だからこそいっそう、放射性物質をいかにして評価するのかが問われるのである。本章で確認してきたとおり、事故直後から、この不可視の存在をなんとかして視覚化しようとする試みが多数存在している。カメラが撮影した映像のうちに放射性物質の痕跡を見出そうとする名もなき人々の試み、そして除染作業の痕跡を追い続ける赤城修司の仕事は、見えないものを見ようとするわたしたちの態度を代表するものだ。

写真の傍らにおいて、絵もまたこの見えない存在を可視化することを盛んに行ってきた。もちろん、描き手の主観と不可分である絵の表現は、客観性について不確かなものではある。しかしながら、放射性物質が目に見えない以上、その表象が正確であるとも、不正確であるともいえない。それゆえに、柚木ミサトが色と形を与え、萩尾望都が擬人化したように、表現の幅は思いの外広く、大胆なことも可能である。しりあがり寿の発言「マンガであれ何でもそうですが、ものすごい現実、ものすごい何かが起こったときに、それに反応して新しい表現が生まれる。それが基本的な財産になると思うのです」（日本マンガ学会 二〇一五：二二九）に図らずも呼応するかのように、雁屋哲・花咲アキラは記号的表現で描かれる登場人物と、そうではない実在の人物を同一の作品世界に登場させ、放射性物質をめぐる議論の場をマンガ雑誌に出現させている。絵は絵のやり方で、未曾有の災害を雄弁に語っている。

廃炉の完了と福島の全き復興までには膨大な時間が必要である。時の流れの中で見えないものを見、見えるようにするための試みが消えてしまわないよう、本稿が少しでも貢献できたら幸いである。

註

（1）初出は『朝日新聞』二〇一一年一〇月一九日、二一日である。

（2）内閣官房長官記者発表「福島第一原子力発電所について」二〇一一年三月一二日午後。http://www.kantei.go.jp/jp/tyoukanpress/201103/12_p.html（二〇一七年一一月一日最終アクセス）

（3）厚生労働省発表「食料における放射性物質汚染のレベル」http://www.mhlw.go.jp/stf/houdou/2r98520000015iif-att/2r98520000017ee2.pdf（二〇一七年一一月一日最終アクセス）

（4）官房長官記者発表「ホウレンソウ・牛乳の放射線量」二〇一一年三月一九日午後。https://www.kantei.go.jp/jp/tyoukanpress/201103/19_p.html（二〇一七年一一月一日最終アクセス）

（5）東京都水道局「水道水の放射能測定結果について　第一七報」https://www.waterworks.metro.tokyo.jp/press/h22/press110323-01.html（二〇一七年一一月一日最終アクセス）

（6）二〇一七年一一月現在、このスレッドは「2ちゃんねる」のリニューアルサイトである「5ちゃんねる」には存在していない。しかし、同スレッドのまとめは、下記で閲覧できる。http://2r.ldblog.jp/archives/4525278.html（二〇一七年一一月一日最終アクセス）、http://megalodon.jp/2014-0809-0827-59/2r.ldblog.jp/archives/4525278.html（二〇一七年一一月一日最終アクセス）

（7）sibuta98が二〇一一年四月一六日にYouTubeにアップロードした動画である。sibuta98「福島原発　4号機の水採取　Sampling in Spent Fuel Pool of Unit 4, Fukushima Daiichi NUCLEAR POWER PLANT」http://www.youtube.com/watch?v=y0WcnZnG4wg（二〇一七年一一月一日最終アクセス）

（8）Extremefctが二〇一一年五月五日にYouTubeにアップロードした動画である。Extremefct「カメラに写り込む放射線のノイズ」https://www.youtube.com/watch?v=YscBQl_mUpg（二〇一七年一一月一日最終アクセス）

（9）野田内閣総理大臣記者会見、二〇一一年一二月一六日。http://www.kantei.go.jp/jp/noda/statement/2011/1216kaiken.html（二〇一七年一一月一日最終アクセス）

（10）東京電力が二〇一二年一月二〇日公表した二号機格納容器内部調査映像では、放射線の影響で画面には無数のノイズが入っている。http://www.tepco.co.jp/tepconews/library/archivej.html?video_uuid=l3gn6trv&catid=61703（二〇一七年一一月一日最終アクセス）

（11）撮影日について筆者は赤城修司氏から直接ご教示いただいた。

（12）柚木ミサト「あかいつぶつぶの絵」『MISATO YUGI のブログ　一日一絵』http://www.mikanblog.com/?m=201105（二〇一七年一一月一日最終アクセス）

（13）同前。http://www.mikanblog.com/?p=1929（二〇一七年一一月一日最終アクセス）

（14）ツイッターにおける柚木と批判者とのやりとりのまとめが、批判者のひとりである酋長仮免厨 @kazooooya によって「あかいつぶつぶの絵の作者：柚木ミサトさんに訊いてみた」としてまとめられている。このまとめの作成者である酋長仮免厨 @kazooooya は、二〇一三年五月一五日に「このイラストは何処の国をイメージしたものですか？」と問いかけている。それを契機に、事実誤認、非科学的、差別の助長といった批判が柚木に寄せられた。https://togetter.com/li/503396（二〇一七年一一月一日最終アクセス）

（15）二〇一四年六月二九日、日本マンガ学会の第一四回大会シンポジウムは、「マンガと震災」をテーマとして開催された。同シンポジウム第二部「震災を描く」において、藤本由香里は二〇一一年以前からマンガが原発と放射性物質の問題を描いていることを指摘すると同時に、二〇一一年以降に発表された原発事故と放射性物質を描くマンガを主題や読者層に即して整理・分類している（日本マンガ学会二〇一五：一八七―二〇〇）。

(16)「プルート夫人」、「雨の夜――ウラノス伯爵」、「サロメ２０ＸＸ」は、萩尾（二〇一二）に収録されている。なお、表題作「なのはな」は、福島に住む小学生が、津波で亡くなった祖母への思慕をとおして、チェルノブイリ原発事故の被害者である少女の存在を感知する様を、物語世界内の現実と虚構のあわいに立脚して語る。

(17) この発言において言及されている擬人化は、『小説宝石』二〇一一年六月号に掲載の連載マンガ「川下りの双子のオヤジ」の第四四話のものである。主人公の二人組の双子のオヤジは、顔と手足をもつ福島原発の建屋と出会い、言葉を交わす。

(18) 福島県「週刊ビッグコミックスピリッツ「美味しんぼ」に関する本県の対応について」二〇一四年五月一二日。http://www.pref.fukushima.lg.jp/sec/01010d/20140512.html（二〇一七年一一月一日最終アクセス）

福島県双葉町「小学館への抗議文」二〇一四年五月七日。http://www.town.fukushima-futaba.lg.jp/secure/5924/20140507_kougibun.pdf（二〇一七年一一月一日最終アクセス）

内閣官房長官記者会見　二〇一四年五月一二日午前。http://www.kantei.go.jp/jp/tyoukanpress/201405/12_a.html（二〇一七年一一月一日最終アクセス）

環境省「放射性物質対策に対する不安の声について」二〇一四年五月一三日。http://www.env.go.jp/chemi/rhm/info_1405-1.html（二〇一七年一一月一日最終アクセス）

引用文献

朝日新聞特別報道部（二〇一二）『プロメテウスの罠――明かされなかった福島原発の事故』学研
伊藤守（二〇一二）『テレビは原発事故をどう伝えたのか』平凡社
雁屋哲・花咲アキラ（二〇一四）「美味しんぼ　福島の真実編22」『週刊ビッグコミックスピリッツ』第二二・二三合併号
しりあがり寿（二〇一一）『あの日からのマンガ』エンターブレイン
雁屋哲・花咲アキラ（二〇一四）「美味しんぼ　福島の真実編23」『週刊ビッグコミックスピリッツ』第二四号
しりあがり寿（二〇一五）『あの日からの憂鬱』KADOKAWA

萩尾望都（二〇一二）『なのはな』小学館
アンドレ・バザン著、野崎歓・大原宣久・谷本道昭訳（二〇一五）「写真映像の存在論」『映画とは何か　上』岩波書店
ビッグコミックスピリッツ編集部（二〇一四）『週刊ビッグコミックスピリッツ』第二五号
日本マンガ学会（二〇一五）「シンポジウム〈マンガと震災〉第二部震災を描く」『マンガ研究』第二一号
Alberti, Leon Battista, trans. Cecil Grayson (2004) *On Painting*, London: Penguin Books
Mizuta Lippit, Akira (2005) *Atomic Light (Shadow Optics)*, Minneapolis: University of Minnesota Press

第14章　破局と近視
――宮崎駿『風立ちぬ』について

長門洋平

1　『風立ちぬ』へのまなざし

宮崎駿が監督した、CHAGE and ASKAのプロモーション・フィルム『On Your Mark』（一九九五年）は、放射能に汚染された世紀末後の都市を舞台にしている。とあるカルト教団の施設のなかに倒れていた、翼をもつ少女を二人の警官が救おうとするプロセスが、夢とも妄想ともつかない奇妙に混乱したプロット構成のなかで幾度もループされる。二人に導かれて放射能の空へと舞いもどっていく少女は、微量な「瘴気」を吸い続けていないと生きることができない身体へと改造されていた、あのマンガ版『風の谷のナウシカ』（宮崎、一九八二〜一九九四年）の世界の住人だろうか。

宮崎アニメは総じて、人類の敗色が濃い。『天空の城ラピュタ』（宮崎、一九八六年）や『千と千尋の神隠し』（宮崎、二〇〇一年）などに顕著な廃墟イメージへの美的関心は、カタストロフィに対する宮崎の直截なあこがれを示しているようにみえる。また、スーザン・J・ネイピアのいう「災害のイメージを目にすることでわたしたちが本能的に感じるまぎれもない快楽」（ネイピア 二〇一一：九四）こそは、『崖の上のポニョ』（宮崎、二〇〇八年）のなかに我々が見いだしていたものではなかったか。「巨大な破壊はどうせ来るだろう。関東大震災のような大地震が再び来て、東京が一面焼け野原になったら、せいせいするだろう。すべてを根こそぎにする津波もいつかきっと来るだろう。これまでにも宮崎駿は、何度も何度も、微妙な言い回しで、そうしたことを熱っぽく語り続けてきた」（杉田 二〇一四：三―四）[1]。宮崎は述べる。

> 人間嫌いがすぐ顔に出るんですよね、人間ってダメなんだって放り出したくなる。……この腐れ文明は、終わりが来たほうがいいっていう思いがね、錯綜して存在しちゃって（笑）。（宮崎 二〇一三：一三九―一四〇）

人間の生の、凄絶な「現状肯定」を謳うマンガ版『風の谷のナウシカ』が、「生きねば」のフレーズで閉じられることは誰もが記憶しているが、実は当のセリフが「生きねば／………／………」と表記されている点を見逃してはならない（宮崎 一九九五：二二三）。「亡びは私達のくらしのすでに一部になっている」と叫んだあと、ナウシカが巨神兵を操って「新しい世界への希望」を破壊したところで終るこの破滅的な作品において[2]、それでもなお「生きねば」ならないことの理由はいっさい説明されていない。「………／………」はだから、「生きねば」のフレーズからその意志と断定性をうばう反語的なニュアンスによって読まれる必要があるだろう。その意味で、宇野常寛による次の一節は――てにをはの乱れに宇野の力みが見える点も含めて――圧倒的に正しい。

> 宮崎駿の描いてきた世界に、生の可能性はない。そこには幼児的ナルシシズム（矮小な父性）と、それを肯定する女性依存／差別的な想像力（肥大した母性／可哀想な女の子）との結託は、宮崎本人が露悪的に描いたように甘美な死の世界に直結することはあっても、決してニヒリズムに抗って「生きねば」と前を向く思想には結びつかないことを彼は知っているはずなのだから。（宇野 二〇一四：三二）

それでは、「3・11」を経験したのちの現在を生きる我々が、宮崎のアニメーションを見るとは、いったいどういう行為なのだろうか。

宮崎駿のアニメーション映画『風立ちぬ』(二〇一三年)は、彼のマンガ『風立ちぬ』(二〇〇九〜二〇一〇年)を原作とした長編アニメーション映画。原作、映画ともに、零式艦上戦闘機の設計者として知られる堀越二郎(一九〇三―一九八二)をモデルにしつつ、そこに『風立ちぬ』(一九三八年)の作家・堀辰雄(一九〇四―一九五三)の姿もかさね合わせた主人公=「堀越二郎」の半生を描く。(3) ヒロインの「菜穂子」の名は、堀の小説『菜穂子』(一九四一年)の主人公からとられている。アニメーション作家・庵野秀明(声優としては素人)の主人公への起用や、関東大震災の絵コンテを描き終わったのが東日本大震災の前日だったというエピソードなども話題になった。キャッチコピーは「生きねば。」。

同作は、公開当初より賛否両論の嵐をまきおこし、膨大な言説を生みだした。それらは主として、いよいよ顕わになりつつある日本の右傾化と、東日本大震災、という二つの軸を中心にして展開された。すなわち前者は、太平洋戦争における戦争責任および戦争の表象をめぐるイデオロギー上の対立、(4) 後者は関東大震災およびゼロ戦のカタストロフィのイメージと「3・11」との関係にまつわるものである。本稿の趣旨はそういった無数の言葉たちを逐一検討することにはないが、例えば次のような『風立ちぬ』批判は見ておきたい。

> 敗戦をくぐり、この映画のふりまいている科学・技術の進歩の美しい夢(核エネルギーの平和利用のイデオロギー)のゴールが、終りなき放射能のまきちらしという福島原発震災という地獄の現出というゴールであった。その〈3・11〉状況の中に、投げ込まれた、この無神経なアニメ。(天野 二〇一三:一四七)

「無神経」とみるかどうかで評価の分かれる可能性はあるにせよ、この批評は『風立ちぬ』における政治性の核心に触れている。一方で、「宮崎駿って、美の対象は違うけども、谷崎潤一郎みたいな人」で、「耽美主義」的であるにもかかわらず、「社会的な約束事のほうもきっちり守っちゃうから、つまらない」という論法もあり、これもまた傾聴に足る。井土紀州は次のように語っている。

> 美に殉じたことで、別に罰されようが称賛されようが、そんなことはどうでもいい世界像なんです。それを妙にエクスキューズするからいけない。……自分たちで破滅的方向を選びとってる。阿部定と吉蔵みたいなもんですよ。（井土・港 二〇一三：一一―一三）

宮崎自身もまた自作について、あるいはその政治性について多くの言葉を費やしているが、特に次の発言には注目しておきたい。

> 『風立ちぬ』っていうのはどういう風かというのは、原発が爆発したあと、轟々と風が吹いた時に、僕は2階で寝転がってて、木がうわーって揺れてるのを見てて思ったんだけど、『風立ちぬ』っていうのはこういう風なんだ、と思ったんです。……『風立ちぬ』はさわやかな風が吹いてるんじゃないんだっていうね。轟々と吹くんです、恐ろしい風が。（宮崎 二〇一三：二二六―二二七）[5]

先の批評や宮崎本人の発言に関し、その妥当性を問うこと自体は本稿の眼目ではない。問題は、以上のような「倫理的」ディスクールの過剰なまでの膨張のためか、同作自体に関する批評／分析がいまだ十分とは言えないという点だ。つまり、「映画によって語られるもの」に意識が向かうあまり「映画」それ自体が等閑視される、という逆説的な事態が生じている。本稿は、科学の価値中立神話の観点から同作を批評するものでも、宮崎が「3・

11」経験後の日本へ投げかけたメッセージを「解釈」しようと試みるものでもない。我々がめざすのは、映画テクストそれ自体の映画学的分析および同作の間テクスト性の見地において、作品をめぐる政治学から映画それ自体における視線の政治性へと論点をシフトさせることによる、『風立ちぬ』の意味の再布置化である。

2 「生きめやも」と「生きて」

すでに何度か指摘されてきたように、映画『風立ちぬ』のエピグラフはかなり問題含みである。作品冒頭、「風立ちぬ」のタイトルの直後におかれた同画面には、次のように言葉が並んでいる。

Le vent se lève, il faut tenter de vivre.
——Paul Valéry

風立ちぬ、いざ生きめやも
ポール・ヴァレリー
訳　堀辰雄

原詩を日本語に訳すと、まさに映画中で二郎が口に出しているとおり、「風が立つ。生きようと試みなければならない」となる。一方、「風立ちぬ、いざ生きめやも」を現代語になおすと、「風が立つ。生きようと試みられるだろうか（いや無理だろう）」となってしまう。上代日本語として知られる「めやも」の「や」が反語の係助詞だからである。堀辰雄の原作『風立ちぬ』にあらわれるこの「いざ生きめやも」に関しては、すでに堀研究の文脈でさまざまに論じられてきた。ここで簡潔に、要点だけ整理しておこう。

堀辰雄の『風立ちぬ』を構成する各章の初出は次のとおり。「序曲」＝『改造』一九三六年一二月、「春」＝『新女苑』一九三七年四月、「風立ちぬ」＝『改造』一九三六年一二月、「冬」＝『文藝春秋』一九三七年一月、「死のかげの谷」＝『新潮』一九三八年三月。作中で「私」の口から発される「風立ちぬ、いざ生きめやも」のフレーズは、初出「冬」のエピグラフとして、「風立ちぬ、いざ生きめやも（ヴァレリイ）」と記されている。しかし単行本化に際して「冬」の題辞が消去され、現行版のかたちを成す野田書房版（一九三八年）で、作品全体の冒頭に、フランス語表記で原詩「海辺の墓地」（一九二二年）の「*Le vent se lève, il faut tenter de vivre*」が記載されるにいたる。以上のいきさつから、「生きめやも」は、「やも」という上代語の文法を理解していなかった堀による、ヴァレリーの原詩の「誤訳」であるという評価が広まることになった。

この「誤訳説」に対する反論をあげだすと枚挙にいとまがないので割愛するが、ここではひとまず、堀の短篇「ヴェランダにて」（『新潮』一九三六年六月）で、ヴァレリーの同フレーズが「生きんと努めざるべからず」（単行本では「生きんと試みなければならぬ」）と正確に訳出されている点[6]、および、「堀が「めやも」の用法、上代語の文法について無知であったという指摘が事実に反することは、比較的容易に証明できる」（渡部 二〇一三：一五九―一六〇）との見解が示されている点は押さえておきたい。それでは、あらためて、なぜ「生きめやも」なのか。

国文学者の竹内清己は問題の「詩句」について、「扉に掲げられたヴァレリー「海辺の墓地」の一節の訳そのものではない、創作意図の上の表出」と、ごくあっさりと断言している（竹内 二〇一三：三一）。確かに、現行版の「小説『風立ちぬ』のエピグラフではフランス語のみが引かれ、堀の日本語訳は作中に繰り返し記されているが、それがヴァレリーからの翻訳であるという注記はない」（絓 二〇一三：二二）。すなわち、竹内の言うように、「風立ちぬ、いざ生きめやも」は「*Le vent se lève, il faut tenter de vivre*」の翻訳では*ない*、と考えるのが自然なのではないか。「風立ちぬ、いざ生きめやも（ヴァレリイ）」という題辞のついた初出「冬」の段階では、あるいは「誤訳」であったかもしれないが、現行テクストの内部に「生きめやも」とヴァレリーの詩との直接的な対応を示すものはない。ヴァレリーの「海辺の墓地」に触発された「私」の言葉、と考えて不都合なことはなにもないである。「生きようと試みなければならない」というフレーズを思い浮かべながら、「さあ、生きよう、ということになるのかなあ（いや、そうふるい立つことはできないのかもしれないんだよ）」（池澤 二〇一五：四五）とつぶやいている、と考えればいいだけのことではないのか。

とすると、宮崎版はどうなるか。映画『風立ちぬ』のパンフレットには、「ポール・ヴァレリーの詩の一節を堀辰雄は〝風立ちぬ、いざ生きめやも〟と訳した」（東宝ステラ 二〇一三）とあり、右の考え方にしたがえばこの断言は誤りということになる。では、宮崎をはじめ製作サイドは誤解をしていた＝反語になっていることを知らなかった、ということだろうか。そうならば逆に話は早いのだが、事態はそう単純でもない。宮崎は次のように述べている。

「風立ちぬ、いざ生きめやも」っていうのは、「生きようとしたけれども」という反語になってるっていう。たぶん文法的にはそれが正しいんだけど、堀辰雄はやっぱり、「生きめやも」って言わざるをえなかったんだろうと思うんですよね。だってあれ、許嫁が死んでから書いた小説ですから。生きようと試みなければならないという直訳も書いてますからね、小説の中に。（宮崎 二〇一三：二一六）[7]

やや意味の取りづらい発言だが、映画版のエピグラフが内包する奇妙なねじれの構造を、宮崎本人も――おそらくは、うまく言語化できないままに――自覚していることを示す文章としては読める。

生きようと試みなければならないのかどうかという点に関する両義性については、同作のエンディング、夢のなかで菜穂子が二郎に投げかける「生きて」というセリフのことも考慮する必要がある。よく知られているように、このシーンの菜穂子のセリフは当初、「来て」だった。[8] この、本来のラストシーンはダンテの『神曲』をモチーフにしている。そこでは二郎はすでに死んでいて煉獄におり、菜穂子＝ベアトリーチェの祈りによって救済される、というイメージを孕んでいた[9]。当該場面のセリフ改変については、庵野らとの対談のなかで次のように語られている。

庵野　〔ラストシーンで〕セリフが変わったのが、すごいよかった。
宮崎　絵はぜんぜん変えてないんですが、セリフだけ変えて。
庵野　ええ、あの変え方は本当によかったですね。一八〇度、変わった。最初、「この映画、何じゃ、これは」と思いましたから。宮さんと重ね合わせて、僕はそこが変わって個人的にすごいよかったです。
司会　どうして、そのセリフを変えられたんですか。
宮崎　いやあ、それはうまくいってないから変えたんですよね（笑）。……自分も「何じゃ、これは」と思ってますし、「どうしたらいいんだろう」って。……悩める限り悩んだんですけど、悩んでいると、絵コンテができませんから、結局、絵は描かざるを得ないけれども、セリフは変えられますから、思い切ってズタズタ切って、中身をひっくり返して、まあいいやってやったら、庵野がほめてくれました（笑）。（庵野他 二〇一三：二五）

「絵はぜんぜん変えてない」ということは、仮にこのシーンのセリフが「来て」だった場合、二郎の「ありがとう」は、彼女を幸福にしてあげられなかったという自責の念が彼のうちにあったことが前提となる（菜穂子から「赦された」ことに対する「ありがとう」となり、二人でともに天に昇っていけるという「耽美主義」的な喜びも含む、きわめて個人的な感慨）。対する、完成版の「生きて」の場合、菜穂子の二郎に対する個人的な「赦し」よりも、業を背負ったまま、それでも「生き続けてほしい」という彼女の願いとなり[10]、その点においてマンガ版『風の谷のナウシカ』に近づくと言える。二人の「別れ」が前景化される後者の方がアンハッピーエンドに見えるとは言えそうだが、プロデューサーの鈴木敏夫はこのセリフ改変に対する驚きを隠していない。

やっぱり僕は、宮さんがね、「来て」っていってた菜穂子の言葉に「い」をつけたっていうのはね、びっくりした。うん。だって、あの初夜の晩に「きて」っていうでしょう。そう、おんなじことをやったわけでしょ、当初のやつは。ところが「い」をつけることによって、あそことつながらなくなる。（鈴木 二〇一三：二二七）

鈴木が正確に指摘しているとおり、ラストシーンは本来的に——初夜の場面が暗示していたように——、セックスとしての死の描写によって閉じられなければならなかった。しかし、庵野と宮崎をして「何じゃ、これは」と思わしめた何かに起因するセリフ改変により、同作はプロットレベルで破綻した。先に引いた発言のなかで、同作は「耽美主義」に徹しきれなかったという批判を展開した井土は、次のようにも述べている。

キャッチコピーが「生きねば。」ですからねえ。観る前と観た後では全然……このコピー違うじゃん、というね（笑）。むしろ石井隆じゃないけど「死んでもいい」って感じでしょ、ほんとのモチーフは。……「死んでもいい」だよ、これ。彼らの恋愛自体がそうなわけだし。（井土・港 二〇一三：一二）

彼の表明する違和感が、「3・11」以後の日本へ投げかけた宮崎のメッセージとして受け止められたキャッチコピーの「生きねば。」、およびラストの「生きて」からも来ているであろうことは明白だ。エピグラフの両義性、そしてこの「生きて」の同作における構造的な「つながらな」さが、映画『風立ちぬ』の一義性をどこまでも侵蝕する。すなわち、宮崎の『風立ちぬ』にあって第一に論じられなければならないのは、作品全体の意味の不確定性であり、そのことによって生じる映画的主体としてあるべき主人公の存在のあいまいさなのである。

二郎の「何も考えてなさ」（高橋 二〇一三：三〇）を描出するにあたって、庵野秀明の「棒読み」が果たした役割の大きさに関してはつとに語られている。原作マンガでは、二郎のライバルである本庄に対する彼の嫉妬や、二郎に対する菜穂子の不満などといった「内面」が描かれていた『風立ちぬ』だが（宮崎 二〇一五：五一―五七）、映画版ではとりわけ主人公の二郎が感情の読み取れないキャラクターとして造形されており、その意味で「二郎という人情のない男を演じるには、演技ができてはダメ」（岡田 二〇一三：三二）だということになる。また、高橋源一郎が、映画的な語りの倫理の問題として、二郎の内面の不在を論じていることも指摘しておこう。[11] 具体的に、二郎の「無感動」性を端的にあらわす場面として、名古屋での本庄との再会シーンがあげられる。

3 「内面」の不在

本庄　よお
堀越　やあ
本庄　来たな
堀越　うん。来た
本庄　いよいよだ
堀越　うん。いよいよだ

戦後の小津安二郎映画を思わせる、セリフの無感動な反復が、映画的主体としての二郎の内面に空隙をうがつ。事実、宮崎は『風立ちぬ』を語るにあたってしばしば小津映画に言及しており、[12] 後述する俯瞰ショットの限定的な用法などにもその影響をみることが可能かもしれない。

また同作の特徴として、場面転換時の時間的省略の唐突さやシーンの不連続性、それゆえに生じる意味的な余白を挙げることもできる。例えば、少年時代から二〇歳の二郎へ、あるいは二二歳から二四歳へ、また七試艦上戦闘機のテスト飛行シーンから軽井沢へといった、時間を大きく跳躍する場面転換がすべてぶっきらぼうなストレートカットでつなげられており、鑑賞者側の映画リテラシーの程度によるにせよ、ストーリー把握のうえでの混乱を招きかねないつなぎ方になっている点は見過ごせない。加えて、軽井沢での求婚シーンは、原作マンガでは「なんというういかげんな展開だ」（宮崎 二〇一五：三九）というメタフィクショナルな「ツッコミ」が入れられるほどに、現在的な恋愛観からすると淡泊にすぎるようにも見える。風によって出会い（帽子をキャッチ）、風によって再会し（パラソルをキャッチ）、風によって愛情を深める（紙飛行機）二人のラヴロマンスはすべて風のモチーフのなかで即物的に描かれており、単純に物語に回収されてしまうようなドラマはここには存在していない。同作が、「人間ドラマの演出として、良くも悪くも、品のいいところがあって、とにかく説明をしない」（井土・港 二〇一三：五）と、やや批判的なニュアンスのもとに論じられる所以である。

説明不足という意味では、関東大震災のさなかに、二郎がカプローニを幻視する場面を挙げることもできる。いくらカプローニの絵葉書が眼前に現れたとはいえ、大災害の渦中にあって、現実とはまるで関係のない夢の世界へ没入できてしまう二郎の精神構造を、我々は理解することができない。唐突な省略や不連続性を孕む同作のプロット構成は、ほとんど感情をよみとることのできない庵野の棒読みと相俟って、主人公・二郎の主体としての人間主義的な内面性をいよいよ薄めていく。そのことは、「男性の理想像のようなヒロイン・菜穂子」（那須 二〇一三：七〇）に対する彼の愛情のありかたとも強く関係するだろう。

二郎が菜穂子に向けるまなざしは、「サバの骨」や飛行機に対する彼の愛情と正確に一致している。美しいものにしか関心のない彼にとって、菜穂子は「きれい」でない限り存在することができない[13]。喀血後の菜穂子のもとへかけつけた二郎は、結核が「うつります……」と相手を案じる菜穂子に対し、「きれいだよ。大好きだ」という完全に的を外した応答をしてしまっているが、ここから明らかになるのは、彼は菜穂子が「きれい」だから「大好き」なのだということだ（自分にとって、対象が「きれい」であるかどうかという点にしか関心がない）。二郎の妹・加代の彼に対する諫言――「菜穂子さん、ニィ兄を安心させたくて毎朝お化粧して頬紅をさしたりしてるのわかってるの！」――は、菜穂子もそのことを十分に自覚していることを示すようにも読める。したがって、死にゆく菜穂子の姿（＝「きれい」ではない菜穂子）が、二郎に見られることはない。[14] 二郎が彼女の死に立ち会えなかったのではなく、そもそも彼にはきれいなものしか見えないからだ。二郎の主観に寄りそう「フィルムの主観」（次節にて詳述）に同一化することを強いられる我々観客にとってもまた、「きれい」ではない菜穂子の存在が画面から疎外されざるを得ないということを、『風立ちぬ』は映画的視線の構造の問題として提示している。

総じて二郎は、問題（状況）の本質を客観的かつ大局的に把握できていないキャラクターとして描かれる。そして、これまで本稿で確認してきた、作品の意味の不確定性、二郎の内面のあいまいさは、彼の視線の「弱さ」という問題へと収斂していくことになるだろう。映画的語りの主観性の問題も念頭におきつつ、彼の「弱い」視線が我々鑑賞者にどのように体験されることになるのかという点を、以下、画面に即して見ていくことにしよう。

4　フィルムの主観

宮崎の『風立ちぬ』では基本的に、二郎の身の回りで生起することしか「生起」しない。例えば我々は、二郎の目から見た本庄のことは知っているが、二郎の目の届かないところで本庄が何をしているのかということはついに一切わからない。カメラ（アニメーションであるがゆえ、「想像上のカメラ」とするのが正しいが）の視点はつねに二郎の近くをウロウロしており――それは狭義の主観ショットということではなく、カメラの視点が二郎からさほど離れないために、物語世界に対する観客の知覚が二郎の主観につねに寄りそっているという意味――、状況描写のための明確に客観的で非人称的なショットを除き、とりわけ前半の約一時間においてはほぼ例外なく、二郎の周囲で起こることしか観客も知ることができない。いきおい同作の画面そのものが、二郎の主観に引きずられることになる。

例えば会議のシーンでは、「軍や会社のお偉いさんが、「ワー」と言い合っていて、具体的に何を言っているのかわからない。あれは二郎の主観的映像であり、彼は下々の者に興味がありません」（岡田 二〇一三：一五二）。また、よく知られるように――というよりも、実際に鑑賞すればすぐにわかるように――同作の効果音の多くが人間の口腔と声によって、口三味線的に作られている事実も、客観的な「本当らしさ」の意図的な放棄という意味で同じ問題圏にある。[15]また、それ以上に重要なのが、同作の音がマルチチャンネルではなくモノラル音響となっている点だ。制作担当の古城環は述べている。

> モノラルに関しては、監督自身に絵描きとして音があちこちから聞こえて来るのはスクリーンから視線が離れるきっかけでしかないという想いがあったんです。……効果音を口でやるというのも、……リアル感は追及しない、あえて微妙に似せた音くらいにするというようなことは、かなり初期の段階から共通認識になっていたんです。（野崎・アニメージュ編集部 二〇一三：一四二）

「アニメで一番大事なのは音だ」（高橋 二〇一三：三一）と語ったことがあるという宮崎の明晰な判断と言うほかはない。ステレオおよびサラウンドの音響システムの場合、変化する音の定位感によって、画面に描かれる物語世界に対する物理的な位置関係の感覚が観客のうちに生じてしまう。物語に対する没入が妨げられ、画面のかたわらに位置する己の身体性が否応なく自覚されてしまうことで、「スクリーンから視線が離れる」ことになる。『風立ちぬ』で採用されたモノラル音響は、観客の視点を画面の内部へ引き込み、二郎の主観に重ね合わせるための周到な戦略と評価することができる。

以上のように——音響面においても——、主人公の主観をメタレベルにまで引きあげたうえで、そこに観客の知覚をまき込んでいく同作のフィルム構造は、軽井沢における二郎と菜穂子の再会シーンにおいてその様相を大きく転換させる。とりわけ、クロード・モネの「パラソルをさす女」（一八七五年）の引用とも言うべき、成人した菜穂子を映す最初のショットが同作の視線のあり方を根本から刷新する。同場面をショットごとに区切ってみよう。

①うつむいて山道を歩く二郎（図1）
②小高い稜線の上、パラソルの元で絵を描く菜穂子（図2）
③キャンバスにペインティングナイフで絵具を塗りつける手。菜穂子の主観ショット（図3）
④絵を描く菜穂子のバストショット。画面左下へ視線を向ける菜穂子（図4）
⑤切り返しショット。二郎が丘の下の道を歩いている（ロングショット）（図5）
⑥歩く二郎をとらえるフルショット
⑦菜穂子のバストショットにカットバック。何かに気づいて今度は画面右方へ視線を向ける菜穂子
⑧切り返しショット。丘の下の道を菜穂子の父親が歩いてくる
⑨二郎に寄った三人称視点のショット。後景の菜穂子が手を振りながら「お父さまー」と声をあげると、前景の二郎が振り返って菜穂子の方をちらっと見る。すぐに視線を戻す二郎

先述のように、非人称的な状況描写ショット以外、ここまで徹底して二郎とともにあったカメラの視点が、②ではじめて彼以外の人物の主観に決定的に寄ることになる。ここで「決定的」と言いうるのは、続く菜穂子の主観シ

ヨットのたたみかけ（③⑤⑥⑧）と、二郎が彼女の存在に気づいていないという事実による。それまで二郎の目線において展開されてきた『風立ちぬ』の語りが、ここで二郎を発見する菜穂子の視線の能動性によって書きかえられたことになる（図1〜5）。それまでの、二郎の言動を起点として存在を始めていた『風立ちぬ』のあらゆる事象に対し、②の菜穂子は二郎とは「無関係」に——二郎の視線に依存せずに、自律的に——存在できていた唯一の人物として映画内にあらわれた、と言ってもいい。一方の二郎は、⑨で一瞬視線を向けようとも彼女を認識することはなく、まなざしの主体としての無力さを露呈するのみだ。

思えば、堀辰雄の小説『風立ちぬ』のヒロイン「節子」はどこまでも受け身の存在として描かれているが、『菜

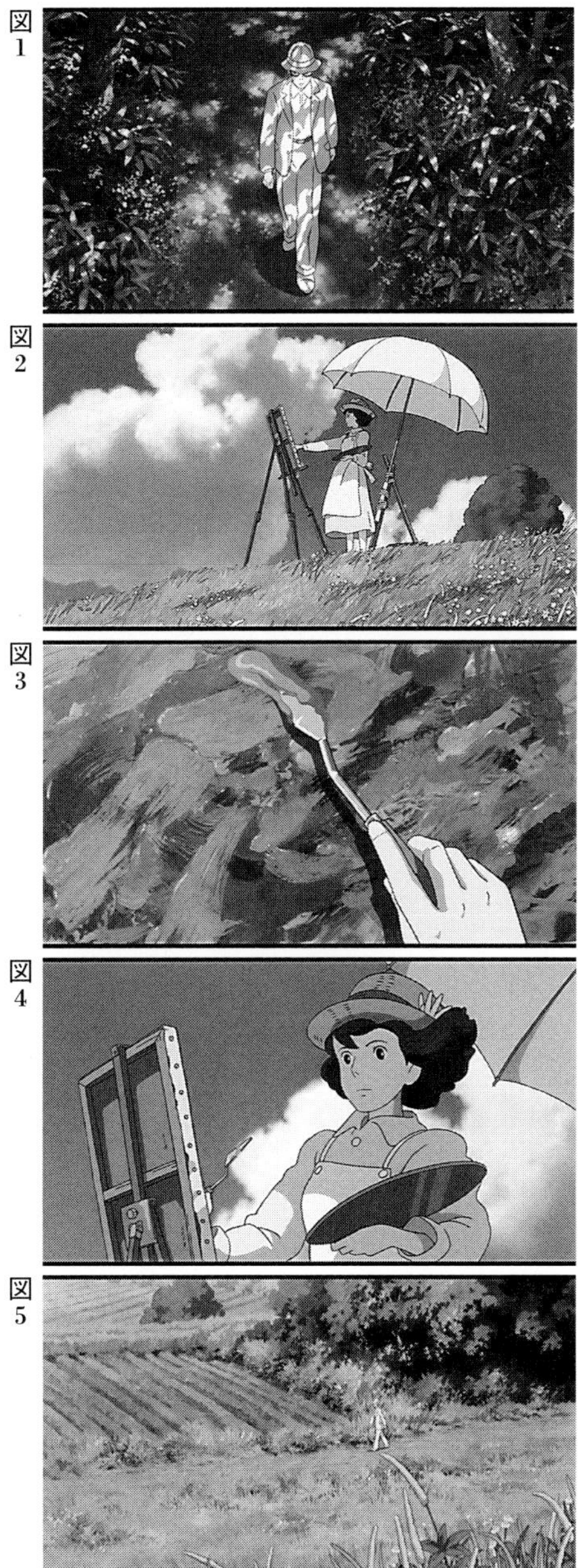
図1
図2
図3
図4
図5

穂子』の「菜穂子」はサナトリウムを抜け出して夫のもとへ駆けつける、行動する女性だった（堀二〇一三）。その意味で、「「堀越二郎と堀辰雄をまぜて、ひとりの主人公〝二郎〟に仕立てる」のではなく、「堀越二郎と堀辰雄をまぜて、二郎と菜穂子の二人の主人公を仕立てる」ことになっ」たとする、村瀬学の『風立ちぬ』評は正しい（村瀬二〇一五：二二五）。右のシーンに至ってはじめて、映画『風立ちぬ』は菜穂子というもう一人の主人公を獲得し、それまで単眼的だった映画の視線を、男女のまなざしが交錯する高度に力学的な場へと移行させるのである。

そのことを端的にあらわす、右のシーンに後続する食事場面も見てみよう。

1　食堂へ入る菜穂子とその父親
2　歩く菜穂子のバストショット。何かに気づき、画面やや右方へ視線を向ける菜穂子
3　切り返しショット。後景に二郎、その手前にカストルプ。ドリーにより菜穂子の主観ショットであることが強調される
4　視線を保ったままの菜穂子のミディアムショット
5　再度、切り返しショット。スープを飲む二郎の横顔
6　目を輝かせる菜穂子のアップ（図6）
7　大幅なカメラの移動。前景に二郎、中景にカストルプ、後景に菜穂子とその父親という深い縦の構図（図7-1〜3）
8　クレソンを頬張るカストルプのアップ
9　カストルプに視線を向けていると思われる二郎のバストショット
10　切り返しショット。前景のカストルプの陰から、身をそらせて視線を送ってくる、後景の菜穂子
11　菜穂子に気づき、会釈する二郎

12　会釈を返す菜穂子
13　菜穂子の主観ショット。手前にカストルプ、後景に二郎
14　菜穂子と父親が、二郎について軽く会話を交わす

ここでのカメラは、かなり大胆に二人の間を行き来している。1～6で菜穂子、7～12で二郎、13と14で再度菜穂子の主観に、映画の「語り手」が移動している（とりわけ6から7へのカメラの移動は効果的で、普通に考えれば菜穂子目線の切り返しショットを配置すべき7で、二郎の裏側へ回る視点の切り替えの効果が目覚ましい（図6

図6

図7─1

図7─2

図7─3

〜7–1))。ここに見られるのもやはり、菜穂子の視線の能動性だ。気づく主体は菜穂子であり（2・3）、彼女が自分の存在をアピールするまで二郎は相手に気づくことができない（10・11）。とりわけ二郎の愚鈍さが映画的に強調されるのが7だ。このショットで二郎の主観に寄る観客に対して、提示される映像の流れは次のようになる。

何か考え込んでいるかのように、自分の前方をぼーっと見ている二郎（図7–1）↓後景の菜穂子が着席する↓中景のカストルプのもとへクレソンが運ばれる。クレソンによって視界からブロックされる菜穂子（図7–2）↓ほぼ同時に、後景のウエイターによっても菜穂子がブロックされる↓そのタイミングでカストルプの方へ視線を向ける二郎。二重のブロッキングにより菜穂子の姿は視界から遮られる（図7–3）↓二郎が視線を戻す

言うまでもなく、同ショットは二郎の主観ショットではない。しかし、大胆なカメラの移動によって彼の主観に同一化させられた我々観客に対し、執拗なブロッキングで菜穂子の姿を隠すこの映像が見せるのは、彼女に対する二郎の「気づけなさ」を三人称的な画面のなかに即物的に描出するという宮崎の離れ業だ。あるいは、リヒャルト・ゾルゲをモデルとするカストルプ[16]という高度に政治的な存在が、二人の仲を阻害している、と見ることもできるかもしれないが、それ以上に強調されているのが二郎の視線の非力さだろう。

菜穂子の目にはいつも、状況が見えている。そのうえで決断し、行動していく。一方、「外部に実在する社会に本当に目を向ける事はない」（木村 二〇一四：五〇）二郎は、菜穂子に対してすら独りよがりの審美的なまなざしを向けることしかできず、彼女の主体性を自らの内部においてともに生きることができない。要するに、彼には「現実」が見えていないのだ。なぜか。言うまでもなく、彼が近眼だからである。

撮影監督の奥井敦は、次のように述べている。

眼鏡の視界というのは宮崎監督がこれまで以上にこだわっていて、ぼかすというよりも右目と左目で焦点が合ってないイメージカットもあります。……また飛行機が重なって見えるカットは、レンズ越しの映像として少しゆがませて表現しています。（スタジオジブリ 二〇一三：一八一）

彼が現実に直に対峙できず、つねに眼鏡越しのゆがんだ世界をしか見ていないことが、そのいくつかの主観ショットにおいて映像的に表現されている。さらに、土居伸彰が正しくも指摘しているように、映画『風立ちぬ』は、「状況の渦中にいて、その状況を俯瞰できぬまま、社会的な流れのなかで懸命に自らの生を紡ぎあげていく人物の視点をとる」（土居 二〇一六：三〇三）。この記述は、文字通りにうけとるべきだ。すなわち、二郎は状況を「俯瞰」することができない。近眼だから。あるいはそれゆえに、飛行機に乗ることができないから。[17] 彼はいつも自らが立つ地表から上方を「見上げる」ばかりで、ほとんど物事を「見下ろす」ことがない。

たとえば、冒頭の震災シークエンスを思い出そう。東京一面に火が上がった状況で、彼は比較的小高い場所にいることが多いにもかかわらず、状況を俯瞰する「俯瞰ショット」は不自然なほどに彼の主観ショットとしては現れない。唯一、怪我をしたお絹を背負ったままつまずいた直後に、彼の主観ショットとおぼしき火災の光景がインサートされるが、つまずいたまま顔を向けていることもあってか、ほぼ視線は水平であり、俯瞰ショットとはやや言い難い。さらに後続するショットで、空中を飛翔する――まぼろしとしての――飛行機の気配を察し、すぐに「見上げ」てしまう彼の挙動の方が、このシーンではむしろ強調されている。また、菜穂子の家の者を呼びに行くために、二郎が彼女と階段を駆け下りるショットでは、俯瞰するどころかなぜか――巨大な黒煙を目の当たりにしてか――上空を見上げてしまってもいる。ことほど左様に、彼は徹底して状況を俯瞰しない。

あるいは、名古屋行きの列車の車窓から、地面を歩く労働者たちを「見下ろす」場面や、上司の黒川とともに乗り込んだ一三式艦上攻撃機から水面の小型空母を「見下ろす」場面などもあるにはあるが、前者は列車の速度によって、後者は吹き出すエンジンオイルによって逆に彼には「見えていない」という印象が助長される。彼は徹頭徹尾、状況に埋没したまま現状＝世界を見渡せない存在なのだ。眼前のいじめや、お腹を空かせた子供たちは視界に入るし、そこで正義感を発揮したりもするだろう。しかしそういったふるまいは——本庄に「偽善」と喝破されたように——、大局的な視座を決定的に欠いている。

5　結びにかえて

破局の渦中にある人間は、いま生起しつつある現実を「意味」として認識することができない。当然といえばあまりに当然なこの事実を、主人公の「見る力」＝視力の問題そのものとしてスクリーンに刻みこみつつ、そこに観客の知覚を巻き込んでゆくような映画のあり方を提示したのが、宮崎駿の『風立ちぬ』である。世界映画史的な観点からすると、そのこと自体は目新しくも特異でもないかもしれない。たとえば、アレクセイ・ゲルマンの作品のいくつかは、政治的動乱のさなかにあって現実の意味がつかめぬままに右往左往する登場人物たちの主観を、文字通り「何がなんだか分からない」イメージの連鎖そのものとして画面に定着させる。あらゆる事象が「意味」にいたる以前の近視眼的な世界に観客を引きずり込んでいく彼のフィルム構造には、あるいは『風立ちぬ』に近しいものがあるかもしれない。決定的な違いは、『風立ちぬ』がきわめて古典的かつオーソドックスなアニメーション映画の相貌をもっているという逆説的な不穏さにこそある。同作は、映画的な語り自体を破綻させたり、これ見よがしな混乱を観客に突きつけたりはしない。実際に、作品冒頭に置かれたエピグラフの両義性や、その点とも連動する二郎の内面の周到な不可視化は、映画自体の解体のためではなく、彼の「弱い視線」を描出するにあたっての前提条件として適切に機能している。強い能動性と視力を有するもう一人の主人公・菜穂子との比較においても、そのことは一層明らかになるだろう。

ほとんど「純文学的」とも言えそうな同作の語りは、そのスタティックで懐古趣味的な見かけゆえに、少なからぬ論者たちから批判され、あるいは無視された。ラストシーンの、取ってつけたような――実際に取ってつけたわけだが――、「生きて」のメッセージ性は、「3・11」で傷んだ世界へのエールとして受け取られると同時に、戦争およびテクノロジー礼賛思想の無批判的な合理化とも見なされた。冒頭で何度も述べたとおり、本稿はそういった見解それ自体は否定も肯定もしない。批判しているのは、倫理的読解の暴走による、映画の画面の無視である。これまで本稿が試みてきたことは、画面自体に直に向き合うなかでのみとらえられる「弱い視線」をしっかりと見ることだ。実在した人物でもある堀越二郎の視線や主体性を「弱い」と表現すること自体が、ある種の政治的立場の表明だろうとする意見もあるかもしれない。また、そもそも『風立ちぬ』がニヒリズムに抗う何らかの視点を示せているとは、やはり考えられないとの批判も依然としてあるだろう。しかし、イデオロギー批判へ向かう前にまずは画面と対峙し、人間の視線の弱さを弱さそのものとして直視する姿勢が今なお――あるいは、今まさに――必要なのではあるまいか。

『となりのトトロ』（宮崎、一九八八年）の少女たちは、みずから風になることができた（「わたしたち風になってる！」）。しかし、もはや「ファンタジーは作れない」（宮崎 二〇一三：一八二）という宮崎が原発事故ののちに発表した『風立ちぬ』の登場人物たちになしうることは「風が立っている」その現実を受け止めることだけである（今村 二〇一六：二八）。ならばせめて、我々も、少なくとも見る行為自体は放棄するわけにはいかないのだ。

註

（1）宮崎が「もともと「破局」をテーマにしてい」たことが、「「大震災」の後にようやく……見えてきた」との指摘もある（村瀬 二〇一五：一〇）。

（2）「悪役を退治して人間社会を浄化すること（〝道徳的な意味での浄化〟）、そして産業文明を滅ぼして自然環境を浄化すること

（〝環境的な意味での浄化〟）、このふたつの（重なり合う）〝浄化〟という概念を宮崎は一九九〇年代に放棄しました」（荻原 二〇一六：二二）。

（3） 二郎像にはさらに、「享楽主義」的だった宮崎の父親と（半藤・宮崎 二〇一三：八九）、堀を慕った詩人の立原道造のイメージが重ねられている（叶 二〇一三：二〇六）。

（4） 「『風立ちぬ』に対しては、左派からも右派からも、厳しい批判があった」（杉田 二〇一四：一五五）。

（5） 類似する発言に、宮崎（二〇一一：一五〇—一五一）などがある。なお、高橋源一郎もまた、同作を指して「「これは原発を描きました」でもいいわけだよね」と述べている（高橋 二〇一三：三一）。「誰もが気づくように、この映画は、いわゆる3・11以降の「日本国民」に、先ずは宛てられている」（絓 二〇一三：二三）との指摘もある。

（6） 大石（二〇一三：一一八）を参照。

（7） なお、同作の制作に入る前の段階からすでに彼がこの反語問題に自覚的だったらしい様子は、宮崎を追ったドキュメンタリー映像からもうかがえる（『プロフェッショナル 仕事の流儀 特別編 宮崎駿の仕事』NSDR-19817）。

（8） 「『風立ちぬ』の最後のシーンでは、もともと、死んだ菜穂子が二郎に対し「来て…来て…」と呼びかけるはずだった。つまり、今は亡き妻の声が、黄泉の国へ、幽世の世界へと導いているのだった。／ところが、宮崎は、制作のぎりぎりのところで、シナリオの「来て…来て…」にバツをつけ、それを「生きて…生きて…」と書き替えた」（杉田 二〇一六：一六六）。

（9） 岡田（二〇一三：一四〇）および、佐々木（二〇一五：九七）を参照。

（10） 同セリフに関しては——このシーンが二郎の夢＝妄想という前提で——、「それは菜穂子自身が言ったのではなく、二郎が菜穂子に言ってほしかった言葉なのです」とする指摘もある（岡田 二〇一三：一五九、傍点原文）。

（11） 「この人が戦争の責任や苦しみを感じて、葛藤を持つと、普通のドラマになるでしょ？ ……それ、葛藤があると赦されちゃうんだよ。技術者としてのモラルと人間としてのモラルの間で苦しんだ、と言えば、みんな納得してしまう。でも、それって何かおかしくないのかな」（高橋 二〇一三：二九）。

（12） 「小津安二郎の映画を観て親父のことが初めてわかった気がするんだけど……そのアナーキーさ、時代の気分がね。それをいちばん代表しているのが堀辰雄のサナトリウム小説ですよ」（宮崎 二〇一五：二一—二二）。

（13） 「彼の目には綺麗なものしか入ってこない、他には関心がないのです」（岡田 二〇一三：三六）。

（14） 彼が「美しいところだけしか見てくれない」人だったから、菜穂子は去った」との指摘もある（井上 二〇一三：一五）。

(15) この「本当らしさ」の放棄に起因する聴覚上のずれを、「異化効果」とみなす立場もある（茂木 二〇一六：一二一）。

(16) 半藤・宮崎（二〇一三：一三二）を参照。

(17) 宮崎自身、「ぼくは近眼で、しかも机にかじりつく仕事を選んだので〔グライダーの〕操縦はあきらめました」と述べたことがある（宮崎 二〇一一：二二）。

引用文献

天野恵一（二〇一三）「「美しい夢」のもたらした現実をキチンとみよ」『インパクション』第一九二号、一四五―一四七頁
庵野秀明・松任谷由実・宮崎駿（二〇一三）「映画「風立ちぬ」完成報告会見」『熱風』第一一巻第八号、四―三一頁
池澤夏樹（二〇一五）「「風立ちぬ」という訳を巡って」『図書』第七九三号、四四―四七頁
井土紀州・港岳彦（二〇一三）「〝宮崎アニメが苦手な〟僕らが観た『風立ちぬ』の本質」『シナリオ』第六九巻第一一号、四―一三頁
井上淳一（二〇一三）「シナリオライターは『風立ちぬ』をどう観たか」『シナリオ』第六九巻第一一号、一四―一五頁
今村純子（二〇一六）「夢みる権利――宮崎駿監督映画『風立ちぬ』をめぐって」『人文・自然研究』第一〇号、二〇―二九頁
宇野常寛（二〇一四）『楽器と武器だけが人を殺すことができる』KADOKAWA メディアファクトリー。
大石紗都子（二〇一三）「堀辰雄『風立ちぬ』の文体――不回帰の日々と追憶が出会う場」『国語と国文学』第九〇巻第一一号、一一四―一二五頁
岡田斗司夫 FREEex（二〇一三）『『風立ちぬ』を語る――宮崎駿とスタジオジブリ、その軌跡と未来』光文社
荻原真（二〇一六）『宮崎駿の「半径三〇〇メートル」と『風立ちぬ』』国書刊行会
叶精二（二〇一三）「宮崎駿が堀越二郎と堀辰雄を「ごちゃまぜ」にした理由」『歴史読本』第五八巻第八号、二〇二―二〇七頁
木村智哉（二〇一四）「慰撫から懐疑へ――『風立ちぬ』による」『まぐま』第一九号、四三―五三頁
佐々木隆（二〇一五）「アニメ「風立ちぬ」について」『人間学紀要』第四四号、七七―一〇〇頁
絓秀実（二〇一三）「「生きねば。」とは何か」『映画芸術』第四四五号、二二―二三頁
杉田俊介（二〇一四）『宮崎駿論――神々と子どもたちの物語』ＮＨＫ出版
杉田俊介（二〇一六）「はじまりの宮崎駿――『風立ちぬ』再考」『新潮』二〇一六年九月号、一五一―一七三頁
鈴木敏夫（二〇一三）『風に吹かれて』中央公論新社

スタジオジブリ責任編集（二〇一三）『THE ART OF THE WIND RISES』徳間書店

高橋源一郎（二〇一三）「高橋源一郎、『風立ちぬ』を読み解く。」『CUT』二〇一三年九月号、二八―三一頁

竹内清己（二〇一三）「堀辰雄における「死／生」の位相――『風立ちぬ』を主軸に巡る」『文学』第一四巻第五号、一七―三一頁

土居伸彰（二〇一六）『個人的なハーモニー――ノルシュテインと現代アニメーション論』フィルムアート社

東宝ステラ編（二〇一三）『風立ちぬ』パンフレット、東宝（株）出版

那須千里（二〇一三）「SPECIAL REVIEW 「風立ちぬ」鑑賞ガイド」『キネマ旬報』二〇一三年八月上旬号、七〇頁

野崎透・アニメージュ編集部編（二〇一三）『ロマンアルバムEXTRA　風立ちぬ』徳間書店

半藤一利・宮崎駿（二〇一三）『半藤一利と宮崎駿の腰抜け愛国談義』文藝春秋

堀辰雄（二〇一三）『風立ちぬ／菜穂子』小学館

宮崎駿（一九九五）『アニメージュコミックス　ワイド版　風の谷のナウシカ7』徳間書店

宮崎駿（二〇一一）『本へのとびら――岩波少年文庫を語る』岩波書店

宮崎駿（二〇一三）『続・風の帰る場所――映画監督・宮崎駿はいかに始まり、いかに幕を引いたのか』ロッキング・オン

宮崎駿（二〇一五）『風立ちぬ――宮崎駿の妄想カムバック』大日本絵画

村瀬学（二〇一五）『宮崎駿再考――『未来少年コナン』から『風立ちぬ』へ』平凡社

スーザン・J・ネイピア（二〇一一）「津波時代のポニョ　宮崎駿監督に問う」笠井潔・巽孝之監修『3・11の未来　日本・SF・創造力』作品社、九三―九九頁

茂木謙之介（二〇一六）「交通と攪乱――文学教材としてのアニメーション映画『風立ちぬ』の可能性」『小山工業高等専門学校研究紀要』第四九号、一二〇―一二八頁

渡部麻実（二〇一三）「堀辰雄「風立ちぬ、いざ生きめやも」――『風立ちぬ』から『万葉集』へ、『万葉集』から『風立ちぬ』へ」『国文目白』第五二号、一五三―一六一頁

あとがき

先日、是枝裕和がプロデュースする『十年 Ten Years Japan』(二〇一八年)という映画を観た。五つの短編映画から成り立つこのオムニバス映画には、「未来とは、今を生きること」という惹句が付いており、同プロジェクトを企画・製作する人々の、現在の日本に対する不安が表明されている作品だと感じた。しかし、一見自明のように見える「未来とは、今を生きること」という表現は、実際には一体どういった生き方を意味するのだろう? われわれは毎朝目覚め、一日の生活を開始する。いわば毎日を生きているわけだが、この「今を生きる」という表現に付随された隠喩は、それとは異なる特別な意味合いを持っているに違いない。それが何であるのかについて考えることを、本論文集の「あとがき」に代えたいと思う。

『十年』のエピソードの一つ『その空気は見えない』(藤村明世監督)では、今から一〇年後、つまり二〇二八年に、福島原発事故による大気汚染から逃れ、地下生活を送り続けている避難民たちの生きるありさまが描かれている[1]。監督である藤村明世は東京生まれということもあり、福島での事故によって避難民となった経験があるわけではないが、この短編作品を通して「二〇一一年の震災以降〝空気〟という見えない物に、生活が脅かされている」感じを表現したかったと述べている[2]。必死に子どもの健康を守ろうとする母親・ヒトミ(池脇千鶴)は、地上の汚染された空気を恐れるあまり、行き詰まるような非常時体制をいまだに家族に課す一方、生まれたときから地下生活を送る娘・ミズキ（三田りりや）は、友人から地上の話を聞いて以来、生まれてこのかた一度も見たことのない地上世界に憧れる。作品は、ミズキが母親に内緒で地上へ家出をする時点で終わるが、その結末、つまり、ミズキが汚染された大気の中でどのように生き残れるのかといった「本当の」未来については語られない。

この映画には男性が不在だ。ミズキの父親は、すでにそこには存在しない。彼は、彼女たち母娘を置いて、とうの昔に地上の世界へ一人逃げ出してしまっていることを、われわれは二人の会話から了解する。そんな父親不在の母子家庭で起こる葛藤や行き詰まりが、短編映画『その空気は見えない』の核となっているわけだが、このドラマは、二〇一一年の震災以後、ドキュメンタリー映画を通してわれわれが頻繁に目にする、父親不在の避難家庭の様子を彷彿とさせる。

ドキュメンタリー映画『小さき声のカノン――選択する人々』（鎌仲ひとみ監督、二〇一五年）もそういったドキュメンタリー映画の一つだ。この作品でも描かれるように、これからの未来を担う子どもたちの健康を案じ、彼らの安全を本気で守ろうとする人々は、多くの場合お母さんである。しかしその一方、東日本大震災以後、マスコミを通して事故の現状を解説したり、国家の方針を声明したり、生命への危険が無いことを医学的見地から保証したり、こういった「公の声」は、常に男たちの口から発せられてきたのではないだろうか。

『〈ポスト3・11〉メディア言説再考』は、安全な未来を残すために、われわれが本当に耳を傾けなくてはならない声はいったい誰の声なのかを探すことに意義を見出すと共に、このようなメディアを通して流布する「公」の言説を厳しく吟味することに目標を置いた。国が存続できるかどうかが危ぶまれた東日本大震災から八年の年月が経過しようとする今、「日本」そして「日本文化」はどのように変化したのだろう。本論文集は、この疑問を基軸に置く。3・11以後ますます先鋭化するネオ・リベラリズム、ネオ・ナショナリズム、国家政策の保守化、改憲論争、原発再稼働問題、遅延する福島復興、こういった政治的な「今」と取り組んだ論文集を編纂することが、われわれ執筆者の目的であった。われわれが分析対象とするのは、社会の制度あるいは権力と結びついた、現実を反映する、そして同時に現実に影響を与える文化であり、対象とする言説／discourseを言葉／wordsに限定するのではなく、映像分析を主軸に置いた文化表象一般／imagesへと拡張した。3・11以後、マスメディアを通じて多くの言説が流布したが、一般的な言説の領域を、さらに現代アートや文学、あるいは災害遺構や映像アーカイブといった社会空間へと拡大することによって、見えない放射能の怖さや、言葉にできない震災後の感情を形にした、多義的な文化表現の力を読み解きたいと考えた。「日本」そして「日本文化」、共に流動的かつ重層的で規定することが困難な概念そのものが、3・11以後どのように再構築されたのか、それを多種にわたる領域において明らかにすることが本論文集の本義である。

*

われわれは、福島第一原子力発電所で起こった原発事故が、いまだに収束の目処がたっていないこと、また、あの事故はそう簡単には収束できないことを知っている。しかし、こういった現実を直視する行為は、今の日本のマスメディアでは必ずしも推奨されていないことに気づいているだろうか。二〇一八年夏、私は、三〇年間の北米生活を終え日本へ帰国した。二〇〇二年に仕事の都合でアメリカからカナダへ移住し、福島第一原子力発電所の事故が起こった二〇一一年時点には、カナダの首都・オンタリオ州オタワ市での生活がすでに一〇年近く過ぎていた。カナダは原子力発電所をいまだ一九基抱えており、チェルノブイリ原発事故を上回る規模の原発災害となった福島の被害は、単なる対岸の火事ではなかった。はたして日本はこの修復不可能な環境汚染被害からどのように立ち直ることができるのか、多くのニュースが継続的に報道を流した。また、太平洋を介して影響する福島からの海水汚染が、西海岸の海洋生物、例えば珊瑚の生息に大きな影響を及ぼしていることが近年になっても取りざたされていた。オンタリオはカナダで最も人口の多い州であるが、その人口の集中と平衡するように、一九基中一二基の原発を抱えている。その安全性がどのように担保されるのか、そういった新たな検証を報道するニュースも現れた。再び被災国となってしまった日本が、どのような足取りをたどりながら自国の汚染に立ち向かうのか、また、どのように安全性の高いエネルギーへと移行するのか、われわれは太平洋の向こうから固唾を呑んで見守ってきたわけだ。そういった、3・11はいまだ過去ではないという感覚は、単にカナダに限らず、この八年間、私が参加した数々の学会で、多くの研究者の発表の中に見ることができた。しかし、日本に帰ってみると、二〇一一年の原発事故は、もうすでにどこにも存在しないかのようなマスメディアの在り方にひどく驚いた。それはあたかも、アル・ゴア元アメリカ合衆国副大統領が、ノーベル平和賞受賞者になる契機となったドキュメンタリー映画『不都合な信実』（デイビス・グッゲンハイム監督、二〇〇六年）、その表題そのもののように、不都合なことには「蓋をして」見せないにしているかのような気がした。

例えば、政府は二〇二〇年に開かれる東京オリンピックを全面的に後押しし、おまけに二〇二五年には大阪で再び万国博覧会が開かれることが決まったことが、テレビや新聞を賑わせている。お祭りムードを報道する数々のニュース番組に対し、真っ向から立ち向かうメディア言説を見出すことは、今の日本では難しい。こういった国際的なイベントの数々を開催することの意義は、一般人であるわれわれには、思いの外、明確に提示されていない。確かに、海外から来日する人々の数が今よりもさらに増加し、外貨が今以上に獲得され、ひいては日本国の経済発展を促すことができるだろう、といった漫然とした経済効果を推測することはできる。しかし、そのために政府、具体的には安倍晋三首相が、日本は安全な国であり、東京は原発事故の影響から完全に解放されている、といった根拠のない声明を全世界に対して発信することが、はたして現実を直視した行為かどうか、大きな疑問が生じる。

二〇一八年八月二三日、京都大学原子炉実験所の助教を長年勤め上げた小出裕章が、「フクシマ事故と東京オリンピック」という短文を発表した。元々は、イタリア在住の知人から依頼され書いたという彼の文章は、論考に賛同する人々により、その後、次々と異なるSNSサイトを通して拡散され、今も幾つものブログやHPで読むことができる[3]。私は、原子力発電所の仕組みや原発事故の影響を十分に把握している彼の言葉に信頼を置いている。その彼が言及している、福島第一原子力発電所での事故と東京オリンピックの関係性について、部分的ではあるが引用する。

事故後七年半たっても「原子力緊急事態宣言」は解除されていない。国は積極的にフクシマ事故を忘れさせてしまおうとし、マスコミも口をつぐんでいて、「原子力緊急事態宣言」が今なお解除できず、本来の法令が反故にされたままであることを多くの国民は忘れさせられてしまっている。環境を汚染している放射性物質の主犯人はセシウム137であり、その半減期は三〇年。一〇〇年たってもようやく一〇分の一にしか減らない。実は、この日本という国は、これから一〇〇年たっても、「原子力緊急事態宣言」下にあるのである。……今大切なのは、「原子力緊急事態宣言」を一刻も早く解除できるよう、国の総力を挙げて働くことである。フクシマ事故の下で苦しみ続けている人たちの救済こそ、最優先の課題であり、少なくとも罪のない子どもたちを被曝から守らなければならない。それにも拘わらず、この国はオリンピックが大切だという。内部に危機を抱えれば抱えるだけ、権力者は危機から目を逸らせようとする。そして、フクシマを忘れさせるため、マスコミは今後ますますオリンピック熱を流し、オリンピックに反対する輩は非国民だと言われる時がくるだろう。先の戦争の時もそうであった。[4]

ここで冒頭の疑問に立ち戻ろう。「未来とは、今を生きること」であるとするならば、今、われわれは本当の意味で今を生きていると言えるのだろうか。その疑問に対する一つの回答を、私は、小出氏の声明の中に見出すことができると思う。われわれは、日本の環境が汚染され続けている「今」を、改めて直視すべきだろう。また、福島での事故の影響で、いまだ苦しみ続けている人々がいることを、われわれは「今」も忘れてはならない。また、われわれ自身も原発汚染の影響下に「今」もさらされていることを自覚したい。「今を生きる」ということは、このように現実を見据える生き方であり、またこういった認識に立脚し、マスコミの声に惑わされること無く、自分の意見を持つことなのではないだろうか。例えば、こういう時代にオリンピックを最優先させてしまう国政の在り方に対し、あくまでも己の見解を持ち、それを表明することのできる一市民でいることではないのか。

余談ではあるが、ここで私自身の経験を差し挟みたい。先日の教授会で、二〇二〇年のオリンピック開催期間（七月二四日から八月九日まで、またパラリンピックは八月二五日から九月六日まで）の大学のスケジュール変更についての案件が議題に上った。まず、文部科学省が、全国の大学生たちにボランティアとして東京オリンピックに参加することを奨励していることが知らされた。それに際し、夏休み前の試験期間を、ボランティアとしてオリンピックに参加する学生たちにとって不都合にならないよう、スケジュールを変更することを、文部科学省が各大学に提案しているが、当大学はどうするかという案件であった。一一万人を目標数とするボランティアの「動員」、このような国の姿勢に対し、「やりがいの搾取」だという反発の声が上がるのも無理のない話だ。国内スポンサー収益が、推定四〇〇〇億円見込まれている東京オリンピックだが、ジャーナリスト・本間龍が述べるように、「商業イベントである五輪でなぜ無償ボランティアを使うのか」という素朴な疑問が誰の心にも浮かぶ。(5)「ブラックボランティア」と批判される国の計画に、なぜ大学が加担する必要があるのだろう。私の属する現代思想系会議では、五輪のボランティアも一般的なボランティアと同じように、教員が学生と話し合って個別に対応すればよく、スケジュールを変える必要はないという結論に達した。大学の自治はまだ健在であると希望を感じた。政府の提案に対し、大学が異なる政治的見解を表明できると感じたからである。しかし、数か月後の文学部教授会では、大学本部がオリンピックを考慮し、試験期間の変更を決めることが示された。私は不条理を感じずにはいられなかった。

*

本論文集を編纂するにあたり、執筆者それぞれの政治的な立場の違いについて何度となく考えさせられる瞬間があった。ここではその仔細には敢えて触れないが、最後に私自身の「政治」に対する見解を述べておきたい。社会学者・定松淳が、原発を議論することの難しさについて言及している。彼はその理由を、「賛成か反対か」という議論になってしまうからだとする。「それは敢えて言えば「巨人ファンかアンチ巨人か」という議論と構造は同じで、究極のところ価値観の違いの話になってしまう」と述べながら、彼の立ち位置を以下のように記述している。

事実を提示すること、しかも「賛成か反対か」という政治的主張を離れて提示しようとすることには社会的な意義がある。ただし、本稿は「中立で客観的な立場から事実関係だけを述べる」という立場を取るというつもりはない。特定の政治的主張とは距離を置きつつも、現実の問題にコミットする記述を心がけていきたい。(6)

ここでのポイントは、「事実」や「政治的主張」をどう捉えるかである。私は、「事実」があたかも絶対的な唯一の事象であると考えることはできないと思っている。残念ながら「事実」は、「言説」や「歴史」や「データ」と同様、創造され、修正され、そして多くの場合、人々の記憶からいつのまにか抹消されてしまう、はかなく危うい数多くの事象の一つに過ぎない。つまり、「事実を提示」する行為とは、政治的な影響を免れないと考える。なぜなら、自分が事実と思っていても、かならずしも絶対的というわけではないからだ。定松が妥協案として掲げる「特定の政治的主張とは距離を置きつつも、現実の問題にコミットする」という姿勢には大いに共感できる。しかし、それは大変難しい。現実の問題に向き合う場合、なんらかの判断基準を持って行動するものだ。こういった判断には、常になにがしかの「政治」が介入する。私は、人々が社会の中で生きていくとき、全ての行為や判断が、社会の中に何層にも巡らされている「政治」の束と不可欠に結びついていると考える。言い換えれば、「今を生きること」とは、自己の立ち位置を自覚し、自己の信じることをいつでも、どこでも声明することができる生き方だと思う。例えば、マスメディア等を通して流布される、はかなく危うい「事実」や「言説」や「歴史」を、単に鵜呑みにするのではなく、自分自身で考え、取捨選択しながら生きることの必要性を感じる。それはとても難しいことだと思う。特に、われわれ自身が世の中の矛盾や不条理に遭遇したときは、そういった理想的な生き方は不可能に感じられるに違いない。

世の中に矛盾はつきものであり、また、生きていると不条理とも思える局面に遭遇することが多々ある。しかし、そういった自分にとって不都合な矛盾や不条理に目をつぶり、無かったかのように見ないで生きていくことはできない。矛盾や不条理は、あたかも二〇一一年三月一一日の東日本大震災のように、思いもかけない時に、思いもかけない所に現れる。われわれは、こういった難問にどう対峙するのか、そしてどのように再び「幸せだ」、「毎日が楽しい」と思える生活へと軌道修正することができるのだろう。それはおそらく一人だけで成し遂げられることではなく、家族や友人、伴侶や愛犬とともに、学校や会社、どういう形であるにせよ、何かの形のコミュニティーの一員として、立ち向かう必要があるだろう。幸せだと思える生活へ軌道修正するために、われわれに求められるものは、己の見解を持つことであり、異なる形の世の中の体制に対して、いつでも批判的な考えを持つことができる力だと、私は思う。

＊

本書の企画は、二〇一六〜二〇一七年度にかけて私が主宰した国際日本文化研究センター（日文研）での共同研究「3・11以後のディスクール／「日本文化」」に由来している。同センターからは、本論文集を出版するにあたり、出版助成金という援助もいただいた。日文研で、私のカウンター・パートナーを引き受けてくれた文学者・坪井秀人（以下、敬称を略す）、震災に関係する研究者の方々を紹介してくれた宗教学者・磯前順一、仙台でのボランティア活動に参加させてくれた大谷大学学長・木越康、また本書に原稿を寄せてくれた多くの同僚たちにも心から感謝の気持ちを送りたい。この共同研究では、人文社会学に属するできるだけ多くの学術分野の研究者の意見を取り入れたいと考えていた。結果として、哲学、文学、社会学、映画・映像学、メディア研究、クイアー理論研究といったヴァラエティーに富んだ分野から執筆者を得ることができたと思う。研究会に参加して下さったその他の研究者や大学院生、そしてゲストの方々にもこの場を借りてお礼を言いたい。ダークツーリズム研究の井出明、ドキュメンタリー映画作家・小森はるか、瀬尾夏美両氏、現代アートグループChim↑Pomのリーダー卯城竜太、原爆の図丸木美術館学芸員・岡村幸宣、福島県南相馬市在住（当時）の作家・柳美里、石巻市の復興住宅集会所で「カフェ・デ・モンク」を主催する僧侶・金田諦應、そして『あるときの物語』（二〇一四年）の著者ルース・オゼキにもアメリカから参加していただき、その費用に関しては、京都大学大学院文学研究科の応用哲学・倫理学教育研究センター（CAPE）から援助を受けた。出版にあたっては、ミネルヴァ書房の東寿浩（当時）、宮川友里両氏の力を借り、また何と言っても法政大学出版局の編集者・奥田のぞみとの共同作業なしには、この論文集はできあがらなかった。

3・11以後のメディア言説に対する興味は、実のところ、私が日文研で二〇一〇〜二〇一一年度、一年間の個人研究をしていた期間に東日本大震災に遭遇した時点まで遡る。多くの外国人研究員が、同伴している家族の安全を考慮し、次々と自国へ帰国していくなか、私は、カナダへの帰国がすでに予定されていた同年八月末まで、一市民として、テレビや新聞といったマスメディアの動きを体感することを決めた。あの時から随分と長い期間がたってしまったわけだが、私はこの論文集が「今」こそ日本社会にとって無くてはならない一本の「杭」のような存在になれば幸いだと思う。この世の中で、「今を生きる」ことを考えることは本当に難しい。ましてや、われわれを代表する現在の行政自体が、二〇一一年以来、解決されることのない自国の不条理に真っ向から向き合おうとしない以上、判断はわれわれ自身の肩にのしかかる。日文研での研究会を通して、またそれ以外の場において、多くの方々と3・11にまつわる対話をすることができたことを心より感謝している。このような対話の機会を持つにつけ、彼ら一人一人は決してぶれていないと感じた。これからは、こういった個々人の考えや思いを、いかにしてコミュニティーの力へと結びつけていくか、その方策を想像し、実行する義務をわれわれは背負っていると思う。本書が、そのためのなにがしかの貢献となることを、私は心より願う。

二〇一九年二月　京都にて

ミツヨ・ワダ・マルシアーノ

註

（1）『十年 Ten Years Japan』は、五つの短編映画から成り立っている。『その空気は見えない』の他に、『PLAN75』（早川千絵監督）、『いたずら同盟』（木下雄介監督）、『DATA』（津野愛監督）、『美しい国』（石川慶監督）があり、すべての作品に是枝裕和がエグゼクティブプロデューサーとして関わっている。このプロジェクトは、二〇一五年に製作された『十年 TEN YEARS』という香港映画に端を発しており、五人の若手監督が、中国の影響を多大に受けた一〇年後の香港社会を描いたこのオムニバス映画に追随する形で、台湾、タイ、日本の三か国で製作された国際共同プロジェクトである。

（2）『十年 Ten Years Japan カタログ』フリーストーンプロダクションズ、二〇一八年、一一頁。

（3）例えば、「内部被ばくを考える市民研究会」のブログは、元駐スイス大使・村田光平が、本文の出典を明らかにしながら、楠本淳子によって英文訳された文面と共に、小出の短文を引用している（http://www.radiationexposuresociety.com/archives/9320　二〇一八年一二月六日アクセス）。

（4）同前。傍線は筆者による。

（5）竹下郁子「[更新] 東京五輪ボランティア問題、一一万人〝動員〟はやりがい搾取か——支給は一〇〇〇円のみ、不安な熱中症対策」『Business Insider Japan』（二〇一八年九月二五日掲載、https://www.businessinsider.jp/post-175616　二〇一八日一二月六日アクセス）。

（6）定松淳「戦後経済史のなかの原子力発電」東京大学教養学部編『知のフィールドガイド　分断された時代を生きる』白水社、二〇一七年、二四六頁。

索　引

『Calling』　243, 246–250, 253
Chim↑Pom　145, 149–151, 161–163, 165, 285
『DISTANCE』　250
「Don't Follow the Wind」　145, 161–162, 164–165
『Flying Tohoku #1』　44
『Fukushima Traces 2011–2013』　145, 165–167
『Funny Valentine』　268, 270, 272
Lisbon22　253–254
「Natural Stories ナチュラル・ストーリーズ展」　180, 184
「Non-Visitor Center」　162, 165
『On Your Mark』　333
『Plastic Love Story』　247, 255
The Torayan　149

あ　行

アームストロング，リチャード　249
艾未未　162
『愛の小さな歴史』　247
『青いソラ白い雲』　222
「あかいつぶつぶの絵」シリーズ　315–317
赤城修司　145, 165–167, 310–314, 328
『朝日のあたる家』　272
『明日の神話』　149–150
東浩紀　23–24, 27–28
『アトムスーツ・プロジェクト：タンク・チェルノブイリ』　146, 152
『あの日からのマンガ』　322–323
安倍晋三　153, 204, 225, 300, 326
阿部，マーク・ノーネス　39
『雨粒の小さな歴史』　247
「雨の夜　ウラノス伯爵」　318, 320, 327
荒井晴彦　277–278
アルベルティ，レオン・バッティスタ　314
粟津潔　150–151
アンダーソン，ベネディクト　6
『アンティゴネーの主張』　254
庵野秀明　38, 221, 226–227, 234, 236, 242, 335, 340–343
『家路』　272
池内了　75
『行けるところまで行き，しかるべき場所で』　46–47
石井研士　68
石井隆　341
石井正人　201
石巻市大川小学校　19–22, 30, 49–51
『遺体　明日への十日間』　272
『悼む人』　243–246, 256
一ノ瀬正樹　76
井土紀州　336, 341
井出明　27
稲盛和夫　119
岩崎孝正　241
ヴァレリー，ポール　337–339
ウェイト，ジェイソン　162
ウェーバー，マックス　76
上野誠　170
「ヴェランダにて」　338
宇川直宏　162
卯城竜太　163
『うたうひと』　283, 290, 297
内田信輝　272
宇野常寛　334
「海辺の墓地」　338–339
「海辺の村」　323
『うみやまさんぽ Walking along the solstice』　53
雲仙普賢岳災害遺構　13–14, 18
『永遠の 0』　225
『映像記録　3.11　あの日を忘れない』　280
エヴァ & フランコ・マッテス　162
エゴヤン，アトム　268–269

『美味しんぼ』 325-327
大竹昭子 180
太田隆文 272
大辻清司 182
『大津波（The Big Wave）』 268, 271-272
大鶴義丹 273, 275
大平正芳 232
大宮浩一 48
岡村幸宣 169-170
岡本太郎 148-151
奥井敦 350
奥田愛基 234
奥田瑛二 272
オゼキ，ルース 197-198
『おだやかな日常』 272
オッペンハイム，ジェフ 268, 270
小津安二郎 342
『男たちの大和／YAMATO』 224
『女川ボランティアセンター　スタッフインタビュー』 53
オノレ，T. 90

か　行

『ガイガーチェック』 146
『絵画論』 314
『科学の限界』 75
『崖の上のポニョ』 333
『過去を見直して，今を見つめる』 39, 49-53
『風立ちぬ』 335-339, 341-342, 344-348, 351-353
『風の谷のナウシカ』 333-334, 340
『かぞくへ』 255
加藤翼 162
門林岳史 48
金子修介 222, 224
狩野一信 158-160
狩野素川章信 158
狩野芳崖 154
『彼女の人生は間違いじゃない』 272
『ガメラ　大怪獣空中決戦』 224, 227
雁屋哲 325, 328
川村湊 275
『完全版　ヤノベケンジ「太陽の子・太郎の子」』 149
カント，イマヌエル 88, 114
『関東大震災大火実況』 40
『絆　再びの空へ』 222, 229, 231-236
「希望」 322
『希望の国』 222, 272
君塚良一 272
『君の名は。』 221-222, 234, 242, 273, 275-279
木村グレゴリオ 39-44, 46-47
木村朗子 242
『今日子と修一の場合』 272
『銀座の神々』 68
窪田研二 162
久保田直 272
グリアソン，ジョン 40
『気仙川』 180, 192
ゲルマン，アレクセイ 352
原爆ドーム 10-12, 21, 30, 312-313
『原発ジプシー』 208
小泉純一郎 232
神戸港震災メモリアルパーク 15
神戸の壁 15
国営震災復興祈念公園 20, 23
『ここから』 44
木籠メモリアルパーク 16-17
古城環 345
『ゴジラ 2000　ミレニアム』 236
『ゴジラ×メガギラス　G 消滅作戦』 233, 236
『ゴジラ×メカゴジラ』 233, 236
『ゴジラ×モスラ×メカゴジラ　東京 SOS』 233, 236
ゴダール，ジャン＝リュック 251
ゴッホ，フィンセント・ファン 155-157
小林竜樹 251
『五百羅漢図』 158-159
『五百羅漢図：青竜，白虎，朱雀，玄武』 145, 153-154, 157-159
是枝裕和 250
『「殺し文句」の研究』 53

さ　行

『サヴァイヴァル・レーシング・カー』 146
酒井耕 283-286, 289-290, 292, 294-296, 298-300

酒井直樹　235
阪本順治　224
坂本礼　273, 277
『桜並木の満開の下に』　273, 278
佐藤純彌　224
佐藤信介　224–225
佐藤俊光　285
佐野和宏　273
「サロメ 20XX」　318, 321
椹木野衣　157–158, 162–163
『サン・チャイルド』　144–145, 147–149, 151–153
『311』　48–49, 222, 249
『JR 上野駅公園口』　199–215
『四月の永い夢』　247–248, 253, 261
『詩集　雪に至る都』　246
『静人日記』　244
静野孔文　224
『自然の鉛筆／ The Pencil of Nature』　183
『シネマ 2　時間イメージ』　293
『釈迦文殊普賢・四天王・十大弟子図』　159
『車載映像』　39–44, 46, 53
ジャビー，S. A.　11
ジュネット，ジェラール　200
『春夏秋冬』　145, 153–157
『純粋理性批判』　88
『小学生のためのエネルギー副読本　わくわく原子力ランド』　172–173
昭和新山　12
しりあがり寿　321–324, 327–328
『シン・ゴジラ』　38, 221–223, 225–229, 232–236, 242
震央メモリアルパーク　16–17
新海誠　221, 242, 273, 276
『神曲』　339
震災記念堂　11
『新世紀エヴァンゲリオン』　226
新堀通也　61
杉本健二　39, 49–52
鈴木敏夫　341
鈴木智彦　208
『ストーカー』　268–269, 271, 276, 279
ストルガツキー，アルカジイ　269
ストルガツキー，ボリス　269
瀬戸内寂聴　118–121, 123, 125, 128–130, 133–135
『戦国自衛隊 1549』　224, 233
『千と千尋の神隠し』　333
『相馬看花　奪われた土地の記憶』　287–288
『その後の震災後文学論』　242
園子温　162, 222, 272
『空へ～救いの翼 RESCUE WINGS ～』　233
ゾルゲ，リヒャルト　350

た　行

ダ・ヴィンチ，レオナルド　156
太賀　251, 258
『第三の男』　281
『太陽の塔』　148, 150–151
高野裕之　44, 46–47
高橋源一郎　342
高橋哲哉　144, 199, 206
竹内清己　338
太宰治　246
田坂広志　28
田中京子　287–288
ダニエレフスキー , タッド　268, 271
谷崎潤一郎　336
タルコフスキー，アンドレイ　268–270, 276
『誰も知らない』　250
『タンキング・マシーン』　145
丹下健三　10–12
ダンテ　339
『小さな太陽』　148
『地球防衛家のヒトビト』　322
辻惟雄　157
堤幸彦　243
「津浪と人間」　4
円谷英二　271
壺井明　145, 165, 169–170
『手紙は憶えている』　268, 271
『出来事と写真』　180
手塚昌明　222, 224, 233–234, 236
『鉄人 28 号』　267
寺田寅彦　3–4, 8, 271
『天空の城ラピュタ』　333
天童荒太　243–245
ドゥルーズ，ジル　284, 292–294, 297–298

『図書館戦争』 224-225
『となりのトトロ』 353
トルボット，ウィリアム・ヘンリー・フォックス 183

な　行

『菜穂子』 335, 347-348
中川龍太郎　243, 246-251, 255, 258
長沢芦雪　160
長洲一二　232
中野太　278, 280
『なのはな』 320
『なみのおと』 283, 289-290
『なみのこえ　気仙沼』 283
『なみのこえ　新地町』 283
成瀬巳喜男　273
『日本沈没』 226
ネイピア，スーザン・J.　333
根尾谷断層　12-14
ノイマン，マーク　45, 49
ノラ，ピエール　6, 236

は　行

ハート，H. L. A.　90
ハイデガー，マルティン　143
萩尾望都　318-321, 327-328
『方舟』 323
バザン，アンドレ　310, 314
『走れ，絶望に追いつかれない速さで』 243, 247, 250, 254-255, 257, 259
『裸のいとこ』 273-275, 278
畠山直哉　177-193
『8月の果て』 213-215
バック，パール・S.　271
バトラー，ジュディス　254
花咲アキラ　325, 328
『話す写真』 181
浜井信三　11
濱口竜介　283-286, 289-292, 294-296, 298-300
『薔薇』 155-157
パラケルスス　84
「パラソルをさす女」 346
春本雄二郎　255
樋口真嗣　38, 226
菱田雄介　177
ピスターズ，パトリシア　293
人と防災未来センター　14
『悲母観音』 154
『ヒミズ』 272
百田尚樹　225
ヒューム，デイヴィッド　87-88
廣木隆一　272
広島平和記念公園　10-12
ふくしまゲートヴィレッジ　25, 27-28
『福島の光景 +α』 241
福田繁雄　156
福田美蘭　145, 154-157
藤木秀朗　284, 286
藤本由香里　326
『フタバから遠く離れて』 273-274
舩橋淳　273
「プルート夫人」 318-321
ブレッソン，ロベール　251
フレミング，アレクサンダー　90-91
平和記念資料館　10
平和都市記念碑　10-11
ベック，ウルリッヒ　74-75
『亡国のイージス』 224
「放射能可視化計画」 324
『放射能問題に立ち向かう哲学』 76
『法における因果性』 90
『ボウリング・フォー・コロンバイン』 64
北淡震災記念公園　16
堀辰雄　335, 337-339, 347-348
堀江邦夫　208
堀越二郎　335, 348, 353

ま　行

マクルーハン，マーシャル　6, 40, 45
松林要樹　287-289
丸木位里　170
丸木俊　170
三木あき子　160
三島由紀夫　246
見田宗介　62, 227
『乱れ雲』 273
南三陸町防災庁舎　20-22, 30

宮崎駿　333-336, 339-342, 344-345, 350-353
宮沢賢治　126
宮本佳明　23-24
妙見メモリアルパーク　16-17
ムーア，マイケル　64
『無常素描』　48-49
村上隆　145, 154, 157-160
村上春樹　236-237
『村に住む人々』　241
『名探偵コナン　絶海の探偵』　224-225
『モナ・リザ』　156
モネ，クロード　346
森達也　48, 222, 249

や　行

『ヤクザと原発』　208
ヤノベケンジ　144-153
山岡大地　44
山崎貴　225
山下裕二　155, 157, 160
『夕潮の帰り道』　47
柳美里　198-215
柚木ミサト　315-317, 328
『夢の女　ユメノヒト』　273, 277-278, 280
横山光輝　267
吉岡洋　171-172

ら　行

『ラディエーションスーツ・アトム』　146
リード，キャロル　281
『陸前高田 2011-2014』　180, 192
『利他』　119
リピット水田，堯　313
ルイス，デイヴィッド　89
『ルート 45』　44-45
ルナン，エルネスト　232
『連作祭壇画　無主物』　145, 165, 168-169
ロドウィック，D. N.　294, 298
ロビンソン，ルーク　287-288
『路傍のピクニック』　269

わ　行

ワイゼンフェルド，ジェニファー　39-40
和合亮一　197-198
『亘理鉄道の車窓から』　44

久保　豊（くぼ　ゆたか）**第 10 章**
1985 年生まれ。早稲田大学坪内博士記念演劇博物館助教（映画学）。「天女のくちづけ――『お嬢さん乾杯！』における原節子」『ユリイカ』2016 年 2 月号，青土社，「『夕やけ雲』（1956 年）における木下惠介のクィアな感性」『映画研究』10 号ほか。

谷川建司（たにかわ　たけし）**第 11 章**
1962 年生まれ。早稲田大学政治経済学術院客員教授（映画史）。『アメリカ映画と占領政策』京都大学学術出版会，2002 年，『戦後「忠臣蔵」映画の全貌』集英社クリエイティブ，2013 年，『戦後映画の産業空間――資本・娯楽・興行』森話社，2016 年，『高麗屋三兄弟と映画』雄山閣，2018 年ほか。

馬　然（Ma Ran; マ　ラン）**第 12 章**
1980 年生まれ。名古屋大学人文学研究科准教授（映像学）。論文に "A Landscape Over There: Rethinking Translocality in Zhang Lu's Border Crossing Films," *Verge: Studies in Global Asias*（Vol. 4. 1, 2018）ほか。

名取雅航（なとり　まさかず）**第 12 章翻訳**
1986 年生まれ。金沢大学，富山大学非常勤講師（映像学，英語）。論文に「电影改编作品中被编辑的男性：以《自由学校》（1951）与《女之园》（1954）为例」『当代电影（*Contemporary Cinema*）』Vol. 227，2015 年 2 月ほか。

石田美紀（いしだ　みのり）**第 13 章**
1972 年生まれ。新潟大学人文学部准教授（映像文化論）。『密やかな教育――〈やおい・ボーイズラブ〉前史』洛北出版，2008 年，『アニメ研究入門（応用編）』（共著）現代書館，2018 年ほか。

長門洋平（ながと　ようへい）**第 14 章**
1981 年生まれ。京都精華大学ほか非常勤講師（聴覚文化論・映画学）。『映画音響論　溝口健二映画を聴く』みすず書房，2014 年，『戦後映画の産業空間――資本・娯楽・興行』（共著）森話社，2016 年，『川島雄三は二度生まれる』（共著）水声社，2018 年ほか。

執筆者紹介（執筆順）

松浦雄介（まつうら　ゆうすけ）第１章
1973 年生まれ。熊本大学大学院人文社会科学研究部教授（社会学）。『記憶の不確定性――社会学的探究』東信堂，2005 年，『映画は社会学する』（共編著）法律文化社，2016 年，「記憶と文化遺産のあいだ――三池炭鉱の産業遺産化をめぐって」『西日本社会学会年報』11 号，37-50 頁，2013 年ほか。

北浦寛之（きたうら　ひろゆき）第２章
1980 年生まれ。セインズベリー日本藝術研究所フェロー（映画学・メディア論）。『マンガ・アニメで論文・レポートを書く――「好き」を学問にする方法』（共著）ミネルヴァ書房，2017 年，『テレビ成長期の日本映画――メディア間交渉のなかのドラマ』名古屋大学出版会，2018 年，『創発する日本へ――ポスト「失われた 20 年」のデッサン』（共著）弘文堂，2018 年ほか。

西村大志（にしむら　ひろし）第３章
1973 年生まれ。広島大学大学院教育学研究科准教授（社会学）。『小学校で椅子に座ること』国際日本文化研究センター，2005 年，『夜食の文化誌』（編著）青弓社，2010 年，『映画は社会学する』（共編著）法律文化社，2016 年ほか。

一ノ瀬正樹（いちのせ　まさき）第４章
1957 年生まれ。東京大学名誉教授・武蔵野大学グローバル学部教授（哲学）。『死の所有』東京大学出版会，2011 年，『確率と曖昧性の哲学』岩波書店，2011 年，『放射能問題に立ち向かう哲学』筑摩選書，2013 年，『英米哲学入門』ちくま新書，2018 年，“Normativity, probability, and meta-vagueness,” *Synthese*, 194: 10, 3879–3900, 2017 ほか。

出口康夫（でぐち　やすお）第５章
1962 年生まれ。京都大学大学院文学研究科教授（哲学）。*Nothingness in Asian Philosophy*, Routledge, 2014（共著）; *The Moon Points Back*, Oxford University Press, 2015（共編著）ほか。

近森高明（ちかもり　たかあき）第７章
1974 年生まれ。慶應義塾大学文学部教授（社会学）。『ベンヤミンの迷宮都市』世界思想社，2007 年，『無印都市の社会学』（共編）法律文化社，2013 年，『都市のリアル』（共編）有斐閣，2013 年ほか。

岩田＝ワイケナント・クリスティーナ（Kristina Iwata-Weickgenannt）第８章
名古屋大学人文学研究科准教授（日本近現代文学）。*Visions of precarity in Japanese popular culture and literature*, Routledge, 2015（共編著）; *Fukushima and the arts – Negotiating nuclear disaster*, Routledge, 2017（共編著）ほか。

須藤遙子（すどう　のりこ）第９章
1969 年生まれ。筑紫女学園大学教授（文化政治学・メディア社会論）。『自衛隊協力映画――『今日もわれ大空にあり』から『名探偵コナン』まで』大月書店，2013 年，『東アジアのクリエイティヴ産業――文化のポリティクス』（共編著）森話社，2015 年ほか。

編者紹介

ミツヨ・ワダ・マルシアーノ（Mitsuyo Wada-Marciano）第6章・あとがき
京都大学大学院文学研究科教授（映像・メディア学）。『ニッポン・モダン――日本映画 1920・30 年代』名古屋大学出版会，2008 年，*Horror to the Extreme: Changing Boundaries in Asian Cinema*，香港大學出版社，2009 年，『デジタル時代の日本映画――新しい映画のために』名古屋大学出版会，2010 年，『「戦後」日本映画論』（編著）青弓社，2012 年ほか。単著『No Nukes ――映像作家たちの「声」』（仮題）を名古屋大学出版会から刊行予定。現在は，新しいブック・プロジェクトとしてエコ・シネマに取り組みながら，老齢化映画（aging film）やクイアー映画（queer cinema）といった，社会の周辺に注目する映画研究にも取り組んでいる。

〈ポスト 3.11〉メディア言説再考

2019 年 3 月 5 日　初版第 1 刷発行

編　者　ミツヨ・ワダ・マルシアーノ
発行所　一般財団法人 法政大学出版局
〒 102-0071 東京都千代田区富士見 2-17-1
電話 03（5214）5540 ／振替 00160-6-95814
印刷：平文社，製本：誠製本
装幀：小野寺健介（odder or mate）

ISBN 978-4-588-67522-5